卓越法律人才培养
民商事法学系列教材

总主编 李少伟 张翔

证券法实训教程

A Practical Training Course in Securities Law

程淑娟 | 著

法律出版社
LAW PRESS · CHINA

总　序

2011年12月23日，教育部和中央政法委员会发布《关于实施卓越法律人才教育培养计划的若干意见》(教高〔2011〕10号，以下简称《意见》)。《意见》针对我国法律人才培养中所存在的突出问题，决定实施卓越法律人才教育培养计划，并明确了卓越法律人才教育培养的指导思想、总体目标、主要任务、工作措施等，其中也提出了教材建设的任务。

西北政法大学承担着全部三个类型的卓越法律人才教育培养的重要任务，民商法学院则担负着全校卓越法律人才培养的民商事实体法学和程序法学的教学任务。五年来，围绕卓越法律人才的教育培养，我们开展了一系列教学改革研究和实践，其中也包括教材改革和建设。“卓越法律人才培养民商事法学系列教材”就是在法律出版社的大力支持下推出的我院教材改革和建设的成果。

该套系列教材是我们在认真研究、深入领会《意见》精神，总结多年课程教学经验、吸收教学改革成果的基础上，组织学术水平较高、教学经验丰富的教师编写完成的。为了实现《意见》的总体目标和要求，我们试图通过此套系列教材达到两个基本目的：一是深化、扩展和丰富民商事实体法学和程序法学的教学内容；二是体现理论与实践的结合，培养学生的法律专业技能或实务操作能力。

我们计划编写和出版的教材有：侵权法实训教程、担保法实训教程、公司法实训教程、证券法实训教程、票据法实训教程、破产法实训教程、保险法实训教程、非诉讼纠纷解决机制(ADR)实训教程、律师公证实训教程、民事案例研习、商事案例研习、家事案例研习、民事诉讼案例研习、民事执行学、仲裁法学、中国司法制度、法律职业道德等。

这套系列教材的出版，既是我院围绕卓越法律人才培养所进行的教学改革的阶段性成果的体现，更是一种新的尝试，其中难免有欠妥适之处，诚望同仁和读者不吝指正。

编　者

2016年6月

作 者 简 介

程淑娟

1972 年生于陕西省宝鸡市。南开大学法学学士(1994 年),西北政法学院民商法学硕士(2001 年),武汉大学民商法学博士(2007 年)。现为西北政法大学民商法学院教授,硕士生导师,中国法学会民法学研究会理事,中国保险法研究会理事,陕西省法学会民法学研究会副会长、秘书长,西安仲裁委员会仲裁员、专家咨询委员会委员。入选陕西省首批高校人文社科英才计划(2015 年)。

目前主要从事商法学和民法学的教学工作,讲授商法学和民法学等课程,获校级优秀教学成果奖一等奖一次,二等奖一次,并获西北政法大学第三届"青年教学名师"称号(2012 年)。主持并完成省级教学改革项目"卓越法律人才培养目标下法科学生的自主学习能力培养研究"(2013 年)。主编和参编《民法分论》、《商法》、《合同法》等多部教材。

科研方向主要为民法物权法、债权法和商法基础理论。出版专著《国家所有权民法保护论》(法律出版社 2013 年版)。主持并完成 2010 年国家社科基金项目"商事行为制度研究"等多个项目。发表的科研论文四十余篇,荣获陕西省高等学校人文社会科学研究优秀成果奖二等奖、陕西省哲学社会科学优秀成果奖二等奖等科研奖励。

作者简介

目　　录

第一章　证券法总论

本章导语

证券是一种虚拟资本,它的价值在于为人们取得预期的投资收益。我国证券法规定的证券包括股票、公司债券和国务院认定的其他证券。证券法的基本内容围绕着证券的发行与交易这两大法律事实展开,规范证券发行人、证券公司、证券监管者、证券投资者以及其他证券服务机构等相关主体之间的关系。证券市场是金融市场的重要组成部分,风险极大,需要法律加以控制。为了维护证券市场的秩序,保护投资者利益,证券法确立了公开、公平和公正原则,诚实信用原则以及证券监管与自律等基本原则,其中最为核心的是公开原则。证券法的具体制度设计均体现了证券法的这些基本原则。

第一节　证券原理及证券类型

学习证券法的首要问题是明确证券的基本内涵。证券是有价证券的一种,我国《证券法》规定的证券是资本有价证券,包括股票、公司债券和国务院认定的其他证券三大类型,每一类型的证券还有若干具体分类,并且不同的证券类型也有不同的法律规则。

一、证券的基本原理

(一)权利证券化

民事权利的证明或行使方式很多,如果通过证券来证明或行使,这就是权利的证券化。权利的证券化是交易效率和安全的需要。

谢怀栻老师曾对权利证券化与交易效率的关系有过经典描述:一则,权利是抽象的，不易表现于外。权利表现在证券上之后，抽象的权利表现在具体的证券之上。因为证券是一个有体物，易于为人识别，法律关系遂可确定地表现于外。证券上的债权人只要持有证券就可行使权利；债务人不必去辨认债权人的具体身份，只需辨认"持有证券的人"就可以对之履行。一方提示证券，另一方履行债务后收回证券，债权债务关系就可清结，双方都十分方便。例如我们持银行存折到银行取款，银行只需凭折付款，非常方便。二则，在债务人负有以多数人为相对方（债权人）的同种类债务时，债务人对多数债权人预行发给一种证券（债权人的权利表现在这种证券之上），而后向持有证券的人履行债务，更为方便。例如电影院如不采用售票办法，在每场电影放映之前，多数观众付款入场，必然形成拥挤与混乱。采用预行售票办法，将看电影的权利表现在证券（电影票）之上，将售票与看电影分开，再实行提前售票，就可以使债权人行使权利（按票上场次看电影）和债务人履行债务（接纳持有该场电影票的观众入场）都极方便。[1]

此外，权利证券化对于交易安全也极为有利，有价证券的持券人持有证券，便拥有证券上的权利。例如某人拥有特定股票的所有权，意味着该人就拥有了股票上记载的特定股份公司的股权。因此，在通常情况下，谁持有有价证券，谁就是该有价证券权利的享有者。特别是对无记名的有价证券，持有或占有的事实本身就证明持有者即为权利人；而此种信赖是合理的、受到法律保护的。并且，有价证券的权利内容必须按券面的记载来确定，不需要其他证据，这也可以防止当事人之间因记载事项不全或理解不同而产生纠纷，确保持券人实现其证券权利的确定性和安全性。可见，权利证券化对交易安全的促进意义极为重大。

（二）证书、资格证券和有价证券

证券是证明或设定权利的凭证。一般认为，证券包括证书、资格证券和有价证券三大类。证书就是记载一定法律事实或法律行为的证书，如借据等，证书只能证明当事人的权利，不能决定当事人是否享有该权利；当事人也可以通过其他证据来证明其权利。大部分证书不能转让，如出生证、死亡证、结婚证等，也有可以转让的证书，如借据。资格证券是证明持有者具有行使一定权利的资格的证券，也称凭证证券，有的可以自由转让如各种提货卡、电影票等，有的不能自由转让如记名的车船票。资格证券的转让即行使某种权利的资格的转让，流通性高于证书但低于有价证券。

---

〔1〕 谢怀栻：《票据法概论》，中国社会科学出版社2007年版，第6页。

有价证券则是权利证券化的典型体现,是指以一定形式体现的特定权利,该权利由持有者享有并可以自由转让的证券。如《瑞士债务法》第965条规定,有价证券是指“一切与权利结合在一起的文书,离开文书即不能主张该项权利,也不能将之移转于他人”。有价证券被作为民法中特殊的物并逐渐形成一套独特的法律制度体系,包括有价证券所证明的权利种类、有价证券的形式要件、有价证券的发行流通等都已经成为商事特别法。有价证券的特征主要有:

第一,有价证券持有者能够享有一定的财产权利,有价证券表彰的究竟是何种权利则由有价证券的具体类型决定。

第二,有价证券之持有与权利的享有不可分离。有价证券的持有者即是该有价证券的权利人,有价证券的流转也就是相应权利的流转。

第三,有价证券必须符合法律规定的形式,这是有价证券作为民法中特殊物的要式性要求,唯有具备被法律所认可形式的有价证券才能在交易中被使用和流通。传统有价证券以有形的、书面形式为必要,当代随着计算机技术的广泛应用,相当一部分有价证券趋向无纸化、电子化。只不过无纸化、电子化的有价证券必须配备专门的登记制度方能实现权利的证明和流转,我国目前的证券登记结算机构即发挥着这种证券登记和权利的证明、流转功能。

(三)有价证券的类型

有价证券可以按多种标准进行分类。按照有价证券所代表的权利和功能可以分为货币证券、资本证券和实物证券三种。货币证券也称金钱有价证券,是持有者享有确定金额的货币支付请求权的证券,如汇票、本票、支票等,其主要的功能是作为支付工具和流通工具,持有者享有金钱给付请求权。资本证券代表的是持有者对资本收益的请求权,如股票和公司债券,其主要功能是为投资者取得资本收益。实物证券也称商品证券,是持有者请求支付特定货物的有价证券,如仓单、提单等,其主要功能是作为货物的收据和物权的证明。

我国将不同类型的有价证券归为不同的商事特别法来调整。作为货币证券的汇票、本票和支票由《票据法》调整,作为资本证券的股票、公司债券等由《证券法》调整,而仓单、提单则分别属于《合同法》、《海商法》的调整范畴。有价证券在实务中还包括银行的存单、信用卡,这些与我国的《票据法》、《证券法》无关,目前适用《合同法》的相关规定。

此外,还可以按照有价证券的权利与有价证券占有之间的关系分为完全有价证券和不完全有价证券,按照流通与否分为流通有价证券和非流通有价证券等。

(四)资本有价证券的意义

我国《证券法》中的股票、公司债券等都属于有价证券中的资本证券。资本证券与实际资本不同。实际资本指厂房、机器设备、原材料、产品等实物形态且具有实际价值的资本,而资本证券则被称为"虚拟资本"。虚拟资本与实际资本不可能分离,但虚拟资本与实际资本不能完全对应,它是现代市场经济发展中一项重要的制度创新,具有高度的趋利流动性,开辟了新的资源优化配置方式,从而形成了大规模的资本聚积,加速了市场经济的金融化程度。

传统资本证券以纸质为载体,但这个载体本身没有任何经济价值,因此,一方面,资本证券过渡为无纸化顺理成章;另一方面则说明,对资本证券的价值判断有相对独立的依据。学理上普遍认可,资本证券的价值与实际资本的价值不可能绝对、等值化的对应,资本证券持有者所享有的是对未来收益的期待权。例如,作为虚拟资本的股票的价值可以分成面值、净值、清算价格、发行价及市价五种。股票面值就是股份公司在所发行的股票票面上标明的票面金额,它以元/股为单位,用来表明每一张股票所包含的资本数额,表明股票的认购者在股份公司的投资中所占的比例,从而成为确定股东权利的依据。股票的面值也是确定股票发行价格的一个依据。股票净值又称为账面价值,也称为每股净资产,是用会计统计方法计算出来的每股股票所包含的资产净值;即用公司的净资产(包括注册资金、各种公积金、累积盈余等,不包括债务)除以总股本。股票的清算价格是企业在清算时,其财产处置所得到的实际价值,大都会低于实际价值。股票的发行价是当股票上市发行时,上市公司综合考虑各种因素对该股票所制订的价格,发行价与股票的面值和净值不同。股票的市价,则是指股票在交易过程中交易双方达成的成交价。通常我们所说的股票价格就是指股票的市价。但股票的市价又受到多方面的影响,并不由股票净价全部决定。

资本有价证券价值决定因素的相对独立性,使证券市场和证券交易具备了现实的可行性;而有价证券自身流转的便捷和安全则使资本有价证券的流转效率较高,既满足了人们的投资需求,也使证券发行人较为方便地获得了融资。

二、证券类型

(一)概述

1. 比较法的证券类型

各国证券法对证券类型的规定并不相同。例如美国 1933 年的证券法规定,该法所指的证券是指任何票据、股票、国库券、债券、公司债券、利润分享协议，或石油、天然气或其他矿产特许，或租赁协议下的权益证书或参与证书，任何关于证券的抵押信托证、组建前证书或认购证、可转让股份、投资合同、投票信托证、存单或证券指数的卖出权、买入权、选择期权或优先权（包括其权益或由其价值所生之权益），任何在国家证券交易所达成的外汇卖出权、买入权、选择期权或优先权，或者一般意义上被认为“证券”的任何票据，或者前述之各证券的权益证书、参与证书、暂时或临时证书、收据、认购或购买的担保或权利。但不包括货币或自出售日起有效期不超过9个月的任何票据、汇票或银行承兑书，但有宽限期的情况除外，也不包括有效期相当有限的更新票据、汇票或银行承兑书。

再如日本证券交易法规定的证券范围也很广，包括国债证券、地方债证券、根据特别法由法人发行的债券、公司债券、根据特别法设立的法人发行的出资证券、股票以及表示新股认购权的证券或证书、证券投资信托及贷款信托的受益证券、法人为事业必须周转资金而发行的期票中由大藏省令规定者、外国及外国法人发行的证券及证书中具有前项证券及证书性质者、外国法人发行的从事银行业或其他金融融资业者的贷款债权进行信托的受益权及类似权利的证券及证书中由大藏省令所确定者等。

美、日等国家实际上运用了列举的方式，不仅将传统意义上的股票、公司债券纳入“证券法”之中，而且将各种金融衍生品种，甚至表面不是证券，但实际上有财产价值和流通功能的各种凭证均尽收其中。可以理解为它们是侧重证券功能而不拘泥于形式的立法方式。

2. 我国《证券法》对证券类型的规定

我国《证券法》第2条第1款规定：“在中华人民共和国境内，股票、公司债券和国务院依法认定的其他证券的发行与交易，适用本法；本法未规定的，适用《中华人民共和国公司法》和其他法律、行政法规的规定。”因此，我国《证券法》规定的证券类型包括三大类：股票、公司债券和国务院依法认定的其他证券。

我国的《证券法》没有给“证券”做一个抽象的、概括性的定义，而是采取了具体列举式的立法技术，从而使我国证券法中的证券类型呈现出法定化的现象。这种具体列举或类型的法定化并没有否定我国“证券”类型的多样性，除了作为证券类型的股票和公司债券之外，还通过“证券衍生品种发行、交易的管理办法，由国务院依照本法的原则规定”这样一个授权性条款，使其既包容了金融创新背景下证券衍生品种的广阔发展空间，也把金融衍生品种的具体规范统一到证券法的基本原则和规范体系内，因而是较为适应当前我国资本市场发展形势的做法。以下我们将主要介绍我国《证券法》规定的证券类型。

（二）股票

1. 股票的含义

股票，是指由股份有限公司为筹集资本而发行股份的凭证。股票由股东持有，是其对公司投资并享有相应权益的证券。

股票代表的是股东的所有权，即股东的资本所有权或出资者权益，简称股权。同一类别的每一份股票所代表的公司所有权是相等的。每个股东所拥有的公司所有权份额的大小取决于其持有的股票数量占公司总股本的比重。

2. 股票的特点

（1）股票是股东享有出资者权益的凭证。依据我国《公司法》的相关规定，股东因出资而享有相关的出资者权益，这些权益大体可以分为共益权和自益权两大类。共益权是股东享有的对公司事务的管理权，如普通股股东可以参加股东大会、投票表决、参与公司的重大决策；自益权是股东享有的投资收益权，如收取股息或分享红利的权利。作为资本有价证券的股票，就是股东享有的这些权利的凭证。最初的股票都采用纸面形式；但是由于科技的发展，股票基本实现了电子化和无纸化，加上证券登记结算制度的配合，能够大大促进股票交易的便捷和安全。

（2）股票不具有返还性。股票是投资者对公司的出资证明，一旦完成出资，该出资就构成公司法人财产的一部分，公司财产具有法律上的独立性，受到民法法人财产制度的保护。除非符合法律允许公司回购的情形，一般情况下投资者不能抽回出资，因此股票不具有返还性。所以股东只能将股票转让给他人才有可能收回自己的投资，通过赚取买卖价差获得投资收益。

（3）股票具有较高的风险。我国《证券法》第27条规定："股票依法发行后，发行人经营与收益的变化，由发行人自行负责；由此变化引致的投资风险，由投资者自行负责。"该规定系指由资本所有者自担投资风险。与公司债券等固定收益类证券不同，股票除了使持有者作为股东分取股息和红利外，并没有固定的收益。股票的价格决定因素非常多，并且灵活多变。投资者之所以购买股票，往往是预期自己能够在低价位买得该股票并在高价位将其卖出，当这种预期实现的时候，他可能会获得远远超过其投入成本的收益；但是他的预期也可能与该股票实际走势完全相反，因而根本无法实现其低买高卖的愿望。可见相比公司债券，股票投资的风险比较高。

3. 股票的类型

股票的类型非常丰富，我国《证券法》、《公司法》等法律主要涉及了三种分类：

(1)普通股票和优先股票。普通股票是股票的标准形态，持有者享有我国《公司法》第4条规定的“资产收益、参与重大决策和选择管理者”等一系列权利；优先股票与普通股票相对应，是指持有者享有某些优先权利，如优先分配公司盈利和剩余财产权等。我国《公司法》第126条规定：“股份的发行，实行公平、公正的原则，同种类的每一股份应当具有同等权利。”该规定要求“同种类的每一股份”权利同等，因而为发行不同种类股票进而持有者享有不同类型的权利提供了合法性基础。2013年国务院发布的《关于开展优先股试点的指导意见》第1条对优先股的内涵作了明确规定，即“优先股是依照公司法，在一般规定的普通种类股份之外，另行规定的其他种类股份，其股份持有人优先于普通股股东分配公司利润和剩余财产，但参与公司决策管理等权利受到限制”。目前我国的上市公司可以发行优先股，非上市公众公司可以非公开发行优先股。

之所以会有普通股票和优先股票的分类，是因为不同投资者的投资需求不同。优先股票的具体优先条件需要通过公司章程来具体规定，往往在发行时就确定了固定的股息率，还有的优先股票承诺在财产清偿时也优先于普通股票，因而满足了投资者期望稳定回报的愿望，有利于公司获得长期稳定的投资；并且优先股票大都排除了持有者对于公司的表决权，有利于公司管理层的稳定和经营决策权的集中。当然，优先股的劣势在于如果公司营利丰厚，其所获得的股息可能低于普通股票。优先股在国外大多由保险公司、养老金等稳健性投资机构所持有，在我国近年来也逐渐兴起。

优先股票按照所附加的具体条件，可以有多种分类：

一是按优先股股息在当年未能足额分派时能否在以后年度补发分为累积优先股票和非累积优先股票。累积优先股票是指历年股息可以累积发放的优先股票，这就能保障优先股股东的收益不受经营影响而具备稳定性和可靠性；非累积优先股票是指以每个营业年度为限，当年股息结清，如果本年度的盈利不足以支付全部优先股股息，下欠部分不能在以后的营业年度补发。

二是按能否参与或部分参与本期剩余盈余分配，将优先股票区分为参与优先股票和非参与优先股票。参与优先股票是指优先股股东除了按规定分得本期股东股息外，还有权参与分配普通股票对本期剩余盈利的分配；非参与优先股票是指只能按规定分得本期固定股息，无权再参与对本期剩余盈利分配的优先股票。

三是按是否可以在一定条件下转换成其他种类,将优先股票分为可转换优先股票和不可转换优先股票。可转换优先股票是指在发行后一定条件下可以转换为其他种类股票的优先股票;如转换成普通股票或者转换成其他种类的优先股票;不可转换优先股票是指发行后不允许转换成其他种类股票的优先股票。

四是按该优先股票是否可以由原发行人赎回分为可赎回优先股票和不可赎回优先股票。可赎回优先股票是指在发行后一定时期,按特定的赎买价格由发行人按《公司法》的规定回购;不可赎回优先股是指发行后不能赎回的优先股票。此外,还可以按股息是否可以变动区分为股息率可调整优先股票和股息率固定优先股票等。

(2)记名股票和无记名股票。记名股票即记载股东姓名或名称的股票。我国《公司法》第129条规定:"公司发行的股票,可以为记名股票,也可以为无记名股票。公司向发起人、法人发行的股票,应当为记名股票,并应当记载该发起人、法人的名称或者姓名,不得另立户名或者以代表人姓名记名。"公司发行记名股票的,应当置备股东名册,记载股东姓名或者名称及住所,各股东所持股份数、股票编码以及各股东取得股份的日期。发行无记名股票的,公司应当记载其股票数量、编号及发行日期。记名股票,股东以背书的方式或者法律、行政法规规定的其他方式转让;转让后由公司将受让人的姓名或者名称及住所记载于股东名册。股东大会召开前20日内或者公司决定分配股利的基准日前5日内,不得进行前述股东名册的变更登记。但是,法律对上市公司股东名册变更登记另有规定的,从其规定。

无记名股票不记载股东姓名或名称。理论上无记名股票的转让遵从无记名有价证券的一般方法,即自股东将其交付给受让人后发生转让的效力。

在我国当前实践中,除上述法定要求发行记名股票的情形外,面向普通投资者发行的无纸化和电子化后的股票基本均属于无记名股票,其转让需通过证券登记结算系统办理过户手续。

(3)有面额股票和无面额股票。有面额股票是指在股票票面上记载一定金额的股票,该金额也被称为票面金额或股票面值。我国《公司法》第127条规定,股票发行价格可以按票面金额,也可以超过票面金额,但不得低于票面金额。该规定是公司法资本维持原则的具体体现之一。我国《公司法》第167条规定,股份公司以超过股票票面金额的发行价格发行股份所得的溢价款应列入资本公积金,所以实践中,股份公司的注册资本即股票面值与股票发行数之积,为方便计算,绝大多数股份公司发行的都是面值 1 元的有面额股票。但是,股票的发行价格、交易价格往往与股票面值有较大差别,股票记载的面值实际意义不大。无面额股票是指在股票票面上不记载股票面值的股票,也称比例股票或份额股票。即使是无面额股票,也可以发挥表彰每一股所代表的股权比例的功能,其发行或转让价格较为灵活,也便于股票分割。但目前我国尚不允许发行无面额股票。

此外,在我国还较常见的股票分类是 A 股、B 股、N 股和 H 股。A 股是人民币普通股票。它是由我国境内的公司发行,供境内机构、组织或个人(不含台、港、澳投资者)以人民币认购和交易的普通股股票。A 股在我国上市公司发行的流通股中,占最大比重,流通性较好。B 股也称为人民币特种股票,是指在中国大陆注册、在中国大陆上市的特种股票。B 股以人民币标明面值,只能以外币认购和交易。H 股是指我国国有企业在香港上市的股票。N 股是指在中国大陆注册、在纽约上市的外资股。我国还多按投资主体的不同性质将股票区分为国家股、法人股、外资股、社会公众股等。

(三)公司债券

1. 公司债券的含义

公司债券是公司依照法定程序发行、约定在一定期限内还本付息的有价证券,它是公司向债券持有人出具的债务凭证,是公司与债券持有人之间借贷法律关系的体现。

2. 公司债券的特点

(1)公司债券的风险较为确定。公司债券往往也被购买债券者作为“投资”的方式,但公司债券体现的是持券者与发行债券公司之间的借贷法律关系,因此发行债券的公司负有到期还本付息的义务。如果将公司债券的风险与股票相比较,股票显然存在较大和不确定的风险,可能低价买进某股票,后来卖出时其价格暴涨,也可能完全相反;并且由于一张股票一般只表征它在股份公司中的一个份额,票面即使载有价格,这个票面价格也往往与实际的交易价格相差甚远,此外,我国还禁止折价发行股票,股票往往只能溢价发行。因此,持有股票的风险其实是不确定的。而公司债券一般在债券到期之前是收取固定的利息,到期后则可以收回本金;公司债券的发行价格与交易价格差别不是很大,所以尽管如普通民法债权那样,公司债券也在实现方面存在风险,但这种风险一般要比股票小。

(2)公司债券的持有者在法律上处于债权人的地位。公司债券所载的内容是持券人享有向发行证券的公司的给付请求权和其他权能,因此,债券持有人可以比股东优先实现自己的债权。

(3)实践中的公司债券比较灵活。公司债券借用民法债的灵活性和多变性而形成了非常丰富的类型,适应了公司债券发行人和投资者的多样化需求。实践中对有些公司债券也允许折价发行。

3. 公司债券的类型

(1)短期公司债券、中期公司债券和长期公司债券。这是按债券期限对公司债券的分类。短期公司债券期限在1年以内,中期公司债券期限在1年以上5年以内,长期公司债券期限在5年以上。

(2)记名公司债券和无记名公司债券。这是按债券是否记名进行的分类。根据我国《公司法》第157条的规定,公司发行记名债券的,应当在公司债券存根簿上载明下列事项:债券持有人的姓名或者名称及住所;债券持有人取得债券的日期及债券的编号;债券总额、债券的票面金额、债券的利率、债券的还本付息的期限和方式;债券的发行日期等。

发行无记名公司债券,应当在公司债券存根簿上载明债券总额、利率、偿还期限和方式、发行日期及债券的编号。

与无记名股票一样,实践中的无记名公司债券也实现了无纸化、电子化,可以在证券交易场所流通,其转让也应按证券登记结算的要求办理过户登记。

(3)信用债券和担保债券。这是按债券有无担保进行的分类。信用债券指仅凭筹资人自己的信用发行的、没有担保的债券。担保债券是指以抵押、质押、保证等方式担保发行人按期还本付息的债券。其中,抵押债券是指以不动产作为担保物所发行的债券,质押债券是指以存单、有价证券、动产等作为担保物所发行的债券,保证债券是指由第三者的信用担保所发行的债券。

(4)可转换公司债券和不可转换公司债券。可转换公司债券,是指发行人依照法定程序发行、在一定期间内依据约定的条件可以转换成股份的公司债券。反之,则为不可转换公司债券。

公司债券在实务中还有很多类型,如按是否参加公司利润分配分为参加公司债券和非参加公司债券,按是否可提前赎回分为可提前赎回公司债券和不可提前赎回公司债券,按发行人是否给予持有人选择权分为附选择权的公司债券和无选择权的公司债券等。再如资产支持债券,也称资产支持证券或资产证券化,最早是以美国为首的西方发达资本市场国家在20世纪80年代的金融创新品种,它是以某种资产组合为基础发行的债券。到目前为止,能够进行资产证券化的资产可以有以下几类:住房抵押贷款;应收账款;消费贷款,包括汽车贷款、学生贷款、房屋建造贷款等;设备租赁贷款;信用卡等。上述资产的拥有者,一般是银行或其他金融机构,资产支持债券的发行者是特设目的载体(special - purpose vehicle,简称SPV);SPV将购买到的资产重新包装,根据质量不同,将资产按不同等级分类(有时还通过担保提高其信用等级),以这些资产为信用基础发行债券募集资金。资产支持债券的信用基础不在于SPV的资产规模、资产质量和经营利润,而是支持债券的资产的未来收益、担保人的信用或抵押物的价值。不同类型的公司债券在持有人权利、风险方面存在较大差异。

(四)我国《证券法》中的"其他证券"

证券法所规定的"其他证券",包括政府债券、证券投资基金份额以及证券衍生品种。

1. 政府债券

我国《证券法》第2条第2、3款规定:"政府债券、证券投资基金份额的上市交易,适用本法;其他法律、行政法规另有规定的,适用其规定。证券衍生品种发行、交易的管理办法,由国务院依照本法的原则规定。"其中的政府债券如国库券,其发行具体适用的是《国库券条例》;其上市交易适用我国《证券法》。

2. 证券投资基金份额

(1)证券投资基金运用的是信托原理。基金是来自多数人的金钱的聚合,往往有固定的目的或用途。证券投资基金是一种利益共享、风险共担的集合证券投资方式,即通过发行基金单位,集中投资者的资金,由基金托管人托管,由基金管理人管理和运用资金,从事股票、债券投资,以获得投资收益和资本增值。证券投资基金是一种长期投资工具,其主要功能是由专业基金管理人集合资金进行分散投资,如果某些股票跌价造成损失则可以用其他股票涨价的盈利来弥补,因此能够有效地分散投资者的风险。

基金管理人如果能够成功募集基金,就可以将基金财产投资于上市交易的股票、公司债券和国务院证券监督管理机构(以下简称中国证监会)规定的其他证券品种。所以基金份额持有人自己并不直接去买卖证券,由基金管理人用投资者的财产去进行证券投资,所以才将"证券投资基金"作为典型的间接证券投资方式。从证券投资基金的成立基础来看,其运用的就是信托的原理;是由于投资者对基金管理人的信任,才将自己的钱交给基金管理人来买卖证券。其中的基金管理人、基金托管人履行的是受托人职责;基金份额持有人按所持份额享受收益和承担风险,他既是委托人,也是收益人,因此相当于信托类型中的“自益信托”。基金财产来自投资者的投资,相当于信托财产,它独立于基金管理人和基金托管人的固有财产,基金管理人、基金托管人也不得将基金财产归入其固有财产。基金管理人、基金托管人因基金财产的管理、运用或者其他情形而取得的财产和收益,归入基金财产。基金管理人、基金托管人因解散、被依法撤销或者被依法宣告破产等原因进行清算的,基金财产不属于其清算财产。基金财产的债权,不得与基金管理人、基金托管人固有财产的债务相抵销;不同基金财产的债权债务,不得相互抵销。非因基金财产本身承担的债务,不得对基金财产强制执行。我国《证券投资基金法》还规定基金管理人、基金托管人管理、运用基金财产,应当恪尽职守,履行诚实信用、谨慎勤勉的义务。该规定已经比较接近信托受托人的“受信义务”标准。

(2)证券投资基金的类型。按照不同的标准,可以对证券投资基金进行不同的分类:

第一,根据基金的募集是否公开分为公开募集基金和非公开募集基金。这是我国《证券投资基金法》对于基金的基本分类。通过公开募集方式设立的基金,简称公开募集基金,包括向不特定对象募集资金、向特定对象募集资金累计超过200人,以及法律、行政法规规定的其他情形。公开募集基金份额持有人按其所持基金份额享受收益和承担风险。公开募集基金的基金管理人,由基金管理公司或者经中国证监会按照规定核准的其他机构担任。公开募集基金,应当经中国证监会注册。未经注册,不得公开或者变相公开募集基金。

通过非公开募集方式设立的基金,简称非公开募集基金。非公开募集基金应当向合格投资者募集,合格投资者累计不得超过200人。合格投资者,是指达到规定资产规模或者收入水平,并且具备相应的风险识别能力和风险承担能力、其基金份额认购金额不低于规定限额的单位和个人;合格投资者的具体标准由中国证监会规定。非公开募集基金的收益分配和风险承担由基金合同约定。非公开募集基金,不得向合格投资者之外的单位和个人募集资金,不得通过报刊、电台、电视台、互联网等公众传播媒体或者讲座、报告会、分析会等方式向不特定对象宣传推介。

除募集方式的区别外,依据我国《证券投资基金法》的相关规定,公开募集基金和非公开募集基金的对比如下表所示:

品种	投资者	基金管理人	基金托管人	基金财产投资	监管	信息公开
公开募集基金	不特定对象、200以上特定对象及其他。	由基金管理公司或者中国证监会按照规定核准的其他机构担任。	应当由基金管理人管理，基金托管人托管。	一般应采用资产组合方式，投资于上市交易的股票、债券；中国证监会规定的其他证券及其衍生品种。	中国证监会决定是否对申请予以注册，类似于对证券公司的监管。	公开披露信息并遵守相关信息公开的法律法规，类似于股票发行人的信息公开义务。
非公开募集基金	200人以内的合格投资者。	基金管理人为合伙企业，应当向基金行业协会履行登记手续。可以由部分基金份额持有人作为基金管理人负责基金的投资管理活动，并对基金财产的债务承担无限连带责任。	除基金合同另有约定外，非公开募集基金应当由基金托管人托管。	买卖公开发行的股份有限公司股票、债券、基金份额，以及中国证监会规定的其他证券及其衍生品种。	募集完毕基金管理人应当向基金行业协会备案。	按照基金合同的约定，向基金份额持有人提供基金信息。

公开募集基金和非公开募集基金尽管有上述不同，但也有很多相同点：它们都应当通过基金合同约定基金的运作方式。基金份额持有人都享有投资收益权，包括分享基金财产收益，参与分配清算后的剩余基金财产，依法转让或者申请赎回其持有的基金份额；也享有共益权性质的管理权如按照规定要求召开基金份额持有人大会或者召集基金份额持有人大会，对基金份额持有人大会审议事项行使表决权，对基金管理人、基金托管人、基金服务机构损害其合法权益的行为依法提起诉讼等基金合同约定的其他权利。此外，基金份额持有人也都享有知情权，如公开募集基金的基金份额持有人有权查阅或者复制公开披露的基金信息资料；非公开募集基金的基金份额持有人对涉及自身利益的情况，有权查阅基金的财务会计账簿等财务资料等。我国《证券投资基金法》之所以将它们作为基本分类，是因为公开募集和非公开募集的监管需求不同。并且在我国证券投资基金发展的历史上，对非公开募集基金的规范化晚于公开募集基金。

第二，根据基金的运作方式分为开放式基金、封闭式基金和其他方式基金。这种分类也是我国《证券投资基金法》所规定的分类。该法第46条规定："基金的运作方式可以采用封闭式、开放式或者其他方式。采用封闭式运作方式的基金

(以下简称封闭式基金),是指基金份额总额在基金合同期限内固定不变,基金份额持有人不得申请赎回的基金;采用开放式运作方式的基金(以下简称开放式基金),是指基金份额总额不固定,基金份额可以在基金合同约定的时间和场所申购或者赎回的基金。采用其他运作方式的基金的基金份额发售、交易、申购、赎回的办法,由国务院证券监督管理机构另行规定。"

在获利方式方面,投资者购买开放式基金的获利方式有两个:一是净值增长:由于开放式基金所投资的股票或债券升值或获取红利、股息、利息等,导致基金单位净值的增长。而基金单位净值上涨以后,投资者卖出基金单位数时所得到的净值差价,也就是投资的毛利。再把毛利扣掉买基金时的申购费和赎回费用,就是真正的投资收益。二是分红收益:根据我国相关法律规定和基金合同的约定,基金应定期进行收益分配。投资者获得的这部分分红也是获利的组成部分。

开放式基金年收益率 =(年末基金净值 - 年初基金净值)/(年初基金净值 - 年初分红)×100%

封闭式基金在证券交易所上市,投资者不可以向基金管理公司赎回,而只能在证券市场按市场价格转让。封闭式基金的发起人在设立基金时,事先确定发行总额,筹集到这个总额的80%以上时,基金即宣告成立,并进行封闭,在封闭期内不再接受新的投资。例如,在深交所上市的基金开元,于1998年设立,发行额为20亿基金份额,存续期限(封闭期)15年。在此期间内,投资者不能要求退回资金、基金也不能增加新的份额。

在交易方式方面,开放式基金的交易以基金单位的申购和赎回来体现。基金的申购程序包括开立账户、确定申购金额、支付款项、申购确认阶段。基金销售机构在接到客户的开户及申购请求后,基金销售机构要完成客户资料存档、确认付款、确认基金单位数等工作。基金赎回是基金申购的反向过程,即卖出基金单位收回现金。基金赎回时投资者可以直接或通过代销机构向基金管理公司发出赎回指令、领取赎回款等。封闭式基金成立后,基金管理公司可以向证券交易所提出上市申请,经证券交易所批准挂牌交易,投资者可以像股票一样转让基金。我国封闭式基金的上市交易,与股票的交易方式有许多相似之处,具体包括开户、委托、成交、清算、交割、过户等环节。

在交易价格方面,开放式基金的交易价格决定于基金的资产净值,其价值是基金申购和赎回价格的总称,由基金管理公司每天根据资产净值计算申购与赎回价格,并对外公开报价,基金投资者依据公布的价格申购或赎回基金单位。封闭式基金交易价格除由基金资产净值决定外,还受市场供求关系的影响。封闭式基金在证券交易所上市交易后，基金买卖双方通过公开竞价的方式进行交易，由此形成的价格就是交易价格。

开放式基金和封闭式基金的区分概括如下表所示：

品种	规模的可变性	期限	买卖途径	交易价格	交易费用
开放式	规模不固定	无固定期限	申购赎回通过基金公司或证券公司等代销机构，不上市交易。	价格以基金单位对应的资产净值为基础	认购费、申购赎回费
封闭式	规模固定	一般 5～15 年	类似于股票，在交易所上市交易。	买卖价格由证券市场决定	交易佣金

值得注意的是，我国第一批封闭基金基本在 2017 年前到期，如基金景福、基金同盛、基金汉兴等。封闭式基金到期后的处理有三种方式，第一种是清盘，即按基金净值扣除一定费用后退还给投资者；第二种是转为开放式基金，即我们常说的“封转开”，如 2016 年到期的基金科瑞、基金鸿阳、基金丰和等，转型为灵活配置混合型基金；第三种是延长到期期限，这种方式很少应用。依据《证券投资基金法》的相关规定，公开募集的封闭式基金到期如果需要延长基金合同期限，应当符合下列条件并备案：基金运营业绩良好；基金管理人最近二年内没有因违法违规行为受到行政处罚或者刑事处罚；基金份额持有人大会决议通过以及其他条件。

第三，根据组织形态的不同，证券投资基金可分为公司型投资基金和契约型投资基金。公司型投资基金是具有共同投资目标的投资者组成以营利为目的的股份制投资公司，并将资产投资于特定对象的投资基金；契约型投资基金也称信托型投资基金，是指基金发起人依据其与基金管理人、基金托管人订立的基金合同，发行基金单位而组建的投资基金。我国《证券投资基金法》规定的开放式基金和封闭式基金都是契约型基金。

第四，根据投资风险与收益的不同，投资基金可分为成长型投资基金、收入型投资基金和平衡型投资基金。成长型投资基金是指把追求资本的长期成长作为其投资目的的投资基金；收入型基金是指以能为投资者带来高水平的当期收入为目的的投资基金；平衡型投资基金是指以支付当期收入和追求资本的长期成长为目的的投资基金。每一家基金管理公司可能管理数支基金，在发售时都会说明自己的投资重点和倾向性，从而满足不同风险偏好的投资者需求。

第五，根据投资对象风险的不同，投资基金可分为股票基金、债券基金、货币市场基金、期货基金、期权基金、指数基金和认股权证基金等。股票基金是指以股票为投资对象的投资基金;债券基金是指以债券为投资对象的投资基金;货币市场基金是指以国库券、大额银行可转让存单、商业票据、公司债券等货币市场短期有价证券为投资对象的投资基金;期货基金是指以各类期货品种为主要投资对象的投资基金;期权基金是指以能分配股利的股票期权为投资对象的投资基金;指数基金是指以某种证券市场的价格指数为投资对象的投资基金;认股权证基金是指以认股权证为投资对象的投资基金。

	偏股型基金	指数基金	偏债型基金	货币市场基金
风险收益	高	较高	较低	低
适合人群	能承担相当风险,但没时间和精力进行股票投资,追求资本增值的投资者。	有较强的大势研判能力,但选股能力相对较弱,追求市场整体价格水平上升带来的收益的投资者。	厌恶风险,对本金的安全性要求较高的投资者。	极度厌恶风险,对本金安全性和资产流动性要求都较高的投资者。

3. 证券衍生品种

(1)证券衍生品种的含义。证券衍生品种,是指股票、公司债券等原生证券的衍生品种。“衍生”是指投资价值或者结算现金流依赖于股票、债券、利率、汇率或者信用等资产或者市场指标的金融工具,其本身不产生任何现金流,也不创造任何价值,买卖双方在合同规定的时间里按照原生品的表现结算输赢,一方的盈利即为另一方的亏损。

(2)证券衍生品种的类型。证券衍生品种是成熟证券市场上重要的投资产品,其具体品种会随着证券市场的发展而不断丰富。目前大体可以分为证券型衍生品种和契约型衍生品种。

证券型衍生品种是将股票等原生证券和一个权利合约相结合,并将其中的权利以证券的形式表现出来所形成的新的证券品种。最典型的证券型衍生品种是认股权证。认股权证又称股票认购授权证,从内容上看,认股权证实质上就是一种买入期权。它由上市公司发行,持有权证的投资者在未来某个时间或某一段时间内可以按事先确认的价格购买一定数量该公司股票的权利,相当于“买股优惠券”。如果权证到期时,公司股票价格上涨,超过认股权证所约定的认购价格,权证持有者就有权按当初约定的认购价格购买股票,从而赚取市场价格和认购价格之间的差价:如果权证到期时,市场价格比约定的认购价格还低,则权证持有者可放弃认购。认股权证作为以股票为基础的衍生证券,是股票和选择权合约的结合,其中,合约的主体是权证的发行人和权证持有人,合约内容是权证持有人有权选择是否在约定时间、按约定价格向权证发行人买进或卖出股票。认股权证实际是“选择权”的证券化，需要由发行人来设定发行价格，经历发行和募集程序，具有直接或间接的筹资功能，并且实行现货交易。除了认股权证外，认股选择权合约和公司债券相结合而衍生的可转换公司债券，也属于证券型衍生品种。

契约型衍生品种则以股票、债券等资本证券或者资本证券的整体价值衡量标准如股票指数为基础，主要包括各类期货、期权等品种，如股指期货、股指期权、国债期货、股票期权等。股指期货即股票价格指数期货，也可称为股价指数期货、期指，是指以股价指数为标的物的标准化期货合约，双方约定在未来的某个特定日期，可以按照事先确定的股价指数的大小，进行标的指数的买卖。契约型衍生品种是以证券交易场所设计的标准化、规格化的合约的形式存在，而不是以证券的形式存在。并且契约型衍生品种主要是作为一种风险管理工具存在，不具备融资功能，也没有发行人。契约型衍生品种的交易方式为期货交易，实行保证金、持仓限制、逐日盯市等交易风险控制措施。

(3)证券衍生品种的法律规制。证券衍生品种在发行、交易和信息披露中存在特殊性，证券法本身还无法容纳其相关规定；因此对于证券衍生品种的发行和交易，由国务院制定具体的管理办法。但是，我们需要明确的是，证券衍生品种也是一种证券法规定的“证券”。上述《证券法》第 2 条的规定“证券衍生品种发行、交易的管理办法，由国务院依照本法的原则规定”是一个授权性法律规范。《证券法》通过该规范认可了证券衍生品种作为证券法中“证券”类型之一的法律地位，体现了证券法允许金融创新的基本态度；当然，证券法同时要求对证券衍生品种的管理，也要遵循《证券法》的一系列基本原则，包括信息公开和证券监督原则；由此将金融衍生品种纳入到我国《证券法》的统一法律规制之下。

第二节　证券法概述

证券法是指规范证券相关主体以及证券发行、证券交易和证券上市制度的相关法律规范之总称。证券法的渊源是多元的，证券法律关系可以从法律关系的主体、客体和内容等多个角度予以把握。

一、证券法的法律渊源及特点

（一）证券法的法律渊源

法律对于证券市场的意义相当重大。例如美国证券市场历史悠久，它萌芽于独立战争时期。第一次和第二次产业革命使股份制得到迅猛发展，企业纷纷借助证券市场筹集大量资金，1929 年经济大危机后美国政府加强对证券市场的立法监管和控制，整个市场进入规范发展阶段，美国 1933 年制定了《证券法》，1934 年颁布了《证券交易法》。20 世纪 90 年代以后，随着美国证券市场的进一步扩大，美国证券立法进入了一个新的阶段，制定了许多新的法律规范，如《1990 年证券实施补充与股票改革法》、《1990 年信托契约改革法》、《1990 年市场改革法》、《1990 年证券实施救济法和垃圾股票改革法案》、《加强国际证券合作法》等。美国证券法的修订也是其证券法的常态，美国的证券市场也因此快速地成为世界最大的证券市场，是世界经济的"晴雨表"。

我国证券市场的发展也需要完善的证券法。当前证券法的法律渊源已经呈现出多元化、复杂化，并且修改和变动也是常态。总体来看，我国证券法的法律渊源主要可以分为以下五个层次：

1. 法律

包括《中华人民共和国证券法》、《中华人民共和国公司法》、《中华人民共和国证券投资基金法》、《中华人民共和国信托法》等。此外，在《中华人民共和国刑法》中还有对证券犯罪的规定。

2. 行政法规

即由国务院发布的证券类行政法规，如《证券公司监督管理条例》和《证券公司风险处置条例》等。

3. 部门规章及规范性文件

证券业是一个非常复杂的行业，按照行业所需，由中国证监会根据法律和国务院行政法规制定的规章和规范性文件，构成了目前证券法中数量最大、涉及面最全和实践操作性最强的法律渊源，几乎证券业的每一个细节都有相关的部门规章或规范性文件。如《证券发行与承销管理办法》、《证券公司融资融券业务管理办法》、《首次公开发行股票在创业板上市管理暂行办法》、《证券市场禁入规定》等等。

4. 相关司法解释

即由最高人民法院针对法律适用问题作出的司法解释，如最高人民法院《关于审理涉及会计师事务所在审计业务活动中民事侵权赔偿案件的若干规定》、最高人民法院《关于审理证券市场因虚假陈述引发的民事赔偿案件的若干规定》、最高人民法院《关于受理证券市场因虚假陈述引发的民事侵权纠纷案件有关问题的通知》等。

5. 证券业的自律性规则

行业自律是证券业市场化的内在需求。两大证券交易所都有若干自己的自律性规则,如《上海证券交易所会员管理规则》、《上海证券交易所交易规则》、《上海证券交易所股票上市规则》等。又如《中国证券登记结算有限责任公司证券登记规则》也属于重要的自律性规则。近年来,我国的新三板市场也有大量自律性规则。在证券的发行、上市和交易中,证券发行人、证券交易所都必须遵守这些具体的规则。可见,证券业的自律性规则也是我国证券法的法律渊源。

(二)我国证券法的特点

第一,证券法以保护投资者利益为立法目的和主要功能。证券法的立法目的和主要功能是保护投资者利益。股份公司制度是迅速集中巨大资本的有效方式。作为出资者的股东,由于不能向公司要求返还出资,就只能通过自由转让股份而收回投资;公司债券也是资本证券,债权人(债券所有人)应当可以通过债券转让收回资金。安全地收回投资和获得盈利是投资者进行投资的前提。但投资本身就是一种有风险的法律行为,证券法并不确保投资者必然获得预期收益,只能以维持公正的交易秩序为己任。在我国,强调证券法对投资者利益的保护尤其重要。我国有关证券法律的一系列制度,如公司法中对投资者权益的基本界定、对投资者保护的相关规则,对证券发行质量的控制;证券法规定的信息公开制度,禁止证券发行和交易中的欺诈行为、禁止内幕交易、禁止操纵市场、具体交易规则以及各种法律责任的规定等,无一不是为了保护投资者的利益。虽然这些制度还有待进一步完善,但在证券立法之初,"中国法律中,对投资者权益的保护有了系统的考虑,立法的指导思想是明确的,只有在法律上对投资者的正当权益给予充分保护,并成为有效的行为规则,证券市场才能吸引投资者,投资者也才会有信心地投入这个市场,从而使这个市场得到正常的发展"。[2]

第二,证券法以强制性规范为主。证券法虽然也包含一些任意性规范,如上市公司可以自主选择上市保荐人、投资者可以自由选择拟投资的证券产品等,但

---

〔2〕 卞耀武:《关于中国证券市场投资者保护的法律体系》,载《证券法律评论》(第3卷),法律出版社2003年版,第12页。

总体看来,证券法中的强制性规范比较多,这一点也是我国证券法的鲜明特色,如证券发行制度、证券交易规则等,都是典型的强制性法律规范。所谓强制性规范就是要求相关法律关系的主体必须遵守而不能变通,如果不遵守则应当受到相关法律责任的制裁。证券法中大量的强制性规范体现出了国家对证券市场的干预。这是因为证券法律关系的主体特别是作为证券购买人的投资者,在数量上比较庞大,但在证券市场上却常常处于信息劣势,需要国家以强制性规范来确定证券市场的一般规则,并要求证券市场的各类主体都严格遵行。只有这样,才能避免各种欺诈投资者的行为,维护证券市场的基本秩序。当然,中国证券市场多年的发展历程也表明,证券市场离不开行政监管,根据证券市场的发展实际,证券监管本身也有逐步科学化、规范化和现代化的发展需求,证券法及相关规则的不断修改也是我国证券监管水平的不断提升。

第三,证券法既有实体性规范也有程序性规范。证券法中的实体性法律规范是指赋予证券法律关系主体具体权利义务的规范,程序性法律规范是指这些权利义务实现的步骤。证券法作为证券市场的一般规则,为相关主体规定了一系列具体的权利义务,如发行证券的权利、信息真实义务等;同时,这些权利义务的相关程序也是证券法的重要内容,典型的如证券发行、证券交易的程序。证券法中的实体性规范和程序性规范密切结合,证券法律关系主体要想实现相关权利必须遵守这些程序性规范,相关义务的履行也必须依照这些程序进行才能被认可。程序性规范的存在显然是为了确保证券市场的基本秩序,提高证券发行和交易的安全性与效率性。

二、证券法律关系

(一)证券法律关系的含义

证券法律关系就是证券法所调整的、相关主体之间因特定的证券事宜而产生的权利义务关系。证券法的具体规范,都可以按证券法律关系加以分析和理解。

(二)证券法律关系的确定

确定证券法律关系是一个较为复杂的问题,它涉及以下几个因素:

1. 证券法律事实

能够引起证券法律关系产生的就是证券法律事实,在证券法中主要是指证券的发行和交易,还包括证券服务和证券的监管行为。例如,股票发行中,除了按照公司法的规定形成股东大会的决议后,还须按证券法的规定进行股票发行的申请,聘请会计师事务所、资产评估机构、律师事务所等对其资信、资产、财务状况进行审定、评估和出具审计报告、评估报告、法律意见书等;申请获得批准后,发行公司还应与股票承销机构签订承销协议;还应办理制作、发售认股书、催缴股款和交付股票、对发行结果进行登记和公告等一系列具体事宜;还有证券法中大量存在的各种证券监管行为。这些繁杂的法律事实,会引起内容不同的证券法律关系,因而有必要具体分析。

2. 证券法律关系的主体

法律关系既然是主体之间的权利义务关系,明确主体的范围当属必要。我国证券法的主体呈现了“多元性”特点,系是指证券法所涉主体种类繁多,包括证券投资者、证券发行者、证券公司(又称证券商或券商)、证券交易所、资产评估机构、会计师事务所、律师事务所、证券投资咨询机构、证券资信评级机构、财务顾问机构、证券登记结算机构以及国家的证券监管机构等。不同主体间权利义务关系不同,多种主体间就会有多种法律关系。以下分别介绍证券法律关系的主体:

(1)证券发行人。证券发行人是指为筹集资金而发行证券的主体。依据我国相关法律法规的规定,证券发行人包括:

第一,公司和企业。能够在证券市场上发行股票的是符合我国公司法、证券法规定的股份有限公司。此外,在公司债券的发行主体方面,我国《证券法》第16条规定,股份有限公司和有限责任公司可以发行公司债券。

第二,政府和政府机构。中央政府可以发行政府债券(国库券)以协调财政基金的周转、弥补财政赤字、兴建政府投资的大型基础设施建设。此外,中央人民银行从2003年起开始发行中央银行票据,主要目的是调节货币供应量,对冲金融体系中过多的流动性。

(2)证券投资者。证券投资者是证券市场上买入证券并承担投资风险的机构投资者和个人投资者。

第一,机构投资者。具体包括以下:一是政府机构,即中央和各级人民政府、中央银行,以及我国的国有资产管理部门及其授权部门。政府机构投资证券市场的主要目的是宏观调控。二是金融机构,包括证券公司、商业银行、保险公司、合格境外投资者(即QFII)和其他金融机构如信托投资公司等。以上金融机构从事证券投资,除了要符合相关法律、法规规定的实体条件(如《证券法》、《商业银行法》、《保险法》、《合格境外投资者境内证券投资管理办法》等)外,还要经过中国证监会等行政主管机关的批准。三是企业和事业法人,各类企业可以通过股票的发行实现对其他企业的控股或参股,也可以将自己的闲余资金委托给专业机构进行投资;事业单位法人可以用自有资金和有权支配的预算外资金进行证券投资。四是各类基金,包括证券投资基金、社保基金、企业年金和社会公益基金等。

第二,个人投资者及投资者适当性管理。个人投资者是证券市场中重要的投资者。由于证券交易所实行会员制,个人投资者不能直接进入证券交易所进行交易,而是需要通过证券公司的经纪业务,委托具有会员资格的证券公司代为交易。证券经纪业务在性质上属于商事代理,交易的后果由投资者来承担。证券法律关系中的个人投资者应当符合投资者适当性管理的要求。

(3)证券市场的服务机构。具体包括:

第一,证券公司和证券投资基金管理公司。证券公司的业务类型比较丰富,除了自身作为证券投资者外,还为其他的证券投资者提供证券经纪、投资咨询、资产管理、融资融券、财务顾问等服务,为证券发行人提供承销、保荐等服务,是最为重要的证券市场中介机构。证券投资基金管理公司也是重要的市场中介。本书将在第二章专门对它们予以介绍。

第二,其他证券服务机构。包括证券交易所、证券登记结算机构和律师事务所、会计师事务所、财务顾问机构、投资咨询机构等。

(4)证券市场的监管机构

证券市场是一个风险极大的市场,需要严密的监管。我国《证券法》第 7 条规定:“国务院证券监督管理机构依法对全国证券市场实行集中统一监督管理。国务院证券监督管理机构根据需要可以设立派出机构,按照授权履行监督管理职责。”第 178 条规定:“国务院证券监督管理机构依法对证券市场实行监督管理,维护证券市场秩序,保障其合法运行。”证券监管贯穿于证券发行和证券交易的全部过程,对于规范证券发行和证券交易,确保证券市场的稳定发展都有特殊的必要性。该法中的“国务院证券监督管理机构”即中国证监会,全称为“中华人民共和国证券监督管理委员会”。

证券监管机构在证券法中具有重要地位,证券发行、交易等各个制度都离不开证券监管。证券监管具体包括以下几个方面:一是对以信息披露真实、准确、完整为目标的证券发行制度予以监管;二是对以平衡公平和效率为目标的交易制度予以监管,包括集中交易、禁止交易制度在内的一系列交易制度规则,目的都是在保证交易效率的同时确保实现交易公平;三是通过行政、民事和刑事法律责任制度,构建一系列投资者权益救济制度对证券市场予以监管,包括专门的监管执法制度规范,确保对违反法律义务规定的行为严格追究法律责任,对受到不法侵害的投资者及时给予救济,帮助投资者获得民事赔偿等。

3. 证券法律关系的复合性

与其他商事特别法和民法主体间的单一法律关系相比,证券法律关系的特点是其具有复合性,即每一个主体都与多个主体存在不同的法律关系。以证券公司为例,如果证券公司作为客户的委托人,以会员的身份在证券交易所买卖股票,同时还接受证券监管,不得从事违法的交易行为;这就使证券公司分别与客户、其他证券公司、证券登记结算机构、证券交易所、证券监管部门等发生不同的法律关系;如果证券公司作为证券承销人,还与证券发行人存在承销法律关系;如果证券公司开展自营业务,它则是证券市场上的投资者。证券交易是一种典型的商事交易、传统的绝对商行为(交易所交易),虽然本质仍为买卖,但其内涵与外延均非传统民法的买卖所能够类比,因此证券交易只适用证券法而不适用民法或合同法。证券法律关系的这种复合性,是证券法律技术复杂性的体现。证券法律关系的复合性和复杂性为我们展示出来一个立体的、多维的关系模型,因而展现出商法的技术性和利益衡量的复杂性,也需要我们经常检视证券法独有的法律思维和方法。

(三)证券法律关系的类型

尽管证券法律关系主体众多,证券法律关系比较复杂,但是我们大体可以将证券法律关系分为以下私法和公法法律关系这两大类型。区分它们的意义在于适用法律不同,私法和公法遵循不同的法律原则和理念、制度及调整方法:

1. 私法性质的证券法律关系

即平等主体之间的证券法律关系,包括投资者与证券发行人之间的证券发行关系,投资者之间的证券交易关系、证券公司与客户之间的关系、证券服务机构与证券发行人、上市公司之间的证券委托服务关系、证券交易的结算关系等。我国《证券法》第3条规定,证券的发行、交易活动,必须实行公开、公平、公正的原则。第4条规定,证券发行、交易活动的当事人具有平等的法律地位,应当遵守自愿、有偿、诚实信用的原则。这些规定都属于对私法性质证券法律关系的规定。

2. 公法性质的证券法律关系

证券行业作为金融业是国家干预较多的领域。中国证监会依法对全国证券市场实行集中统一监督管理,维护证券市场秩序,保障其合法运行。由于这种监管属于行政性监管,因而形成了与前述私法性质不同的证券监管法律关系,证券监管适用我国《行政处罚法》、《行政诉讼法》等行政法律。此外,涉及证券犯罪的刑事法律关系也应当属于公法性质的法律关系。

第三节 证 券 市 场

证券市场是资本市场的组成部分,是证券发行和证券交易的场所,它是证券法律关系的依托。我国的证券市场是社会主义市场经济中不可或缺的一部分,我国已经初步构建起多层次的资本市场。对证券市场交易秩序的维护是我国证券法的重要立法目标之一。

一、证券市场的含义和类型

证券市场是指证券发行和交易的场所。证券市场属于资本市场,也是一国金融市场的重要组成部分。证券市场是市场经济发展到一定阶段的产物,它可以分为以下类型:

(一)证券发行市场和证券交易市场

1. 证券发行市场

证券发行市场又称证券一级市场或初级市场,是指发行人依据法律规定的证券发行条件和发行程序,向投资者出售新证券所形成的市场,相当于投资者从发行人处购买其发行的证券。证券发行有直接发行和间接发行之分。直接发行是发行人直接将证券出售给投资者;间接发行是通过证券公司的证券承销业务将证券出售给投资者。

2. 证券交易市场

证券交易市场又称证券二级市场或次级市场,是已经发行的证券在投资者之间的流通所形成的市场,即投资者相互之间的证券买卖。由证券公司通过证券经纪业务媒介投资者之间的证券交易,证券公司也可以通过自营业务参与证券交易。

3. 证券发行市场和证券交易市场之间的关系

证券的发行市场和证券的交易市场并非是对证券市场的地理划分,而是依证券进入市场的顺序进行的划分。证券发行市场和证券交易市场之间存在密切关系。一方面,证券发行市场是证券交易市场的基础和前提:只有依法发行的证券才能通过上市合法地进入证券的交易市场流通,证券发行的种类、数量、方式也决定着证券交易的类型、规模和方式,证券发行的价格对证券交易的价格也有影响;另一方面,证券交易市场也制约着证券发行市场。对大部分证券投资者而言,无论他们从证券发行市场上或证券交易市场上购买证券,其目的都是在证券交易市场上卖出,从而获得价差收入;因此,流通机制良好的证券交易市场会刺激证券发行市场。

(二)股票市场、债券市场、基金市场和证券衍生品市场

这是按照证券的具体品种进行的分类,不同类型证券的发行和交易适用各自相关的法律法规,也就形成了不同类型证券的市场。

1. 股票市场

股票市场就是股票的发行和交易市场,在法律适用方面,除了应适用中国证监会和证券交易所的具体规则外,还要适用《公司法》和《证券法》。

2. 债券市场

债券市场是债券的发行和交易市场,目前,我国中央政府、地方政府、金融机构、公司、企业等只要符合相关的条件,都可以发行各种债券;所发行的这些债券也能进行交易。有关债券市场的法律适用如政府债券的发行适用的是《国库券条例》,公司债券的交易则适用《证券法》。

3. 基金市场

基金市场是基金份额的发行和流通市场,对证券投资基金份额的发行适用《证券投资基金法》,基金份额的交易则适用《证券法》。

4. 证券衍生品种市场

证券衍生品种是证券衍生品种的发行和交易市场。证券衍生品种的发行和交易要遵守《证券法》的基本原则,但由于其本身在发行、交易和信息披露中存在特殊性,由国务院制定相关的具体管理办法来解决其发行和交易问题。

(三)一板市场、二板市场、三板市场和四板市场

这是按照证券市场作为资本市场发挥筹资功能的层次进行的划分,不同层次的证券市场在上市条件、监管要求等方面存在不同的法律要求,这种划分是证券行业的习惯说法。不同质量、规模和风险程度的企业,对于证券市场的资金需求是不同的,只有建立不同层次的证券市场才能满足这些差异较大的资本需求;而投资者同样有着不同的风险偏好,只有多层次的证券市场才能够满足不同投资者的投资需求。

我国《证券法》第39条规定:“依法公开发行的股票、公司债券及其他证券,应当在依法设立的证券交易所上市交易或者在国务院批准的其他证券交易场所转让。”其中除证券交易所外的“国务院批准的其他证券交易场所”就授权由国务院对多层次资本市场进行审批。

1. 主板市场和中小板市场

主板和中小板市场通常被称为一板市场。

(1)主板市场。主板市场是指在有组织的交易所进行集中竞价交易的市场,主要是为大型、成熟企业的融资和转让提供服务。上海证券交易所、深圳证券交易所就是我国的主板市场。主板市场往往对发行人的营业规模、股本大小、盈利水平、最低市值等有比较高的要求,是资本市场中最重要的组成部分,在很大程度上是我国经济发展的“晴雨表”。

(2)中小板市场。我国于2004年在深圳证券交易所设立了中小板块市场,中小板市场在性质上也属于主板市场,但有很多独特的要求。中小板市场的运行在法律依据、上市条件和信息披露方面与主板市场相同;但是由独立于主板市场交易系统的第二交易系统承担运行任务,由深圳证券交易所设立的独立监察系统进行实时监控。中小板市场使用的代码也与主板不同,该板块也有独立的指数。

2. 创业板市场

创业板市场主要服务于具有高度成长性的中小企业和高新技术企业,也称二板市场。2009年3月31日,中国证监会正式发布《首次公开发行股票并在创业板上市管理暂行办法》,该办法自2009年5月1日起实施;2009年10月30日,中国创业板正式上市。创业板重点支持自主创新企业,支持市场前景好、带动能力强、就业机会多的成长性创业企业,特别是支持新能源、新材料、电子信息、生物医药、环保节能、现代服务等新兴产业的发展。与主板市场相比,创业板市场的上市企业规模较小,上市条件相对较低。创业板市场能够使风险投资机制中的风险资本有顺利的退出渠道,是我国风险投资机制的一部分,也是多层次资本市场的必要组成部分。

3. 新三板市场

三板市场,又称场外市场(OTC市场),本意指证券交易所之外的证券发行和转让市场。在我国,以前将原转让系统内的退市企业及原STAQ、NET系统挂牌公司称为三板市场;但近年来三板市场的概念被“新三板”替代。新三板市场原指中关村科技园区非上市股份有限公司进入代办股份系统进行转让试点,因挂牌企业均为高科技企业而不同于原来的三板市场含义,故被称为“新三板”,目前的“新三板”系指全国性的非上市股份有限公司股权交易平台。

4. 四板市场

四板市场,即区域性股权交易市场,是为特定区域内的企业提供股权、债券的转让和融资服务的私募市场,一般以省级为单位,由省级人民政府监管,既是我国多层次资本市场的重要组成部分,也是中国多层次资本市场建设中必不可少的部分。对于促进企业特别是中小微企业股权交易和融资,鼓励科技创新和激活民间资本,加强对实体经济薄弱环节的支持,具有积极作用。

二、证券市场的功能

第一,高效筹措资金的功能。证券市场能够高效、持续地筹集企业发展所需要的资金。通过证券市场筹集企业发展所需要的资金,属于企业的直接融资。间接融资是通过金融机构作为中介获得的融资。直接融资和间接融资各有优势,都属于不可或缺的融资方式,二者应当互相配合,共同构成功能完善的融资体系。证券市场作为资本市场的一部分,发挥着巨大的筹集资金作用,使企业获得创建、发展、设备技术的更新、原材料的储备等各方面的资金需求。例如,我国公司法规定的以募集方式设立的股份公司可以在证券发行市场上公开发行股票。向社会公众募集资金之后再设立股份公司,从而使公司在创建之初就可以获得大量的社会投资。并且公司在上市后,根据自己的需要还可以通过发行新股等方式增加资本,因而通过证券市场筹集资金是高效且持续的。此外,公司债券的发行也属于直接融资,也能高效地为公司募集资金。

第二,调剂资金,促进资源合理流动。证券市场能够调剂银行、企业和个人之间的资金余缺,促进资源的合理流动。证券的流通没有地区、行业的限制,能够使货币资本依市场规律,以大范围、大规模的自由方式进行组合和流动,从而使社会的货币资本得到最大程度和最为高效的利用。证券市场的趋利性,事实上也鼓励个人将闲余资金投入,以期获得高于银行存款利息的收益;即使不太精通证券投资技巧的普通人,也可以购买证券投资基金,将自己的钱交给专业理财人士去证券市场上投资,以获得收益。在证券市场上,投资者为取得收益,必然将资金投入那些收益率高、有增长潜力的证券;如果企业的业绩差、前景堪忧,投资者就不会对其进行投资。这样在无形之中依靠证券市场,就使资金流向了那些符合产业结构优化、效益好的企业,实现了资源的合理配置,优化了国家的产业结构。

第三,规范上市公司,促进公司治理的规范性。证券市场的存在能够进一步规范上市公司,促进上市公司的良性发展。公司若要发行股票或公司债券,必须符合法律规定的条件,并且承担很严的信息披露义务。这样,公司必须严格按照《公司法》、《证券法》的规定规范自己的内部治理和各种公司行为;社会则通过证券市场能够监督公司的各种行为,进一步敦促公司营业的规范性和持续性。而一家股份公司在上市之后,其商业名称被广泛提及,公司的有关资料被广为传阅,客观上也起到了广告宣传作用,增强了其商业信誉。此外,在证券市场上还可以方便高效地进行上市公司的收购,较为便捷地完成资本运作。

第四,及时反映经济状况,为政府宏观调控提供依据。证券市场能及时反映宏观经济状况,是政府调控经济的重要依据。当前各国证券市场上的股票交易指数都成为该国经济情况的反映,因而证券市场又被称为"经济的晴雨表"。同时,证券市场也为政府进行调控提供了基本面的依据。例如,中央银行在证券市场上买进或卖出证券就是一种调节经济的有效办法。

第四节　证券法的基本原则

证券法的基本原则是证券法法理的集中体现。公开、公平和公正原则是证券市场的内在要求,证券法的各项制度设计特别是信息披露制度均应当围绕该原则展开。此外,分业经营、分业管理和金融机构分别设立以及证券监管和行业自律结合也是证券法的基本原则。

一、公开、公平和公正原则

(一)证券市场的信息敏感性及特点

证券市场是成熟市场经济的一部分。证券的价格受证券的供求关系影响,但由于证券属于虚拟资本而非实际资本,购买证券者并不是追求该证券现实能带来的利益,而大多看中的是该证券的投资价值,即预期该证券价格在未来会上涨,以便通过抛售来赚取买卖之间的差价。让购买证券者作出这种预期或投资判断的依据就是与该证券有关的一切信息,包括发行者的营业收入、经营权转移、新产品开发等等,它们都会或多或少地影响到投资者对证券价格走势的判断,这就是我们常说的证券市场的信息敏感性。可见信息是证券市场的核心事实问题。

证券市场的信息有以下三个特点:

第一,证券市场信息的不对称性。所谓信息的不对称,是指由于社会分工和专业化,使现实经济生活中从事交易活动的双方当事人,对于有关交易信息的占有量所存在的差异。在证券市场上,一般的投资者所能掌握的信息在客观上远远低于证券发行者和控制股东(公司内部人),他们只能按照所有发行企业的平均质量来决定其愿意支付的价格,从而抑制资金流向证券质量被低估的企业的积极性,导致资金向低质量企业流动,这样就会无助于市场配制效率的提高。为了促进资源的合理流通,让投资者分辨各种证券的真实价值,就必须让投资者充分掌握证券发行者的有关信息。

第二,证券市场信息的不确定性。证券市场上的信息是投资者的判断依据,但信息本身却具有很大的不确定性,投资者其实较难判断信息的真伪。这种信息的不确定性是因为所有经济活动中的信息皆有客观的不确定性,证券市场也不例外,并且证券市场作为金融市场,其高投机性、高风险性易于各种小道消息、虚假消息存在和传播。由于信息的传播性强,即使是真实的信息在传播中也会失真。所以需要法律来确保信息的真实性。

第三,证券市场上的信息还具有公共产品的特性。所谓公共产品是满足社会公共利益需要的物品和劳务,典型的如国防。证券市场上的信息就是一种公共产品。公共产品本身没有人能够独自享受、消费而不让他人受益的;因此所有的人都希望自己不破费什么而享受公共产品并得到好处。证券市场中的有关信息不能指望由投资者自行去搜寻,必须由法律采取措施来"主动"地公开。

正是由于上述证券市场对于信息的敏感性以及证券市场信息的特点,就要求出于公平、公正原则的要求,将证券市场上能够影响投资决策的一切信息向所有的投资者公开。只有所有投资者面临同样的信息,才能在证券市场上处于平等的地位。在同样的信息面前,有的投资者判断准确营利,有的则因判断失误而亏损,这就是证券市场正常风险的体现。但是如果个别投资者因优先享有某些信息而提前作出判断并投资获利,对其他投资者而言就是不公平和不公正的。因此,公开、公平和公正就成为证券法的首要原则。

(二)公开、公平和公正原则的含义及意义

1. 公开公平和公正原则的含义

我国《证券法》第3条规定:"证券的发行、交易活动,必须实行公开、公平、公正原则。"这一原则简称"三公"原则,是整部证券法的首要原则。公开是指有关证券市场的各类真实信息都应当向社会公众公开,也称信息公开原则或信息披露原则;公平是指各类证券市场的主体应当受到平等的法律保护;公正则指在证券监

管活动中所有的被监管方应当受到平等的对待,监管者应当不偏不倚。比较而言,“三公原则”中的“公开”原则,在证券法中的意义格外突出;公平则是证券法对平等市场主体地位的重申;公正原则实际是对证券监管行为的具体要求。公开、公平、公正之间存在密不可分的逻辑关系。由于小股东与控制股东相比,往往处于信息劣势,为了实现股东之间的公平,就必须严格遵守信息的公开原则;而证券监管中,为了确保对所有证券市场主体的公正待遇,就必须严格执行信息公开原则。可见,“三公”原则是整个证券法的核心原则,公开原则又是“三公”原则的基础和重心所在。

2. 公开、公平和公正原则的意义

“三公”原则在证券法中的意义非常重要。包括美国在内的各国证券法都将公开原则作为证券法的一项基本原则,并建立起完善的证券市场信息披露制度。我国《证券法》第 4 条规定:“证券发行、交易活动的当事人具有平等的法律地位,应当遵守自愿、有偿、诚实信用的原则。”第 5 条规定:“证券的发行、交易活动,必须遵守法律、行政法规;禁止欺诈、内幕交易和操纵证券市场的行为。”这两个条文实际上也是“三公”原则的具体要求。从立法目的来看,“三公”原则必然要求证券发行和证券交易遵循平等、自愿、有偿、诚实信用等一般私法原则。而第 5 条要求证券发行和交易行为遵守法律,并明确禁止“欺诈、内幕交易和操纵证券市场的行为”,显然这是“三公”原则的具体化。实际上,“三公”原则不仅是证券立法的基本原则,还是证券司法和证券执法的基本原则。近年来我国证券监管的力度逐渐加大,查处了很多证券市场的违法交易,如内幕交易、虚假陈述、操纵市场等。尤其是历经数年确立起了证券违法行为的民事赔偿制度,无一不是在贯彻“三公”原则。只有确保“三公”原则的实现,才能切实保护投资者的合法权益,维护证券市场的基本秩序和稳健发展。

(三)公开、公平和公正原则的制度体现——信息披露制度

1. 信息披露制度的内涵

公开、公平和公正原则具体体现为我国证券法中的信息披露制度,也称信息公开制度。信息披露制度是证券法中一项严密和系统的制度,它是指法律强制性要求将证券市场的相关信息予以公开,为所有的投资者创造出一个能够公平获得所需信息的市场环境。投资者通过信息披露制度获得相关证券市场的真实信息是其在证券法中的基本权利。

2. 信息披露制度的具体规定

(1)承担信息披露义务的当事人。承担信息披露义务的当事人都必须按照法律的规定履行自己的信息披露义务,这种义务是强制的、不可豁免的。从证券法的相关规定看,证券发行人和上市公司是信息披露义务的主要承担者。一方面,只有证券发行人和上市公司才能全面掌握和提供自己的相关信息;另一方面,证券发行人和上市公司是证券的提供者,它获得了投资者提供的资金,按交易对价之原理,就必须公开投资者所需要的信息。缺乏信息分析的"投资"是赌博或是单纯的投机,并不会给投资者带来长期投资所必需的安全感和效益。因此无论从可能性还是必要性来讲,证券发行人和上市公司都是最主要的信息公开义务主体。在实际操作中信息披露义务也大多由证券发行人和上市公司履行。在证券的发行中,证券法要求发行证券的公司公告招股说明书、公司债券募集办法等;依法发行新股或者公司债券的,还应当公告财务会计报告等。在证券上市期间,上市公司依法应当将各种信息予以公告。

此外,按照中国证监会的规定,上市公司控股股东、实际控制人及其一致行动人应当及时、准确地告知上市公司是否存在拟发生的股权转让、资产重组或者其他重大事件,并配合上市公司做好信息披露工作。因此,上市公司的控股股东、实际控制人及其一致行动人也应当属于承担信息披露义务的当事人。

还需要注意的是,在上市公司收购中,持有一定份额的持股者和收购人也承担信息披露义务。

(2)信息公开的要求。总的来看,信息公开义务的履行必须遵守诚实信用的原则。《证券法》第63条规定:"发行人、上市公司依法披露的信息,必须真实、准确、完整,不得有虚假记载、误导性陈述或者重大遗漏。"这是信息公开在质与量两方面的具体要求,结合证券法的其他规定,即信息公开应当做到"真实、准确、完整、及时和便捷"。

"真实"是指所公开的信息必须是该公司真实的经营和财务状况,这一要求是信息公开制度的基本要求。对此,我国有学者提出了非常精辟的论述,认为"真实原则要求的标准是用一种法律认可的表达方式,像一面镜子一样反照出所要表述客体的客观真相"。[3]

"准确"是指上市公司及相关信息披露义务人披露的信息应当使用明确、贴切的语言和简明扼要、通俗易懂的文字,内容应易于理解,不得含有任何宣传、广告、

[3] 齐斌:《证券市场信息披露法律监管》,法律出版社2000年版,第111页。

恭维或者夸大等性质的词句,不得有误导性陈述。如果公司披露预测性信息及其他涉及公司未来经营和财务状况等信息时,应当合理、谨慎、客观。

"完整",是指上市公司及相关信息披露义务人披露的信息应当内容完整、文件齐备,格式符合规定要求,不得有重大遗漏。

"及时",是指上市公司及相关信息披露义务人应当在相关规则中规定的期限内披露重大信息。例如,中国证监会发布的《上市公司信息披露管理办法》第71条第2项规定:"及时,是指自起算日起或者触及披露时点的两个交易日内。"

"便捷",是指应当以公众最易获得的方式来公开信息。对此,我国《证券法》第25条第1款规定:"证券发行申请经核准,发行人应当依照法律、行政法规的规定,在证券公开发行前,公告公开发行募集文件,并将该文件置备于指定场所供公众查阅。"

(3)信息披露义务的类型。按照我国《证券法》的相关规定,信息披露义务应通过以下形式履行:

第一,招股说明书申报稿的预先披露。发行人申请首次公开发行股票的,中国证监会受理申请文件后,发行审核委员会审核前,发行人应当将招股说明书申报稿在中国证监会网站预先披露。预先披露的招股说明书申报稿不是发行人发行股票的正式文件,不能含有价格信息,发行人不得据此发行股票。

第二,招股说明书和上市公告书的公告。

第三,定期报告。上市公司应当披露的定期报告包括年度报告、中期报告和季度报告。年度报告、中期报告和季度报告的格式及编制规则,由中国证监会另行制定。年度报告应当在每个会计年度结束之日起4个月内,中期报告应当在每个会计年度的上半年结束之日起2个月内,季度报告应当在每个会计年度第3个月、第9个月结束后的1个月内编制完成并披露。第一季度季度报告的披露时间不得早于上一年度年度报告的披露时间。

年度报告中的财务会计报告应当经具有证券、期货相关业务资格的会计师事务所审计。

年度报告应当记载以下内容:公司基本情况;主要会计数据和财务指标;公司股票、债券发行及变动情况,报告期末股票、债券总额、股东总数,公司前十大股东持股情况;持股5%以上股东、控股股东及实际控制人情况;董事、监事、高级管理人员的任职情况、持股变动情况、年度报酬情况;董事会报告;管理层讨论与分析;报告期内重大事件及对公司的影响;财务会计报告和审计报告全文;中国证监会规定的其他事项。

中期报告应当记载以下内容:公司基本情况;主要会计数据和财务指标;公司股票、债券发行及变动情况、股东总数、公司前十大股东持股情况,控股股东及实际控制人发生变化的情况;管理层讨论与分析;报告期内重大诉讼、仲裁等重大事件及对公司的影响;财务会计报告以及中国证监会规定的其他事项。

季度报告应当记载以下内容:公司基本情况;主要会计数据和财务指标以及中国证监会规定的其他事项。

公司董事、高级管理人员应当对定期报告签署书面确认意见,监事会应当提出书面审核意见,说明董事会的编制和审核程序是否符合法律、行政法规和中国证监会的规定,报告的内容是否能够真实、准确、完整地反映上市公司的实际情况。如果董事、监事、高级管理人员对定期报告内容的真实性、准确性、完整性无法保证或者存在异议的,应当陈述理由和发表意见,并予以披露。

第四,业绩预告。上市公司预计经营业绩发生亏损或者发生大幅变动的,应当及时进行业绩预告。定期报告披露前出现业绩泄露,或者出现业绩传闻且公司证券及其衍生品种交易出现异常波动的,上市公司应当及时披露本报告期相关财务数据。

第五,对非标准审计报告的专项说明。定期报告中财务会计报告被出具非标准审计报告的,上市公司董事会应当针对该审计意见涉及事项作出专项说明。定期报告中财务会计报告被出具非标准审计意见,证券交易所认为涉嫌违法的,应当提请中国证监会立案调查。

第六,重大事件的临时报告。发生可能对上市公司证券及其衍生品种交易价格产生较大影响的重大事件,投资者尚未得知时,上市公司应当立即披露,说明事件的起因、目前的状态和可能产生的影响。需要发布临时报告的"重大事件"包括:公司的经营方针和经营范围的重大变化;公司的重大投资行为和重大的购置财产的决定;公司订立重要合同,可能对公司的资产、负债、权益和经营成果产生重要影响;公司发生重大债务和未能清偿到期重大债务的违约情况,或者发生大额赔偿责任;发生重大亏损或者重大损失;公司生产经营的外部条件发生的重大变化;公司的董事、1/3 以上监事或者经理发生变动;董事长或者经理无法履行职责;持有公司 5% 以上股份的股东或者实际控制人,其持有股份或者控制公司的情况发生较大变化;公司减资、合并、分立、解散及申请破产的决定;或者依法进入破产程序、被责令关闭;涉及公司的重大诉讼、仲裁,股东大会、董事会决议被依法撤销或者宣告无效;公司涉嫌违法违规被有权机关调查,或者受到刑事处罚、重大行政处罚;公司董事、监事、高级管理人员涉嫌违法违纪被有权机关调查或者采取强制措施；新公布的法律、法规、规章、行业政策可能对公司产生重大影响；董事会就发行新股或者其他再融资方案、股权激励方案形成相关决议；法院裁决禁止控股股东转让其所持股份；任一股东所持公司5%以上股份被质押、冻结、司法拍卖、托管、设定信托或者被依法限制表决权；主要资产被查封、扣押、冻结或者被抵押、质押；主要或者全部业务陷入停顿；对外提供重大担保；获得大额政府补贴等可能对公司资产、负债、权益或者经营成果产生重大影响的额外收益；变更会计政策、会计估计；因前期已披露的信息存在差错、未按规定披露或者虚假记载，被有关机关责令改正或者经董事会决定进行更正以及中国证监会规定的其他情形。

此外，中国证监会还对履行重大事件信息披露义务的时间进行了严格规定：上市公司应当在最先发生的以下任一时点，及时履行重大事件的信息披露义务：董事会或者监事会就该重大事件形成决议时；有关各方就该重大事件签署意向书或者协议时；董事、监事或者高级管理人员知悉该重大事件发生并报告时。如果在这三种情况规定的时点之前出现下列情形之一的，上市公司应当及时披露相关事项的现状、可能影响事件进展的风险因素：该重大事件难以保密；该重大事件已经泄露或者市场出现传闻；公司证券及其衍生品种出现异常交易情况。

上市公司披露重大事件后，已披露的重大事件出现可能对上市公司证券及其衍生品种交易价格产生较大影响的进展或者变化的，应当及时披露进展或者变化情况、可能产生的影响。

上市公司控股子公司发生上述重大事件，可能对上市公司证券及其衍生品种交易价格产生较大影响的，上市公司也应当履行信息披露义务。

上市公司参股公司发生可能对上市公司证券及其衍生品种交易价格产生较大影响的事件的，上市公司同样应当履行信息披露义务。

第七，涉及上市公司的收购、合并、分立、发行股份、回购股份等行为导致上市公司股本总额、股东、实际控制人等发生重大变化的，信息披露义务人应当依法履行报告、公告义务，披露权益变动情况。

第八，异常交易的披露义务。上市公司应当关注本公司证券及其衍生品种的异常交易情况及媒体关于本公司的报道。当证券及其衍生品种发生异常交易或者在媒体中出现的消息可能对公司证券及其衍生品种的交易产生重大影响时，上市公司应当及时向相关各方了解真实情况，必要时应当以书面方式问询。公司证券及其衍生品种交易被中国证监会或者证券交易所认定为异常交易的，上市公司应当及时了解造成证券及其衍生品种交易异常波动的影响因素，并及时披露。

(4)违反信息披露义务的法律责任。对违反信息公开义务的行为,证券法主要规定了虚假陈述的法律责任,包括民事责任、行政责任和刑事责任。按照中国证监会的规定,上市公司未在规定期限内披露年度报告和中期报告的,中国证监会应当立即立案稽查,证券交易所应当按照股票上市规则予以处理。由此可见,信息公开义务最终由强制性的法律责任加以确保。本书将在第七章详细介绍虚假陈述的法律责任。

二、分业经营、分业管理和金融机构分别设立原则

(一)分业经营、分业管理和金融机构分别设立原则的含义

我国《证券法》第6条规定:"证券业和银行业、信托业、保险业实行分业经营、分业管理,证券公司与银行、信托、保险业务机构分别设立。国家另有规定的除外。"该条所指的银行是指商业银行,保险是指商业保险。分业经营是指证券业与银行业、信托业和保险业互相不得兼营;分业管理是指这四种行业各自有自己的行业管理机关,即分业监管;金融机构的分别设立则指证券公司与银行、信托、保险业务机构相互独立。

在我国作为金融法体系的《商业银行法》、《信托法》、《保险法》对"分业经营、分业管理"原则都有规定,例如《保险法》第8条规定:"保险业和银行业、证券业、信托业实行分业经营、分业管理,保险公司与银行、证券、信托业务机构分别设立。国家另有规定的除外。"可见,我国已经确立起了分业经营、分业管理及金融机构的分别设立的原则,并建立了中国银监会、中国证监会、中国保监会作为各自行业的专门监督管理机构。从我国的实际情况看,证券业的发展历程比较短,而且风险很高,如果允许银行、信托和保险业的资金随意进入证券市场,一旦发生损失,将会牵涉太多的社会问题,引起我国金融秩序的混乱。迄今,分业经营、分业管理及金融机构分别设立的原则依然是我国证券法的基本原则,而且在未来一段时期内仍会坚持。

(二)分业经营、分业管理和金融机构分别设立原则的具体运用

分业经营虽然是较为安全的选择,但是严格的分业经营、分业管理和机构的分别设立也会导致资金闲置浪费和市场管理效率的低下。随着我国资本市场的不断发展和金融体制改革的深化,严格的分业经营、分业管理模式显然已经不适应需求。《证券法》第6条规定"国家另有规定的除外",实际上从法律层面允许国务院通过制订特别规定来灵活处理分业经营体制。目前,国务院有关部门已经制

定了一系列促进资本市场发展的措施和完善，从而使分业经营、分业管理的模式发生了很大的变化。例如，2004 年 10 月 24 日，中国保监会、中国证监会发布《保险机构投资者股票投资管理暂行办法》，允许符合中国保监会规定条件、从事股票投资的保险公司和保险资产管理公司；以及保险集团公司、保险控股公司从事股票投资。2009 年 2 月修正的《保险法》第 106 条规定："保险公司的资金运用限于下列形式……（二）买卖债券、股票、证券投资基金份额等有价证券……"第 107 条规定："经国务院保险监督管理机构会同国务院证券监督管理机构批准，保险公司可以设立保险资产管理公司。保险资产管理公司从事证券投资活动，应当遵守《中华人民共和国证券法》等法律、行政法规的规定。"

三、证券集中统一监管和行业自律、审计监督原则

由于证券市场的核心是信息，而信息具有不对称性，即广大投资者获得的信息远远少于或滞后于掌握信息的人，因此使广大投资者被欺诈的可能性大大高于一般的市场。对于证券市场上正常的风险，投资者是愿意承担的；但是如果是因为被欺诈而受损失，必然是投资者不愿接受的。充满欺诈的证券市场会给投资者带来非正常的经济损失，丧失证券市场的信用；没有信用的证券市场，就无法吸引广大投资者入市交易；无人交易的证券市场就是证券市场的末日。从比较法来看，各国对证券市场都有严密的监管，强调证券行业的自律性。美国 1933 年《证券法》规定了证券法的公开原则和具体要求，开近代证券监管的先河。1934 年美国又颁布了《证券交易法》，规定成立证券管理委员会，并要求全国性的证券交易所和证券商实行自律。英国主要通过证券业协会的自我管理对证券市场进行监管，不设立专门的监管机构，但存在大量证券监管方面的成文立法，如 1958 年的《反欺诈投资法》，1948 年和 1967 年的《公司法》，1973 年的《公平交易法》及 1988 年的《财务服务法》等。中国的证券市场发展的时间并不长，但由于早期证券法制的不健全和监管不力，曾发生过若干令人震惊的上市公司违规案，严重损害了投资者对证券市场的信心和利益，从而凸显证券监管的迫切与必要。

在我国，证券监管分为三个方面，一是国家实行的集中统一监管，即中国证监会依法对全国证券市场实行的集中统一监督管理。二是实行证券法中的行业自律原则，即在国家对证券发行、交易活动实行集中统一监督管理的前提下，依法设立证券业协会，实行自律性管理。三是国家实行的审计监督，这三个方面共同构成了我国证券监管的主要内容。

阅读 1-1　中国证券法的历史和多层次证券市场的形成

我国证券法的历史不长，但发展很快。20 世纪 80 年代，中国国库券开始发行。1986 年 9 月 26 日，上海建立了第一个证券柜台交易点，办理由其代理发行的延中实业和飞乐音响两家股票的代购、代销业务，这是新中国证券正规化交易市场的开端。随着证券市场的形成和发展，就需要相应的法律进行规范。1986 年 11 月 7 日，国务院公布了《中华人民共和国银行管理暂行条例》，赋予中国人民银行管理证券和金融市场的权力。1990 年 12 月，新中国第一家经批准成立的证券交易所——上海证券交易所成立。1991 年 4 月，经国务院授权中国人民银行批准，深圳证券交易所成立。以沪深交易所成立为标志，中国证券市场开始其发展历程。

1992 年设立了国务院证券委，中国证券市场开始逐步纳入全国统一监管框架，全国性市场由此开始发展。中国证券市场在监管部门的推动下，建立了一系列的规章制度，初步形成了证券市场的法规体系。1993 年国务院先后颁布了《股票发行与交易管理暂行条例》和《企业债券管理条例》，此后又陆续出台若干法规和规章，初步构建了最基本的证券法律法规体系。1993 年以后，B 股、H 股发行出台，债券市场品种呈现多样化，发债规模逐年递增。与此同时，证券中介机构在种类、数量和规模上迅速扩大。1998 年，国务院证券委撤销，中国证监会成为中国证券期货市场的监管部门，并在全国设立了派出机构，建立了集中统一的证券期货市场监管框架，证券市场由局部地区试点试验转向全国性市场发展阶段。

1999 年至 2004 年是证券市场依法治市和规范发展的过渡阶段。1999 年 7 月《证券法》实施，以法律形式确认了证券市场的地位，确立了我国证券市场基本的法律框架，使我国证券市场的法制建设进入了一个新的历史阶段。2001 年，证券业协会设立代办股份转让系统。这一阶段，我国制定了包括《证券投资基金法》(2003 年)在内的一系列的法律法规和政策措施，推进上市公司治理结构改善，大力培育机构投资者，不断改革完善股票发行和交易制度，促进了证券市场的规范发展和对外开放。

2004 年至 2008 年是改革深化发展和规范发展阶段，以券商综合治理和股权分置改革为代表事件。2004 年 2 月，国务院发布《关于推进资本市场改革开放和稳定发展的若干意见》，明确了证券市场的发展目标、任务和工作要求，该意见是我国资本市场定位发展的纲领性文件。2004 年 5 月起，深交所在主板市场内设立中小企业板块，是证券市场制度创新的一大举措。2005 年 4 月，经国务院批准，中国证监会发布了《关于上市公司股权分置改革试点有关问题的通知》，启动股权分置改革试点工作。股权分置改革后,A股进入全流通时代,大小股东利益趋于一致。2006年1月,修订后的《证券法》、《公司法》正式施行。同月,中关村高科技园区非上市股份制企业开始进入代办转让系统挂牌交易。2006年9月,中国金融期货交易所批准成立,有力推进了中国金融衍生产品的发展,完善了中国资本市场体系。2007年7月,中国证监会下发了《证券公司分类监管工作指引(试行)》和相关通知,这是对证券公司风险监管的举措。

2009年10月,创业板的推出标志着我国多层次资本市场体系框架基本建成。2010年3月融资融券、4月股指期货的推出为资本市场提供了双向交易机制,这是中国证券市场金融创新的又一重大举措。2012年8月、2013年2月,转融资、转融券业务陆续推出,有效地扩大了融资融券发展所需的资金和证券来源。2013年11月,党的十八届三中全会召开,全会提出对金融领域的改革,要为证券市场带来新的发展机遇。11月30日,中国证监会发布《关于进一步推进新股发行体制改革的意见》,新一轮新股发行制度改革正式启动。2013年12月,新三板准入条件进一步放开,新三板市场正式扩容至全国。新三板的运营机构是2012年9月20日成立的全国中小企业股份转让系统有限责任公司,该公司在国家工商总局注册成立,注册资本30亿元。上海证券交易所、深圳证券交易所、中国证券登记结算有限责任公司、上海期货交易所、中国金融期货交易所、郑州商品交易所、大连商品交易所为公司股东单位。新三板市场的定位是"以机构投资者和高净值人士为参与主体,为中小微企业提供融资、交易、并购、发债等功能的股票交易场所",因此,新三板市场生态、研究方法、博弈策略、生存逻辑等等,都和以中小散户为参与主体的沪深股票市场有着显著的区别。

2017年5月5日,中国证监会发布了《区域性股权市场监督管理试行办法》,该办法自2017年7月1日起施行。该办法明确了区域股权交易中心的业务范围,是为中小微企业股票、可转换为股票的公司债券,不得跨区域经营。区域性股权市场即"四板"市场。截至2016年年底,全国共设立了约40家区域性股权市场,如青海股权交易中心、天津股权交易所、齐鲁股权托管交易中心、上海股权托管交易中心、武汉股权托管交易中心、前海股权交易中心等十几家股权交易市场。共有挂牌企业1.74万家,2016年为企业融资2871亿元。

从比较法来看,美国资本市场体系规模最大,体系最复杂也最合理,美国的证券市场包括三个层次:

一是以纽约证券交易所为核心的全国性证券交易市场,即一板市场。该市场对上市公司的要求比较高,主要交易国家级的上市公司的股票、债券,在该交易所上市的企业一般是知名度高的大企业,公司成熟,有良好的业绩记录和完善的公司治理机制,大部分公司有较长的历史存续性和较好的回报。该市场的投资人一般都是风险规避或风险中立者。

二是以纳斯达克(NASDAQ)为核心的二板市场。纳斯达克市场对上市公司的要求与纽约证券交易所截然不同,它主要注重公司的成长性和长期营利性,在纳斯达克上市的公司普遍具有高科技含量、高风险、高回报、规模小的特征。纳斯达克虽然历史较短,但发展速度很快,已成为仅次于纽约证交所的全球第二大交易市场,而上市数量、成交量、市场表现、流动性比率等方面已经超过了纽约证交所。

三是遍布各地区的全国性和区域性市场及场外交易市场。美国证券交易所也是全国性的交易所,但该交易所上市的企业较纽约证交所略逊一筹,该交易所挂牌交易的企业发展到一定程度可以转到纽约交易所上市。遍布全国各地的区域性证券交易所有11家,主要分布于全国各大工商业和金融中心城市,他们成为区域性企业的上市交易场所,可谓是美国的三板市场(OTC市场)。

多层次的证券市场意义重大,也是我国证券市场逐渐成熟的体现:首先,它可以满足不同的投资和融资需求。投资者的风险偏好不同,投资的需求当然存在差异。而从企业的融资需求看,处于不同发展阶段的不同规模的、不同风险状况的企业对股权融资的需求不尽相同。对于大规模、稳健型、成熟性强的公司,由于其发展历史相对较长、业绩稳定、经营稳健,可能吸引大批投资者来购买它的股票;但对于中小企业,特别是处于创业阶段的中小型科技企业,由于其规模小、产品不够成熟、风险性大,通过主板市场进行融资是不现实的。不同层次的证券市场则可以应对上述不同的投资和融资需求。其次,有利于提供优化准入机制和退市机制,提高上市公司的质量。不同层次的证券市场其入市标准存在差异,这样就形成了一个正常的市场优胜劣汰机制。在下一级市场上挂牌交易的企业经过培育,将会有企业进入上一级市场交易(转板);同时也会有不符合某一层次市场要求的企业被淘汰到下一级市场。这样有利于保证挂牌公司的质量与其所在市场层次相适应,又能促进上市公司努力改善经营管理水平,提高上市公司质量。最后,防范和化解金融风险的需求。企业根据自己的情况在不同层次的证券市场上实现融资,是一种直接融资的方式,实际也减轻了企业向银行间接融资的压力,优化了债务和股本结构;而社会资金投向多层次的证券市场,则能够有效化解我国间接融资的金融风险。

阅读1－2 证券市场中的合格投资者

值得注意的是，2017年7月1日起，中国证监会发布的《投资者适当性管理办法》开始实施，我国投资者适当性管理制度正式推出。要求投资者具备"适当性"是指"金融中介机构所提供的金融产品或服务与客户的财务状况、投资目标、风险承受水平、财务需求、知识和经验之间的契合程度"，也就是通过一系列措施，让"适合的投资者购买恰当的产品"，避免在金融产品销售过程中，将金融产品提供给风险并不匹配的投资群体，导致投资者由于误解而发生较大风险。投资者适当性管理制度是境外成熟市场在长期实践中，根据投资者保护实际需要逐步建立完善起来的一项制度，目前已成为国际资本市场的通行做法和基础原则。这一制度意义较大，是为保护投资者利益的一种底线式要求。

《证券期货投资者适当性管理办法》主要有五项制度安排：

一是形成了依据多维度指标对投资者进行分类的体系，统一投资者分类标准和管理要求。投资者分为普通投资者与专业投资者。普通投资者在信息告知、风险警示、适当性匹配等方面享有特别保护。专业投资者包括经有关金融监管部门批准设立的金融机构，包括证券公司、基金管理公司及其子公司、商业银行、保险公司、信托公司、财务公司等；经行业协会备案或者登记的证券公司子公司、期货公司子公司、私募基金管理人；上述机构面向投资者发行的理财产品，包括但不限于证券公司资产管理产品、基金管理公司及其子公司产品、期货公司资产管理产品、银行理财产品、保险产品、信托产品、经行业协会备案的私募基金；社会保障基金、企业年金等养老基金，慈善基金等社会公益基金，合格境外机构投资者(QFII)、人民币合格境外机构投资者(RQFII)。此外，同时符合下列条件的法人或者其他组织也是专业投资者：最近一年末净资产不低于2000万元；最近一年末金融资产(金融资产是指银行存款、股票、债券、基金份额、资产管理计划、银行理财产品、信托计划、保险产品、期货及其他衍生产品等)不低于1000万元；具有2年以上证券、期货、黄金、外汇等投资经历。同时符合下列条件的自然人也是专业投资者：金融资产不低于500万元，或者最近3年个人年均收入不低于50万元；具有2年以上证券、期货、黄金、外汇等投资经历，或者具有2年以上金融产品设计、投资、风险管理等工作经历，或者属于金融机构高级管理人员、获得职业资格认证的从事金融相关业务的注册会计师和律师。

二是明确了产品分级的底线要求和职责分工，建立层层把关、严控风险的产品分级机制。经营机构应当了解所销售产品或所提供服务的信息，根据风险特征和程度，对销售的产品或提供的服务划分风险等级。划分产品或服务风险等级时应当考虑流动性、到期时限、杠杆情况、结构复杂性、投资单位产品或者相关服务的最低金额、投资方向和投资范围、募集方式、发行人等相关主体的信用状况、同类产品或服务过往业绩等。对于投资组合产品应当按产品或服务的整体风险等级进行评估。产品或者服务存在下列因素的,应当审慎评估其风险等级:出现本金损失的可能性,因杠杆交易等因素容易导致本金大部分或者全部损失的产品或者服务;产品或者服务的流动变现能力,因无公开交易市场、参与投资者少等因素导致难以在短期内以合理价格顺利变现的产品或者服务;产品或者服务的可理解性,因结构复杂、不易估值等因素导致普通人难以理解其条款和特征的产品或者服务;产品或者服务的募集方式,涉及面广、影响力大的公募产品或者相关服务;产品或者服务的跨境因素,存在市场差异、适用境外法律等情形的跨境发行或者交易的产品或者服务;自律组织认定的高风险产品或者服务;其他有可能构成投资风险的因素。经营机构应当根据产品或者服务的不同风险等级,对其适合销售或者提供服务的投资者类型作出判断,根据投资者的不同分类,对其适合购买的产品或者接受的服务作出判断。

三是规定了经营机构在适当性管理各个环节应当履行的义务,全面从严规范相关行为。例如,要求经营机构向投资者销售产品或者提供服务时,应当了解投资者的下列信息:姓名或者名称、住址、身份、年龄、资质等基本信息;收入来源和数额、资产、债务等财务状况;投资相关的学习、工作经历及投资经验;投资期限、品种、预期收益等投资目标;风险偏好;诚信记录;实际控制投资者的自然人、机构和交易的最终实际受益人;法律法规、自律规则规定的投资者准入要求相关信息以及其他必要信息。禁止经营机构进行下列销售产品或者提供服务的活动:向不符合准入要求的投资者销售产品或者提供服务;向投资者就不确定事项提供确定性的判断,或者告知投资者有可能使其误认为具有确定性的意见;向普通投资者主动推介风险等级高于其风险承受能力的产品或者提供相关服务;向普通投资者主动推介不符合其投资目标的产品或者服务;向风险承受能力最低类别的投资者销售高风险产品或者服务;其他违背适当性要求,损害投资者合法权益的行为。

四是突出对普通投资者的特别保护,向投资者提供有针对性的产品及差别化服务。经营机构向普通投资者销售产品或者提供服务前,应当选择能被普通投资者理解的方式告知下列信息:可能直接导致本金亏损的事项;可能直接导致超过原始本金损失的事项;因经营机构的业务或者财产状况变化,可能导致本金或者原始本金亏损的事项或影响客户判断的重要事由;限制销售对象权利行使期限或者可解除合同期限等全部限制内容;投资者适当性匹配意见等。经营机构对投资者进行告知、警示，内容应当真实、准确、完整，不存在虚假记载、误导性陈述或者重大遗漏，语言应当通俗易懂；告知、警示应当采用书面形式，确保送达投资者，并由其确认已充分理解和接受。经营机构通过营业网点向普通投资者进行的告知、警示，应当全过程录音或者录像；通过互联网等非现场方式进行的，经营机构应当完善配套留痕安排，由普通投资者通过符合法律、行政法规要求的电子方式进行确认。

五是强化了监管职责和法律责任，确保适当性义务落到实处。中国证监会及其派出机构在监管中应当审核或者关注产品或者服务的适当性安排，对适当性制度落实情况进行检查，督促经营机构严格落实适当性义务，强化适当性管理。经营机构违反该办法规定，中国证监会及其派出机构可以对经营机构及其直接负责的主管人员和其他直接责任人员，采取责令改正、监管谈话、出具警示函、责令参加培训等监督管理措施。证券公司、期货公司违反相关规定，存在较大风险或者风险隐患的，中国证监会及其派出机构可以按照《证券公司监督管理条例》或者《期货交易管理条例》相关规定，采取包括行政罚款在内的各项监督管理措施。

阅读 1－3　证券市场监管的必要性

证券市场的风险极大，需要国家监管。这也是证券市场和其他市场的区别所在。英国的南海事件和美国的黑色星期一是证券市场需要监管的著名例证。

由于1701—1731年的英西战争给英国政府带来了沉重的财政负担，为了促进国债销售，英国政府同意给予认购国债的企业商业特权。1718年英国国王乔治一世出任南海公司的董事长，1720年南海公司承诺接受全部国债，并从政府那里获得了奴隶贸易的垄断权和与西班牙殖民地的贸易权。人们对南海公司的前景看好，纷纷购买它的股票，使南海公司的股价迅速攀升，8个月内上涨了1000%。在南海公司的示范效应下，许多公司纷纷出现，股价也开始飙升。但这些公司仅仅是毫无经营业绩的“泡沫”而已。为了限制这些泡沫公司，英国国会制定了《泡沫公司法》，于1720年6月生效，许多名不副实的泡沫公司被指名解散，因而股价暴跌。最后殃及南海公司的股票，股价由1000英镑最低跌至124英镑。这就是英国的南海事件。

第一次世界大战后，美国经济发展迅速，市场繁荣，股票价格逐步上升。纽约证券交易所1921年的股票交易约为1.7亿股，股价指数66.24点，到1929年9月交易达到21亿股，股价指数达到569.49点。但证券市场实际被一小部分投机者控制，股价与实际价值脱节甚远。自1929年10月28日起股价狂跌不止，酿成了资本主义经济史上空前的经济危机。这就是美国的“黑色星期一”事件。该事件也直接导致了美国1933年《证券法》的出台。该法又称为“证券真实法”，其中规定了证券法的公开原则和具体要求，开近代证券监管的先河。1934年美国又颁布了《证券交易法》，规定成立证券管理委员会，并要求全国性的证券交易所和证券商实行自律。

著名的科学家牛顿是英国南海泡沫事件的受害者，他曾感叹：“我能算出恒星的运动，但算不出人类的疯狂。”[4]证券市场的高风险性刺激了人性中最贪婪的部分，这就要求对证券市场有区别于其他市场交易的特别监管制度。当代任何一个国家的证券业都需要严格的监管。我国的证券监管也一直处于完善之中，证券法的修改重点之一就是证券监管的科学化、高效化。

案例1－1 证券衍生品种的交易

2005年11月16日，武汉钢铁(集团)公司发布《关于武汉钢铁股份有限公司人民币普通股股票认购权证和认沽权证上市公告书》(以下简称武钢权证上市公告书)，其中关于认沽权证的发行，公告称，本次发行备兑认沽权证47,400万份，认沽权证交易代码“580999”，权证交易简称：“武钢JTP1”，权证存续期间为2005年11月23日至2006年11月22日，权证行权日为2006年11月16日至22日，上市时间为2006年11月23日，标的证券代码“600005”，标的证券简称“武钢股份”，行权价为3.13元，行权比例为1∶1，结算方式为股票给付方式。

2005年11月21日，被告上海证券交易所发布《关于证券公司创设武钢权证有关事项的通知》，通知称取得中国证券业协会创新活动试点的证券公司(以下简称创设人)可按照本通知的规定创设权证，创设人创设的权证应与武钢认购或认沽权证相同，并使用同一交易代码和行权代码。创设认沽权证的创设人应在中国登记结算有限责任公司上海分公司(以下简称中国结算上海分公司)开设权证创设专用账户和履约担保资金专用账户，并在履约担保资金专用账户全额存放现金，用于行权履约担保。创设人应将上述账户报上交所备案。创始人向上交所申请创设权证的，应提供中国结算上海分公司出具的其已提供行权履约担保的证明，经上交所审核同意，通知中国结算上海分公司在权证创设专用账户生成次日可交易的权证。该通知自2005年11月28日起施行。

---

〔4〕［德］马克斯·韦伯：《韦伯作品集XII——新教伦理与资本主义精神》，康乐、简惠美译，广西师范大学出版社2007年版，第384～385页。

2005年11月25日,被告上交所审核批准光大证券等10家券商创设武钢认沽权证的申请,总计创设武钢认沽权证共11.27亿份,定于2008年11月28日上市。2005年11月26日,10家券商在《证券时报》披露了上述创设权证的信息,《上海证券报》等媒体进行了相关报道。

武钢权证上市后,原告邢某累计买入武钢认沽权证115,100份,平均买入成本价为1.604元/份。2005年12月5日,原告卖出全部武钢认沽权证115,100份,成交价为1.09元/份。此后,原告在武钢权证存续期间,又多次买入和卖出。另查明,原告除持有武钢认沽权证外,还对包钢、武钢、邯钢认购权证以及包钢认沽权证进行过多次交易,互有盈亏。

原告起诉被告上海证券交易所,请求:(1)确认在2005年11月25日首次创设武钢认沽权证时上交所的提前创设行为是违法、违规、欺诈及操纵市场的过错行为,并且确认被告的过错行为与原告所受损失存在直接的因果关系,判令被告依法承担赔偿责任;(2)判令被告依法赔偿原告因被告的过错行为导致原告持有的115,000份武钢认沽权证突然失去卖出机会而造成的直接损失129,940元;(3)判令被告赔偿原告因第2项诉讼请求所判令的直接损失129,940元的股资被被告占用所导致的直到本案执行前的行情经营损失779,640元,同时确认该项损失数额随行情的发展而相应地增加;(4)判令被告承担案件受理费、律师费、差旅费、误工费、邮寄费、复印费、取证费、鉴定费等一切诉讼费用。法院最后驳回了原告的诉讼请求。[5]

思考与分析:

依据我国《证券法》第2条第3款规定,证券衍生产品的发行、交易的管理办法,由国务院依照证券法的原则规定。《证券法》第102条第1款规定,证券交易所是为证券集中交易提供场所和设施,组织和监督证券交易,实行自律管理的法人。因此,权证产品作为证券衍生产品,其发行和交易依法应当由证券交易所监督和管理。证券交易所因为是自律管理的法人,不属于国家行政机关,投资者因为投资权证损失而对证券交易所提起的侵权之诉,属于平等主体之间的权利义务纠纷,依法应纳入法院的管辖范围。证券交易所依法对权证券商的发行权和权证交易的程序做了符合法律和业务规则的审核,其已经履行了监管的职能。投资者因为自己的投资选择而发生的投资损失依法应当自己承担责任。证券交易所不承担赔偿责任。

---

〔5〕 参见《中华人民共和国最高人民法院公报》2010年第7期。

本案值得进一步思考的问题是，投资者是否可以起诉证券交易所？证券交易所承担民事责任的前提有哪些。

案例1－2　证券法的信息公开原则

中国证监会认定，北大医药股份有限公司（以下简称北大医药）、北京政泉控股有限公司（以下简称政泉控股）、北大资源集团控股有限公司（以下简称北大资源控股）等的违法事实如下：

2013年6月，政泉控股通过北大医药公告拟受让北大医疗出让的4000万股北大医药股票，占北大医药总股本的比例为6.71%，于2013年9月完成股权过户手续。2013年6月至9月，政泉控股与北大资源控股签订《股权代持协议书》，甲方为北大资源控股，乙方为政泉控股。双方约定：(1)由甲方实际出资购买并享有相关投资权益，交由乙方代持的股份为北大国际集团西南合成制药股份有限公司（2013年11月21日工商登记变更公司名称为北大医药）的股份4000万股。(2)甲方负担购买标的股份的全部出资及相关税费，即甲方为标的股份的实际出资人。(3)乙方同意接受甲方委托，担任标的股份的名义持有人，乙方在目标公司的股东名册以及有关机关登记为该部分股权的股东（即名义股东）。(4)代持期间标的股份所产生的收益在扣除相关成本和必须的税费后，由甲方享有95%，乙方享有5%。(5)甲方作为代持股份的实际出资人，对目标公司享有实际的股东权利并有权获得相应的投资收益。乙方必须遵从甲方的意志对标的股份行使股东权利。

政泉控股受让4000万股北大医药股票的股权款为3.68亿元。据查，该笔资金来自方正集团、北大资源以及北大资源控股。

但是政泉控股、北大资源控股未及时将签订股权代持协议事项告知北大医药。

政泉控股在通过北大医药公告的2014年7月11日《北大医药股份有限公司简式权益变动报告书》中，在未披露与北大资源控股签订《股权代持协议书》事宜情况下，仍记载"除本报告书所披露的信息外，信息披露义务人不存在其他应当披露为避免对报告书内容产生误解而必须披露的信息以及中国证监会或者证券交易所依法要求信息披露义务人提供的其他信息"，存在虚假记载。

北大资源控股提供的《股权代持协议书》、股权质押式回购协议、北大资源控股向政泉控股授权的文件、内部资金往来账簿和原始凭证、代持事项内部决策文件等资料中均无已向北大医药告知其与政泉控股签订了股权代持协议的证据。

2014 年 11 月 20 日，北大资源控股在就涉嫌股票代持等违规行为向北大医药出具回复时，确认北大资源控股与政泉控股签订了股权代持协议。

中国证监会认为，政泉控股、北大资源控股未按规定履行信息披露义务的行为违反了《上市公司信息披露管理办法》第 46 条的规定，导致北大医药未能按照《证券法》第 67 条的规定及时履行信息披露义务，政泉控股、北大资源控股的上述行为构成《上市公司信息披露管理办法》第 61 条、《证券法》第 193 条所述违法行为。对政泉控股的上述行为直接负责的主管人员为政泉控股时任董事长兼法定代表人胜某、执行董事贾某；对北大资源控股上述行为直接负责的主管人员为北大资源控股时任法定代表人张某、总经理余某。

北大医药未按规定履行信息披露义务的行为违反了《证券法》第 63 条、第 67 条第 2 款第 8 项的规定，构成《证券法》第 193 条所述违法行为。对北大医药上述行为直接负责的主管人员为北大医药时任董事长李某。

中国证监会决定：对北大医药、北大资源控股给予警告，并分别处以 60 万元罚款；对政泉控股责令改正，给予警告，并处以 60 万元罚款；对李某等给予警告，并分处罚款。[6]

思考与分析：

上市公司之所以要承担信息披露义务，是因为“公开、公平和公正”是上市公司承担的首要义务。而实践中上市公司与其控制股东、实际控制人的关系往往错综复杂，在我们学习证券法时要逐步适应这种关系的复杂性，并学会加以分析。本案中北大医药是上市公司，其作为法定信息披露义务人，应当严格按照《证券法》第 63 条、第 67 条的规定，对涉案股权代持事项履行信息披露义务，同时应当保证其所披露的信息真实、准确、完整，不得有虚假记载、误导性陈述或者重大遗漏。北大医药未依法披露政泉控股与北大资源控股之间的代持协议，构成信息披露违法。按照北大资源控股与政泉控股签订《股权代持协议书》，政泉控股为北大医药股份名义持有人、名义股东，北大资源控股为北大医药股份的实际出资人，享有实际的股东权利并有权获得相应的投资收益，代持期间北大医药股份所产生的收益由北大资源控股享有95%。根据《上市公司信息披露管理办法》第 46 条的规定，北大资源控股与政泉控股均为信息披露义务人，依法应当配合上市公司履行信息披露义务。

本案值得进一步思考的问题是：实践中证券法与公司法的关系非常密切，本

---

〔6〕 参见中国证监会〔2017〕44 号行政处罚决定书。

案就涉及一种常见的公司法现象:代持股。我国最高人民法院《关于适用〈中华人民共和国公司法〉若干问题的规定(三)》专门对名义股东、实际出资人进行了规定。那么请思考关于代持股的规则在本案中是如何应用的。

案例 1-3 上市公司关联关系、关联交易的信息披露

中国证监会认定中国高科集团股份有限公司(以下简称中国高科)存在以下违法事实:

北大方正集团有限公司(以下简称方正集团)为中国高科第一大股东。武汉国信房地产发展有限公司(以下简称武汉国信)为中国高科的全资子公司。同时,方正集团实际控制武汉天馨物业发展有限公司(以下简称武汉天馨)和武汉天赐商贸发展有限公司(以下简称武汉天赐)的财务、人事、经营班子等,是其实际控制人。根据《上市公司信息披露管理办法》第 71 条“具有以下情形之一的法人,为上市公司的关联法人:1. 直接或者间接地控制上市公司的法人;2. 由前项所述法人直接或者间接控制的除上市公司及其控股子公司以外的法人……”和《企业会计准则第 36 号——关联方披露》第 3 条、第 4 条的规定,中国高科与武汉天馨、武汉天赐因同受方正集团控制而存在关联关系。

根据方正集团提供的《北大资源集团所属企业请示报告单》,2012 年 9 月 7 日,北大资源(方正集团下属公司)物业集团在“物业集团武汉分公司关于购置武汉国信新城、国信馨园商铺的请示”中提到,“为充分利用以上两处商铺的商业价值,继续发展我司招商经营业务,现特向集团领导请示以武汉天馨物业发展有限公司名义出资购买以上两处商铺”。该报告单分别经由北大资源分管财务的副总裁周某、北大资源总裁余某等签字同意。

根据方正集团提供的《资金审批表》,2012 年 9 月 7 日武汉天馨向方正集团提出资金申请,其中提出“武汉天馨物业发展有限公司拟购买武汉国信房地产发展有限公司的国信三期门面和国信馨园门面,购房款及相关费用共计 53,437,840.98 元,费用明细见附件”,附件《资金申请明细清单》中显示“购房款 51,065,850 元”、“国信新城商铺办理《商品房买卖登记》需缴纳费用:1,063,012.17 元”、“国信馨园商铺办理《商品房买卖登记》需缴纳费用:1,308,978.81 元”。该审批表分别经北大资源物业集团财务总监郑某、北大资源资金部总经理林某飞、北大资源分管财务的副总裁周伯勤、方正集团分管财务的副总裁李某民、方正集团财务公司资金计划部负责人侯某玉、方正集团财务公司总经理陈某签字同意。

2012 年 9 月 24 日,北大资源通过其账户转账 6295 万元给正中资产管理公司

(以下简称正中资产),同日正中资产将其中5347.03万元转给武汉天馨账户,武汉天馨将其中51,065,850元购房款转至武汉国信账户。

2012年10月25日,武汉国信向中国高科提交两份《付款申请单》,内容为根据武汉国信同武汉天赐签订的《天合广场项目型材采购合同》、《天合广场项目玻璃采购合同》,分别申请向武汉天赐付款91.21万元、40.16万元。2012年11月7日,武汉国信向中国高科提交两份《付款申请单》,内容为根据武汉国信同武汉天赐签订的《天合广场项目玻璃采购合同》、《天合广场项目玻璃采购合同补充协议》,分别向武汉天赐付款65.26万元、40.16万元。2012年12月11日,武汉国信分别支付给武汉天赐四笔采购款,金额合计236.79万元。

根据《上市公司信息披露管理办法》第71条的规定,上市公司的关联交易,是指上市公司或者其控股子公司与上市公司关联人之间发生的转移资源或者义务的事项。中国高科全资子公司武汉国信与武汉天馨、武汉天赐之间的交易,构成关联交易。

根据《公开发行证券的公司信息披露内容与格式准则第2号——年度报告的内容与格式》(2012年修订)第31条的规定,公司应当披露报告期内发生的累计关联交易总额高于3000万元且占公司最近一期经审计净资产值5%以上的重大关联交易事项。中国高科2012年年报未按规定披露与武汉天馨、武汉天赐之间发生的关联交易,累计5343.38万元,占中国高科2011年末归属于母公司股东净资产(7.47亿元)的7.15%。其中,5106.59万元为中国高科全资子公司武汉国信销售60套商铺给武汉天馨所产生的营业收入,占武汉国信2012年营业收入的98%,占中国高科2012年房地产业务收入的17.14%。武汉国信销售给武汉天馨60套商铺实现税后净利润1646.89万元,占中国高科归属于上市公司股东的净利润(2080.60万元)的比例为79.15%。中国高科2011年亏损586万元,该笔关联交易对中国高科净利润造成重大影响。

在中国高科2012年年报上签字的人员有:中国高科时任董事长兼北大资源总裁余某;时任董事兼北大资源分管财务副总裁周某;时任总裁兼财务总监郑某以及时任独立董事孙某。

中国证监会认为,中国高科及其相关责任人员未按规定披露关联交易的行为违反了《证券法》第63条"发行人、上市公司依法披露的信息,必须真实、准确、完整,不得有虚假记载、误导性陈述或者重大遗漏"以及第68条第3款"上市公司董事、监事、高级管理人员应当保证上市公司所披露的信息真实、准确、完整"的规定,构成《证券法》第193条第1款所述"发行人、上市公司或者其他信息披露义务人未按照规定披露信息,或者披露的信息有虚假记载、误导性陈述或者重大遗漏”的行为。对中国高科上述行为负有直接责任的主管人员为余某,周某;其他责任人员为郑某、孙某等。中国证监会决定对中国高科责令改正,给予警告,并处以60万元罚款;对余某、周某、郑某、孙某等给予警告,并分别处以罚款。〔7〕

思考与分析:

本案涉及关联关系的披露。在我国证券法要求的信息公开制度中,对于关联关系的披露是一个难点,也是一个焦点问题。所谓关联关系,依据我国《公司法》第216条第4项规定:“关联关系,是指公司控股股东、实际控制人、董事、监事、高级管理人员与其直接或者间接控制的企业之间的关系,以及可能导致公司利益转移的其他关系。”从字面解释看,公司法的规定已经描述出关联关系所具有的控制性。最高人民法院在针对一起非上市公司的民事判决书中也指出,“公司法所称关联公司,既包括公司股东的相互交叉,也包括公司共同由第三人直接或者间接控制,或者股东之间、公司的实际控制人之间存在直系血亲、姻亲、共同投资等可能导致利益转移的其他关系”。〔8〕关联关系是社会关系的一种,表现为法律上独立的主体间利益的影响性、联动性、协同性,实质是主体间存在的控制、决定或影响关系。关联交易可以分为营业性和非经营性两类。营业性的关联交易包括因买卖、租赁、提供或接受劳务而发生的关联交易,这种类型的关联交易存在对价性,采取了一般商事交易的模式,大都属于公司自身的业务类型;非经营性的关联交易主要指担保、出借公司资金,其本身可能不存在对价,交易本身也不必然为公司的业务类型所包容。关联交易还可以分为公允的关联交易和非公允的关联交易,这是依会计准则对交易是否公平的分类;为了防止利用关联交易操纵利润,公允性成为会计准则对关联交易的基本要求。在关联交易中,商主体或控制股东实施的控制已经溢出了商主体的内部而投向其他商主体,因此,关联关系之披露,是“公开、公平和公正”原则的必然要求,也是中国证监会监管的重点。

〔7〕 参见中国证监会〔2017〕41号行政处罚决定书。

〔8〕 参见最高人民法院(2015)民二终字第324号民事判决书。

思考题

1. 有价证券和证券的类型有哪些?

2. 证券法的特点有哪些?

3. 证券市场的功能有哪些?

4. 证券法的基本原则有哪些?

司法考试试题

一、单项选择题

申和股份公司是一家上市公司,现该公司董事秘书依法律规定,准备向证监会与证券交易所报送公司年度报告。关于年度报告所应记载的内容,下列哪一选项是错误的?(2015 年)

A. 公司财务会计报告和经营情况

B. 董事、监事、高级管理人员简介及其持股情况

C. 已发行股票情况,含持有股份最多的前二十名股东的名单和持股数额

D. 公司的实际控制人

【答案】 C

【考点】 上市公司信息披露。

二、多项选择题

张某手头有一笔闲钱欲炒股,因对炒股熟便购买了某证券投资基金。关于张某作为基金份额持有人所享有的权利,下列哪些表述是正确的?(2015 年)

A. 按份额享有基金财产

B. 参与分配清算后的剩余基金财产

C. 可回赎但不能转让所持有的基金份额

D. 可通过基金份额持有人大会来更换基金管理人

【答案】 ABD

【考点】 基金份额持有人的权利。

第二章　证券公司和证券投资基金管理公司

本章导语

证券公司是证券法中经营证券业务的商主体,由于证券业务属于金融业务,证券公司受到较为严格的监管,其设立、各项业务开展、相关行为等都必须符合相关法律、法规的规定。由于证券市场的高风险性,证券公司还必须遵守风险控制的一系列规定。证券公司的风险处置、风险管理也是证券法对证券公司规制的重点之一。证券投资基金管理公司是担任公开募集基金管理人的商主体,也受到较为严格的监管。

第一节　证券公司的设立与业务类型

证券公司的设立需要符合证券法规定的实体和程序要件。证券公司从事的各项业务均须经过中国证监会的审核批准。证券公司的主要业务类型包括证券经纪业务、证券承销和保荐、证券自营业务和资产管理业务等。具体业务均有详细的规则。中国证监会对证券公司有严格的监管措施。

一、证券公司概述

(一)证券公司的概念

证券公司是指依照《公司法》和《证券法》的规定设立的、经营证券业务的有限责任公司或者股份有限公司。实践中也被称为“证券商”或“券商”。证券公司可以采取有限责任公司或股份有限公司的形式;符合条件的证券股份公司也可以上市,称为“上市证券公司”。

（二）证券公司的意义

证券公司是一类重要的商主体，是我国的金融机构之一，也是证券法中最重要的法律关系主体之一。从证券公司现实的地位来看，证券公司从事的各类证券业务都需要由中国证监会按行政许可的方式授权给证券公司开展；未经中国证监会的许可，任何人和单位都不得开展证券业务，因此，证券公司在证券市场中的地位无可替代，它是联系证券发行人、投资者和其他中介机构的枢纽。正是由于证券公司在证券市场中的这种特殊重要地位，中国证监会对其进行着非常严密的监管，无论证券公司的设立、变更、终止，还是业务类别、风险管理等，都制定有详细的监管规则，证券公司必须接受这种监管。

二、证券公司的设立

（一）证券公司的设立条件

依据我国《证券法》第 124 条的规定，证券公司的设立条件如下：

1. 有符合法律、行政法规规定的公司章程。章程是证券公司设立必备的要件，也是证券公司治理的重要依据。证券公司的章程应当符合《公司法》、《证券法》和中国证监会的相关规定。章程的重要条款应当包括：证券公司的名称、住所；证券公司的组织机构及其产生办法、职权、议事规则；证券公司对外投资、对外提供担保的类型、金额和内部审批程序；证券公司的解散事由与清算办法以及中国证监会要求证券公司章程规定的其他事项。如章程应当明确股东会的职权，还应当规定：董事会、董事长不履行职责致使股东会会议无法召集的，持有一定比例股权的股东和监事会可以按照公司章程规定的程序召集临时股东会会议，并应将有关情况向公司注册地及主要办事机构所在地中国证监会派出机构报告。

2. 主要股东符合法律法规的要求。

（1）拟设立的证券公司的主要股东应当具有持续盈利能力，信誉良好，最近 3 年无重大违法违规记录，净资产不低于人民币 2 亿元。

（2）证券公司股东应当严格按照法律、行政法规和中国证监会的规定履行实际出资义务。证券公司不得直接或间接为股东出资提供融资或担保。证券公司股东存在虚假出资、出资不实、抽逃出资或变相抽逃出资等违法违规行为的，证券公司董事会应在 10 个工作日内向公司注册地及主要办事机构所在地中国证监会派出机构报告，并要求有关股东在 1 个月内纠正。证券公司的股东应当用货币或者证券公司经营必需的非货币财产出资。证券公司股东的非货币财产出资总额不得超过证券公司注册资本的30%。证券公司股东的出资，应当经具有证券、期货相关业务资格的会计师事务所验资并出具证明；出资中的非货币财产，应当经具有证券相关业务资格的资产评估机构评估。

（3）有下列情形之一的单位或者个人，不得成为持有证券公司5%以上股权的股东、实际控制人：因故意犯罪被判处刑罚，刑罚执行完毕未逾3年；净资产低于实收资本的50%，或者或有负债达到净资产的50%；不能清偿到期债务以及中国证监会认定的其他情形。

认购或者受让证券公司的股权后，其持股比例达到证券公司注册资本的5%或者以持有证券公司股东的股权或者其他方式，实际控制证券公司5%以上的股权的，都应当事先告知证券公司，由证券公司报中国证监会批准。

3. 有符合证券法规定的注册资本。证券公司的设立采用严格的法定资本制，其注册资本不仅必须是实缴资本，而且还有法定的最低资本限额规定。我国《证券法》第127条按照证券公司从事的业务类型规定了不同的最低资本限额：

（1）证券公司经营证券经纪、证券投资咨询以及与证券交易、证券投资活动有关的财务顾问这三项业务的，注册资本最低限额为人民币5000万元；

（2）经营证券承销与保荐、证券自营、证券资产管理以及其他证券业务之一的，注册资本最低限额为人民币1亿元；

（3）经营证券承销与保荐、证券自营、证券资产管理以及其他证券业务中两项以上的，注册资本最低限额为人民币5亿元。

中国证监会根据审慎监管原则和各项业务的风险程度，可以调整注册资本最低限额，但不得少于上述规定的限额。

对比我国《公司法》的规定，我们发现《公司法》在2014年修订后已经改变了采用发起设立方式的公司资本制，允许对发起设立的有限公司和股份公司适用认缴资本制，但法律另有规定的除外。显然证券公司不适用该规定。依据《证券法》的规定，证券公司的注册资本制依然属于严格的法定资本制，要求具备最低资本限额、在公司设立时实际出资等。对证券公司仍适用严格的法定资本制有三大意义：一是有利于证券公司建立资本实力、内控水平与业务规模相适应的动态挂钩机制，改变以往以资本规模来确立证券公司业务模式的单一标准；二是有利于证券公司根据自身优势进行市场定位，丰富证券公司的组织类型，开展差异化服务；三是有利于通过设立专门从事某项证券业务的专业子公司方式分散风险，提高市场竞争力，并为推动证券公司集团化发展提供法律依据。证券公司可以根据业务特点分别设立证券经纪子公司、证券投资咨询子公司、财务顾问子公司、承销保荐子公司、证券自营子公司、资产管理子公司、融资融券子公司等多种子公司形态，形成新型的证券专业集团公司，既可以增强竞争力，实现协同效应和规模经济，也有助于在不同业务之间设立风险隔离机制，避免以往因为某一营业部的违法经营而毁掉一个证券公司的情况发生。

4. 董事、监事、高级管理人员具备任职资格，从业人员具有证券从业资格。董事、监事、高级管理人员和证券从业人员应当符合以下两个方面的要求：

（1）积极资格要求。证券公司的董事、监事、高级管理人员应当在任职前取得中国证监会核准的任职资格。这些人员要取得任职资格，总体上应当正直诚实，品行良好，并且熟悉证券法律、行政法规、规章以及其他规范性文件，具备履行职责所必需的经营管理能力。此外，取得董事、监事任职资格，还应当具备以下条件：从事证券、金融、法律、会计工作 3 年以上或者经济工作 5 年以上；具有大专以上学历。

取得董事长、副董事长和监事会主席任职资格，应当具备以下条件：从事证券工作 3 年以上，或者金融、法律、会计工作 5 年以上，或者经济工作 10 年以上；具有大学本科以上学历或取得学士以上学位；通过中国证监会认可的资质测试。

取得总经理、副总经理、财务负责人、合规负责人、董事会秘书，以及证券公司管理委员会、执行委员会和类似机构的成员（以下简称经理层人员）任职资格，还应当具备以下条件：从事证券工作 3 年以上，或者金融、法律、会计工作 5 年以上；具有证券从业资格；具有大学本科以上学历或取得学士以上学位；曾担任证券机构部门负责人以上职务不少于 2 年，或者曾担任金融机构部门负责人以上职务不少于 4 年，或者具有相当职位管理工作经历；通过中国证监会认可的资质测试。

取得分支机构负责人任职资格，除应当具备《证券公司董事、监事和高级管理人员任职资格监管办法》第 8 条规定的基本条件外，还应当具备以下条件：从事证券工作 3 年以上或经济工作 5 年以上；具有证券从业资格；具有大学本科以上学历或取得学士以上学位。证券公司法定代表人应当具有证券从业资格。

（2）消极资格限制。有我国《公司法》第 146 条规定的情形或者下列情形之一的，不得担任证券公司的董事、监事、高级管理人员：因违法行为或者违纪行为被解除职务的证券交易所、证券登记结算机构的负责人或者证券公司的董事、监事、高级管理人员，自被解除职务之日起未逾 5 年；因违法行为或者违纪行为被撤销资格的律师、注册会计师或者投资咨询机构、财务顾问机构、资信评级机构、资产评估机构、验证机构的专业人员，自被撤销资格之日起未逾 5 年；因重大违法违规行为受到金融监管部门的行政处罚，执行期满未逾 3 年；自被中国证监会撤销任职资格之日起未逾3年；自被中国证监会认定为不适当人选之日起未逾2年以及中国证监会认定的其他情形。

5. 有完善的风险管理与内部控制制度。证券公司应当建立健全内部控制制度，采取有效隔离措施，防范公司与客户之间、不同客户之间的利益冲突。证券公司必须将其证券经纪业务、证券承销业务、证券自营业务和证券资产管理业务分开办理，不得混合操作。

6. 有合格的经营场所和业务设施。证券公司必须具备合格的经营场所和业务设施，包括营业大厅、计算机网络系统、电话等。

7. 法律、行政法规规定的和经国务院批准的中国证监会规定的其他条件。例如，依据中国证监会的相关规定，证券公司应当按照中国证监会的规定设置独立董事。证券公司的独立董事，不得在本证券公司担任董事会外的职务，不得与本证券公司存在可能妨碍其做出独立、客观判断的关系。取得独立董事任职资格，还应当具备以下条件：从事证券、金融、法律、会计工作5年以上；具有大学本科以上学历，并且具有学士以上学位；有履行职责所必需的时间和精力。独立董事不得与证券公司存在关联关系、利益冲突或者存在其他可能妨碍独立客观判断的情形。

（二）证券公司的设立程序

1. 向中国证监会提出申请。申请设立证券公司的申请人应当向中国证监会提交下列材料：申请报告；可行性报告；筹建方案；发起人协议；股东名册及其出资额、出资方式、出资比例、背景材料及发起人上一年度经会计师事务所审计的财务报表；公司章程（草案）；筹建负责人名单及其简历以及中国证监会要求的其他材料。

2. 证券公司名称的预先核准。证券公司筹建报批前，应当办理公司名称的预先核准。

3. 中国证监会进行审查和批准。中国证监会应当自受理证券公司设立申请之日起6个月内，依照法定条件和法定程序并根据审慎监管原则进行审查，作出批准或者不予批准的决定，并通知申请人。这种审查批准的性质是行政许可。审查未通过的，中国证监会应当在书面通知中注明理由，并在1年内不再受理其筹建申请。

4. 筹建证券公司。筹建申请人应当自中国证监会批准筹建之日起6个月内完成筹建工作，逾期未完成的，原批准文件自动失效。遇有特殊情况需要延长筹建期限的,应当书面报经中国监会批准,但是延长期不得超过3个月。筹建申请人完成筹建工作并经中国证监会验收合格后,方可向公司登记机关申请设立登记、领取营业执照。

5. 向公司登记机关申请设立登记。证券公司设立申请获得批准的,申请人应当在规定的期限内向公司登记机关申请设立登记,领取营业执照。证券公司应当自领取营业执照之日起15日内,向中国证监会申请经营证券业务许可证。未取得经营证券业务许可证,证券公司不得经营证券业务。

(三)证券公司设立子公司和分支机构的条件

证券公司通过设立子公司和分支机构可以很好地实现证券业务扩张和风险管理,所以实践中的证券公司往往需要设立子公司和分支机构。证券公司在设立子公司时,应当符合下列要求:最近12个月各项风险控制指标持续符合规定标准,最近一年净资本不低于12亿元人民币;具备较强的经营管理能力,设立子公司经营证券经纪、证券承销与保荐或者证券资产管理业务的,最近一年公司经营该业务的市场占有率不低于行业中等水平;具备健全的公司治理结构、完善的风险管理制度和内部控制机制,能够有效防范证券公司与其子公司之间出现风险传递和利益冲突;中国证监会的其他要求。证券公司与其子公司、受同一证券公司控制的子公司之间不得经营存在利益冲突或者竞争关系的同类业务。

(四)中国证监会对证券公司的监管

1. 证券公司应当向中国证监会报送年度报告、月度报告和临时报告。证券公司应当自每一会计年度结束之日起4个月内,向中国证监会报送年度报告;自每月结束之日起7个工作日内,报送月度报告。

发生影响或者可能影响证券公司经营管理、财务状况、风险控制指标或者客户资产安全的重大事件的,证券公司应当立即向中国证监会报送临时报告,说明事件的起因、目前的状态、可能产生的后果和拟采取的相应措施。

对证券公司报送的年度报告、月度报告,中国证监会应当指定专人进行审核,并制作审核报告。审核人员应当在审核报告上签字。审核中发现问题的,中国证监会应当及时采取相应措施。

2. 证券公司及相关人员应当向社会承担的信息公开义务。证券公司应当依法向社会公开披露其基本情况、参股及控股情况、负债及或有负债情况、经营管理状况、财务收支状况、高级管理人员薪酬和其他有关信息。具体办法由中国证监会制定。

中国证监会可以要求下列单位或者个人,在指定的期限内提供与证券公司经营管理和财务状况有关的资料、信息:证券公司及其董事、监事、工作人员;证券公司的股东、实际控制人;证券公司控股或者实际控制的企业;证券公司的开户银行、指定商业银行、资产托管机构、证券交易所、证券登记结算机构;为证券公司提供服务的证券服务机构。

证券公司以及有关单位和个人披露、报送或者提供的资料、信息应当真实、准确、完整,不得有虚假记载、误导性陈述或者重大遗漏。

3. 中国证监会有权采取的监管措施。中国证监会有权采取下列措施,对证券公司的业务活动、财务状况、经营管理情况进行检查:(1)询问证券公司的董事、监事、工作人员,要求其对有关检查事项做出说明。(2)进入证券公司的办公场所或者营业场所进行检查。(3)查阅、复制与检查事项有关的文件、资料,对可能被转移、隐匿或者毁损的文件、资料、电子设备予以封存。(4)检查证券公司的计算机信息管理系统,复制有关数据资料。(5)中国证监会为查清证券公司的业务情况、财务状况,经中国证监会负责人批准,可以查询证券公司及与证券公司有控股或者实际控制关系企业的银行账户。

4. 中国证监会对存在违法情形的证券公司有权采取的措施。中国证监会对治理结构不健全、内部控制不完善、经营管理混乱、设立账外账或者进行账外经营、拒不执行监督管理决定、违法违规的证券公司,应当责令其限期改正,并可以采取下列措施:(1)责令增加内部合规检查的次数并提交合规检查报告。(2)对证券公司及其有关董事、监事、高级管理人员、境内分支机构负责人给予谴责。(3)责令处分有关责任人员,并报告结果。(4)责令更换董事、监事、高级管理人员或者限制其权利。(5)对证券公司进行临时接管,并进行全面核查。(6)责令暂停证券公司或者其境内分支机构的部分或者全部业务、限期撤销境内分支机构。(7)任何单位或者个人未经批准,持有或者实际控制证券公司5%以上股权的,中国证监会应当责令其限期改正;改正前,相应股权不具有表决权。(8)任何人未取得任职资格,实际行使证券公司董事、监事、高级管理人员或者境内分支机构负责人职权的,中国证监会应当责令其停止行使职权,予以公告,并可以按照规定对其采取证券市场禁入的措施。(9)证券公司董事、监事、高级管理人员或者境内分支机构负责人不再具备任职资格条件的,证券公司应当解除其职务并向中国证监会报告;证券公司未解除其职务的,中国证监会应当责令其解除。(10)证券公司聘请或者解聘会计师事务所的,应当自做出决定之日起3个工作日内报中国证监会备案;解聘会计师事务所的,应当说明理由。

三、证券公司的业务类型

证券公司的业务类型是证券公司的权利能力和行为能力范围。证券公司开展任何一类业务,都必须取得中国证监会的许可。这种许可在性质上也属于行政许可。中国证监会不仅详细规定了开展每一种证券业务的具体行为规则,还对证券公司开展此类业务的条件有严格规定,以确保证券公司在从事这些业务时能保护客户利益和稳健经营。

(一)证券经纪业务

1. 证券经纪业务的含义

证券经纪业务是指证券公司通过其设立的证券营业部,执行客户的委托,以自己的名义从事证券交易业务。在该项业务中,证券公司的法律地位是“经纪人”,属于商事代理人的一种。在证券经纪业务中,证券公司收取相对固定的佣金,买卖证券的风险和法律后果归客户自行承担。

2. 证券经纪业务的行为规则

证券经纪业务是证券公司作为典型的中介机构代投资者买卖证券的行为,如何保护投资者的利益是法律调整证券经纪业务的核心。依据《证券法》、《证券公司监督管理条例》及中国证监会的相关规定,在证券公司办理经纪业务时,应当遵守以下行为规则,以保护投资者的利益:

(1)禁止接受客户的全权委托。全权委托其实是一种概括授权,为了防止证券公司办理经纪业务时误导客户,法律禁止证券公司接受客户的全权委托而决定证券买卖、选择证券种类、决定买卖数量或者买卖价格。

(2)禁止对客户作出收益或赔偿的承诺。由于证券公司从事的经纪业务在法律性质上属于商事代理,因此按照代理制度的要求,代理行为的后果应当由本人(客户)承担,所以证券公司不得以任何方式对客户证券买卖的收益或者赔偿证券买卖的损失作出承诺。

(3)证券公司对客户应当履行诚信义务。证券公司从事证券经纪业务,应当客观说明公司业务资格、服务职责、范围等情况,不得提供虚假、误导性信息,不得采取不正当竞争手段开展业务,不得诱导无投资意愿或者无风险承受能力的投资者参与证券交易活动。

(4)证券公司应当作出委托记录。证券买卖委托书是作为经纪人的证券公司与委托人之间权利义务关系的协议,是主要的委托记录。证券公司应当置备统一的证券买卖委托书供委托人使用。采取其他委托方式的,必须作出委托记录。客户的证券买卖委托,无论是否成交,其委托记录应当按照规定的期限,保存于证券公司。证券公司接受证券买卖的委托,应当根据委托书载明的证券名称、买卖数量、出价方式、价格幅度等,按照交易规则代理买卖证券,如实进行交易记录;买卖成交后,应当按照规定制作买卖成交报告单交付客户。证券交易中确认交易行为及其交易结果的对账单必须真实,并由交易经办人员以外的审核人员逐笔审核,保证账面证券余额与实际持有的证券相一致。

(5)证券公司应当审查客户账户内的资金、证券是否充足。证券经纪业务与融资融券业务不同,不允许使用和买卖客户账户内没有的资金和证券。证券公司从事证券经纪业务,应当对客户账户内的资金、证券是否充足进行审查。客户资金账户内的资金不足的,不得接受其买入委托;客户证券账户内的证券不足的,不得接受其卖出委托。

(6)证券公司应当规范对客户的其他服务制度。在证券经纪业务中,除前述证券公司对客户应当履行的义务外,证券公司还应当建立健全以下客户管理与客户服务制度,加强投资者教育,保护客户合法权益。这些服务制度具体包括:建立健全客户账户管理制度,即证券公司应当统一建立、管理证券经纪业务客户账户管理、客户资金存管、代理交易、代理清算交收、证券托管、交易风险监控等信息系统,各项业务数据应当集中存放。还应当建立健全客户适当性管理制度,为客户提供适当的产品和服务;建立健全客户交易监控制度,保护客户资产安全;建立健全客户回访制度,及时发现并纠正不规范行为;建立健全客户投诉处理制度,妥善处理客户投诉和与客户的纠纷;建立健全客户资料管理制度,保证客户资料安全完整。

(7)证券公司可以委托证券经纪人并对其活动承担责任、进行监督。从事证券经纪业务时,证券公司也可以委托证券公司以外的人员作为证券经纪人,代理其进行客户招揽、客户服务等活动。证券公司应当建立健全证券经纪业务人员管理和科学合理的绩效考核制度,规范证券经纪业务人员行为。证券经纪人应当具有证券从业资格。证券公司应当与接受委托的证券经纪人签订委托合同,颁发证券经纪人证书,明确对证券经纪人的授权范围,并对证券经纪人的执业行为进行监督。证券经纪人应当在证券公司的授权范围内从事业务,并应当向客户出示证券经纪人证书。证券经纪人应当遵守证券公司从业人员的管理规定,其在证券公司授权范围内的行为,由证券公司依法承担相应的法律责任;超出授权范围的行为,证券经纪人应当依法承担相应的法律责任。证券经纪人只能接受一家证券公司的委托,进行客户招揽、客户服务等活动。证券经纪人不得为客户办理证券认购、交易等事项。证券公司向客户收取证券交易费用,应当符合国家有关规定,并将收费项目、收费标准在营业场所的显著位置予以公示。

(二)证券公司的自营业务

1. 证券自营业务的含义

证券公司的自营业务是指证券公司以营利为目的,以自有资金和自己的名义从事的证券买卖。在自营业务中,证券公司自身就是证券买卖的当事人,自行承受买卖证券的后果。

2. 证券自营业务的具体要求

(1)自营业务中允许买卖的证券。证券公司从事证券自营业务,限于买卖依法公开发行的股票、债券、权证、证券投资基金或者中国证监会认可的其他证券。

(2)证券公司从事证券自营业务,应当使用实名证券自营账户。证券公司的自营业务是以证券公司自己为证券买卖当事人,也需要中国证监会和证券交易所对自营业务进行专门的监督,所以必须使用证券的自营账户。并要求证券公司的证券自营账户,应当自开户之日起3个交易日内报证券交易所备案。

(3)证券公司从事证券自营业务,不得有下列行为:违反规定购买本证券公司控股股东或者与本证券公司有其他重大利害关系的发行人发行的证券;违反规定委托他人代为买卖证券;利用内幕信息买卖证券或者操纵证券市场以及法律、行政法规或者中国证监会禁止的其他行为。

(4)证券公司从事证券自营业务应当符合有关风险管理的要求。证券公司从事自营业务时,自营证券总值与公司净资本的比例、持有一种证券的价值与公司净资本的比例、持有一种证券的数量与该证券发行总量的比例等风险控制指标,应当符合中国证监会的相关规定。

(5)自营业务与其他业务的分离。证券公司必须将其证券经纪业务、证券承销业务、证券自营业务和证券资产管理业务分开办理,不得混合操作。

(6)无须取得自营业务许可的情形。依据中国证监会的相关规定,证券公司进行现金管理,将自有资金投资于依法公开发行的国债、投资级公司债、货币市场基金、央行票据等证监会认可的风险较低、流动性较强的证券,以及证券公司经证监会批准设立的集合资产管理计划、专项资产管理计划,且投资规模不超过其净资本80%的,或者因依法履行承销义务而买卖证券的,无须取得证券自营业务资格,但应当比照执行证券自营业务的规则。

(三)证券公司的资产管理业务

1. 资产管理业务的含义

证券公司的资产管理业务是指证券公司接受客户委托,根据与客户签订的证券资产管理协议,对客户的证券资产进行经营运作和提供管理服务。资产管理业务的本质是商事信托,是客户(委托人)基于信任而将自己的资产交由证券公司(受信人)进行投资并自行承担投资的法律后果及风险;证券公司按照约定收取管理费用。它与证券经纪业务的区别在于证券公司享有比较充分的投资决策权。证券公司从事证券资产管理业务,应当与客户签订证券资产管理合同,约定投资范围、投资比例、管理期限及管理费用等事项。

2. 资产管理业务的类型

资产管理业务包括定向资产管理和集合资产管理两项业务。

(1)定向资产管理业务。证券公司办理定向资产管理业务,应当与客户签订定向资产管理合同,接受单一客户委托,通过该客户的账户,为客户提供资产管理服务。

(2)集合资产管理业务。证券公司为多个客户办理集合资产管理业务,应当设立集合资产管理计划并担任计划管理人,与客户签订集合资产管理合同,通过专门账户为客户提供资产管理服务。集合资产管理计划应当设定为均等份额,客户按其拥有的份额享有利益,承担风险。

3. 证券公司在资产管理业务中的行为规则

证券公司应当为客户提供适当的资产管理服务,并遵守以下规则:

(1)了解客户并引导其审慎投资。证券公司要按照有关规则,了解客户身份、财产与收入状况、证券投资经验、风险认知与承受能力和投资偏好等,根据所了解的客户情况,推荐与客户风险承受能力相匹配、相适当的产品或者服务,引导客户审慎投资。

(2)证券公司要制作风险揭示书。证券公司与客户签订证券资产管理合同,应当事先指定专人向客户讲解有关业务规则和合同内容,并将风险揭示书交由客户签字确认。业务合同的必备条款和风险揭示书的标准格式,由中国证券业协会制定,并报中国证监会备案。

(3)证券公司应履行对客户的告知义务。证券公司在营销活动中必须要向客户全面、准确地讲解资产管理合同内容和业务规则，对集合资产管理客户还要介绍集合计划的产品特点、投资方向、风险收益特征，讲解客户投资集合计划的操作方法等。要求证券公司要遵循公平、公正的原则从事资产管理业务，诚实守信，审慎尽责，避免利益冲突，禁止任何形式的利益输送。证券公司要实现证券资产管理业务与证券自营业务、证券承销业务、证券经纪业务及其他证券业务之间的有效隔离，其定向、集合资产管理业务的投资主办人互相不得兼任。

(4)证券公司应当为客户编制和寄送对账单。证券公司从事证券资产管理业务、融资融券业务，应当按照规定编制对账单，按月寄送客户。证券公司与客户对对账单送交时间或者方式另有约定的，从其约定。

(5)证券公司在资产管理业务中的禁止性行为。向客户做出保证其资产本金不受损失或者保证其取得最低收益的承诺；接受一个客户的单笔委托资产价值低于中国证监会规定的最低限额；使用客户资产进行不必要的证券交易；在证券自营账户与证券资产管理账户之间或者不同的证券资产管理账户之间进行交易，且无充分证据证明已依法实现有效隔离以及法律、行政法规或者中国证监会禁止的其他行为。

(四)融资融券业务

1. 融资融券业务的含义

融资融券业务，是指向客户出借资金供其买入上市证券或者出借上市证券供其卖出，并收取担保物的经营活动。融资融券业务本质上是一种信用交易，风险比较大，但融资融券业务在一定程度上能增加证券公司自有资金和自有证券的运用渠道，提高金融资产的运用效率。2015 年 7 月 1 日，中国证监会颁布实施了新的《证券公司融资融券管理办法》，进一步优化了融资融券的交易机制。

2. 证券公司开展融资融券业务的要求

(1)证券公司自身符合开展融资融券业务的条件。包括：具有证券经纪业务资格；公司治理健全，内部控制有效，能有效识别、控制和防范业务经营风险和内部管理风险；公司最近 2 年内不存在因涉嫌违法违规正被证监会立案调查或者正处于整改期间的情形；财务状况良好，最近 2 年各项风险控制指标持续符合规定，注册资本和净资本符合增加融资融券业务后的规定；客户资产安全、完整，客户交易结算资金第三方存管有效实施，客户资料完整真实；已建立完善的客户投诉处理机制，能够及时、妥善处理与客户之间的纠纷；已建立符合监管规定和自律要求的客户适当性制度，实现客户与产品的适当性匹配管理；信息系统安全稳定运行，最近1年未发生因公司管理问题导致的重大事件，融资融券业务技术系统已通过证券交易所、证券登记结算机构组织的测试；有拟负责融资融券业务的高级管理人员和适当数量的专业人员以及中国证监会规定的其他条件。

（2）证券公司应当向客户办理征信。证券公司在向客户融资、融券前，应当办理客户征信，了解客户的身份、财产与收入状况、证券投资经验和风险偏好、诚信合规记录等情况，做好客户适当性管理工作，并以书面或者电子方式予以记载、保存。对未按照要求提供有关情况、从事证券交易时间不足半年、缺乏风险承担能力、最近20个交易日日均证券类资产低于50万元或者有重大违约记录的客户，以及本公司的股东（不包括仅持有上市证券公司5%以下流通股份的股东）、关联人，证券公司不得为其开立信用账户。专业机构投资者参与融资、融券，可不受从事证券交易时间、证券类资产的条件限制。证券公司应当按照适当性制度要求，制定符合《证券公司融资融券业务管理办法》规定的、选择客户的具体标准。

（3）证券公司应当履行风险提示义务，依法与客户签订融资融券合同。证券公司与客户签订融资融券合同前，应当采用适当的方式向客户讲解业务规则和合同内容，明确告知客户权利、义务及风险，特别是关于违约处置的风险控制安排，并将融资融券交易风险揭示书交由客户书面确认。

证券公司在向客户融资、融券前，应当与其签订载有中国证券业协会规定的必备条款的融资融券合同，明确约定下列事项：融资、融券的额度、期限、利率（费率）、利息（费用）的计算方式；保证金比例、维持担保比例、可充抵保证金的证券的种类及折算率、担保债权范围；追加保证金的通知方式、追加保证金的期限；客户清偿债务的方式及证券公司对担保物的处分权利；融资买入证券和融券卖出证券的权益处理；违约责任；纠纷解决途径以及其他有关事项。

融资融券合同应当约定，证券公司客户信用交易担保证券账户内的证券和客户信用交易担保资金账户内的资金，为担保证券公司因融资融券所生对客户债权的信托财产。证券公司与客户约定的融资、融券期限不得超过证券交易所规定的期限；融资利率、融券费率由证券公司与客户自主商定。合约到期前，证券公司可以根据客户的申请为客户办理展期，每次展期期限不得超过证券交易所规定的期限。证券公司在为客户办理合约展期前，应当对客户的信用状况、负债情况、维持担保比例水平等进行评估。

（4）开立客户信用证券账户。证券公司与客户签订融资融券合同后，应当根据客户的申请，按照证券登记结算机构的规定，为其开立实名信用证券账户。客户信用证券账户与其普通证券账户的开户人姓名或者名称应当一致。客户信用证券账户是证券公司客户信用交易担保证券账户的二级账户,用于记载客户委托证券公司持有的担保证券的明细数据。证券公司应当委托证券登记结算机构根据清算、交收结果等,对客户信用证券账户内的数据进行变更。

(5)客户信用资金存管与信用资金账户。证券公司应当参照客户交易结算资金第三方存管的方式,与其客户及商业银行签订客户信用资金存管协议。证券公司在与客户签订融资融券合同后,应当通知商业银行根据客户的申请,为其开立实名信用资金账户。客户信用资金账户是证券公司客户信用交易担保资金账户的二级账户,用于记载客户交存的担保资金的明细数据。证券公司应当委托证券登记结算机构根据清算、交收结果等,对客户信用证券账户内的数据进行变更。商业银行根据证券公司提供的清算、交收结果等,对客户信用资金账户内的数据进行变更。

(6)证券公司从事融资融券业务的其他要求。包括:证券公司向客户融资,只能使用融资专用资金账户内的资金;向客户融券,只能使用融券专用证券账户内的证券。客户融资买入、融券卖出的证券,不得超出证券交易所规定的范围。客户在融券期间卖出其持有的、与所融入证券相同的证券的,应当符合证券交易所的规定,不得以违反规定卖出该证券的方式操纵市场。

证券公司经营融资融券业务,按照客户委托发出证券交易、证券划转指令的,应当保证指令真实、准确。因证券公司的过错导致指令错误,造成客户损失的,客户可以依法要求证券公司赔偿,但不影响证券交易所、证券登记结算机构正在执行或者已经完成的业务操作。

证券公司融资融券的金额不得超过其净资本的 4 倍。证券公司向单一客户或者单一证券的融资、融券的金额占其净资本的比例等风险控制指标,应当符合证监会和证券交易所的规定。

客户融资买入证券的,应当以卖券还款或者直接还款的方式偿还向证券公司融入的资金。客户融券卖出的,应当以买券还券或者直接还券的方式偿还向证券公司融入的证券。客户融券卖出的证券暂停交易的,可以按照约定以现金等方式偿还向证券公司融入的证券。客户融资买入或者融券卖出的证券暂停交易,且交易恢复日在融资融券债务到期日之后的,融资融券的期限顺延。融资融券合同另有约定的,从其约定。客户融资买入或者融券卖出的证券预定终止交易,且最后交易日在融资融券债务到期日之前的,融资融券的期限缩短至最后交易日的前一交易日。融资融券合同另有约定的,从其约定。

(7)融资融券业务中的债权担保。证券公司向客户融资、融券,应当向客户收取一定比例的保证金。保证金可以证券充抵。证券公司应当将收取的保证金以及客户融资买入的全部证券和融券卖出所得全部价款,分别存放在客户信用交易担保证券账户和客户信用交易担保资金账户,作为对该客户融资融券所生债权的担保物。证券公司应当在符合证券交易所规定的前提下,根据客户信用状况、担保物质量等情况,与客户约定最低维持担保比例、补足担保物的期限以及违约处置方式等。证券公司应当逐日计算客户交存的担保物价值与其所欠债务的比例。当该比例低于约定的维持担保比例时,应当通知客户在约定的期限内补交担保物,客户经证券公司认可后,可以提交除可充抵保证金证券以外的其他证券、不动产、股权等资产。客户未能按期交足担保物或者到期未偿还债务的,证券公司可以按照约定处分其担保物。

除下列情形外,任何人不得动用证券公司客户信用交易担保证券账户内的证券和客户信用交易担保资金账户内的资金:为客户进行融资融券交易的结算;收取客户应当归还的资金、证券;收取客户应当支付的利息、费用、税款;按照中国证监会相关规定以及与客户的约定处分担保物;收取客户应当支付的违约金;客户提取还本付息、支付税费及违约金后的剩余证券和资金以及其他情形。

(8)权益处理。证券登记结算机构依据证券公司客户信用交易担保证券账户内的记录,确认证券公司受托持有证券的事实,并以证券公司为名义持有人,登记于证券持有人名册。对客户信用交易担保证券账户记录的证券,由证券公司以自己的名义,为客户的利益,行使对证券发行人的权利。证券公司行使对证券发行人的权利,应当事先征求客户的意见,并按照其意见办理。客户未表达意见的,证券公司不得行使对发行人的权利。所谓对证券发行人的权利,是指请求召开证券持有人会议、参加证券持有人会议、提案、表决、配售股份的认购、请求分配投资收益等因持有证券而产生的权利。

证券登记结算机构受证券发行人委托以证券形式分派投资收益的,应当将分派的证券记录在证券公司客户信用交易担保证券账户内,并相应变更客户信用证券账户的明细数据。证券登记结算机构受证券发行人委托以现金形式分派投资收益的,应当将分派的资金划入证券公司信用交易资金交收账户。证券公司应当在资金到账后,通知商业银行对客户信用资金账户的明细数据进行变更。

客户融入证券后、归还证券前,证券发行人分配投资收益、向证券持有人配售或者无偿派发证券、发行证券持有人有优先认购权的证券的,客户应当按照融资融券合同的约定,在偿还债务时,向证券公司支付与所融入证券可得利益相等的证券或者资金。证券公司通过客户信用交易担保证券账户持有的股票不计入其自有股票,证券公司无须因该账户内股票数量的变动而履行相应的信息报告、披露或者要约收购义务。

(五)承销保荐业务

1. 承销保荐的含义

证券承销是指由证券公司代证券发行人发行证券,这是目前非常重要的证券发行方式,一般在证券公开发行时采用。保荐则是指由证券公司作为公司的上市推荐人辅导、确保其符合上市的规范性条件。保荐人大多由证券主承销商担任,因此这两项业务在证券业的实践中被习惯性地合称“承销保荐”,但承销和保荐的含义和本质不同。

2. 证券承销

证券承销在证券发行的具体方式。实质上是证券公司作为商事代理人代发行人发售证券,包括代销和包销两种类型。证券代销是指证券公司代发行人发售证券,在承销期结束时,将未售出的证券全部退还给发行人的承销方式。在代销中,证券公司并不承担证券无法全部售出的风险。证券包销是指证券公司将发行人的证券按照协议全部购入或者在承销期结束时将售后剩余证券全部自行购入的承销式。证券包销则由证券公司承受无法全部售出的风险。

3. 证券保荐

证券保荐业务由登记为证券保荐机构的证券公司从事。保荐机构负责证券发行的主承销工作,履行对发行人的尽职调查义务,对公开发行募集文件的真实性、准确性、完整性进行核查,向中国证监会出具保荐意见,并根据市场情况与发行人协商确定证券的发行价格。相比于 20 世纪 90 年代中国证券发行上市的行政化色彩,作为保荐机构的证券公司,在证券的公开发行、上市中,既担负着确保信息真实的重大责任,也担负着市场化取向的证券业转型重任,保荐业务也成为证券公司最令人瞩目的证券业务。

本书将在第三章证券发行上市部分详细介绍证券承销和保荐业务的具体要求。

(六)财务顾问业务

1. 财务顾问业务的含义

证券公司从事的财务顾问业务是指与证券交易、证券投资咨询活动有关的咨询、建议、策划业务,主要是为拟上市公司或上市公司提供的服务。财务顾问业务属于传统的投资银行业务,目前也允许符合条件的证券公司从事。在财务顾问业务中,证券公司与客户的关系属于委托关系,证券公司收取客户的顾问费(服务费)。

2. 财务顾问业务的内容

根据相关规定,目前,财务顾问业务的内容具体包括:(1)为企业申请证券发行和上市提供改制改组、资产重组、前期辅导等方面的咨询服务。(2)为上市公司重大投资、收购兼并、关联交易等业务提供咨询服务。(3)为法人、自然人和其他组织收购上市公司及相关的资产重组、债务重组提供咨询服务。(4)为上市公司完善法人治理结构、设计经理层股票期权、职工持股计划、投资者关系管理等提供咨询服务。(5)为上市公司的再融资、资产重组、债务重组等资本营运提供融资策划、方案设计、推介路演等方面的咨询服务。(6)为上市公司的债权人、债务人对上市公司进行债务重组、资产重组、相关股权重组等提供咨询服务以及中国证监会认定的其他业务形式。

(七)证券咨询服务业务

1. 证券咨询服务业务的含义

证券公司开展的证券咨询服务业务是指证券公司对客户进行的咨询服务业务,即为证券投资人或者客户提供证券投资分析、预测或者建议等直接或者间接有偿咨询服务的活动。在证券咨询业务中,证券公司与客户之间的关系属于委托关系,证券公司收取客户的咨询费;客户依咨询意见进行的投资活动,由其自行承担法律后果和风险。

2. 证券咨询服务业务的形式

证券咨询服务业务的形式包括:(1)接受投资人或者客户委托,提供证券投资咨询服务。(2)举办有关证券投资咨询的讲座、报告会、分析会等。(3)在报刊上发表证券投资咨询的文章、评论、报告,以及通过电台、电视台等公众传播媒体提供证券投资咨询服务。(4)通过电话、传真、电脑网络等电信设备系统,提供证券投资咨询服务以及中国证监会认定的其他形式。

3. 证券咨询服务业务的具体要求

按照中国证监会的相关规定,证券公司对其证券经纪业务客户提供证券投资咨询服务,不就该项服务与客户单独签订合同、单独收取费用,且收取的证券经纪业务佣金不超过规定上限的,无须取得证券投资咨询业务资格,但应当比照执行证券投资咨询业务的规则。

(八)证券公司中间介绍业务

1. 证券中间介绍业务的含义

证券公司的中间介绍业务(Introducing Broker,简称 IB 业务)是指证券公司接受期货经纪商的委托,为期货经纪商介绍客户参与期货交易并提供相关服务的业务。目前,我国的证券公司不能直接代理客户进行期货买卖,但是可以为期货经纪商介绍客户,并收取该期货经纪商支付的佣金。

2. 证券中间介绍业务的要求

按照中国证监会的相关规定,证券公司只能接受其全资拥有或控股的,或者被同一机构控制的期货公司的委托从事介绍业务,不能接受其他期货公司的委托从事介绍业务。证券公司应当按照合规、审慎经营的原则,制定并有效执行介绍业务规则、内部控制、合规检查等制度,确保有效防范和隔离介绍业务与其他业务的风险。

第二节　证券公司的变更、终止及风险处置

证券公司属于金融公司,其经营涉及利益主体较多。因此证券公司的变更、终止及风险处置均有较严格的法律规制,均需要经过中国证监会的审批。证券公司的终止需要采取一些行政性的缓冲措施,防范因证券公司终止给证券市场和投资者带来利益损害。

一、证券公司的变更和终止

(一)证券公司的变更

1. 证券公司变更的含义

证券公司的变更是指公司登记事项的变更和组织形式的变更,是证券公司人格的变化。证券公司的设立采用的是行政许可的方式,如果某些事项发生变更,也应当由中国证监会进行审批。

2. 证券公司变更的审批

《证券法》第 129 条规定:“证券公司设立、收购或者撤销分支机构,变更业务范围,增加注册资本且股权结构发生重大调整,变更持有百分之五以上股权的股

东、实际控制人,变更公司章程中的重要条款,合并、分立、停业、解散、破产,必须经国务院证券监督管理机构批准。证券公司在境外设立、收购或者参股证券经营机构,必须经国务院证券监督管理机构批准。"国务院《证券公司监督管理条例》第13条还规定证券公司增加注册资本且股权结构发生重大调整,减少注册资本,变更业务范围或者公司章程中的重要条款,合并、分立,设立、收购或者撤销境内分支机构,在境外设立、收购、参股证券经营机构,应当经中国证监会批准。其中的公司章程中的重要条款,是指规定下列事项的条款:证券公司的名称、住所;证券公司的组织机构及其产生办法、职权、议事规则;证券公司对外投资、对外提供担保的类型、金额和内部审批程序;证券公司的解散事由与清算办法等;第14条规定任何单位或者个人有下列情形之一的,应当事先告知证券公司,由证券公司报中国证监会批准:认购或者受让证券公司的股权后,其持股比例达到证券公司注册资本的5%;以持有证券公司股东的股权或者其他方式,实际控制证券公司5%以上的股权。未经中国证监会批准,任何单位或者个人不得委托他人或者接受他人委托持有或者管理证券公司的股权。证券公司的股东不得违反国家规定,约定不按照出资比例行使表决权。

(二)证券公司的终止

1. 证券公司终止的含义

证券公司终止是指证券公司消灭其法人资格。证券公司的终止原因主要有两类:解散和破产。证券公司的解散或者破产都应当经中国证监会批准,并按照有关规定安置客户、处理未了结的业务。证券公司停止全部证券业务、解散、破产或者撤销境内分支机构的,应当在中国证监会指定的报刊上公告,并按照规定将经营证券业务许可证交中国证监会注销。

2. 证券公司的解散

结合《公司法》和《证券法》的相关规定,证券公司因解散而终止有四种情形:

(1)公司章程规定的营业期限届满或者出现其他解散事由。

(2)股东会或股东大会决议解散。

(3)因公司合并或分立而解散。

(4)证券公司因违法行为被责令关闭。《证券法》规定了三种"责令关闭"的情形:

第一,《证券法》第211条规定:"证券公司、证券登记结算机构挪用客户的资金或者证券,或者未经客户的委托,擅自为客户买卖证券的,责令改正,没收违法所得,并处以违法所得一倍以上五倍以下的罚款;没有违法所得或者违法所得不足十万元的,处以十万元以上六十万元以下的罚款;情节严重的,责令关闭或者撤销相关业务许可。"

第二,《证券法》第 219 条规定:"证券公司违反本法规定,超出业务许可范围经营证券业务的,责令改正,没收违法所得,并处以违法所得一倍以上五倍以下的罚款;没有违法所得或者违法所得不足三十万元的,处以三十万元以上六十万元以下罚款;情节严重的,责令关闭。对直接负责的主管人员和其他直接责任人员给予警告,撤销任职资格或者证券从业资格,并处以三万元以上十万元以下的罚款。"

第三,《证券法》第 226 条第 3 款针对证券登记结算机构和证券服务机构的违法行为规定了"责令关闭":"证券登记结算机构、证券服务机构违反本法规定或者依法制定的业务规则的,由证券监督管理机构责令改正,没收违法所得,并处以违法所得一倍以上五倍以下的罚款;没有违法所得或者违法所得不足十万元的,处以十万元以上三十万元以下的罚款;情节严重的,责令关闭或者撤销证券服务业务许可。"

3. 证券公司的破产

2007 年 6 月 1 日实施的《企业破产法》第 134 条规定,金融机构破产可由国务院制定具体的实施办法。因此,证券公司也具有破产能力。

但是,证券公司的终止与其他普通公司并不相同,由于证券公司在证券市场中的枢纽作用,证券公司的终止将涉及大量投资者及债权人利益保护,因此,对证券公司的解散和破产问题需要相当慎重。以下我们结合国务院《证券公司风险处置条例》的相关规定来进一步介绍有关证券公司的解散和破产问题。

二、证券公司的风险处置

(一)证券公司风险处置的含义和意义

1. 证券公司风险处置的含义

证券公司的风险处置是为了控制和化解证券公司风险、保护投资者合法权益和社会公共利益、保障证券业健康发展,而由中国证监会对有关证券公司组织实施的停业整顿、托管、行政接管、行政重组以及撤销、破产、重组等多种措施的总称。

2. 证券公司风险处置的意义

与一般的公司不同,证券公司的经营风险比较大,在证券公司出现了风险指标不符合有关规定、公司治理混乱、不能清偿到期债务,甚至出现违法经营等情况时,如果直接将证券公司解散或破产,必然会严重损害投资者的利益;即使必须解散和破产,也需要在法律上设计出保护投资者利益的具体有效措施。中国证监会根据具体情况分别采取停业整顿、托管、行政接管、行政重组等"缓冲措施",尽力纠正证券公司不合规、不合法的情形,使证券公司免于解散或破产;如果证券公司依法应当被直接撤销、责令关闭,或者实施破产、重组措施,也应当遵循保护投资者利益的具体措施。在处置证券公司风险过程中,应当保障证券经纪业务正常进行。

中国证监会依法对处置证券公司风险工作进行组织、协调和监督,并应当会同中国人民银行、国务院财政部门、国务院公安部门、国务院其他金融监督管理机构以及省级人民政府建立处置证券公司风险的协调配合与快速反应机制。在处置证券公司风险过程中,有关地方人民政府应当采取有效措施维护社会稳定。

(二)证券公司风险处置的缓冲措施

1. 证券公司风险处置缓冲措施的含义

所谓证券公司风险处置的"缓冲措施",是指避免和缓解证券公司直接解散给市场和投资者带来的冲击,维护证券市场稳定并保护投资者利益的措施。

在本质上,证券公司风险处置的缓冲措施也属于中国证监会的监管措施。我国《证券法》第 153 条规定:"证券公司违法经营或者出现重大风险,严重危害证券市场秩序、损害投资者利益的,国务院证券监督管理机构可以对该证券公司采取责令停业整顿、指定其他机构托管、接管或者撤销等监管措施。"其中的托管、接管就属于证券公司风险处置的缓冲措施,结合国务院《证券公司风险处置条例》的规定,属于"缓冲措施"的有四种:停业整顿、托管、行政接管和行政重组。

2. 适用缓冲措施的后果

对出现法定情形的证券公司适用缓冲措施,主要有以下几个后果:

(1)证券公司被责令停业整顿、托管、接管、行政重组的,其债权债务关系不因处置决定而变化。

(2)证券公司经停业整顿、托管、接管或者行政重组在规定期限内达到正常经营条件的,经中国证监会批准,可以恢复正常经营;如果不能在规定期限内达到正常经营条件,但能够清偿到期债务的,中国证监会依法撤销其证券业务许可。被撤销证券业务许可的证券公司应当停止经营证券业务,按照客户自愿的原则将客户安置到其他证券公司,安置过程中相关各方应当采取必要措施保证客户证券交易的正常进行。如果被撤销证券业务许可的证券公司有未安置客户等情形的,中国证监会可以比照下文"撤销"的规定,成立行政清理组,清理账户、安置客户、转让证券类资产。

3. 缓冲措施的具体种类

(1)停业整顿。证券公司风险控制指标不符合有关规定,在规定期限内未能完成整改的,中国证监会可以责令证券公司停止部分或者全部业务进行整顿。停业整顿的期限不超过3个月。

证券经纪业务被责令停业整顿的,证券公司在规定的期限内可以将其证券经纪业务委托给中国证监会认可的证券公司管理,或者将客户转移到其他证券公司。证券公司逾期未按照要求委托证券经纪业务或者未转移客户的,中国证监会应当将客户转移到其他证券公司。

(2)托管或行政接管。托管是指中国证监会选定其他证券公司管理该证券公司的经营事务,行政接管是由中国证监会直接管理该证券公司的经营事务。

第一,适用托管和行政接管的情形。证券公司有下列情形之一的,中国证监会可以对其证券经纪等涉及客户的业务进行托管;情节严重的,可以对该证券公司进行接管:治理混乱,管理失控;挪用客户资产并且不能自行弥补;在证券交易结算中多次发生交收违约或者交收违约数额较大;风险控制指标不符合规定,发生重大财务危机以及其他可能影响证券公司持续经营的情形。

第二,托管的实施方法和托管组的职权。中国证监会决定对证券公司证券经纪等涉及客户的业务进行托管的,应当按照规定程序选择证券公司等专业机构成立托管组,行使被托管证券公司的证券经纪等涉及客户的业务的经营管理权。托管期限一般不超过12个月。满12个月,确需继续托管的,中国证监会可以决定延长托管期限,但延长托管期限最长不得超过12个月。被托管证券公司应当承担托管费用和托管期间的营运费用。中国证监会应当对托管费用和托管期间的营运费用进行审核。托管组不承担被托管证券公司的亏损。

托管组自托管之日起履行下列职责:保障证券公司证券经纪业务正常合规运行,必要时依照规定垫付营运资金和客户的交易结算资金;采取有效措施维护托管期间客户资产的安全;核查证券公司存在的风险,及时向中国证监会报告业务运行中出现的紧急情况,并提出解决方案;中国证监会要求履行的其他职责。

第三,行政接管的实施方法和接管组的职权。中国证监会决定对证券公司进行接管的，应当按照规定程序组织专业人员成立接管组，行使被接管证券公司的经营管理权，接管组负责人行使被接管证券公司法定代表人职权，被接管证券公司的股东会或者股东大会、董事会、监事会以及经理、副经理停止履行职责。接管期限一般不超过12个月。满12个月，确需继续接管的，中国证监会可以决定延长接管期限，但延长接管期限最长不得超过12个月。

接管组自接管之日起履行下列职责：接管证券公司的财产、印章和账簿、文书等资料；决定证券公司的管理事务；保障证券公司证券经纪业务正常合规运行，完善内控制度；清查证券公司财产，依法保全、追收资产；控制证券公司风险，提出风险化解方案；核查证券公司有关人员的违法行为以及中国证监会要求履行的其他职责。

(3)行政重组。重组的目的是挽救企业，避免破产清算。行政重组是在证券公司出现法定情形时，由中国证监会批准实施的重组。

第一，实施行政重组的情形。证券公司出现重大风险，但具备下列条件的，可以直接向中国证监会申请进行行政重组：财务信息真实、完整；省级人民政府或者有关方面予以支持；整改措施具体，有可行的重组计划。此外，被停业整顿、托管、接管的证券公司，具备前述条件的，也可以向中国证监会申请进行行政重组。中国证监会应当自受理行政重组申请之日起30个工作日内做出批准或者不予批准的决定；不予批准的，应当说明理由。

第二，行政重组的措施。证券公司进行行政重组，可以采取注资、股权重组、债务重组、资产重组、合并或者其他方式。行政重组期限一般不超过12个月。满12个月，行政重组未完成的，证券公司可以向中国证监会申请延长行政重组期限，但延长行政重组期限最长不得超过6个月。中国证监会对证券公司的行政重组进行协调和指导。

(三)对证券公司的撤销和行政清理

1. 撤销证券公司的含义

作为风险处置措施的“撤销”，是指中国证监会对特殊情形下的证券公司依法直接取消其主体地位。前述《证券法》规定适用“责令关闭”的情形仅三个，在2008年中国证监会颁布的《证券公司风险处置条例》中还增加规定了中国证监会对证券公司的“撤销”。所以撤销相比于停业整顿、托管、接管、行政重组，是更为严厉的监管措施，其目的就是要消灭该证券公司的法人资格。

2. 撤销证券公司的行政清理

中国证监会撤销证券公司，应当做出撤销决定，并按照规定程序选择律师事务所、会计师事务所等专业机构成立行政清理组，对该证券公司进行行政清理。撤销决定应当予以公告，撤销决定的公告日期为处置日，撤销决定自公告之时生效。在行政清理期间，被撤销证券公司的证券经纪等涉及客户的业务，由中国证监会按照规定程序选择证券公司等专业机构进行托管。证券公司设立或者实际控制的关联公司，其资产、人员、财务或者业务与被撤销证券公司混合的，经中国证监会审查批准，纳入行政清理范围。证券公司的债权债务关系不因其被撤销而变化。自证券公司被撤销之日起，证券公司的债务停止计算利息。

3. 中国证监会撤销证券公司的情形

有两种原因可能导致中国证监会撤销证券公司：

(1)直接撤销。证券公司同时有下列情形的，中国证监会可以直接撤销该证券公司：违法经营情节特别严重、存在巨大经营风险；不能清偿到期债务，并且资产不足以清偿全部债务或者明显缺乏清偿能力；需要动用证券投资者保护基金。

(2)证券公司经停业整顿、托管、接管或者行政重组在规定期限内仍达不到正常经营条件，并且有“不能清偿到期债务，并且资产不足以清偿全部债务或者明显缺乏清偿能力”或者“需要动用证券投资者保护基金”情形的，中国证监会应当撤销该证券公司。

4. 行政清理的具体实施

因中国证监会撤销证券公司而进行的行政清理与公司清算虽然性质不同，但在目的和效果上比较相似。如果证券公司被中国证监会依法责令关闭，需要进行行政清理的，也按以下要求执行。

(1)行政清理组的职权。行政清理组负责人行使被撤销证券公司法定代表人职权。行政清理组履行下列职责：管理证券公司的财产、印章和账簿、文书等资料；清理账户，核实资产负债有关情况，对符合国家规定的债权进行登记；协助甄别确认、收购符合国家规定的债权；协助证券投资者保护基金管理机构弥补客户的交易结算资金；按照客户自愿的原则安置客户；转让证券类资产以及中国证监会要求履行的其他职责。被撤销证券公司的股东会或者股东大会、董事会、监事会以及经理、副经理停止履行职责。在行政清理期间，被撤销证券公司的股东不得自行组织清算，不得参与行政清理工作。行政清理组清理被撤销证券公司账户的结果，应当经具有证券、期货相关业务资格的会计师事务所审计，并报中国证监会认定。

(2)行政清理组根据经中国证监会认定的账户清理结果,向证券投资者保护基金管理机构申请弥补客户的交易结算资金的资金。

(3)行政清理中对债权人利益的保护。行政清理组应当按以下规则保护债权人的利益:

第一,债权的申报、登记。行政清理组应当自成立之日起10日内,将债权人需要登记的相关事项予以公告。符合国家有关规定的债权人应当自公告之日起90日内,持相关证明材料向行政清理组申报债权,行政清理组按照规定登记。无正当理由逾期申报的,不予登记。

第二,已登记债权经甄别确认符合国家收购规定的,行政清理组应当及时按照国家有关规定申请收购资金并协助收购;经甄别确认不符合国家收购规定的,行政清理组应当告知申报的债权人。

第三,行政清理组不得对债务进行个别清偿,但为保护客户和债权人利益的下列情形除外:因行政清理组请求对方当事人履行双方均未履行完毕的合同所产生的债务;为维持业务正常进行而应当支付的职工劳动报酬和社会保险费用等正常支出;行政清理组履行职责所产生的其他费用。

第四,行政清理中有关资产的债权人利益保护。在行政清理涉及有关资产处理时,应遵守证券类资产的特殊规定。证券类资产,是指证券公司为维持证券经纪业务正常进行所必需的计算机信息管理系统、交易系统、通信网络系统、交易席位等资产。为保护债权人利益,经中国证监会批准,行政清理组可以向人民法院申请对处置前被采取查封、扣押、冻结等强制措施的证券类资产以及其他资产进行变现处置,变现后的资金应当予以冻结。对证券类资产,行政清理组应当在具备证券业务经营资格的机构中,采用招标、公开询价等公开方式转让证券类资产。证券类资产转让方案应当报中国证监会批准。行政清理组不得转让证券类资产以外的资产,但经中国证监会批准,易贬损并可能遭受损失的资产或者确为保护客户和债权人利益的其他情形除外。

(4)行政清理的费用和期限。行政清理费用经中国证监会审核后,从被处置证券公司财产中随时清偿。行政清理费用,是指行政清理组管理、转让证券公司财产所需的费用,行政清理组履行职务和聘用专业机构的费用等。

行政清理期限一般不超过12个月。满12个月,行政清理未完成的,中国证监会可以决定延长行政清理期限,但延长行政清理期限最长不得超过12个月。

（四）证券公司的破产清算和重整

1. 证券公司破产清算和重整的情形

破产清算和重整是我国《企业破产法》规定的制度，是由人民法院主持进行的。证券公司作为公司，也可能会遭遇破产清算和重整。由于证券公司的特殊性，中国证监会在破产清算和重整中也享有一些特定的职权，以尽量化解破产风险，避免证券公司的破产给证券市场带来重大冲击。依据相关规定，证券公司破产清算和重整有以下两种不同的情况：

（1）中国证监会或行政清理组提出的破产清算或重整申请。证券公司被依法撤销、关闭时，有《企业破产法》第 2 条规定情形的，即"不能清偿到期债务，并且资产不足以清偿全部债务或者明显缺乏清偿能力"，当行政清理工作完成后，中国证监会或者其委托的行政清理组依照《企业破产法》的有关规定，可以向人民法院申请对被撤销、关闭的证券公司进行破产清算。

证券公司有《企业破产法》第 2 条规定情形的，中国证监会可以直接向人民法院申请对该证券公司进行重整。

（2）证券公司或者其债权人依照《企业破产法》的有关规定，可以向人民法院提出对证券公司进行破产清算或者重整的申请，但应当报经中国证监会批准。中国证监会是否批准取决于是否需要动用证券投资者保护基金，具体如下：

第一，对不需要动用证券投资者保护基金的证券公司，中国证监会应当在批准破产清算前撤销其证券业务许可。被撤销证券业务许可的证券公司应当停止经营证券业务，按照客户自愿的原则将客户安置到其他证券公司，安置过程中相关各方应当采取必要措施保证客户证券交易的正常进行。被撤销证券业务许可的证券公司有未安置客户等情形的，中国证监会可以比照前述撤销的规定，成立行政清理组，清理账户、安置客户、转让证券类资产。

第二，对需要动用证券投资者保护基金的证券公司，中国证监会对该证券公司或者其债权人的破产清算申请不予批准，并依照前述撤销的规定撤销该证券公司，进行行政清理。

2. 证券公司重整或破产清算的实施

（1）人民法院裁定受理证券公司重整或者破产清算申请的，中国证监会可以向人民法院推荐管理人人选。

（2）破产清算和重整应当依据《企业破产法》规定的破产清算和重整制度进行。

（3）人民法院裁定对证券公司进行破产清算，行政清理时已登记的不符合国家收购规定的债权，管理人可以直接予以登记。

(4)人民法院裁定证券公司重整的，证券公司或者管理人应当同时向债权人会议、中国证监会和人民法院提交重整计划草案。

自债权人会议各表决组通过重整计划草案之日起10日内，证券公司或者管理人应当向人民法院提出批准重整计划的申请。重整计划涉及需要中国证监会批准事项的，证券公司或者管理人应当同时向中国证监会提出批准相关事项的申请，中国证监会应当自收到申请之日起15日内做出批准或者不予批准的决定。

债权人会议部分表决组未通过重整计划草案，但重整计划草案符合《企业破产法》第87条第2款规定条件的，[1]证券公司或者管理人可以申请人民法院批准重整计划草案。重整计划草案涉及需要由中国证监会批准事项的，证券公司或者管理人应当同时向中国证监会提出批准相关事项的申请，中国证监会应当自收到申请之日起15日内做出批准或者不予批准的决定。

经批准的重整计划由证券公司执行，管理人负责监督。监督期届满，管理人应当向人民法院和中国证监会提交监督报告。

如果重整计划的相关事项未获中国证监会批准，或者重整计划未获人民法院批准的，人民法院裁定终止重整程序，并宣告证券公司破产。重整程序终止，人民法院宣告证券公司破产的，中国证监会应当对证券公司做出撤销决定，人民法院依照《企业破产法》的规定组织破产清算。

(5)在证券公司的破产清算或重整中，如果人民法院认为应当对证券公司进行行政清理的，中国证监会应当组织成立行政清理组，负责清理账户，协助甄别确认、收购符合国家规定的债权，协助证券投资者保护基金管理机构弥补客户的交易结算资金，转让证券类资产等。

---

[1] 我国《企业破产法》第87条第2款规定："未通过重整计划草案的表决组拒绝再次表决或者再次表决仍未通过重整计划草案，但重整计划草案符合下列条件的，债务人或者管理人可以申请人民法院批准重整计划草案：(一)按照重整计划草案，本法第八十二条第一款第一项所列债权就该特定财产将获得全额清偿，其因延期清偿所受的损失将得到公平补偿，并且其担保权未受到实质性损害，或者该表决组已经通过重整计划草案；(二)按照重整计划草案，本法第八十二条第一款第二项、第三项所列债权将获得全额清偿，或者相应表决组已经通过重整计划草案；(三)按照重整计划草案，普通债权所获得的清偿比例，不低于其在重整计划草案被提请批准时依照破产清算程序所能获得的清偿比例，或者该表决组已经通过重整计划草案；(四)重整计划草案对出资人权益的调整公平、公正，或者出资人组已经通过重整计划草案；(五)重整计划草案公平对待同一表决组的成员，并且所规定的债权清偿顺序不违反本法第一百一十三条的规定；(六)债务人的经营方案具有可行性。"

第三节 证券公司的风险管理

证券公司的风险管理对于维系证券公司的持续、安全运营和保护投资者利益都有非常重要的意义,具体措施包括净资本和风险控制指标标准、证券投资者保护基金、客户资金保护以及对证券公司的分类管理等。

一、证券公司风险管理概述

证券公司的风险管理是指在证券公司对经营风险进行识别、估测、评价的基础上,优化组合各种风险管理技术,对风险实施有效的控制,妥善处理风险所致的结果。证券公司的经营风险很大,因此稳健经营相当重要。风险管理对于维系证券公司的持续、安全运营和保护投资者利益都有非常重要的意义。

二、证券公司风险管理的措施

(一)证券公司的净资本和风险控制指标管理

证券公司风险管理的核心是建立以净资本和流动性为核心的风险控制指标体系,加强证券公司风险监管,督促证券公司加强内部控制、提升风险管理水平、防范风险。

1.总体要求

(1)净资本和风险控制的原则。证券公司应当按照中国证监会的有关规定,遵循审慎、实质重于形式的原则,计算净资本、风险覆盖率、资本杠杆率、流动性覆盖率、净稳定资金率等各项风险控制指标,编制净资本计算表、风险资本准备计算表、表内外资产总额计算表、流动性覆盖率计算表、净稳定资金率计算表、风险控制指标计算表等风险控制指标监管报表。

(2)证券公司应当根据中国证监会有关规定建立符合自身发展战略需要的全面风险管理体系。证券公司应当将所有子公司以及比照子公司管理的各类孙公司纳入全面风险管理体系,强化分支机构风险管理,实现风险管理全覆盖。全面风险管理体系应当包括可操作的管理制度、健全的组织架构、可靠的信息技术系统、量化的风险指标体系、专业的人才队伍、有效的风险应对机制。证券公司应当任命一名具有风险管理相关专业背景、任职经历、履职能力的高级管理人员为首席风险官，由其负责全面风险管理工作。证券公司应当根据自身资产负债状况和业务发展情况，建立动态的风险控制指标监控和资本补足机制，确保净资本等各项风险控制指标在任一时点都符合规定标准。证券公司应当在发生重大业务事项及分配利润前对风险控制指标进行压力测试，合理确定有关业务及分配利润的最大规模。证券公司应当建立健全压力测试机制，及时根据市场变化情况及监管部门要求，对公司风险控制指标进行压力测试。压力测试结果显示风险超过证券公司自身承受能力范围的，证券公司应采取措施控制业务规模或降低风险。

2. 净资本的含义及要求

证券公司净资本由核心净资本和附属净资本构成。其中：

核心净资本 = 净资产 - 资产项目的风险调整 - 或有负债的风险调整 -/+ 中国证监会认定或核准的其他调整项目

附属净资本 = 长期次级债 × 规定比例 -/+ 中国证监会认定或核准的其他调整项目

证券公司计算核心净资本时，应当按照规定对有关项目充分计提资产减值准备。中国证监会及其派出机构可以要求公司专项说明资产减值准备提取的充足性和合理性。有证据表明公司未充分计提资产减值准备的，中国证监会及其派出机构可以责令公司整改并追究相关人员责任。证券公司应当根据公司期末或有事项的性质（如未决诉讼、未决仲裁、对外提供担保等）、涉及金额、形成原因和进展情况、可能发生的损失和预计损失进行相应会计处理。对于很可能导致经济利益流出公司的或有事项，应当确认预计负债；对于未确认预计负债，但仍可能导致经济利益流出公司的或有事项，在计算核心净资本时，应当作为或有负债，按照一定比例在净资本中予以扣减，并在净资本计算表的附注中披露。

证券公司应当按照中国证监会规定的证券公司净资本计算标准计算净资本。根据证券公司不同的业务类型，证券公司的净资本额不同：

（1）证券公司经营证券经纪业务的，其净资本不得低于人民币 2000 万元。证券公司经营证券承销与保荐、证券自营、证券资产管理、其他证券业务等业务之一的，其净资本不得低于人民币 5000 万元。

（2）证券公司经营证券经纪业务，同时经营证券承销与保荐、证券自营、证券资产管理、其他证券业务等业务之一的，其净资本不得低于人民币 1 亿元。证券公司经营证券承销与保荐、证券自营、证券资产管理、其他证券业务中两项及两项以上的，其净资本不得低于人民币 2 亿元。

3. 风险控制指标标准的要求

风险控制指标标准是指净资本与各项风险准备、净资产、负债等风险指标之间应符合一定的比例关系。证券公司必须持续符合下列风险控制指标标准：风险覆盖率不得低于100%；资本杠杆率不得低于8%；流动性覆盖率不得低于100%；净稳定资金率不得低于100%。其中：

风险覆盖率 = 净资本/各项风险资本准备之和 ×100%

资本杠杆率 = 核心净资本/表内外资产总额 ×100%

流动性覆盖率 = 优质流动性资产/未来30天现金净流出量 ×100%

净稳定资金率 = 可用稳定资金/所需稳定资金 ×100%

证券公司应当按照中国证监会规定的证券公司风险资本准备计算标准计算市场风险、信用风险、操作风险资本准备。中国证监会可以根据特定产品或业务的风险特征，以及监督检查结果，要求证券公司计算特定风险资本准备。市场风险资本准备按照各类金融工具市场风险特征的不同，用投资规模乘以风险系数计算；信用风险资本准备按照各表内外项目信用风险程度的不同，用资产规模乘以风险系数计算；操作风险资本准备按照各项业务收入的一定比例计算。

证券公司可以采取内部模型法等风险计量高级方法计算风险资本准备，具体规定由中国证监会另行制定。

证券公司可以结合自身实际情况，在不低于中国证监会规定标准的基础上，确定相应的风险控制指标标准。

4. 风险控制指标监管报表的编制与披露

（1）设有子公司的证券公司应当以母公司数据为基础，编制风险控制指标监管报表。中国证监会及其派出机构可以根据监管需要，要求证券公司以合并数据为基础编制风险控制指标监管报表。证券公司的董事、高级管理人员应当对公司半年度、年度风险控制指标监管报表签署确认意见。证券公司经营管理的主要负责人、首席风险官、财务负责人应当对公司月度风险控制指标监管报表签署确认意见。在证券公司风险控制指标监管报表上签字的人员，应当保证风险控制指标监管报表真实、准确、完整，不存在虚假记载、误导性陈述和重大遗漏；对风险控制指标监管报表内容持有异议的，应当在报表上注明自己的意见和理由。

（2）证券公司应当至少每半年经主要负责人、首席风险官签署确认后，向公司全体董事报告一次公司净资本等风险控制指标的具体情况和达标情况；证券公司应当至少每半年经董事会签署确认，向公司全体股东报告一次公司净资本等风险控制指标的具体情况和达标情况，并至少获得主要股东的签收确认证明文件。当净资本指标与上月相比发生20%以上不利变化或不符合规定标准时,证券公司应当在5个工作日内向公司全体董事报告,10个工作日内向公司全体股东报告。

(3)证券公司应当在每月结束之日起7个工作日内,向中国证监会及其派出机构报送月度风险控制指标监管报表。派出机构可以根据监管需要,要求辖区内单个、部分或者全部证券公司在一定阶段内按周或者按日编制并报送各项风险控制指标监管报表。证券公司的净资本等风险控制指标与上月相比发生不利变化超过20%的,应当在该情形发生之日起3个工作日内,向中国证监会及其派出机构报告,说明基本情况和变化原因。

(4)证券公司的净资本等风险控制指标达到预警标准或者不符合规定标准的,应当分别在该情形发生之日起3个、1个工作日内,向中国证监会及其派出机构报告,说明基本情况、问题成因以及解决问题的具体措施和期限。

(二)证券投资者保护基金制度

1. 证券投资者保护基金制度的含义

证券投资者保护基金就是在防范和处置证券公司风险中用于保护证券投资者利益的资金。比如证券公司被撤销、关闭和破产或被证监会实施行政接管、托管经营等强制性监管措施时,按照国家有关政策规定可以用证券投资者保护基金对债权人予以偿付,目前我国已经成立国有独资的中国证券投资者保护基金有限责任公司,负责基金的筹集、管理和使用。

2. 证券投资者保护基金的来源和缴纳

(1)证券投资者保护基金的来源。该基金的来源包括:上海、深圳证券交易所在风险基金分别达到规定的上限后,交易经手费的20%纳入基金;所有在中国境内注册的证券公司,按其营业收入的0.5%—5%缴纳基金;经营管理、运作水平较差、风险较高的证券公司,应当按较高比例缴纳基金。各证券公司的具体缴纳比例由基金公司根据证券公司风险状况确定后,报证监会批准,并按年进行调整。证券公司缴纳的基金在其营业成本中列支;发行股票、可转债等证券时,申购冻结资金的利息收入;依法向有关责任方追偿所得和从证券公司破产清算中受偿收入;国内外机构、组织及个人的捐赠;其他合法收入。

(2)证券投资者保护基金的缴纳。证券公司应当缴纳的基金,按照证券公司佣金收入的一定比例预先提取,并由中国证券登记结算有限责任公司代扣代收。证券公司应在年度审计结束后,根据其审计后的收入和事先核定的比例确定需要缴纳的基金金额,并及时向基金公司申报清缴。不从事证券经纪业务的证券公司,应在每季后10个工作日内按该季营业收入和事先核定的比例预缴。每年度审计结束后,确定年度需要缴纳的基金金额并及时向基金公司申报清缴。基金的资金运用限于银行存款、购买国债、中央银行债券(包括中央银行票据)和中央级金融机构发行的金融债券以及国务院批准的其他资金运用形式。

（三）客户资产保护制度

1. 客户交易结算资金的管理

(1)证券公司从事证券经纪业务,其客户的交易结算资金应当存放在指定商业银行,以每个客户的名义单独立户管理。

(2)指定商业银行应当与证券公司及其客户签订客户的交易结算资金存管合同,约定客户的交易结算资金存取、划转、查询等事项,并按照证券交易净额结算、货银对付的要求,为证券公司开立客户的交易结算资金汇总账户。

(3)客户的交易结算资金的存取,应当通过指定商业银行办理。指定商业银行应当保证客户能够随时查询客户的交易结算资金的余额及变动情况。指定商业银行的名单,由中国证监会会同国务院银行业监督管理机构确定并公告。

2. 证券资产管理客户的委托资产

证券公司从事证券资产管理业务,应当将客户的委托资产交由指定商业银行或者中国证监会认可的其他资产托管机构托管。

资产托管机构应当按照中国证监会的规定和证券资产管理合同的约定,履行安全保管客户的委托资产、办理资金收付事项、监督证券公司投资行为等职责。

3. 确保客户的交易结算资金、证券资产管理客户的委托资产的独立性

客户的交易结算资金、证券资产管理客户的委托资产属于客户,应当与证券公司、指定商业银行、资产托管机构的自有资产相互独立、分别管理。非因客户本身的债务或者法律规定的其他情形,任何单位或者个人不得对客户的交易结算资金、委托资产申请查封、冻结或者强制执行。

4. 禁止动用客户的交易结算资金或者委托资金

除下列情形外,不得动用客户的交易结算资金或者委托资金:(1)客户进行证券的申购、证券交易的结算或者客户提款;(2)客户支付与证券交易有关的佣金、费用或者税款;(3)法律规定的其他情形。

5. 禁止以客户资产向他人提供融资或担保

证券公司不得以证券经纪客户或者证券资产管理客户的资产向他人提供融资或者担保。任何单位或者个人不得强令、指使、协助、接受证券公司以其证券经

纪客户或者证券资产管理客户的资产提供融资或者担保。

6. 商业银行、资产托管机构和证券登记结算机构对保护客户资产的义务

(1)指定商业银行、资产托管机构和证券登记结算机构应当对存放在本机构的客户的交易结算资金、委托资金和客户担保账户内的资金、证券的动用情况进行监督,并按照规定定期向中国证监会报送客户的交易结算资金、委托资金和客户担保账户内的资金、证券的存管或者动用情况的有关数据。

(2)指定商业银行、资产托管机构和证券登记结算机构对不属于前述情形而动用客户的交易结算资金、委托资金和客户担保账户内的资金、证券的申请、指令,应当拒绝;发现客户的交易结算资金、委托资金和客户担保账户内的资金、证券被违法动用或者有其他异常情况的,应当立即向中国证监会报告,并抄报有关监督管理机构。

三、证券公司的分类

(一)证券公司分类的含义和意义

1. 证券公司的分类

证券公司分类是指以证券公司风险管理能力为基础,结合公司市场竞争力和持续合规状况,按照中国证监会的相关规定予以评价和确定的类别。对证券公司的分类主要是从证券监管角度加强证券公司风险管理能力的措施。中国证监会根据市场发展情况和审慎监管原则,在征求行业意见的基础上,制定并适时调整证券公司分类的评价指标与标准。目前,中国证监会根据证券公司评价计分的高低,将证券公司分为A(AAA、AA、A)、B(BBB、BB、B)、C(CCC、CC、C)、D、E5大类11个级别。证券公司的分类也是对证券公司实施风险管理的重要措施。

证券公司分类结果主要供中国证监会及其派出机构使用,证券公司不得对外公布分类结果,不得将分类结果用于广告、宣传、营销等商业目的。这五大类别的证券公司具有不同的风险管理能力,具体如下:

(1)A类公司。A类公司风险管理能力在行业内最高,能较好地控制新业务、新产品方面的风险。

(2)B类公司。B类公司风险管理能力在行业内较高,在市场变化中能较好地控制业务扩张的风险。

(3)C类公司。C类公司风险管理能力与其现有业务相匹配。

(4)D类公司。D类公司风险管理能力低,潜在风险可能超过公司可承受范围。评价计分低于60分的证券公司,定为D类公司。

(5)E 类公司。E 类公司潜在风险已经变为现实风险,已被采取风险处置措施。即指被依法采取责令停业整顿、指定其他机构托管、接管、行政重组等风险处置措施的证券公司,评价计分是 0 分,定为 E 类公司。

2. 证券公司分类的意义

(1)中国证监会按照分类监管原则,对不同类别证券公司规定不同的风险控制指标标准和风险资本准备计算比例,并在监管资源分配、现场检查和非现场检查频率等方面区别对待。

(2)证券公司分类结果将作为证券公司申请增加业务种类、新设营业网点、发行上市等事项的审慎性条件。

(3)证券公司分类结果将作为确定新业务、新产品试点范围和推广顺序的依据。

(4)中国证券投资者保护基金公司根据证券公司分类结果,确定不同级别的证券公司缴纳证券投资者保护基金的具体比例。

(二)证券公司分类的依据的评价指标

证券公司的分类依据有三个:

1. 风险管理能力

主要根据资本充足、公司治理与合规管理、动态风险监控、信息系统安全、客户权益保护、信息披露共六类评价指标,分别体现证券公司对流动性风险、合规风险、市场风险、信用风险、技术风险及操作风险等管理能力。

(1)资本充足。主要反映证券公司净资本以及以净资本为核心的风险控制指标情况,体现其资本实力及流动性状况。

(2)公司治理与合规管理。主要反映证券公司治理和规范运作情况,体现其合规风险管理能力。

(3)动态风险监控。主要反映证券公司风险控制指标及各项业务风险的动态识别、度量、监测、预警、报告及处理机制情况,体现其市场风险、信用风险的管理能力。

(4)信息系统安全。主要反映证券公司 IT 治理及信息技术系统运行情况,体现其技术风险管理能力。

(5)客户权益保护。主要反映证券公司客户资产安全性、客户服务及客户管理水平,体现其操作风险管理能力。

(6)信息披露。主要反映证券公司报送信息的真实性、准确性、完整性和及时性,体现其会计风险及诚信风险管理能力。

2. 证券公司市场竞争力

主要根据证券公司经纪业务、承销与保荐业务、资产管理业务、成本管理能力、创新能力等方面的情况进行评价。

3. 证券公司的持续合规状况

证券公司持续合规状况主要根据司法机关采取的刑事处罚措施，中国证监会及其派出机构采取的行政处罚措施、监管措施及证券行业自律组织纪律处分的情况进行评价。

第四节　证券投资基金管理公司

证券投资基金管理公司是公开募集基金的管理人。与证券公司从事的业务类型不同，但在证券市场中地位类似，也是证券市场中重要的主体，因汇集诸多基金份额持有人的资金而受到中国证监会的严格监管，其设立、变更、运行等各个方面均应当遵循相关的法律法规。

一、证券投资基金管理公司概述

（一）证券投资基金管理公司作为基金管理人的职责

公开募集基金的基金管理人，由基金管理公司或者经国务院证券监督管理机构按照规定核准的其他机构担任。基金管理公司都配备大量的专业证券投资专家，是公开募集基金最重要的基金管理人。证券投资基金管理公司的主要职责有：

1. 遵循基金份额持有人利益优先原则

基金管理人利润的来源主要是收取固定的基金管理费，其基本的职责是作为受托人、依据信托原理按照基金份额持有人利益最大化原则进行投资，因此基金管理公司应当遵循基金份额持有人利益优先原则。基金份额持有人即基金购买人或投资者，相当于信托法律关系中的委托人。

证券投资基金是一种间接的证券投资方式，投资者是通过购买基金而间接投资于证券市场的。与购买股票相比，投资者并不享有对公司的管理权，而仅仅享有利润分配请求权，也可能承担基金投资所带来的损失。基金份额持有人的权利具体包括：分享基金财产收益；参与分配清算后的剩余基金财产；依法转让或者申请赎回其持有的基金份额;按照规定要求召开基金份额持有人大会;对基金份额持有人大会审议事项行使表决权;查阅或者复制公开披露的基金信息资料;对基金管理人、基金托管人、基金份额发售机构损害其合法权益的行为依法提起诉讼以及基金合同约定的其他权利。为保护上述基金份额持有人的权利,基金管理公司的公司章程、规章制度、工作流程、议事规则等的制定,公司各级组织机构的职权行使和公司员工的从业行为,都应当以保护基金份额持有人利益为根本出发点。公司、股东以及公司员工的利益与基金份额持有人的利益发生冲突时,应当优先保障基金份额持有人的利益。

2. 依法履行作为基金管理人的具体职责

我国《证券投资基金法》第20条规定,基金管理人应当履行下列职责:依法募集基金,办理基金份额的发售和登记事宜;办理基金备案手续;对所管理的不同基金财产分别管理、分别记账,进行证券投资;按照基金合同的约定确定基金收益分配方案,及时向基金份额持有人分配收益;进行基金会计核算并编制基金财务会计报告;编制中期和年度基金报告;计算并公告基金资产净值,确定基金份额申购、赎回价格;办理与基金财产管理业务活动有关的信息披露事项;按照规定召集基金份额持有人大会;保存基金财产管理业务活动的记录、账册、报表和其他相关资料;以基金管理人名义,代表基金份额持有人利益行使诉讼权利或者实施其他法律行为以及中国证监会规定的其他职责。

有下列情形之一的,公开募集基金的基金管理人职责终止:被依法取消基金管理资格;被基金份额持有人大会解任;依法解散、被依法撤销或者被依法宣告破产;基金合同约定的其他情形。公开募集基金的基金管理人职责终止的,基金份额持有人大会应当在6个月内选任新基金管理人;新基金管理人产生前,由中国证监会指定临时基金管理人。公开募集基金的基金管理人职责终止的,应当妥善保管基金管理业务资料,及时办理基金管理业务的移交手续,新基金管理人或者临时基金管理人应当及时接收。公开募集基金的基金管理人职责终止的,应当按照规定聘请会计师事务所对基金财产进行审计,并将审计结果予以公告,同时报中国证监会备案。

3. 维护基金财产的独立性

(1)基金管理人不得有下列行为:将其固有财产或者他人财产混同于基金财产从事证券投资;不公平地对待其管理的不同基金财产;利用基金财产或者职务之便为基金份额持有人以外的人牟取利益;向基金份额持有人违规承诺收益或者承担损失;侵占、挪用基金财产;泄露因职务便利获取的未公开信息、利用该信息从事或者明示、暗示他人从事相关的交易活动；玩忽职守，不按照规定履行职责；法律、行政法规和国务院证券监督管理机构规定禁止的其他行为。

（2）基金财产被禁止用于以下目的：承销证券；向他人贷款或者提供担保；从事承担无限责任的投资；买卖其他基金份额，但是国务院另有规定的除外；向其基金管理人、基金托管人出资或者买卖其基金管理人、基金托管人发行的股票或者债券；买卖与其基金管理人、基金托管人有控股关系的股东或者与其基金管理人、基金托管人有其他重大利害关系的公司发行的证券或者承销期内承销的证券；从事内幕交易、操纵证券交易价格及其他不正当的证券交易活动以及由国务院证券监督管理机构规定禁止的其他活动。

（二）基金管理公司应当履行的信息公开义务

公开募集基金中的信息公开是一个非常重要的问题，涉及投资者对基金的价值判断和权利保护。基金信息的披露主要包括以下三大类披露形式：

1. 基金募集信息的披露

基金募集信息的披露是指基金发行人在基金募集过程中应当披露首次募集信息披露和存续期募集信息披露。其应披露的主要信息内容有：

一是基金合同。基金合同是约定基金管理人、托管人和基金份额持有人的法律协议。基金合同主要包含了以下两部分信息：基金投资和基金运作信息，如基金运作方式，基金发售、交易、申购、赎回事项，基金财产的投资方向和投资限制等；特别事项，如基金当事人的权利与义务，基金持有人大会，基金合同终止的事由、程序以及基金财产清算等。

二是基金招募说明书。基金招募说明书是基金管理人制作的，就本次基金募集的相关事宜作出说明的规范性文件。招募说明书包括了以下信息：基金管理人、托管理人情况，基金运作方式，基金份额的发售、交易、申购、赎回等约定，基金投资目标、投资范围、投资策略、业绩比较基准、风险收益特征、投资限制等，基金风险提示等。

三是基金托管协议。基金托管协议是由基金管理人和基金托管人就基金财产的保管、相互监督等事项签订的协议。基金托管协议包括的信息有：基金管理人与基金托管人之间的相互监督和核查，和有关基金持有人的利益事项等。

基金募集信息应当按法定要求披露，如基金管理人应当在募集申请核准后、基金份额发售 3 日前，将基金招募说明书、基金合同摘要登载在指定报刊和网站；应当就基金份额的具体发售事宜编制基金份额发售公告，并在披露招募说明书的当日登载在指定的报刊和网站;应当在基金合同生效的次日在指定报刊和网站登载基金合同生效公告。

2. 基金运作信息的披露

基金运作信息披露是指基金合同生效后至基金合同终止前,有关信息披露义务人应披露的上市交易、投资运作、经营业绩等信息。主要内容包括基金净值公告、基金季度报告、基金半年度报告、基金年度报告、基金上市交易公告书等。对基金运作信息披露的法定要求是:基金份额获准在交易所上市交易的,基金管理人应当在基金份额上市交易的3个工作日前,将基金份额上市交易公告书登载在指定报刊和网站。开放式基金的基金合同生效后,在开始办理基金份额申购或者赎回前应当至少每周公告一次基金资产净值和基金份额净值。应当在每个开放日的次日,披露开放日基金份额净值和基金份额累计净值。基金管理人应当在每年结束之日起90日内,编制完成基金年度报告;在上半年结束之日起60日内,编制完成基金半年度报告;在每个季度结束之日起15个工作日内,编制完成基金季度报告。有关报告登载在指定报刊或网站。

3. 基金临时信息的披露

基金临时信息的披露是指在基金存续期,当发生重大事件或误导性信息,可能对基金持有人权益或基金份额价格产生重大影响时,基金信息披露义务人应披露的临时报告或澄清公告。重大事件包括:基金份额持有人大会的召开;提前终止基金合同;基金扩募;延长基金合同期限;转换基金运作方式;更换基金管理人、基金托管人;基金募集期延长;重大关联交易事项;基金收益分配事项等。

二、证券投资基金管理公司的设立和规范化运作

(一)证券投资基金管理公司的设立

1. 设立条件

设立管理公开募集基金的基金管理公司,应当具备下列条件,并经国务院证券监督管理机构批准:

(1)有符合《证券投资基金法》和《公司法》规定的章程。

(2)注册资本不低于1亿元人民币,且必须为实缴货币资本,股东必须以货币资金实缴出资,境外股东应当以可自由兑换货币出资。

(3)主要股东、非主要股东、中外合资基金管理公司股东、实际控制人符合要求。主要股东为法人或者其他组织的,净资产不低于2亿元人民币;主要股东为自然人的,个人金融资产不低于3000万元人民币,在境内外资产管理行业从业10

年以上。基金管理公司持有5%以上股权的非主要股东，如果非主要股东为法人或者其他组织的，净资产不低于5000万元人民币，资产质量良好，内部监控制度完善；如果非主要股东为自然人的，个人金融资产不低于1000万元人民币，在境内外资产管理行业从业5年以上。非主要股东最近3年没有因违法违规行为受到行政处罚或者刑事处罚；没有挪用客户资产等损害客户利益的行为；没有因违法违规行为正在被监管机构调查，或者正处于整改期间；具有良好的社会信誉，最近3年在税务、工商等行政机关以及金融监管、自律管理、商业银行等机构无不良记录。中外合资基金管理公司境内外股东应当符合如下条件：出资比例最高的境内股东应当具备基金管理公司主要股东的条件；其他境内股东应当具备基金管理公司非主要股东的条件。境外股东应依所在国家或者地区法律设立、合法存续并具有金融资产管理经验的金融机构，财务稳健，资信良好，最近3年没有受到监管机构或者司法机关的处罚；所在国家或者地区具有完善的证券法律和监管制度，其证券监管机构已与中国证监会或者中国证监会认可的其他机构签订证券监管合作谅解备忘录，并保持着有效的监管合作关系；净资产不低于2亿元人民币的等值可自由兑换货币；经国务院批准的中国证监会规定的其他条件。香港特别行政区、澳门特别行政区和台湾地区的金融机构在内地投资基金管理公司，比照适用境外股东的规定。不得成为基金管理公司实际控制人的情形包括：因故意犯罪被判处刑罚，刑罚执行完毕未逾3年；净资产低于实收资本的50%，或者或有负债达到净资产的50%；不能清偿到期债务。

(4)取得基金从业资格的人员达到法定人数。有符合法律、行政法规和中国证监会规定的拟任高级管理人员以及从事研究、投资、估值、营销等业务的人员，拟任高级管理人员、业务人员不少于15人，并应当取得基金从业资格。

(5)董事、监事、高级管理人员具备相应的任职条件。公开募集基金的基金管理人的董事、监事和高级管理人员，应当熟悉证券投资方面的法律、行政法规，具有3年以上与其所任职务相关的工作经历；高级管理人员还应当具备基金从业资格。有下列情形之一的，不得担任公开募集基金的基金管理人的董事、监事、高级管理人员和其他从业人员：因犯有贪污贿赂、渎职、侵犯财产罪或者破坏社会主义市场经济秩序罪，被判处刑罚的；对所任职的公司、企业因经营不善破产清算或者因违法被吊销营业执照负有个人责任的董事、监事、厂长、高级管理人员，自该公司、企业破产清算终结或者被吊销营业执照之日起未逾5年的；个人所负债务数额较大，到期未清偿的；因违法行为被开除的基金管理人、基金托管人、证券交易所、证券公司、证券登记结算机构、期货交易所、期货公司及其他机构的从业人员和国家机关工作人员；因违法行为被吊销执业证书或者被取消资格的律师、注册会计师和资产评估机构、验证机构的从业人员、投资咨询从业人员；法律、行政法规规定不得从事基金业务的其他人员。

此外，我国《证券投资基金法》第 18 条还规定公开募集基金的基金管理人的董事、监事、高级管理人员和其他从业人员，其本人、配偶、利害关系人进行证券投资，应当事先向基金管理人申报，并不得与基金份额持有人发生利益冲突。公开募集基金的基金管理人应当建立上述人员进行证券投资的申报、登记、审查、处置等管理制度，并报国务院证券监督管理机构备案；第 19 条规定公开募集基金的基金管理人的董事、监事、高级管理人员和其他从业人员，不得担任基金托管人或者其他基金管理人的任何职务，不得从事损害基金财产和基金份额持有人利益的证券交易及其他活动。

（6）有符合要求的营业场所、安全防范设施和与基金管理业务有关的其他设施。

（7）有良好的内部治理结构、完善的内部稽核监控制度、风险控制制度。

（8）法律、行政法规规定的和经国务院批准的国务院证券监督管理机构规定的其他条件。

在基金管理公司的存续期间，上述条件必须得到维持，否则将被中国证监会责令整顿，或者取消基金管理资格。

2. 设立程序

申请设立基金管理公司，申请人应当按照中国证监会的规定报送设立申请材料。中国证监会应当自受理基金管理公司设立申请之日起 6 个月内依照《证券投资基金法》规定的基金管理公司的设立条件和审慎监管原则进行审查，作出批准或者不予批准的决定，并通知申请人；不予批准的，应当说明理由。主要股东应当组织、协调设立基金管理公司的相关事宜，对申请材料的真实性、完整性负主要责任。

中国证监会审查基金管理公司设立申请，可以采取下列方式：征求相关机构和部门关于股东条件等方面的意见；采取专家评审、核查等方式对申请材料的内容进行审查；自受理之日起 5 个月内现场检查基金管理公司设立准备情况。中国证监会批准设立基金管理公司的，申请人应当自收到批准文件之日起 30 日内向工商行政管理机关办理注册登记手续；凭工商行政管理机关核发的《企业法人营业执照》向中国证监会领取《基金管理资格证书》。中外合资基金管理公司还应当按照法律、行政法规的规定，申领《外商投资企业批准证书》，并开设外汇资本金账户。基金管理公司应当自工商注册登记手续办理完毕之日起10日内,在中国证监会指定的报刊上将公司成立事项予以公告。

(二)证券投资基金管理公司的内部治理

公开募集基金的基金管理人应当建立良好的内部治理结构,明确股东会、董事会、监事会和高级管理人员的职责权限,确保基金管理人独立运作。公开募集基金的基金管理人可以实行专业人士持股计划,建立长效激励约束机制。公开募集基金的基金管理人的股东、董事、监事和高级管理人员在行使权利或者履行职责时,应当遵循基金份额持有人利益优先的原则。

基金管理公司应当具备完善的公司治理机构,必须设立股东会和董事会,可以设立监事会或执行监事。基金管理公司还应当建立独立董事制度,独立董事应当保证独立性,以基金份额持有人利益最大化为出发点,对基金财产运作等事项独立作出客观、公正的专业判断,不得服从于某一股东、董事和他人的意志。独立董事的人数和比例应当符合中国证监会的有关规定。股东应当依法严格履行出资义务,不得以任何方式虚假出资、抽逃或者变相抽逃出资,不得以任何形式占有、转移公司资产。股东不得要求公司为其提供融资、担保及进行不正当关联交易,公司不得直接或者间接为股东提供融资或者担保。股东应当直接持有公司股权,不得为其他机构和个人代为持有股权,不得委托其他机构和个人代为持有公司股权。股东应当审慎审议、签署股东协议、公司章程等法律文件,按照约定认真履行义务,履行对公司和其他股东的诚信义务;股东转让股权,受让方应当是实际出资人,股东和受让方均不得通过信托、托管、质押、秘密协议、代为持有等形式转让或者变相转让股权。基金管理公司股权转让期间,董事会和管理层应当依法履行职责,恪尽职守,对股权转让期间风险防范做出安排,保证公司正常经营,基金份额持有人利益不受损害。为了避免基金管理公司股东变动过于频繁,按照有关规定,出让基金管理公司股权未满3年的机构,证监会不受理其设立基金管理公司或受让基金管理公司股权的申请。董事应当关注公司经营状况,对监督公司合规运作负有勤勉尽责义务。较为特殊的是,基金管理公司还应当设立督察长,负责监督检查基金和公司运作的合法合规情况及公司内部风险控制情况,行使法律、行政法规及中国证监会和公司章程规定的职权。督察长履行职责,应当坚持原则、独立客观,以保护基金份额持有人利益为根本出发点,公平对待全体投资人。

(三)证券投资基金管理公司的风险控制

基金在投资运作过程中可能面临各种风险,既包括市场风险,也包括基金自身的管理风险、技术风险和合规风险等。例如,巨额赎回风险是开放式基金所特有的一种风险,即当单个交易日基金的净赎回申请超过基金总份额的10%时,投资人将可能无法及时赎回持有的全部基金份额。不过,如同立法要求证券公司按照一定的财务指标建立风险控制制度一样,对基金管理人也要求其建立完善的风险管理制度。

基金管理公司应当每月从基金管理费收入中计提风险准备金,计提比例不低于基金管理费收入的5%。风险准备金余额达到基金资产净值的1%时可以不再提取。风险准备金使用后余额低于基金资产净值1%的,基金管理公司应当继续提取,直至基金资产净值的1%。风险准备金用于赔偿因基金管理公司违法违规、违反基金合同、技术故障、操作错误等给基金财产或者基金份额持有人造成的损失,以及证监会规定的其他用途。风险准备金不足以赔偿上述损失的,基金管理公司应当使用其他自有财产进行赔偿。基金管理公司应当从本公司所管理基金的基金托管银行中选定一家开立风险准备金专户,用于风险准备金的存放与支付,并在开立后2个工作日内报告证监会。基金管理公司应当建立风险准备金管理制度,对风险准备金的提取、划转、使用、支付等方面的程序进行规定,经董事会批准后,报证监会备案。基金管理公司应当将风险准备金专户及风险准备金的提取、划转等程序告知相关基金托管银行。相关基金托管银行应当于每月支付基金管理公司管理费用的同时,将计提的风险准备金划入各公司的风险准备金专户。专户托管行不应对风险准备金收取托管费用。风险准备金由基金管理公司进行管理,可以投资于国债等高流动性低风险的资产。风险准备金产生的利息收入和投资损益,应纳入风险准备金管理。风险准备金被人民法院依法查封、扣押、冻结或强制执行的,基金管理公司和专户托管行应当立即报告证监会。由此影响风险准备金的使用或者风险准备金减少的,基金管理公司应在5个工作日内予以补足。基金管理公司发生需要支付风险准备金的情形时,应当告知相关基金托管银行并由其进行复核,由专户托管行办理,并在使用风险准备金后2个工作日内将相关情况书面报告证监会,在监察稽核报告中予以说明。风险准备金专户托管行应当对基金管理公司提取、管理和使用风险准备金进行监督,确保风险准备金存放安全,使用符合程序。基金管理公司、专户托管行应当于每年1月20日前向证监会提交上一年度的风险准备金提取、管理和使用的专项报告。基金管理公司解散、清算和终止时,风险准备金余额按照基金管理公司的资产处置。对没有按照规定提取或使用风险准备金的基金管理公司,证监会可以采取相应监管措施。

（四）对基金管理公司的监管

依信托原理构造的基金管理人、基金托管人和基金份额持有人之间的关系，要求基金管理人、基金托管人运用基金财产时应当恪尽职守，履行诚实信用、谨慎勤勉的义务。

1. 限期整改。公开募集基金的基金管理人违法违规，或者其内部治理结构、稽核监控和风险控制管理不符合规定的，中国证监会应当责令其限期改正；逾期未改正，或者其行为严重危及该基金管理人的稳健运行、损害基金份额持有人合法权益的，中国证监会可以区别情形，对其采取下列措施：限制业务活动，责令暂停部分或者全部业务；限制分配红利，限制向董事、监事、高级管理人员支付报酬、提供福利；限制转让固有财产或者在固有财产上设定其他权利；责令更换董事、监事、高级管理人员或者限制其权利；责令有关股东转让股权或者限制有关股东行使股东权利。

公开募集基金的基金管理人整改后，应当向中国证监会提交报告。经中国证监会验收，符合有关要求的，应当自验收完毕之日起 3 日内解除对其采取的有关措施。

2. 责令更换董事、监事和高级管理人员。公开募集基金的基金管理人的董事、监事、高级管理人员未能勤勉尽责，致使基金管理人存在重大违法违规行为或者重大风险的，中国证监会可以责令更换。

3. 责令停业整顿、托管、接管等。公开募集基金的基金管理人违法经营或者出现重大风险，严重危害证券市场秩序、损害基金份额持有人利益的，中国证监会可以对该基金管理人采取责令停业整顿、指定其他机构托管、接管、取消基金管理资格或者撤销等监管措施。

在公开募集基金的基金管理人被责令停业整顿、被依法指定托管、接管或者清算期间，或者出现重大风险时，经中国证监会批准，可以对该基金管理人直接负责的董事、监事、高级管理人员和其他直接责任人员采取下列措施：通知出境管理机关依法阻止其出境；申请司法机关禁止其转移、转让或者以其他方式处分财产，或者在财产上设定其他权利。

阅读 2－1 我国的证券公司概况

据中国证券业协会公示的信息，截至 2017 年 5 月，我国共有爱建证券有限责任公司、安信证券股份有限公司、北京高华证券有限责任公司、渤海汇金证券资产管理有限公司等127家证券公司。这些证券公司被公示的信息包括证券公司法人基本情况、营业部信息、产品信息和高管人员等信息,各证券公司对其所公示信息的真实性、准确性、完整性负责。证券公司信息公示的目的是保护投资者的合法权益,提高证券市场透明度,维护行业公信力。

中国证券业协会对证券公司2016年经营数据进行了统计。证券公司未经审计财务报表显示,2016年的129家证券公司全年实现营业收入3279.94亿元,各主营业务收入分别为代理买卖证券业务净收入(含席位租赁)1052.95亿元、证券承销与保荐业务净收入519.99亿元、财务顾问业务净收入164.16亿元、投资咨询业务净收入50.54亿元、资产管理业务净收入296.46亿元、证券投资收益(含公允价值变动)568.47亿元、利息净收入381.79亿元,实现净利润1234.45亿元,124家公司实现盈利。据统计,截至2016年12月31日,129家证券公司总资产为5.79万亿元,净资产为1.64万亿元,净资本为1.47万亿元,客户交易结算资金余额(含信用交易资金)1.44万亿元,托管证券市值33.77万亿元,资产管理业务受托资金总额17.82万亿元。

阅读2-2 证券公司破产与投资者利益保护——德恒证券的行政托管

经中国证监会认定,德恒证券有限公司在经营过程中存在挪用客户交易结算资金、挪用客户托管国债进行回购、透支、制作虚假的交易记录、超范围经营等行为,且性质严重,严重违反了我国《证券法》的规定。中国证监会2005年8月5日下令取消德恒证券的证券业务许可,并责令关闭。

早在2004年5月,在德恒证券的风险集中爆发后,中国证监会就发布了《关于委托中国华融资产管理公司托管经营德恒、恒信、中富证券有限责任公司的决定》,并要求协调各方密切合作,全力维护德恒证券各个营业部经营活动的正常开展,很快就完成了托管工作的交接,维护了证券市场的稳定。托管组、清算组均由华融公司担任。2006年年底清算工作完成。

2007年,中国证监会同意华融证券股份有限公司筹建方案,2007年9月华融证券正式成立。2007年12月20日,华融证券公司在《中国证券报》上刊发《对华融证券股份有限公司接收的原德恒证券有限责任公司、原恒信证券有限责任公司不合格账户清理及处置公告》,称“根据2007年5月25日中国证监会《关于同意德恒证券有限责任公司证券类资产转让方案函》(证监发〔2007〕70号),德恒证券有限责任公司清算组将德恒证券名下的证券类资产转让给华融证券。此次证券类资产转让对在原德恒证券营业网点进行证券投资的正常经纪类客户不产生影响”,并开展对有关不合格账户进行规范管理。

本案背景比较复杂,德恒证券的前身是2000年成立的重庆证券,后被德隆系操纵,从事了一系列包括非法吸储在内的违法行为。德隆危机爆发后,德恒证券的违法行为导致被行政关闭,之后由中国证监会组织的行政托管、行政清算都很好地维护了客户的利益。德隆系同时还操纵数家上市公司,影响很大;后来通过艰难的资产重组,基本都摆脱了困境。而华融资产管理公司也完成了早期作为国有资产管理公司向综合金融公司的转型。

而大鹏证券的破产案件则是我国证券历史上为数不多的、以破产方式退出证券市场的案例。2004年12月底,本已挪用18亿元客户保证金的大鹏证券,出现了向登记结算公司透支2亿余元的紧张状况。据深圳市中院公告透露,2005年5月31日,中审会计师事务所对大鹏证券资产审计的结果显示:截至2005年1月14日,大鹏证券的资产总额为人民币32.36亿元,负债总额为人民币60.14亿元,资不抵债金额为27.78亿元,资产负债率高达185.87%,已严重资不抵债。深圳市中院裁定,宣告大鹏证券有限责任公司破产还债,并指定清算组对破产企业进行接管。2006年1月24日,经最高人民法院批准,深圳市中级人民法院宣告大鹏证券破产,大鹏证券经过一年多的托管、清算以后最终以破产方式退出了证券市场。大鹏证券重大违法违规行为暴露后,中国证监会在做出取消其证券业务许可并责令关闭决定的同时,委托其他证券机构托管其经纪业务,以保障大鹏证券客户的正常交易和正当权益。例如,大鹏证券30家营业部资源的证券经纪业务被长江证券接受,投行业务则国信证券接受。同时中国证监会委托其他中介机构组织成立了清算组,在现有法律和政策范围内,开展了一系列旨在保护原大鹏证券客户合法权益的工作:

首先,对客户交易结算资金和个人债权以收购方式进行补偿。清算组对于符合《个人债权及客户证券交易结算资金收购意见》规定的客户交易结算资金缺口已足额弥补,并已向相关地方政府移交个人债权登记确认材料,对于已完成甄别确认的个人债权的收购方案、收购资金等已经落实,对可能出现的问题也有了明确预案。这是对投资者权益保护的一项重要措施,也是国家对投资者做出的保护性安排,避免了投资者因大鹏证券破产而面临损失。

其次,对大鹏证券证券类资产进行处置,对其经纪业务客户平稳转移,保证经纪业务客户的正常交易不因大鹏证券关闭破产而受影响。清算组对大鹏证券证券类资产采取公开、公平、公正的市场交易方式予以处置,在合理估价的基础上,以公开的方式转让证券类资产,通过公开询价、公开评审的方式,确定了最终受让方，转让价款作为大鹏证券的破产清算财产。受理破产时，客户证券交易结算资金第三方存管与客户交易结算资金缺口弥补工作已经完成，证券类资产已经由受让方完全接管，这既为破产受理准备了条件，也对大鹏证券客户做出了安全、稳妥的安置。

在行政清算期间，清算组对大鹏证券进行了账户清理及追偿资产等工作，对应收债权进行了全面审计，采取多种方式追收债权，清理对外投资和关联公司，清理全部经纪业务客户，配合稽查、专案等工作。在行政处置期间，对证券类资产外的其他类资产，除对易减损资产按公开、竞价、市场化原则处置外，皆未予处置。

应当说，以行政命令来关闭证券公司只是暂时性行为，例如中国证监会对南方证券、汉唐证券、广东证券等的处理，而通过破产才是最为规范的证券公司市场退出机制。我国目前尚未颁布专门的金融机构破产法，对有别于一般企业破产的金融机构破产问题还需要继续探究。

阅读 2-3 中国证券投资基金的实践发展

证券投资基金作为一种间接投资方式，有其独特的优势，也是我国证券市场不可忽视的投资类型。我国证券投资基金也有一个不断发展和完善的过程。

1991 年 8 月珠海国际信托投资公司发起设立了我国最早的投资基金——珠信基金。同年 10 月武汉证券投资基金和深圳南山风险投资基金分别在武汉和深圳成立。而淄博乡镇企业投资基金则成为由中国人民银行总行于 1992 年 11 月批准的第一家较规范的投资基金。该基金为公司型封闭式基金，募集规模为 1 亿元人民币，其中 60% 投向淄博的乡镇企业，40% 投向上市公司。淄博基金的出现，启动了我国早期的基金募集实践，截至 1997 年年底共设立基金 75 只，筹资规模达 58 亿元人民币。早期的基金募集实践缺乏可遵循的法律规范和行业规则，也不是典型的证券投资基金，很多基金不仅投资证券，还同时投资实业，并且基金规模过小，基金抗风险能力和风险控制能力普遍较弱。

1997 年 11 月 14 日经国务院批准，国务院证券委颁布了《证券投资基金管理暂行办法》。该暂行办法虽然规定“基金发起人可以设立开放式基金，也可以设立封闭式基金”，但其主要条款均为对封闭式基金的规定。1998 年经中国证监会批准，新成立的南方基金管理公司和国泰基金管理公司分别发起设立了规模为 20 亿元的两只封闭式基金，基金名称分别叫“基金开元”和“基金金泰”。由此开启了我国封闭式基金的发展阶段。到 2001 年 9 月我国共有封闭式基金 47 只。鉴于当时基金尚处于改革试点阶段，为了保持基金市场的稳定，只能发行封闭式基金。

缺乏法律规范的基金业，存在不少问题。[2]

2000年10月8日中国证监会发布了《开放式证券投资基金试点办法》，2001年9月我国第一只开放式基金——“华安创新”发行，标志着我国开放式基金的发行实践正式启动。2004年6月1日《证券投资基金法》生效以后，特别是2006年下半年股市发生巨大上涨行情以后，开放式基金获得了飞速的发展，据中国证券报2017年2月6日报道的中国基金业协会的数据，2016年资管业务总规模约为51.79万亿元，同比增长31.4%。从公募基金管理人数量看，已成立的基金管理人达到121家，基金管理公司108家，其中中外合资公司44家，内资公司64家；取得公募基金管理资格的证券公司或证券公司资管子公司共12家，保险资管公司1家，预计2017年基金管理公司将突破160家。

阅读2-4 老虎基金与基金风险

基金的运作原理是信托，受托人即基金管理人投资判断的正确与否直接决定了基金运作的成败。

美国的老虎管理是1980年由罗伯逊(Julian Robertson)创办，创立资本为800万美元，其中200万美元是自有资金。老虎管理旗下共有六只基金，都是罗伯逊在20世纪80年代陆续创立的，以各种猫科动物命名。除在1980年创建以其商标命名的老虎(Tiger)基金外，1986年他建立了美洲豹(Jaguar)基金和美洲狮(Puma)基金，1987年还组建了狮子(Lion)和虎猫(Ocelot)基金。其中老虎和美洲豹基金较具规模，各管理数十亿美元。老虎管理初期，以传统的个股选择为投资策略，80年代中后期，随着金融创新和越来越多的金融衍生产品的推出，老虎管理在世界范围内建立了包括政府债券、货币、股市、利率及相关期权期货等衍生产品的投资组合，成为典型的“宏观”对冲基金。

老虎管理曾有辉煌的业绩，自1980年至投资失利前的1998年8月，每年的投资回报率为32%，就是把投资失利的18个月算进去，其年均增幅也高至25%，是历史上表现最佳的对冲基金之一。

1998年8月老虎基金曾进入全盛时期，管理的资产多达220亿美元，比索罗斯的量子基金还高出一大截，是当时规模最大的对冲基金，罗伯逊因此被人们推

[2] 例如，《财经》2000年10月发表了《基金黑幕——关于基金行为的研究报告解析》一文。文章对基金的一些违法违规行为，如“对倒”、“倒仓”、“净值游戏”等进行了披露和解析，引起了社会对基金违法违规行为的极大关注。

为华尔街最具影响力的人物。但之后经历了一系列的投资失误后,至2000年2月老虎管理的资产暴跌,只剩下60多亿美元。据称,老虎基金的投资失误主要有以下几个:一是1998年秋由于俄罗斯卢布贬值使其损失6亿美元。二是从事日元投机交易,即借入低息日元购入美元资产,以图在搅乱亚洲金融市场动荡中获利,但日元在1998年第四季突然转强,打乱了对冲基金在日元投资的部署,老虎管理劲蚀十数亿美元,此后投资者开始赎回资金使其元气大伤。三是金融市场1999年刮起了科技股旋风,以科技为主的"新经济"股份之涨落,并不完全按基础分析的模式运作。罗伯逊低价买入大量的"旧经济"股份,而这些股份由于市场资金流入"新经济"股而持续大跌,比如持有逾22%股权的美国航空在过去12个月内失去近乎五成的市值,使老虎管理损失惨重,老虎基金的每股资产从高峰的154万跌至2000年2月底的82万美元,幅度高达47%。作为对冲基金,老虎管理利用杠杆买空看好的股份,卖空利淡的股票,对于没有盈利的科技网络股,罗伯逊以抛空为策略,如他先后沽空了朗讯股份等。这些交易为老虎带来巨大的灾难。此后老虎管理在1999年年底又开始追入已过势的"新经济"股份,在价格高位先后大力吸纳英特尔、戴尔电脑等,结果高买低卖又输一把。

对冲基金的报酬,不像互惠基金来自管理费,而是从基金所实现的一定利润中抽取20%作为薪酬。老虎管理的客户非富即贵,他们愿意付出高昂的代价,以鼓励基金回报跑赢大市,但要求投资收益必须超过一定水平时,才向基金支付佣金。在老虎管理亏损的情况下,要想获得佣金,基金的回报率就必须大幅反弹近50%,但这几乎不可能,而资金又不断被赎回。以致连最后的管理收费也不足以应付一般营运开支。随后老虎管理结业。

上述案例是基金史上一个非常有名的案例,它提示我们基金投资风险的存在。投资风格、投资策略的选择均值得重视。

阅读2-5　基金经理的受托义务

2006年3月,唐建任职上投摩根研究员兼阿尔法基金经理助理,在执行职务活动,向有关基金二级股票池和阿尔法基金推荐买入"新疆众和"股票的过程中,使用自己控制的中信建投证券上海福山路营业部(以下简称福山路营业部)"唐金龙"证券账户先于阿尔法基金买入"新疆众和"股票,并在其后连续买卖该股。期间,唐建还利用职务权限,多次查询上投摩根阿尔法基金投资"新疆众和"股票的信息,充分掌握了该基金的投资情况。截至2006年4月6日全部卖出前,"唐金龙"证券账户累计买入"新疆众和"股票60,903股,累计买入金额76.49万元;全部卖出所得金额105.45万元，获利28.96万元。此外，2006年4月至5月，唐建还利用福山路营业部“唐金龙”资金账户下挂的“李成军”证券账户、东方证券上海浦东南路营业部“李成军”证券账户连续买卖“新疆众和”股票的机会，为自己及他人非法获利123.76万元。

中国证监会认为，唐建利用职务便利，通过“唐金龙”及其关联证券账户多次交易“新疆众和”股票并获利的违法行为成立，并对唐建作出如下处罚：取消唐建基金从业资格；没收唐建违法所得152.72万元，并处50万元罚款。本案唐建的行为俗称“老鼠仓”行为，该说法非常形象。应当注意的是，在证券投资基金活动中，基金管理人与基金份额持有人之间是一种信托关系，基金管理人及其基金从业人员对基金和基金份额持有人负有忠实义务，必须恪尽职守，履行诚实信用、谨慎勤勉的义务，不得从事利益冲突的行为，不得将自身利益置于基金财产和基金份额持有人的利益之上，更不得在执行职务或办理业务过程中利用所处地位或优势牟取私利。

阅读2-6　我国私募基金的发展

私募基金有三个发展方向：一是有创投背景的私募基金可转型为风险投资基金，即投资于成长性好的中小企业，这就是私募股权投资。二是纯投机型的私募基金将向对冲基金的方向转变，这主要指私募证券基金。三是专门用于上市公司收购的私募基金，目的是获得上市公司的控制权，可以是私募股权投资或私募证券投资。私募基金的管理人受到的外部监管比较少，也无须承担繁重的信息公开义务，因此投资者获得的法律保障将更多来自对基金管理人的信任和相互间协议的约束。这种协议的约束，更深刻体现了私法自治的效能，特别是商业社会诚实信用原则的意义。当然，对于私募基金的发展，同样需要来自法律的、外在的规范性。

我国在2007年修改《合伙企业法》时，增加了有限合伙的特殊规定：第一，该法专门规定的“有限合伙企业”，认可了有限合伙的合法地位。《合伙企业法》第2条规定：“本法所称合伙企业，是指自然人、法人和其他组织依照本法在中国境内设立的普通合伙企业和有限合伙企业。……有限合伙企业由普通合伙人和有限合伙人组成，普通合伙人对合伙企业债务承担无限连带责任，有限合伙人以其认缴的出资额为限对合伙企业债务承担责任。”因此，私募基金可以采用有限合伙这种组织形式来组建。但由于我国欠缺民商事合伙的区分，现行《合伙企业法》对有限合伙的定位仍是一种需要经过商业登记的商事“企业”（第9条），这似乎并没有为私募基金进行最准确的定位。私募基金其实更接近于商法中的有限合伙合同。第二,有限合伙中的合伙人有合法的利益实现机制和退出机制。《合伙企业法》第69条规定:"有限合伙企业不得将全部利润分配给部分合伙人;但是,合伙协议另有约定的除外。"如果私募股权基金采取有限合伙形式,那么当事人可以通过订立合伙协议约定合伙人取得全部的投资利润。此外还可以约定多种退伙途径,从而为合伙人设立了充足、便利的退出机制。第三,仅合伙人缴纳所得税,合伙企业并不缴纳所得税。《合伙企业法》第6条规定:"合伙企业的生产经营所得和其他所得,按照国家有关税收规定,由合伙人分别缴纳所得税。"因此,以有限合伙方式来设立私募基金,在税赋方面就比公司制的私募基金要经济。第四,允许法人和其他组织成为有限合伙人。《合伙企业法》第3条规定:"国有独资公司、国有企业、上市公司以及公益性的事业单位、社会团体不得成为普通合伙人。"因此,未被限制的公司和其他组织都可以作为有限合伙人投资私募股权基金。

私募基金大多运用了有限合伙的原理。基金管理人是普通合伙人,他不仅负责基金的管理事项,本身也出资,例如出资1%,再加上期权激励,大约能拿到20%的收益,同时基金管理人还承担无限连带责任;投资者投资99%,承担有限责任,但不参与管理,最后能拿到总收益的80%。这种权利结构既满足了投资者获得较高回报和较低风险的需求,又使基金管理人的个人才华得到价值的彰显和丰裕的物质回报。经济生活中的有限合伙吸引人的地方在于,它可以使人们成为只负有限责任的合伙人,尽管由于这个原因,有限合伙的信用度要普遍低于普通商事合伙。我国《合伙企业法》的修改对于我国私募基金的发展有重要意义。当然,现实中还需要国家风险投资政策、多层次资本市场的建立、基金托管制度以及有限合伙的登记制度等相关措施的配合。

2016年7月15日,中国证券业协会发布了《私募投资基金募集行为管理办法》,该办法规定了以下几个主要内容:

一、从事私募基金募集的合法机构

在中国基金业协会办理私募基金管理人登记的机构可以自行募集其设立的私募基金,在中国证监会注册取得基金销售业务资格并已成为中国基金业协会会员的机构可以受私募基金管理人的委托募集私募基金。其他任何机构和个人不得从事私募基金的募集活动。募集行为包含推介私募基金,发售基金份额(权益),办理基金份额(权益)认/申购(认缴)、赎回(退出)等活动。从事私募基金募集业务的人员应当具有基金从业资格(包含原基金销售资格),应当遵守法律、行政法规和中国基金业协会的自律规则,恪守职业道德和行为规范,应当参加后续执业培训。要求募集机构应当恪尽职守、诚实信用、谨慎勤勉,防范利益冲突,履行说明义务、反洗钱义务等相关义务,承担特定对象确定、投资者适当性审查、私募基金推介及合格投资者确认等相关责任。募集机构及其从业人员不得从事侵占基金财产和客户资金、利用私募基金相关的未公开信息进行交易等违法活动。

二、私募基金管理人的受信义务

私募基金管理人应当履行受托人义务,承担基金合同、公司章程或者合伙协议(以下统称基金合同)的受托责任。委托基金销售机构募集私募基金的,不得因委托募集免除私募基金管理人依法承担的责任。私募基金管理人委托基金销售机构募集私募基金的,应当以书面形式签订基金销售协议,并将协议中关于私募基金管理人与基金销售机构权利义务划分以及其他涉及投资者利益的部分作为基金合同的附件。基金销售机构负责向投资者说明相关内容。

三、合格投资者的规范

任何机构和个人不得为规避合格投资者标准,募集以私募基金份额或其收益权为投资标的的金融产品,或者将私募基金份额或其收益权进行非法拆分转让,变相突破合格投资者标准。募集机构应当确保投资者已知悉私募基金转让的条件。投资者应当以书面方式承诺其为自己购买私募基金,任何机构和个人不得以非法拆分转让为目的购买私募基金。

四、募集机构的义务

首先,募集机构应当对投资者的商业秘密及个人信息严格保密。除法律法规和自律规则另有规定的,不得对外披露。募集机构应当妥善保存投资者适当性管理以及其他与私募基金募集业务相关的记录及其他相关资料,保存期限自基金清算终止之日起不得少于10年。其次,募集机构或相关合同约定的责任主体应当开立私募基金募集结算资金专用账户,用于统一归集私募基金募集结算资金、向投资者分配收益、给付赎回款项以及分配基金清算后的剩余基金财产等,确保资金原路返还。最后,账户监督义务。募集机构应当与监督机构签署账户监督协议,明确对私募基金募集结算资金专用账户的控制权、责任划分及保障资金划转安全的条款。监督机构应当按照法律法规和账户监督协议的约定,对募集结算资金专用账户实施有效监督,承担保障私募基金募集结算资金划转安全的连带责任。

五、私募基金募集的程序

主要包括:第一,特定对象确定,即募集机构应当向特定对象宣传推介私募基金。未经特定对象确定程序,不得向任何人宣传推介私募基金。第二,投资者适当性匹配。在向投资者推介私募基金之前,募集机构应当采取问卷调查等方式履行特定对象确定程序,对投资者风险识别能力和风险承担能力进行评估。投资者应当以书面形式承诺其符合合格投资者标准。投资者的评估结果有效期最长不得超过3年。募集机构应建立科学有效的投资者问卷调查评估方法,确保问卷结果与投资者的风险识别能力和风险承担能力相匹配。募集机构应当在投资者自愿的前提下获取投资者问卷调查信息。第三,基金风险揭示。募集机构应当自行或者委托第三方机构对私募基金进行风险评级,建立科学有效的私募基金风险评级标准和方法。募集机构应当根据私募基金的风险类型和评级结果,向投资者推介与其风险识别能力和风险承担能力相匹配的私募基金。私募基金推介材料应由私募基金管理人制作并使用。私募基金管理人应当对私募基金推介材料内容的真实性、完整性、准确性负责。第四,合格投资者确认。在完成私募基金风险揭示后,募集机构应当要求投资者提供必要的资产证明文件或收入证明。募集机构应当合理审慎地审查投资者是否符合私募基金合格投资者标准,依法履行反洗钱义务,并确保单只私募基金的投资者人数累计不得超过《证券投资基金法》、《公司法》、《合伙企业法》等法律规定的特定数量。私募基金的合格投资者是指具备相应风险识别能力和风险承担能力,投资于单只私募基金的金额不低于100万元且符合下列相关标准的机构和个人:净资产不低于1000万元的机构;金融资产不低于300万元或者最近3年个人年均收入不低于50万元的个人。金融资产包括银行存款、股票、债券、基金份额、资产管理计划、银行理财产品、信托计划、保险产品、期货权益等。此外,还要为投资者设立不少于24小时的投资冷静期、对投资者进行回访确认等。

六、私募基金推介的规定

募集机构应当采取合理方式向投资者披露私募基金信息,揭示投资风险,确保推介材料中的相关内容清晰、醒目。私募基金推介材料内容应与基金合同主要内容一致,不得有任何虚假记载、误导性陈述或者重大遗漏。如有不一致的,应当向投资者特别说明。募集机构及其从业人员推介私募基金时,禁止公开推介或者变相公开推介;推介材料虚假记载、误导性陈述或者重大遗漏;以任何方式承诺投资者资金不受损失,或者以任何方式承诺投资者最低收益,包括宣传"预期收益"、"预计收益"、"预测投资业绩"等相关内容;夸大或者片面推介基金,违规使用"安全"、"保证"、"承诺"、"保险"、"避险"、"有保障"、"高收益"、"无风险"等可能误导投资人进行风险判断的措辞;使用"欲购从速"、"申购良机"等片面强调集中营销时间限制的措辞;推介或片面节选少于6个月的过往整体业绩或过往基金产品业绩;登载个人、法人或者其他组织的祝贺性、恭维性或推荐性的文字;采用不具有可比性、公平性、准确性、权威性的数据来源和方法进行业绩比较，任意使用“业绩最佳”、“规模最大”等相关措辞；恶意贬低同行；允许非本机构雇佣的人员进行私募基金推介；推介非本机构设立或负责募集的私募基金以及法律、行政法规、中国证监会和中国基金业协会禁止的其他行为。募集机构不得通过下列媒介渠道推介私募基金：公开出版资料；面向社会公众的宣传单、布告、手册、信函、传真；海报、户外广告；电视、电影、电台及其他音像等公共传播媒体；公共、门户网站链接广告、博客等；未设置特定对象确定程序的募集机构官方网站、微信朋友圈等互联网媒介；未设置特定对象确定程序的讲座、报告会、分析会；未设置特定对象确定程序的电话、短信和电子邮件等通讯媒介；法律、行政法规、中国证监会规定和中国基金业协会自律规则禁止的其他行为。

阅读 2-7 境外证券投资者保护基金制度[3]

一、证券投资者保护概述

证券投资者保护，尤其是对中小投资者的保护，是证券市场监管的核心内容之一，也是证券市场健康运行的基础。在投资者保护的诸项制度中，投资者赔偿制度作为投资者保护的最后防线，更是重中之重。各国从 20 世纪 60 年代末开始逐步探索建立以保护中小投资者为宗旨的证券投资者保护制度。加拿大最先于 1969 年建立了“加拿大投资者保护基金”（Canadian Investor Protection Fund，CIPF），旨在赔偿投资者因证券经营机构破产而招致的损失。美国于 1970 年通过了《证券投资者保护法》（Securities Investor Protection Act，SIPA），并成立了美国证券投资者保护公司（Securities Investor Protection Corporation，SIPC），使投资者在证券公司破产或倒闭时依然能够得到一定的赔偿。80 年代后期，英国、澳大利亚、香港等国家和地区先后建立了投资者赔偿计划。1997 年，欧盟制定了《投资者赔偿计划指引》，建立了统一协调的欧盟内部投资者赔偿制度。1997 年亚洲金融危机后，许多亚洲新兴市场国家，如泰国、菲律宾、印度、土耳其和我国台湾地区也陆续建立了各具特色的投资者赔偿制度。20 世纪末 21 世纪初，各国普遍调整了“消费者”的概念，将证券投资者作为金融消费者进行保护。证券投资者从此开始享有一般消费者的基本权利，如安全保障权、知情权、自主选择权、公平交易权、受教育权和求偿权等。2008 年金融危机后，美国通过了《多德—弗兰克华尔街改革

---

〔3〕 参见黄明、林海、冯丹荔：《境外证券投资者保护基金制度综述》，载中国证监会网站，2017 年 4 月 20 日访问。

与消费者保护法》(Dodd – Frank Wall Street Reform and Consumer Protection Act，以下简称《多德—弗兰克法案》)，更加醒目地强化了金融消费者的概念，旨在金融市场真正实现消费者利益至上的理念。

二、证券投资者保护基金的立法模式

从各国关于证券投资者保护基金的立法模式来看，主要分为以下几种类型：一是为证券投资者保护基金专门立法，如美国 1970 年制定了《证券投资者保护法》，澳大利亚 1987 年制定了《国家担保基金法》，德国 1998 年制定了《存款保护和投资者赔偿法案》，爱尔兰 1998 年制定了《投资者赔偿法》，欧盟 1997 年制定了《投资者赔偿计划指引》。二是在综合性的证券监管立法中涵盖证券投资者赔偿制度，如英国于 2000 年制定了《金融服务和市场法(FSMA)》，其中第 XV 部分专章规定了其金融服务赔偿计划(the Financial Services Compensation Scheme，FSCS)。与英国类似，我国香港地区 2003 年修订的《证券及期货条例》第 571 章第 III 部第 5 分部专章规定了其投资者赔偿公司的设立与运作。三是证券投资者保护综合立法，如我国台湾地区制定了“证券投资人及期货交易人保护法”，并在该“法”中涵盖了证券投资者赔偿制度。四是以其他相关法律为依托，如加拿大的投资者保护基金以其他相关法律为依托，主要遵循加拿大破产清算法及其他相关法律。

三、证券投资者保护基金的组织架构

证券投资保护基金具有公益性质，各国保护基金管理机构的组织架构通常体现出与一般商业公司不同的非营利性特征。具体而言，主要境外国家或地区保护基金管理机构的组织架构分为以下三种类型：一是独立于政府的非营利性会员制公司，以美国、加拿大和英国为典型代表，会员制公司既不是政府机关，也不是政府设立的机构，而是依据该国公司法设立的一个独立的非营利性公司，受该国公司法规制。例如，美国的 SIPC 依据《哥伦比亚特区非营利公司法》设立，并受其规制。会员制公司的出资人是该公司的会员。在公司登记设立时，由会员以会费的形式缴纳公司的初始资本。但会员制公司的出资人不享有公司法赋予股东的各项权利，如分红权、参与重大决策的权利，以及选择管理者的权利等。二是财团法人，我国台湾地区的保护基金管理机构为“财团法人证券投资人及期货交易人保护中心”(以下简称保护中心)，该中心是依据我国台湾地区“民法”成立的财团法人。其初始资本由我国台湾地区证券与期货相关机构捐助而来；后续资金则主要来自台湾地区证券交易所与期货交易所的经手费、证券商与期货商的会费，以及保护基金的投资收益。财团法人的出资人也不拥有股东的法律地位，从而不享有公司法赋予股东的各项权利，因而没有参与保护中心重大决策、选择保护中心管理者的权利。由捐助章程确定一个主管机关来管理、运营该机构。但在财务管理与人事管理上，我国台湾地区保护中心均受制于台湾地区的金融监管机构，台湾地区金融监管机构对保护基金的介入与控制比会员制公司模式更为全面和深入。三是附属于证券监管机构的全资子公司。这种模式以我国香港地区的投资者赔偿有限公司(ICC)为典型代表。ICC的初始资本来自证券、期货市场相关中介机构的捐助，其财务管理权集中由香港证监会行使。香港证监会全权负责赔偿基金的管理和运作，包括对投资者赔偿申请的裁定、对保护基金除赔偿投资者之外的日常开支及其优先次序的决策、赔偿基金的投资运营、财务报表的准备、审计机构的聘任、审计报告的审阅等。

以上不同模式的证券投资者保护基金模式所体现的共性是各类保护基金的初始资本与国家财政无关，是由证券期货行业或整个金融服务行业的市场主体筹集捐助，充分体现了保护基金“行业自救”的本质属性；如尽管市场主体是保护基金的出资人，但不享有公司股东的法律地位，即不享有公司法赋予股东的各项权利，如决定公司重大事项的决策权，以及选择公司管理者的选举权等；此外，保护基金管理机构的人事管理权受国家证券或金融监管机构控制，由证券或金融监管机构掌控董事会成员的任命权或批准权等重要的人事权。

四、证券投资者保护基金的监管

主要有以下监管模式：一是由证券监管机构或金融监管机构监管，这种监管模式是目前各国保护基金最常采用的一种模式。例如，美国的SIPC受美国证监会(SEC)监管，英国的ICS和FSCS受英国金融服务局(FSA)监管，香港特区新设立的投资者赔偿公司由香港证监会监管。二是由行业自律组织监管，如日本的证券投资者保护基金由日本证券经纪商协会(JSDA)监管。三是由证券交易所运作并监管，如澳大利亚的证券交易担保公司(SEGC)是澳大利亚证券交易所的独资子公司，受证券交易所监管。另外，在2003年我国香港特区颁布《证券及期货条例》之前，香港联合交易所赔偿基金与商品交易所赔偿基金也分别由香港联交所和商交所负责管理。此外，还有多家机构共同监管，如加拿大投资者保护基金由多伦多股票交易所、蒙特利尔交易所、加拿大风险交易所和加拿大投资经纪商协会共同设立并监管。另外，印度也主要由印度储备银行和印度证券交易所共同监管。

五、证券投资者保护基金的职能

目前来看主要分为以下两种模式：一是仅负责投资者赔偿的相关事务。如美国SIPC、我国香港ICC以及英国FSCS为典型代表。例如，美国SIPC的主要职能只包括以下三个与投资者赔偿相关的内容:建立投资者保护基金,用于满足破产证券公司客户的赔偿请求;向具有管辖权的法庭提起证券公司破产申请;作为破产证券公司清算程序的重要参与人之一,行使指定托管人、监督托管人整理和清算破产证券公司的资产等权利。二是全面负责投资者保护事务。如我国台湾地区依据“台湾证券投资人及期货交易人保护法”设立的“台湾财团法人、证券交易人及期货交易人保护中心”,除了负责保护基金的保管、运用之外,还负责:调处投资者与发行人、证券经营机构、结算机构、交易所等机构之间,因有价证券的募集、发行、买卖或期货交易所产生的民事争议,如提供替代性争议解决机制(Alternative Dispute Resolution, ADR),为金融消费者提供低成本、高效率的争议解决途径;投资者对发行人、证券经营机构的财务业务查询;证券及期货交易相关法令的咨询服务等。

我国的金融消费者保护、证券投资者保护等制度依然不尽完善,上述以保护中小投资者为宗旨的证券投资者保护基金制度值得我们借鉴和研究。

案例2-1 证券公司违规开展委托理财业务的行政处罚

中国证监会认定健桥证券存在以下违法事实:(1)2002年7月至2004年10月开展违规委托理财业务,通过向客户承诺3%~9.5%收益率的方式,累计签订合同71笔,涉及金额210,158.27万元。(2)通过所控制的自营账户和资产管理账户挪用经纪客户的国债,进行国债回购,并将大部分回购资金划到青海光彩农业产业控股有限公司和上海华冠投资有限公司。截至2004年5月31日,挪用的标准券金额为112,013,440元;截至2004年9月30日,挪用的标准券金额为125,823,730元;截至2005年12月31日,挪用的标准券金额为70,229,030元。(3)2002年至2003年期间通过直接或委托等方式违法违规对外投资27,900万元,超出核定的业务范围经营。中国证监会对健桥证券及直接责任人进行了处罚。[4]

思考与分析:

本案是一起证券公司违法、违规开展委托理财业务的案例。中国证监会行政处罚决定书认为,健桥证券开展违规委托理财业务的行为违反了《关于规范证券公司受托投资管理业务的通知》(证监机构字〔2001〕265号)第4条关于“……受托投资管理合同中应列明具体的委托事项,受托人应根据在与委托人签订的受托投资管理合同中约定的方式为委托人管理受托投资,但不得向委托人承诺收益或

〔4〕 参见中国证监会〔2010〕20号行政处罚决定书。

者分担损失……”的规定，以及《证券公司客户资产管理业务试行办法》（证监会令第17号）第41条关于“证券公司从事客户资产管理业务，不得有下列行为：……（二）向客户作出保证其资产本金不受损失或者取得最低收益的承诺……”的规定；健桥证券挪用经纪客户国债的行为违反了原《证券法》第73条关于“在证券交易中，禁止证券公司及其从业人员从事下列损害客户利益的欺诈行为：……（三）挪用客户所委托买卖的证券或者客户账户上的资金……”的规定，构成了原《证券法》第193条规定的“证券公司、证券登记结算机构及其从业人员，未经客户的委托，买卖、挪用、出借客户账户上的证券或者将客户的证券用于质押的”情形；健桥证券超范围经营的行为违反了原《证券法》第131条关于“证券公司不得超出核定的业务范围经营证券业务和其他业务”的规定，以及《证券公司管理办法》（证监会令第5号）第32条关于“证券公司不得兴办实业，不得购置非自用不动产”的规定。

本案需要进一步思考的问题是，为什么我国《证券法》及相关行政性法律规范禁止前述证券公司的违规委托理财行为？这一问题请从证券公司与客户之间的法律关系角度分析。

案例2-2　证券公司的财务顾问业务

爱建证券有限责任公司（以下简称爱建证券），为浙江步森服饰股份有限公司（以下简称步森股份）与广西康华农业股份有限公司（以下简称康华农业）重大资产重组项目独立财务顾问，王某等三人是步森股份与康华农业重大资产重组项目主办人。中国证监会认定当事人存在以下违法事实：

爱建证券未审慎核查康华农业的银行存款情况，导致未能发现康华农业虚增银行存款，主要表现为：第一，爱建证券向广西桂林漓江农业合作银行榕湖支行函证康华农业基本存款账户的银行存款余额时，对差异62,777,843.86元未采取进一步核查措施；第二，爱建证券未关注到康华农业部分客户提供的银行账号与康华农业记账凭证后附的客户银行账号不一致的情况；第三，康华农业多张股利分配银行进账单加盖印章的日期有明显涂改的痕迹，爱建证券对该异常情况未予关注，未采取进一步的核查措施。

爱建证券未审慎核查康华农业营业收入和应收账款情况，导致未能发现康华农业虚增营业收入和应收账款，主要表现为：第一，爱建证券走访康华农业主要客户后，没有将访谈结果与康华农业账面数据进行核对，未对访谈结果的异常情况予以充分关注，未采取进一步的核查措施；第二，爱建证券收到举报且认为康华农业销售异常后，在对康华农业主要客户的访谈过程中未就其具体销售数量和金额进行现场核实。

此外，爱建证券在尽职调查中未保持应有的职业谨慎。2014年6月，爱建证券走访康华农业客户南宁市储备粮管理有限责任公司前，告知康华农业要抽查南宁市储备粮管理有限责任公司的凭证。在现场走访时，南宁市储备粮管理有限责任公司事先已将相关资料准备完毕并已签章；2014年8月，爱建证券在收到关于康华农业财务造假的举报，且质控部对康华农业主要客户进行暗访也发现异常后，再次走访康华农业的客户时，仍事先告知康华农业访谈时需要查看对方的存货、收入账及凭证，未保持应有的职业谨慎。

步森股份与康华农业重大资产重组项目独立财务顾问主办人王某等三人均在《独立财务顾问承诺书》、《独立财务顾问报告》上签字，因而被认定为直接责任人。中国证监会责令爱建证券改正违法行为，并处以30万元罚款；对王某等人给予警告，并分别处以罚款。[5]

思考与分析：

证券公司在从事证券业务时依法应当尽到勤勉义务。对于本案，中国证监会认为，爱建证券在担任独立财务顾问的过程中，对康华农业财务数据的尽职调查不充分、未勤勉尽责，未发现康华农业财务造假的问题，导致所制作、出具的文件具有虚假记载，违反了《证券法》第173条"证券服务机构为证券的发行、上市、交易等证券业务活动制作、出具审计报告、资产评估报告、财务顾问报告、资信评级报告或者法律意见书等文件，应当勤勉尽责，对所依据的文件资料内容的真实性、准确性、完整性进行核查和验证"的规定，构成《证券法》第223条所述"证券服务机构未勤勉尽责，所制作、出具的文件有虚假记载、误导性陈述或重大遗漏"和第226条第3款所述"证券登记结算机构、证券服务机构违反本法规定或者依法制定的业务规则"的情形。

本案需要进一步思考的问题是：证券公司被认定为未尽勤勉义务适用的是何种归责原则？可以对照民法对于过错的认定方法对此予以分析。

案例2-3 证券公司接受中国证监会的监督

中国证监会认定广发证券存在以下违法事实：2014年9月4日，广发证券对杭州恒生网络技术服务有限责任公司HOMS系统（以下简称HOMS系统）开放接

[5] 参见中国证监会〔2017〕3号行政处罚决定书。

入。2014年12月5日,广发证券上海分公司对该系统开放专线接入。2015年5月19日,专线连通。2015年3月30日,广发证券上海分公司为上海铭创软件技术有限公司FPRC系统(以下简称FPRC系统)安装第三个交易网关。对于上述外部接入的第三方交易终端软件,广发证券未进行软件认证许可,未对外部系统接入实施有效管理,对相关客户身份情况缺乏了解。截至调查日,广发证券共有123个使用HOMS系统、FPRC系统接入的主账户。其中使用HOMS系统接入的主账户113个(下挂虚拟账户或子账户16,427个),使用FPRC系统接入的主账户10个(下挂虚拟账户或子账户2883个)。

广发证券未采集客户交易终端信息,未能确保客户交易终端信息的真实性、准确性、完整性、一致性、可读性,未采取可靠措施采集、记录与客户身份识别有关的信息。

2013年和2014年,广发证券分别有13家和23家营业部对原有客户的回访比例均未达到上年末客户总数(不含休眠账户及中止交易账户客户)的10%。2015年5月25日,广发证券已知悉并关注HOMS系统等系统存在引发违规配资及违反账户实名制等风险,广发证券在未采集上述客户身份识别信息的情况下,未实施有效的了解客户身份的回访、检查等程序。中国证监会依据《证券公司监督管理条例》第84条的规定决定对广发证券责令改正,给予警告,没收违法所得6,805,135.75元,并处以20,415,407.25元罚款。[6]

思考与分析:

中国证监会在行政处罚决定书中认定,广发证券未按照《证券登记结算管理办法》第24条,《关于加强证券期货经营机构客户交易终端信息等客户信息管理的规定》第6条、第8条、第13条,《中国证监会关于加强证券经纪业务管理的规定》第3条第4项,《中国证券登记结算有限责任公司证券账户管理规则》第50条的规定对客户的身份信息进行审查和了解,违反了《证券公司监督管理条例》第28条第1款的规定,构成《证券公司监督管理条例》第84条第4项所述的行为,获利6,805,135.75元。

本案需要我们进一步思考的问题是:为什么中国证监会要求证券公司必须采集客户交易终端信息,并确保客户交易终端信息的真实性、准确性、完整性、一致性、可读性?

---

〔6〕 参见中国证监会〔2016〕128号行政处罚决定书。

思考题

1. 证券公司的业务类型有哪些?
2. 证券公司的设立条件有哪些?
3. 证券公司的风险管理主要有哪些内容?
4. 证券投资基金管理公司作为基金管理人的职责有哪些?

司法考试试题

多项选择题

华新基金管理公司是信泰证券投资基金(信泰基金)的基金管理人。华新公司的下列哪些行为是不符合法律规定的?(2012年)

A. 从事证券投资时,将信泰基金的财产独立于自己固有的财产

B. 以信泰基金的财产为公司大股东鑫鑫公司提供担保

C. 就其管理的信泰基金与其他基金的财产,规定不同的基金收益条款

D. 向信泰基金份额人承诺年收益率不低于12%

【答案】 BCD

【考点】 基金管理人的义务。

第三章 证券发行

本章导语

证券发行是发行人做成证券并交付给相对人的行为。证券承销是证券发行中重要的发行方式,保荐制度是某些证券发行中必须采用的制度。承销商、保荐人承担法定的职责。不同的发行方式需要不同的条件和程序,不同类型的证券在发行和程序方面也有所不同。法律法规对于证券发行条件的规定是执行证券市场的准入制度,而程序的控制则是为了贯彻信息公开原则,以确保投资者的知情权和利益之维护。

第一节 证券发行概述

证券发行是指发行人以筹集资金或者调整股权为目的,做成证券并交付于投资者的行为。证券发行的类型比较多。证券法规定的证券发行应当遵循信息公开原则,披露相关信息。承销与保荐是证券公司在证券发行中最重要的业务,证券监管在证券发行之中得以体现。

一、证券发行的含义及分类

(一)证券发行的含义

证券发行是指发行人以筹集资金或者调整股权为目的,做成证券并交付于投资者的行为。证券发行是最重要的证券法律事实。只有通过证券发行,才能使企业获得所需要的投资,使投资者手中的货币成为资本。证券发行还是证券交易的前提,只有合法发行的证券才能进行证券交易,使投资者能够在证券交易市场上将证券转卖并实现获得价差收益的投资目的。证券发行涉及证券发行的类型、证券承销、证券保荐等一系列证券法的重要制度,是证券法中最重要的制度。

(二)证券发行的分类

1. 股票的发行、公司债券的发行和其他证券的发行

这是按照发行证券的类型对证券发行进行的分类,中国证监会对于不同的证券规定有不同的发行规则。我国《证券法》第2条第1款规定:“在中华人民共和国境内,股票、公司债券和国务院依法认定的其他证券的发行和交易,适用本法;本法未规定的,适用《中华人民共和国公司法》和其他法律、行政法规的规定。”对于政府债券和证券投资基金份额的发行并不适用证券法,而是适用专门的法规或法律,但政府债券、证券投资基金份额的上市交易适用证券法。

2. 设立发行和增资发行

按照证券发行的目的可以分为设立发行和增资发行。设立发行是指为了设立公司而发行证券,也称初次发行、首次发行。例如《证券法》第12条规定的“设立股份有限公司公开发行股票”。设立发行的要求往往比较严格,它代表着一个国家证券市场的基本准入标准。

增资发行是指已经成立的股份有限公司为追加资本而发行股份,也称新股发行。如《证券法》第13条和第14条规定的“公司公开发行新股”。包括向原股东派发股票(配股)和向社会公众投资者发售新股票(增发)。此外,还有定向增发,即向特定对象增发股票。增资发行的目的很灵活,有的是为了扩大生产经营需要,有的是为了分配利润,有的是为了改变公司的股权结构。增资发行也是上市公司在证券市场上持续融资的方式。

3. 平价发行、溢价发行和折价发行

按照证券发行价格和证券票面金额的关系可以分为平价发行、溢价发行和折价发行。平价发行就是指证券发行价格和证券票面金额一致;溢价发行是指发行价格超过票面金额。《证券法》第34条规定:“股票发行采取溢价发行的,其发行价格由发行人与承销的证券公司协商确定。”折价发行,即发行价格低于票面金额。对股票而言,如果采用折价发行将损害公司资本的真实原则,因此我国《公司法》第127条禁止折价发行股票;但在债券的发行中可以应用折价发行。

4. 公开发行和非公开发行

按照发行对象则可以分为公开发行和非公开发行,这是我国证券法中非常重要的证券发行类型。

证券公开发行指以社会上的公众投资者或200人以上的特定者为发行对象。公开发行证券由于涉及的投资者人数众多,因而受到证券法和中国证监会的严格

监管,未经核准不得进行,一般程序复杂,成本也较高。我国《证券法》第10条规定,公开发行证券,必须符合法律、行政法规规定的条件,并依法报经国务院证券监督管理机构或者国务院授权的部门核准;未经依法核准,任何单位和个人不得公开发行证券。公开发行的情形,则应当符合以下情形之一:向不特定对象发行证券的;向特定对象发行证券累计超过200人的;法律、行政法规规定的其他发行行为。

非公开发行就是向200人以下的特定对象的发行。《证券法》并没有对非公开发行的条件和程序进行规定,只是要求非公开发行证券不得采用广告、公开劝诱和变相公开方式。因此,非公开发行其实是证券法中一种灵活且比较简易的发行方式。非公开发行既可以是上市公司进行的非公开发行,也可以是非上市公司进行的非公开发行。如果是上市公司进行非公开发行,应当符合中国证监会的相关规定,并报中国证监会批准。

5. 公募发行和私募发行

这种发行也是按发行对象是否特定进行的划分,与公开发行和非公开发行有相似之处,但并不相同。公募发行是发行人公开向社会不特定的投资对象发售其证券的方式。私募发行是指发行人向一定范围内的特定对象发行证券的方式,如发行人的内部职工、发行人的重要客户等。

我国证券法中并没有使用公募发行和私募发行这组概念,但在公司法和中国证监会发布的规范性文件中大量使用了"公开募集"和"定向募集"的概念,在证券实践中也常常使用"公募"、"私募"这样的概念。公募发行仅指《证券法》第10条"公开发行"中的第一种情况"向不特定对象发行证券";只要是向特定对象发行的证券,无论人数,均属于私募发行。所以私募发行中如果特定的投资对象超过了200人,应当适用公开发行的规则。

6. 直接发行和间接发行

按照发行是否借助于证券中介机构分为直接发行和间接发行。

直接发行是指不通过证券承销机构而由自己承担发行事务和风险的发行方式,例如发行人直接向现有股东发行股票,债券直接向特定投资人出售。直接发行的优点比较多,比如发行人自己就能够控制发行的过程,发行的费用也比较低;但是缺点也比较明显,如发行持续时间比较长,并且发行的风险也比较大。

间接发行即由证券公司担任承销商来发行。证券承销包括代销和包销两种方式。间接发行能够借助承销商的发行渠道和经验,使发行更为顺利;如果采用包销的方式来发行还能将发行失败的风险转移给承销商。不过间接发行的费用比较高。

(三)证券发行中的信息披露

1. 信息披露义务人及责任

发行人和主承销商是证券发行中信息披露义务人。发行人和主承销商在发行过程中,应当按照中国证监会规定的要求编制信息披露文件,履行信息披露义务。发行人和承销商在发行过程中披露的信息,应当真实、准确、完整、及时,不得有虚假记载、误导性陈述或者重大遗漏。

首次公开发行股票申请文件受理后至发行人发行申请经中国证监会核准、依法刊登招股意向书前,发行人及与本次发行有关的当事人不得采取任何公开方式或变相公开方式进行与股票发行相关的推介活动,也不得通过其他利益关联方或委托他人等方式进行相关活动。

2. 推介、询价中信息真实义务

首次公开发行股票招股意向书刊登后,发行人和主承销商可以向网下投资者进行推介和询价,并通过互联网等方式向公众投资者进行推介。发行人和主承销商向公众投资者进行推介时,向公众投资者提供的发行人信息的内容及完整性应与向网下投资者提供的信息保持一致。

发行人和主承销商在推介过程中不得夸大宣传,或以虚假广告等不正当手段诱导、误导投资者,不得披露除招股意向书等公开信息以外的发行人其他信息。承销商应当保留推介、定价、配售等承销过程中的相关资料至少3年并存档备查,包括推介宣传材料、路演现场录音等,如实、全面反映询价、定价和配售过程。

3. 信息披露的方式

发行人和主承销商应当将发行过程中披露的信息刊登在至少一种中国证监会指定的报刊,同时将其刊登在中国证监会指定的互联网网站,并置备于中国证监会指定的场所,供公众查阅。发行人披露的招股意向书除不含发行价格、筹资金额以外,其内容与格式应当与招股说明书一致,并与招股说明书具有同等法律效力。

4. 应当公开披露的信息

首次公开发行股票的发行人和主承销商应当在发行和承销过程中公开披露以下信息:

(1)招股意向书刊登首日在发行公告中披露发行定价方式、定价程序、参与网下询价投资者条件、股票配售原则、配售方式、有效报价的确定方式、中止发行安排、发行时间安排和路演推介相关安排等信息;发行人股东拟进行老股转让的,还应披露预计老股转让的数量上限,老股转让股东名称及各自转让老股数量,并明确新股发行与老股转让数量的调整机制。

(2)网上申购前披露每位网下投资者的详细报价情况,包括投资者名称、申购价格及对应的拟申购数量;剔除最高报价有关情况;剔除最高报价部分后网下投资者报价的中位数和加权平均数以及公募基金报价的中位数和加权平均数;有效报价和发行价格(或发行价格区间)的确定过程;发行价格(或发行价格区间)及对应的市盈率;网下网上的发行方式和发行数量;回拨机制;中止发行安排;申购缴款要求等。已公告老股转让方案的,还应披露老股转让和新股发行的确定数量,老股转让股东名称及各自转让老股数量,并应提示投资者关注,发行人将不会获得老股转让部分所得资金。按照发行价格计算的预计募集资金总额低于拟以本次募集资金投资的项目金额的,还应披露相关投资风险。

(3)如公告的发行价格(或发行价格区间上限)市盈率高于同行业上市公司二级市场平均市盈率,发行人和主承销商应当在披露发行价格的同时,在投资风险特别公告中明示该定价可能存在估值过高给投资者带来损失的风险,提醒投资者关注。内容至少包括:比较分析发行人与同行业上市公司的差异及该差异对估值的影响;提请投资者关注发行价格与网下投资者报价之间存在的差异。提请投资者关注投资风险,审慎研判发行定价的合理性,理性做出投资决策。

(4)在发行结果公告中披露获配机构投资者名称、个人投资者个人信息以及每个获配投资者的报价、申购数量和获配数量等,并明确说明自主配售的结果是否符合事先公布的配售原则;对于提供有效报价但未参与申购,或实际申购数量明显少于报价时拟申购量的投资者应列表公示并着重说明;发行后还应披露保荐费用、承销费用、其他中介费用等发行费用信息。

(5)向战略投资者配售股票的,应当在网下配售结果公告中披露战略投资者的名称、认购数量及持有期限等情况。

5. 对市盈率的披露

发行人和主承销商在披露发行市盈率时,应同时披露发行市盈率的计算方式。在进行行业市盈率比较分析时,应当按照中国证监会有关上市公司行业分类指引中制定的行业分类标准确定发行人行业归属,并分析说明行业归属的依据。存在多个市盈率口径时,应当充分列示可供选择的比较基准,并应当按照审慎、充分提示风险的原则选取和披露行业平均市盈率。发行人还可以同时披露市净率等反映发行人所在行业特点的估值指标。

二、证券发行的承销

（一）证券承销的概念

证券承销是指由证券公司代证券发行人发行证券的行为。证券承销是证券公司重要的业务类型。证券承销属于证券的间接发行，包括代销和包销两种方式。代销即证券公司代为销售，如果销售期间届满仍有剩余则证券公司将其退还给证券发行人；包销则指由证券公司买下未销售完毕的证券。

（二）需要采用承销方式发行证券的情形

1. 证券法的规定

《证券法》第28条第1款规定，发行人向不特定对象发行的证券，法律、行政法规规定应当由证券公司承销的，发行人应当同证券公司签订承销协议。

2. 其他规定

根据中国证监会的相关规定，必须适用承销的情形还包括以下两种：

（1）上市公司公开发行证券。上市公司公开发行证券，包括股票、公司债券、可转换公司债券、分离交易的可转换公司债券，必须采用承销方式。

（2）上市公司非公开发行但发行对象并非原前10名股东。上市公司非公开发行证券，但是发行对象并非原前10名股东时，也必须采用承销方式。

其他情形是否采用承销由发行人自行决定。

（三）承销协议的内容

1. 承销协议的内容

证券公司承销证券，应当同发行人签订代销或者包销协议，载明下列事项：（1）当事人的名称、住所及法定代表人姓名。（2）代销、包销证券的种类、数量、金额及发行价格。（3）代销、包销的期限及起止日期；代销、包销的付款方式及日期；代销、包销的费用和结算办法；违约责任及国务院证券监督管理机构规定的其他事项。其中的代销、包销期限是承销协议中的必备条款而且是法定期限，最长不得超过90日。采用包销方式的，应当明确包销责任；采用代销方式的，应当约定发行失败后的处理措施。

2. 承销团承销

证券发行依照法律、行政法规的规定应当由承销团承销的，组成承销团的承销商应当签订承销团协议，由主承销商负责组织承销工作。主承销商应当设立专门的部门或者机构，协调公司的投资银行、研究、销售等部门共同完成信息披露、推介、簿记、定价、配售和资金清算等工作。证券发行由两家以上证券公司联合主承销的，所有担任主承销商的证券公司应当共同承担主承销责任，履行相关义务。承销团由三家以上承销商组成的，可以设副主承销商，协助主承销商组织承销活动。承销团成员应当按照承销团协议及承销协议的规定进行承销活动，不得进行虚假承销。承销协议和承销团协议可以在发行价格确定后签订。

（四）承销商的义务

1. 禁止从事不正当竞争的义务

公开发行证券的发行人有权依法自主选择承销的证券公司，证券公司不得以不正当竞争手段招揽证券承销业务。不正当竞争手段如不当许诺、诋毁同行、借助行政干预等；也不得以提供透支、回扣或证监会认定的其他不正当手段诱使他人认购股票。证券公司实施证券承销前，应当向中国证监会报送发行与承销方案。

2. 承担与发行有关的信息公开义务和保密义务

证券经营机构在承销过程中，公告的信息不得与经证监会所审定的内容有任何不同。证券公司应当对公开发行募集文件的真实性、准确性、完整性进行核查，发现含有虚假记载、误导性陈述或者重大遗漏的，不得进行销售活动；已经销售的，必须立即停止销售活动，并采取纠正措施。此外，从事股票承销业务时，承销商不得透露未依法披露的招股说明书、公告前的发行方案以及承销过程中有关认购数量、预计中签率等非公开信息。

3. 承销商对认购人的诚信义务

证券公司在代销、包销期内，对所代销、包销的证券应当保证先行出售给认购人，证券公司不得为本公司预留所代销的证券和预先购入并留存所包销的证券。承销团成员应当按照承销团协议及承销协议的规定进行承销活动，不得进行虚假承销。

4. 主承销商履行的特别义务

（1）投资者申购缴款结束后，主承销商应当聘请具有证券相关业务资格的会计师事务所对申购资金进行验证，并出具验资报告。

（2）首次公开发行股票的，主承销商应当聘请律师事务所对向战略投资者、询价对象的询价和配售行为是否符合法律、行政法规及中国证监会的相关规定等进行见证，并出具专项法律意见书。

(3)公开发行证券的,主承销商应当在证券上市后10日内向中国证监会报备承销总结报告,总结说明发行期间的基本情况及新股上市后的表现,并提供下列文件:募集说明书单行本;承销协议及承销团协议;律师见证意见(限于首次公开发行);会计师事务所验资报告;中国证监会要求的其他文件。

(4)上市公司非公开发行股票的,发行人及其主承销商应当在发行完成后向中国证监会报送下列文件:发行情况报告书;主承销商关于本次发行过程和认购对象合规性的报告;发行人律师关于本次发行过程和认购对象合规性的见证意见;会计师事务所验资报告;中国证监会要求的其他文件。

三、证券发行的保荐

(一)证券发行保荐的概述

1. 保荐的含义

保荐是指依法应当采用保荐制度时,证券发行人或上市公司聘请保荐人,由保荐人对发行人或上市公司的申请文件和信息披露资料进行的审慎核查以及对发行人规范运作的督导活动。证券发行的保荐是指在证券发行中应当采用的保荐制度,保荐人担当的其实是上市推荐人的责任。此外,证券上市也应当采用保荐制度。

2. 保荐的意义

由证券公司担任保荐人来辅导和确保发行人具备和维持合格的发行条件,是适宜于证券市场需要的制度。在证券保荐制度施行之前,我国的证券发行由地方政府推荐,行政色彩非常浓厚,也无法确保信息的真实性并杜绝欺诈市场的行为。而通过证券发行的保荐制度,由专业的、具有特定资质的保荐人来担当所披露信息的核查人和规范运作的督导人,则一方面可以督促和确保证券发行的信息真实和规范运作,提高证券的信用程度,增强证券市场的吸引力;另一方面也在法律制度层面对证券发行的市场化大有助益。

(二)适用保荐制度的具体情形

我国《证券法》第11条第1款规定,发行人申请公开发行股票、可转换为股票的公司债券,依法采取承销方式的,或者公开发行法律、行政法规规定实行保荐制度的其他证券的,应当聘请具有保荐资格的机构担任保荐人。因此,发行人应当就下列事项聘请具有保荐机构资格的证券公司履行保荐职责:首次公开发行股票并上市;上市公司发行新股、可转换公司债券;中国证监会认定的其他情形。

（三）保荐人和保荐代表人资格

1. 保荐机构的资格

（1）对保荐机构的总体要求。证券公司从事证券发行上市保荐业务，应向中国证监会申请保荐机构资格。保荐业务也是证券公司的业务类型之一。保荐机构履行保荐职责，应当指定具有保荐代表人资格的个人具体负责保荐工作。未经中国证监会核准，任何机构和个人不得从事保荐业务。保荐机构及其保荐代表人应当遵守法律、行政法规和中国证监会的相关规定，恪守业务规则和行业规范，诚实守信，勤勉尽责，尽职推荐发行人证券发行上市，持续督导发行人履行规范运作、信守承诺、信息披露等义务。保荐机构及其保荐代表人不得通过从事保荐业务牟取任何不正当利益。

（2）证券公司从事保荐业务的条件和取得保荐资格的程序。证券公司申请保荐机构资格，应当具备下列条件：注册资本不低于人民币 1 亿元，净资本不低于人民币 5000 万元；具有完善的公司治理和内部控制制度，风险控制指标符合相关规定；保荐业务部门具有健全的业务规程、内部风险评估和控制系统，内部机构设置合理，具备相应的研究能力、销售能力等后台支持；具有良好的保荐业务团队且专业结构合理，从业人员不少于 35 人，其中最近 3 年从事保荐相关业务的人员不少于 20 人；符合保荐代表人资格条件的从业人员不少于 4 人；最近 3 年内未因重大违法违规行为受到行政处罚以及中国证监会规定的其他条件。

证券公司申请保荐机构资格，应当向中国证监会提交下列材料：申请报告；股东（大）会和董事会关于申请保荐机构资格的决议；公司设立批准文件；营业执照复印件；公司治理和公司内部控制制度及执行情况的说明；董事、监事、高级管理人员和主要股东情况的说明；内部风险评估和控制系统及执行情况的说明；保荐业务尽职调查制度、辅导制度、内部核查制度、持续督导制度、持续培训制度和保荐工作底稿制度的建立情况；经具有证券期货相关业务资格的会计师事务所审计的最近 1 年度净资本计算表、风险资本准备计算表和风险控制指标监管报表；保荐业务部门机构设置、分工及人员配置情况的说明；研究、销售等后台支持部门的情况说明；保荐业务负责人、内核负责人、保荐业务部门负责人和内核小组成员名单及其简历；证券公司指定联络人的说明；证券公司对申请文件真实性、准确性、完整性承担责任的承诺函，并应由其全体董事签字以及中国证监会要求的其他材料。

中国证监会依法受理、审查申请文件。对保荐机构资格的申请，自受理之日起45个工作日内做出核准或者不予核准的书面决定;对保荐代表人资格的申请,自受理之日起20个工作日内做出核准或者不予核准的书面决定。证券公司取得保荐机构资格后,应当持续符合中国证监会规定的条件。保荐机构因重大违法违规行为受到行政处罚的,中国证监会撤销其保荐机构资格。

(3)单独保荐和共同保荐。同次发行的证券,其发行保荐和上市保荐应当由同一保荐机构承担。保荐机构依法对发行人申请文件、证券发行募集文件进行核查,向中国证监会、证券交易所出具保荐意见。保荐机构应当保证所出具的文件真实、准确、完整。证券发行规模达到一定数量的,可以采用联合保荐,但参与联合保荐的保荐机构不得超过2家。证券发行的主承销商可以由该保荐机构担任,也可以由其他具有保荐机构资格的证券公司与该保荐机构共同担任。

(4)发行人及其董事、监事、高级管理人员的配合义务。发行人及其董事、监事、高级管理人员,为证券发行上市制作、出具有关文件的律师事务所、会计师事务所、资产评估机构等证券服务机构及其签字人员,应当依照法律、行政法规和中国证监会的规定,配合保荐机构及其保荐代表人履行保荐职责,并承担相应的责任。保荐机构及其保荐代表人履行保荐职责,不能减轻或者免除发行人及其董事、监事、高级管理人员、证券服务机构及其签字人员的责任。

(5)对保荐业务的监管。中国证监会依法对保荐机构及其保荐代表人进行监督管理。中国证券业协会对保荐机构及其保荐代表人进行自律管理。

2. 保荐代表人及资格

(1)保荐代表人的含义。证券保荐机构履行保荐职责应当指定保荐代表人具体负责保荐工作。保荐代表人简称"保代",是代表保荐机构对证券上市承担保荐责任的个人。保荐代表人应当遵守职业道德准则,珍视和维护保荐代表人职业声誉,保持应有的职业谨慎,保持和提高专业胜任能力。保荐代表人应当维护发行人的合法利益,对从事保荐业务过程中获知的发行人信息保密。保荐代表人应当恪守独立履行职责的原则,不应迎合发行人或者满足发行人的不当要求而丧失客观、公正的立场,不得唆使、协助或者参与发行人及证券服务机构实施非法的或者具有欺诈性的行为。保荐代表人及其配偶不得以任何名义或者方式持有发行人的股份。

(2)保荐代表人的条件及取得资格的程序。具备3年以上保荐相关业务经历,最近3年内在境内证券发行项目中担任过项目协办人,参加中国证监会认可的保荐代表人胜任能力考试且成绩合格有效,诚实守信,品行良好,无不良诚信记录,最近3年未受到中国证监会的行政处罚,未负有数额较大到期未清偿的债务以及中国证监会规定的其他条件。2014 年 11 月 24 日，经国务院批准已经取消了保代资格的行政准入，但在当前的实际操作中，想要注册成为保荐代表人须经过中国证券业协会组织的保荐代表人考试，并按照相关要求向协会递交申请，协会按照注册条件审核申请人材料并进行网上公示，公示期满无异议的，即注册成功，并向社会公布。所以保荐代表人资格目前已经成为一种行业准入资格。

（四）保荐机构的职责

总体上，对保荐机构的职责要求是保荐机构应当尽职推荐发行人证券发行上市；发行人证券上市后，保荐机构应当持续督导发行人履行规范运作、信守承诺、信息披露等义务；保荐机构推荐发行人证券发行上市，应当遵循诚实守信、勤勉尽责的原则，按照中国证监会对保荐机构尽职调查工作的要求，对发行人进行全面调查，充分了解发行人的经营状况及其面临的风险和问题。具体而言，保荐机构的职责包括以下几项：

1. 首次公开发行的辅导义务。保荐机构在推荐发行人首次公开发行股票并上市前，应当对发行人进行辅导，对发行人的董事、监事和高级管理人员、持有 5% 以上股份的股东和实际控制人（或者其法定代表人）进行系统的法规知识、证券市场知识培训，使其全面掌握发行上市、规范运作等方面的有关法律法规和规则，知悉信息披露和履行承诺等方面的责任和义务，树立进入证券市场的诚信意识、自律意识和法制意识。保荐机构辅导工作完成后，应由发行人所在地的中国证监会派出机构进行辅导验收。

2. 与证券发行人签订保荐协议，履行尽职调查，审慎核查义务。

（1）保荐机构应当与发行人签订保荐协议，明确双方的权利和义务，按照行业规范协商确定履行保荐职责的相关费用。保荐协议签订后，保荐机构应在 5 个工作日内报发行人所在地的中国证监会派出机构备案。

（2）保荐机构应当确信发行人符合法律、行政法规和中国证监会的有关规定，方可推荐其证券发行上市。保荐机构决定推荐发行人证券发行上市的，可以根据发行人的委托，组织编制申请文件并出具推荐文件。

（3）对发行人申请文件、证券发行募集文件中有证券服务机构及其签字人员出具专业意见的内容，保荐机构应当结合尽职调查过程中获得的信息对其进行审慎核查，对发行人提供的资料和披露的内容进行独立判断。保荐机构所作的判断与证券服务机构的专业意见存在重大差异的，应当对有关事项进行调查、复核，并可聘请其他证券服务机构提供专业服务。对发行人申请文件、证券发行募集文件中无证券服务机构及其签字人员专业意见支持的内容，保荐机构应当获得充分的尽职调查证据，在对各种证据进行综合分析的基础上对发行人提供的资料和披露的内容进行独立判断，并有充分理由确信所作的判断与发行人申请文件、证券发行募集文件的内容不存在实质性差异。

(4)出具发行保荐书的要求。保荐机构推荐发行人发行证券，应当向中国证监会提交发行保荐书、保荐代表人专项授权书以及中国证监会要求的其他与保荐业务有关的文件。发行保荐书应当包括下列内容：逐项说明本次发行是否符合《公司法》、《证券法》规定的发行条件和程序；逐项说明本次发行是否符合中国证监会的有关规定，并载明得出每项结论的查证过程及事实依据；发行人存在的主要风险；对发行人发展前景的评价；保荐机构内部审核程序简介及内核意见；保荐机构与发行人的关联关系；相关承诺事项以及中国证监会要求的其他事项。

保荐机构提交发行保荐书后，应当配合中国证监会的审核，并承担下列工作：组织发行人及证券服务机构对中国证监会的意见进行答复；按照中国证监会的要求对涉及本次证券发行上市的特定事项进行尽职调查或者核查；指定保荐代表人与中国证监会职能部门进行专业沟通，保荐代表人在发行审核委员会会议上接受委员质询以及中国证监会规定的其他工作。

(5)出具上市保荐书的要求。保荐机构推荐发行人证券上市，应当向证券交易所提交上市保荐书以及证券交易所要求的其他与保荐业务有关的文件，并报中国证监会备案。上市保荐书应当包括下列内容：逐项说明本次证券上市是否符合《公司法》、《证券法》及证券交易所规定的上市条件；对发行人证券上市后持续督导工作的具体安排；保荐机构与发行人的关联关系；相关承诺事项以及中国证监会或者证券交易所要求的其他事项。

3. 保荐机构的承诺责任。在发行保荐书和上市保荐书中，保荐机构应当就下列事项做出承诺：有充分理由确信发行人符合法律法规及中国证监会有关证券发行上市的相关规定；有充分理由确信发行人申请文件和信息披露资料不存在虚假记载、误导性陈述或者重大遗漏；有充分理由确信发行人及其董事在申请文件和信息披露资料中表达意见的依据充分合理；有充分理由确信申请文件和信息披露资料与证券服务机构发表的意见不存在实质性差异；保证所指定的保荐代表人及本保荐机构的相关人员已勤勉尽责，对发行人申请文件和信息披露资料进行了尽职调查、审慎核查；保证保荐书、与履行保荐职责有关的其他文件不存在虚假记载、误导性陈述或者重大遗漏；保证对发行人提供的专业服务和出具的专业意见符合法律、行政法规、中国证监会的规定和行业规范；自愿接受中国证监会采取的监管措施以及中国证监会规定的其他事项。

4. 持续督导义务。

（1）保荐机构的持续督导义务的内容。保荐机构应当针对发行人的具体情况，确定证券发行上市后持续督导的内容，督导发行人履行有关上市公司规范运作、信守承诺和信息披露等义务，审阅信息披露文件及向中国证监会、证券交易所提交的其他文件，并承担下列工作：督导发行人有效执行并完善防止控股股东、实际控制人、其他关联方违规占用发行人资源的制度；督导发行人有效执行并完善防止其董事、监事、高级管理人员利用职务之便损害发行人利益的内控制度；督导发行人有效执行并完善保障关联交易公允性和合规性的制度，并对关联交易发表意见；持续关注发行人募集资金的专户存储、投资项目的实施等承诺事项；持续关注发行人为他人提供担保等事项，并发表意见；中国证监会、证券交易所规定及保荐协议约定的其他工作。

（2）持续督导的期间要求。首次公开发行股票并在主板上市的，持续督导的期间为证券上市当年剩余时间及其后 2 个完整会计年度；主板上市公司发行新股、可转换公司债券的，持续督导的期间为证券上市当年剩余时间及其后 1 个完整会计年度。首次公开发行股票并在创业板上市的，持续督导的期间为证券上市当年剩余时间及其后 3 个完整会计年度；创业板上市公司发行新股、可转换公司债券的，持续督导的期间为证券上市当年剩余时间及其后 2 个完整会计年度。首次公开发行股票并在创业板上市的，持续督导期内保荐机构应当自发行人披露年度报告、中期报告之日起 15 个工作日内在中国证监会指定网站披露跟踪报告，对需要披露的相关事项，进行分析并发表独立意见。发行人临时报告披露的信息涉及募集资金、关联交易、委托理财、为他人提供担保等重大事项的，保荐机构应当自临时报告披露之日起 10 个工作日内进行分析并在中国证监会指定网站发表独立意见。持续督导的期间自证券上市之日起计算。持续督导期届满，如有尚未完结的保荐工作，保荐机构应当继续完成。保荐机构在履行保荐职责期间未勤勉尽责的，其责任不因持续督导期届满而免除或者终止。

（五）保荐业务的规则

1. 构建保荐业务所需的具体制度

保荐机构应当建立保荐业务所需的各项具体制度。包括：

（1）保荐机构应当建立健全保荐工作的内部控制体系，切实保证保荐业务负责人、内核负责人、保荐业务部门负责人、保荐代表人、项目协办人及其他保荐业务相关人员勤勉尽责，严格控制风险，提高保荐业务整体质量。

(2)保荐机构应当建立健全证券发行上市的尽职调查制度、辅导制度、对发行上市申请文件的内部核查制度、对发行人证券上市后的持续督导制度。

(3)保荐机构应当建立健全对保荐代表人及其他保荐业务相关人员的持续培训制度。

(4)保荐机构应当建立健全工作底稿制度，为每一项目建立独立的保荐工作底稿。保荐代表人必须为其具体负责的每一项目建立尽职调查工作日志，作为保荐工作底稿的一部分存档备查；保荐机构应当定期对尽职调查工作日志进行检查。保荐工作底稿应当真实、准确、完整地反映整个保荐工作的全过程，保存期不少于10年。

2. 保荐机构的职责

(1)保荐机构的保荐业务负责人、内核负责人负责监督、执行保荐业务各项制度并承担相应的责任。

(2)保荐机构及其控股股东、实际控制人、重要关联方持有发行人的股份合计超过7%，或者发行人持有、控制保荐机构的股份超过7%的，保荐机构在推荐发行人证券发行上市时，应联合1家无关联保荐机构共同履行保荐职责，且该无关联保荐机构为第一保荐机构。

(3)保荐机构职责终止的特殊规定。刊登证券发行募集文件前终止保荐协议的，保荐机构和发行人应当自终止之日起5个工作日内分别向中国证监会报告，说明原因。刊登证券发行募集文件以后直至持续督导工作结束，保荐机构和发行人不得终止保荐协议，但存在合理理由的情形除外。发行人因再次申请发行证券另行聘请保荐机构、保荐机构被中国证监会撤销保荐机构资格的，应当终止保荐协议。终止保荐协议的，保荐机构和发行人应当自终止之日起5个工作日内向中国证监会、证券交易所报告，说明原因。持续督导期间，保荐机构被撤销保荐机构资格的，发行人应当在1个月内另行聘请保荐机构，未在规定期限内另行聘请的，中国证监会可以为其指定保荐机构。另行聘请的保荐机构应当完成原保荐机构未完成的持续督导工作。因原保荐机构被撤销保荐机构资格而另行聘请保荐机构的，另行聘请的保荐机构持续督导的时间不得少于1个完整的会计年度。

另行聘请的保荐机构应当自保荐协议签订之日起开展保荐工作并承担相应的责任。原保荐机构在履行保荐职责期间未勤勉尽责的，其责任不因保荐机构的更换而免除或者终止。

(4)保荐代表人的更换。保荐机构应当指定2名保荐代表人具体负责一家发行人的保荐工作,出具由法定代表人签字的专项授权书,并确保保荐机构有关部门和人员有效分工协作。保荐机构可以指定1名项目协办人。证券发行后,保荐机构不得更换保荐代表人,但因保荐代表人离职或者被撤销保荐代表人资格的,应当更换保荐代表人。保荐机构更换保荐代表人的,应当通知发行人,并在5个工作日内向中国证监会、证券交易所报告,说明原因。原保荐代表人在具体负责保荐工作期间未勤勉尽责的,其责任不因保荐代表人的更换而免除或者终止。

(5)保荐机构法定代表人、保荐业务负责人、内核负责人、保荐代表人和项目协办人应当在发行保荐书上签字,保荐机构法定代表人、保荐代表人应同时在证券发行募集文件上签字。

(6)保荐机构应将履行保荐职责时发表的意见及时告知发行人,同时在保荐工作底稿中保存,并可依照中国证监会的规定公开发表声明、向中国证监会或者证券交易所报告。

(7)持续督导工作结束后,保荐机构应当在发行人公告年度报告之日起的10个工作日内向中国证监会、证券交易所报送保荐总结报告书。保荐机构法定代表人和保荐代表人应当在保荐总结报告书上签字。保荐总结报告书应当包括下列内容:发行人的基本情况;保荐工作概述;履行保荐职责期间发生的重大事项及处理情况;对发行人配合保荐工作情况的说明及评价;对证券服务机构参与证券发行上市相关工作情况的说明及评价以及中国证监会要求的其他事项。

(8)保荐代表人及其他保荐业务相关人员属于内幕信息的知情人员,应当遵守法律、行政法规和中国证监会的规定,不得利用内幕信息直接或者间接为保荐机构、本人或者他人牟取不正当利益。

(六)保荐业务协调

保荐业务涉及多方关系,因此明确相关各方在保荐业务中的权利义务相当必要。

1. 保荐机构及其保荐代表人与发行人之间的权利义务

(1)保荐机构及其保荐代表人履行保荐职责可对发行人行使下列权利:要求发行人按照中国证监会的规定和保荐协议约定的方式,及时通报信息;定期或者不定期对发行人进行回访,查阅保荐工作需要的发行人材料;列席发行人的股东大会、董事会和监事会;对发行人的信息披露文件及向中国证监会、证券交易所提交的其他文件进行事前审阅;对有关部门关注的发行人相关事项进行核查,必要时可聘请相关证券服务机构配合；按照中国证监会、证券交易所信息披露规定，对发行人违法违规的事项发表公开声明以及中国证监会规定或者保荐协议约定的其他权利。

(2)发行人的义务。发行人有下列情形之一的，应当及时通知或者咨询保荐机构，并将相关文件送交保荐机构：变更募集资金及投资项目等承诺事项；发生关联交易、为他人提供担保等事项；履行信息披露义务或者向中国证监会、证券交易所报告有关事项；发生违法违规行为或者其他重大事项以及中国证监会规定或者保荐协议约定的其他事项。

证券发行前，发行人不配合保荐机构履行保荐职责的，保荐机构应当发表保留意见，并在发行保荐书中予以说明；情节严重的，应当不予保荐，已保荐的应当撤销保荐。

(3)证券发行后，保荐机构有充分理由确信发行人可能存在违法违规行为以及其他不当行为的，应当督促发行人做出说明并限期纠正；情节严重的，应当向中国证监会、证券交易所报告。

2. 保荐机构与其他证券服务机构之间的权利义务

(1)保荐机构应当组织协调证券服务机构及其签字人员参与证券发行上市的相关工作。

(2)发行人为证券发行上市聘用的会计师事务所、律师事务所、资产评估机构以及其他证券服务机构，保荐机构有充分理由认为其专业能力存在明显缺陷的，可以向发行人建议更换。

(3)保荐机构对证券服务机构及其签字人员出具的专业意见存有疑义的，应当主动与证券服务机构进行协商，并可要求其做出解释或者出具依据。保荐机构有充分理由确信证券服务机构及其签字人员出具的专业意见可能存在虚假记载、误导性陈述或重大遗漏等违法违规情形或者其他不当情形的，应当及时发表意见；情节严重的，应当向中国证监会、证券交易所报告。证券服务机构及其签字人员应当保持专业独立性，对保荐机构提出的疑义或者意见进行审慎的复核判断，并向保荐机构、发行人及时发表意见。

(七)中国证监会对保荐机构和保荐代表人的监管

保荐机构和保荐代表人的职责相当重大，因此，为了防止违法行为的出现，中国证监会对保荐机构和保荐代表人也实施严格的监管。这些监管措施主要有：

1. 定期或不定期现场检查。中国证监会可以对保荐机构及其保荐代表人从事保荐业务的情况进行定期或者不定期现场检查,保荐机构及其保荐代表人应当积极配合检查,如实提供有关资料,不得拒绝、阻挠、逃避检查,不得谎报、隐匿、销毁相关证据材料。

2. 保荐信用监管系统。中国证监会建立保荐信用监管系统,对保荐机构和保荐代表人进行持续动态的注册登记管理,记录其执业情况、违法违规行为、其他不良行为以及对其采取的监管措施等,必要时可以将记录予以公布。自保荐机构向中国证监会提交保荐文件之日起,保荐机构及其保荐代表人承担相应的责任。保荐机构资格申请文件存在虚假记载、误导性陈述或者重大遗漏的,中国证监会不予核准;已核准的,撤销其保荐机构资格。保荐代表人资格申请文件存在虚假记载、误导性陈述或者重大遗漏的,中国证监会不予核准;已核准的,撤销其保荐代表人资格。对提交该申请文件的保荐机构,中国证监会自撤销之日起6个月内不再受理该保荐机构推荐的保荐代表人资格申请。

3. 中国证监会对保荐机构和保荐代表人违法的执业活动的惩戒措施。

(1)中国证监会可以采取的一般性行政惩戒措施。保荐机构、保荐代表人、保荐业务负责人和内核负责人违反保荐业务的规定,未诚实守信、勤勉尽责地履行相关义务的,中国证监会责令改正,并对其采取监管谈话、重点关注、责令进行业务学习、出具警示函、责令公开说明、认定为不适当人选等监管措施;依法应给予行政处罚的,依照有关规定进行处罚;情节严重涉嫌犯罪的,依法移送司法机关,追究其刑事责任。

(2)暂停保荐机构保荐资格的情形。保荐机构出现下列情形之一的,中国证监会自确认之日起暂停其保荐机构资格3个月;情节严重的,暂停其保荐机构资格6个月,并可以责令保荐机构更换保荐业务负责人、内核负责人;情节特别严重的,撤销其保荐机构资格:向中国证监会、证券交易所提交的与保荐工作相关的文件存在虚假记载、误导性陈述或者重大遗漏;内部控制制度未有效执行;尽职调查制度、内部核查制度、持续督导制度、保荐工作底稿制度未有效执行;保荐工作底稿存在虚假记载、误导性陈述或者重大遗漏;唆使、协助或者参与发行人及证券服务机构提供存在虚假记载、误导性陈述或者重大遗漏的文件;唆使、协助或者参与发行人干扰中国证监会及其发行审核委员会的审核工作;通过从事保荐业务牟取不正当利益;严重违反诚实守信、勤勉尽责义务的其他情形。

(3)保荐代表人出现下列情形之一的,中国证监会可根据情节轻重,自确认之日起3个月到12个月内不受理相关保荐代表人具体负责的推荐;情节特别严重的,撤销其保荐代表人资格:尽职调查工作日志缺失或者遗漏、隐瞒重要问题;未完成或者未参加辅导工作；未参加持续督导工作，或者持续督导工作未勤勉尽责；因保荐业务或其具体负责保荐工作的发行人在保荐期间内受到证券交易所、中国证券业协会公开谴责；唆使、协助或者参与发行人干扰中国证监会及其发行审核委员会的审核工作；严重违反诚实守信、勤勉尽责义务的其他情形。

保荐代表人出现下列情形之一的，中国证监会撤销其保荐代表人资格；情节严重的，对其采取证券市场禁入的措施：在与保荐工作相关文件上签字推荐发行人证券发行上市，但未参加尽职调查工作，或者尽职调查工作不彻底、不充分，明显不符合业务规则和行业规范；通过从事保荐业务牟取不正当利益；本人及其配偶持有发行人的股份；唆使、协助或者参与发行人及证券服务机构提供存在虚假记载、误导性陈述或者重大遗漏的文件；参与组织编制的与保荐工作相关文件存在虚假记载、误导性陈述或者重大遗漏。

保荐机构、保荐代表人因保荐业务涉嫌违法违规处于立案调查期间的，中国证监会暂不受理该保荐机构的推荐；暂不受理相关保荐代表人具体负责的推荐。

（4）发行人出现下列情形之一的，中国证监会自确认之日起暂停保荐机构的保荐机构资格3个月，撤销相关人员的保荐代表人资格：证券发行募集文件等申请文件存在虚假记载、误导性陈述或者重大遗漏；公开发行证券上市当年即亏损；持续督导期间信息披露文件存在虚假记载、误导性陈述或者重大遗漏。

发行人在持续督导期间出现下列情形之一的，中国证监会可根据情节轻重，自确认之日起3个月到12个月内不受理相关保荐代表人具体负责的推荐；情节特别严重的，撤销相关人员的保荐代表人资格：证券上市当年累计50%以上募集资金的用途与承诺不符；公开发行证券并在主板上市当年营业利润比上年下滑50%以上；首次公开发行股票并上市之日起12个月内控股股东或者实际控制人发生变更；首次公开发行股票并上市之日起12个月内累计50%以上资产或者主营业务发生重组；上市公司公开发行新股、可转换公司债券之日起12个月内累计50%以上资产或者主营业务发生重组，且未在证券发行募集文件中披露；实际盈利低于盈利预测达20%以上；关联交易显失公允或者程序违规，涉及金额较大；控股股东、实际控制人或其他关联方违规占用发行人资源，涉及金额较大；违规为他人提供担保，涉及金额较大；违规购买或出售资产、借款、委托资产管理等，涉及金额较大；董事、监事、高级管理人员侵占发行人利益受到行政处罚或者被追究刑事责任；违反上市公司规范运作和信息披露等有关法律法规，情节严重的以及中国证监会规定的其他情形。

保荐代表人被暂不受理具体负责的推荐或者被撤销保荐代表人资格的，保荐业务负责人、内核负责人应承担相应的责任，对已受理的该保荐代表人具体负责推荐的项目，保荐机构应当撤回推荐；情节严重的，责令保荐机构就各项保荐业务制度限期整改，责令保荐机构更换保荐业务负责人、内核负责人，逾期仍然不符合要求的，撤销其保荐机构资格。

保荐机构、保荐业务负责人或者内核负责人在1个自然年度内被采取责令改正、监管谈话、重点关注、责令进行业务学习、出具警示函、责令公开说明、认定为不适当人选、行政处罚等监管措施累计5次以上，中国证监会可暂停保荐机构的保荐机构资格3个月，责令保荐机构更换保荐业务负责人、内核负责人。保荐代表人在2个自然年度内被采取前述监管措施累计2次以上，中国证监会可6个月内不受理相关保荐代表人具体负责的推荐。

(5)对中国证监会采取的监管措施，保荐机构及其保荐代表人提出申辩的，如有充分证据证明下列事实且理由成立，中国证监会应予以采纳：发行人或其董事、监事、高级管理人员故意隐瞒重大事实，保荐机构和保荐代表人已履行勤勉尽责义务；发行人已在证券发行募集文件中做出特别提示，保荐机构和保荐代表人已履行勤勉尽责义务；发行人因不可抗力致使业绩、募集资金运用等出现异常或者未能履行承诺；发行人及其董事、监事、高级管理人员在持续督导期间故意违法违规，保荐机构和保荐代表人主动予以揭示，已履行勤勉尽责义务；保荐机构、保荐代表人已履行勤勉尽责义务的其他情形。

(6)发行人及其董事、监事、高级管理人员违反中国证监会的规定，变更保荐机构后未另行聘请保荐机构，持续督导期间违法违规且拒不纠正，发生重大事项未及时通知保荐机构，或者发生其他严重不配合保荐工作情形的，中国证监会可以责令改正，予以公布并可根据情节轻重采取下列监管措施：要求发行人每月向中国证监会报告接受保荐机构督导的情况；要求发行人披露月度财务报告、相关资料；指定证券服务机构进行核查；要求证券交易所对发行人证券的交易实行特别提示；36个月内不受理其发行证券申请；将直接负责的主管人员和其他责任人员认定为不适当人选。

(7)证券服务机构及其签字人员违反规定的，中国证监会责令改正，并对相关机构和责任人员采取监管谈话、重点关注、出具警示函、责令公开说明、认定为不适当人选等监管措施。证券服务机构及其签字人员出具的专业意见存在虚假记载、误导性陈述或重大遗漏，或者因不配合保荐工作而导致严重后果的，中国证监会自确认之日起6个月到36个月内不受理其文件，并将处理结果予以公布。

(8)发行人及其董事、监事、高级管理人员、证券服务机构及其签字人员违反法律、行政法规,依法应予行政处罚的,依照有关规定进行处罚;涉嫌犯罪的,依法移送司法机关,追究其刑事责任。

第二节 股票的发行

股票的发行包括首次公开发行股票和上市公司发行新股,具体的类型较多。股票发行应当符合证券法、公司法等规定的条件和程序。股票发行特别是股票的公开发行涉及的投资者众多,往往也有比较严格的监管措施。股票发行制度改革也体现了我国证券监管制度的改革和市场化趋势。

一、股票发行的概念

股票发行是指符合发行条件的股份有限公司,依法定程序,以同一条件向特定或不特定对象发售股票的行为。实践中,证券法中的股票发行包括两种情况:首次公开发行股票和上市公司发行新股。除此之外,还可以将股票发行分为公开发行和非公开发行,这种分类与首次公开发行股票和上市公司发行新股存在交叉关系。对公开发行,由于涉及的投资者众多,往往也有比较严格的监管措施。

二、首次公开发行股票(IPO)

(一)首次公开发行股票的概念

首次公开发行股票(IPO)是指以募集方式设立股份公司时进行的、针对不特定对象的、公开进行的股票发行。如果能够顺利地实施股票的首次公开发行,就意味着股份公司募集设立的成功,且该公司成为上市公司。首次公开发行既可以在主板市场进行,也可以在中小板、创业板市场发行,不同的证券市场对于首次公开发行的条件规定并不一致。企业应当按照自己的实际情况选择适宜的证券市场进行首次公开发行。

首次公开发行股票是《证券法》中的重要制度,在首次公开发行股票中,要遵守《证券法》及中国证监会的一系列规定,包括承销、保荐以及信息公开等制度。

(二)首次公开发行股票价格的确定

我国《公司法》仅规定股票的发行价格不得低于票面金额,对股票的发行价格应当如何确定并无具体规定。实际上,股票的发行价格是一个非常复杂的问题。依据中国证监会2013年12月13日起修订后实施的《证券发行与承销管理办法》第5条的规定,首次公开发行股票采用询价方式定价的,符合条件的网下机构和个人投资者可以自主决定是否报价,主承销商无正当理由不得拒绝。首次公开发行股票的网下发行应和网上发行同时进行,参与申购的网下和网上投资者应当全额缴付申购资金。投资者应自行选择参与网下或网上发行,不得同时参与。

1. 网下询价

首次公开发行股票,可以通过向网下投资者询价的方式确定股票发行价格,也可以通过发行人与主承销商自主协商直接定价等其他合法可行的方式确定发行价格。

采用询价方式的,符合条件的网下机构和个人投资者可以自主决定是否报价,主承销商无正当理由不得拒绝。网下投资者应当遵循独立、客观、诚信的原则合理报价,不得协商报价或者故意压低、抬高价格。网下投资者报价应当包含每股价格和该价格对应的拟申购股数。单个投资者报价多于一个的,主承销商应当依据相关规则在发行公告中对其最高报价和最低报价的价差做出限定。首次公开发行股票价格(或发行价格区间)确定后,提供有效报价的投资者方可参与申购。

网下投资者报价后,发行人和主承销商应当剔除拟申购总量中报价最高的部分,剔除部分不得低于所有网下投资者拟申购总量的10%,然后根据剩余报价及拟申购数量协商确定发行价格。剔除部分不得参与网下申购。发行人和主承销商应当合理确定剔除最高报价部分后的有效报价投资者数量。公开发行股票数量在4亿股(含)以下的,有效报价投资者的数量不少于10家,不多于20家;公开发行股票数量在4亿股以上的,有效报价投资者的数量不少于20家,不多于40家;公开发行股票筹资总额数量巨大的,有效报价投资者数量可适当增加,但不得多于60家。剔除最高报价部分后有效报价投资者数量不足的,应当中止发行。

参与首次公开发行股票网下报价和申购的投资者应为依法可以进行股票投资的主体。其中,机构投资者应当依法设立并具有良好的信用记录,个人投资者应具备至少5年投资经验。发行人和主承销商可以对网下投资者的资质、研究能力和风险承受能力等方面提出具体条件,并在发行公告中预先披露。

发行人和主承销商应当在招股意向书(或招股说明书,下同)和发行公告中披露本次发行股票的定价方式。上市公司发行证券的定价,应当符合中国证监会关于上市公司证券发行的有关规定。发行人和主承销商可以自主协商确定参与网下询价投资者的条件、有效报价条件、配售原则和配售方式,并按照事先确定的配售原则在有效申购的网下投资者中选择配售股票的对象。

2. 网下初始发行与配售

首次公开发行股票后总股本4亿股(含)以下的,网下初始发行比例不低于本次公开发行股票数量的60%;发行后总股本超过4亿股的,网下初始发行比例不低于本次公开发行股票数量的70%。其中,应安排不低于本次网下发行股票数量的40%优先向通过公开募集方式设立的证券投资基金(以下简称公募基金)和由社保基金投资管理人管理的社会保障基金(以下简称社保基金)配售。公募基金和社保基金有效申购不足40%的,发行人和主承销商可以向其他符合条件的网下投资者配售。安排向战略投资者配售股票的,应当扣除向战略投资者配售部分后确定网下网上发行比例。网下投资者可与发行人和主承销商自主约定网下配售股票的持有期限并公开披露。

首次公开发行股票网下投资者申购数量低于网下初始发行量的,发行人和主承销商不得将网下发行部分向网上回拨,应当中止发行。

网上投资者有效申购倍数超过50倍、低于100倍(含)的,应当从网下向网上回拨,回拨比例为本次公开发行股票数量的20%;网上投资者有效申购倍数超过100倍的,回拨比例为本次公开发行股票数量的40%。网上投资者申购数量不足网上初始发行量的,可回拨给网下投资者。

首次公开发行股票网下配售时,发行人和主承销商不得向下列对象配售股票:发行人及其股东、实际控制人、董事、监事、高级管理人员和其他员工;发行人及其股东、实际控制人、董事、监事、高级管理人员能够直接或间接实施控制、共同控制或施加重大影响的公司,以及该公司控股股东、控股子公司和控股股东控制的其他子公司;主承销商及其持股比例5%以上的股东,主承销商的董事、监事、高级管理人员和其他员工;主承销商及其持股比例5%以上的股东、董事、监事、高级管理人员能够直接或间接实施控制、共同控制或施加重大影响的公司,以及该公司控股股东、控股子公司和控股股东控制的其他子公司;承销商及其控股股东、董事、监事、高级管理人员和其他员工;前述人士的关系密切的家庭成员,包括配偶、子女及其配偶、父母及配偶的父母、兄弟姐妹及其配偶、配偶的兄弟姐妹、子女配偶的父母;通过配售可能导致不当行为或不正当利益的其他自然人、法人和组织等。

3. 网上申购与配售

网上发行是指通过证券交易所技术系统进行的证券发行。首次公开发行股票，持有一定数量非限售股份的投资者才能参与网上申购。网上配售应当综合考虑投资者持有非限售股份的市值和申购资金量。采用其他方式进行网上申购和配售的，应当符合中国证监会的有关规定。

4. 向战略投资者配售

首次公开发行股票数量在 4 亿股以上的，可以向战略投资者配售股票。发行人应当与战略投资者事先签署配售协议。发行人和主承销商应当在发行公告中披露战略投资者的选择标准、向战略投资者配售的股票总量、占本次发行股票的比例以及持有期限等。战略投资者不参与网下询价，且应当承诺获得本次配售的股票持有期限不少于 12 个月，持有期自本次公开发行的股票上市之日起计算。

（三）在主板市场首次公开发行股票的条件和程序

首次公开发行股票由《证券法》第 12 条规定以及《公司法》规定。总体看来，首次公开发行股票的条件都比较严格，在主板首次公开发行股票的条件和程序如下：

1. 首次公开发行股票的条件

（1）发行人应当符合相关条件要求。具体如下：

一是发行人具备法定的发行主体资格。发行人应当是依法设立且合法存续的股份有限公司。经国务院批准，有限责任公司在依法变更为股份有限公司时，可以采取募集设立方式公开发行股票。

二是发行人符合经营的持续性要求。发行人自股份有限公司成立后，持续经营时间应当在 3 年以上，但经国务院批准的除外。有限责任公司按原账面净资产值折股整体变更为股份有限公司的，持续经营时间可以从有限责任公司成立之日起计算。

三是发行人实行严格的法定资本制。要求发行人的注册资本已足额缴纳，发起人或者股东用作出资的资产的财产权转移手续已办理完毕，发行人的主要资产不存在重大权属纠纷。

四是发行人经营的合法性。发行人的生产经营符合法律、行政法规和公司章程的规定，符合国家产业政策。

五是发行人经营和公司治理机构的稳定性。发行人最近 3 年内主营业务和董事、高级管理人员没有发生重大变化，实际控制人没有发生变更。发行人的股权清晰，控股股东和受控股股东、实际控制人支配的股东持有的发行人股份不存在重大权属纠纷。

(2)发行人符合经营独立性要求。即指发行人应当具有完整的业务体系和直接面向市场独立经营的能力。具体包括:

一是发行人的资产完整。生产型企业应当具备与生产经营有关的生产系统、辅助生产系统和配套设施,合法拥有与生产经营有关的土地、厂房、机器设备以及商标、专利、非专利技术的所有权或者使用权,具有独立的原料采购和产品销售系统;非生产型企业应当具备与经营有关的业务体系及相关资产。

二是发行人的人员独立。发行人的总经理、副总经理、财务负责人和董事会秘书等高级管理人员不得在控股股东、实际控制人及其控制的其他企业中担任除董事、监事以外的其他职务,不得在控股股东、实际控制人及其控制的其他企业领薪;发行人的财务人员不得在控股股东、实际控制人及其控制的其他企业中兼职。

三是发行人的财务独立。发行人应当建立独立的财务核算体系,能够独立作出财务决策,具有规范的财务会计制度和对分公司、子公司的财务管理制度;发行人不得与控股股东、实际控制人及其控制的其他企业共用银行账户。

四是发行人的机构独立。发行人应当建立健全内部经营管理机构,独立行使经营管理职权,与控股股东、实际控制人及其控制的其他企业间不得有机构混同的情形。

五是发行人的业务独立。发行人的业务应当独立于控股股东、实际控制人及其控制的其他企业,与控股股东、实际控制人及其控制的其他企业间不得有同业竞争或者显失公平的关联交易。此外,发行人在独立性方面不得有其他严重缺陷。

(3)发行人应当具备规范的公司治理结构。规范的公司治理是对上市公司品质的要求,具体如下:

一是在组织机构方面,发行人已经依法建立健全股东大会、董事会、监事会、独立董事、董事会秘书制度,相关机构和人员能够依法履行职责。

二是对发行人的董事、监事和高级管理人员的资格要求。发行人的董事、监事和高级管理人员已经了解与股票发行上市有关的法律法规,知悉上市公司及其董事、监事和高级管理人员的法定义务和责任。发行人的董事、监事和高级管理人员符合法律、行政法规和规章规定的任职资格,且不得有下列情形:被中国证监会采取证券市场禁入措施尚在禁入期的;最近36个月内受到中国证监会行政处罚,或者最近12个月内受到证券交易所公开谴责;因涉嫌犯罪被司法机关立案侦查或者涉嫌违法违规被中国证监会立案调查,尚未有明确结论意见。

三是发行人有健全的内部控制制度。发行人的内部控制制度健全且被有效执行,能够合理保证财务报告的可靠性、生产经营的合法性、营运的效率与效果。

四是持续合法经营的要求。发行人不得有下列情形:最近36个月内未经法定机关核准,擅自公开或者变相公开发行过证券;或者有关违法行为虽然发生在36个月前,但目前仍处于持续状态;最近36个月内违反工商、税收、土地、环保、海关以及其他法律、行政法规,受到行政处罚,且情节严重;最近36个月内曾向中国证监会提出发行申请,但报送的发行申请文件有虚假记载、误导性陈述或重大遗漏;或者不符合发行条件以欺骗手段骗取发行核准;或者以不正当手段干扰中国证监会及其发行审核委员会审核工作;或者伪造、变造发行人或其董事、监事、高级管理人员的签字、盖章;本次报送的发行申请文件有虚假记载、误导性陈述或者重大遗漏;涉嫌犯罪被司法机关立案侦查,尚未有明确结论意见;严重损害投资者合法权益和社会公共利益的其他情形。

五是在处理与控制股东的关系方面,发行人的公司章程中已明确对外担保的审批权限和审议程序,不存在为控股股东、实际控制人及其控制的其他企业进行违规担保的情形。发行人有严格的资金管理制度,不得有资金被控股股东、实际控制人及其控制的其他企业以借款、代偿债务、代垫款项或者其他方式占用的情形。

(4)财务与会计方面符合要求。具体如下:

一是发行人资产质量良好,资产负债结构合理,盈利能力较强,现金流量正常。

二是发行人的内部控制在所有重大方面是有效的,并由注册会计师出具了无保留结论的内部控制鉴证报告。

三是发行人会计基础工作规范,财务报表的编制符合企业会计准则和相关会计制度的规定,在所有重大方面公允地反映了发行人的财务状况、经营成果和现金流量,并由注册会计师出具了无保留意见的审计报告。发行人编制财务报表应以实际发生的交易或者事项为依据;在进行会计确认、计量和报告时应当保持应有的谨慎;对相同或者相似的经济业务,应选用一致的会计政策,不得随意变更。

四是发行人应完整披露关联方关系并按重要性原则恰当披露关联交易。关联交易价格公允,不存在通过关联交易操纵利润的情形。

五是发行人的财务会计指标应当符合下列条件:最近3个会计年度净利润均为正数且累计超过人民币3000万元,净利润以扣除非经常性损益前后较低者为计算依据;最近3个会计年度经营活动产生的现金流量净额累计超过人民币5000万元;或者最近3个会计年度营业收入累计超过人民币3亿元;发行前股本总额不少于人民币3000万元;最近一期末无形资产占净资产的比例不高于20%;最近一期末不存在未弥补亏损。

六是发行人依法纳税,各项税收优惠符合相关法律法规的规定。发行人的经营成果对税收优惠不存在严重依赖。

七是发行人不存在重大偿债风险,不存在影响持续经营的担保、诉讼以及仲裁等重大或有事项。

八是发行人申报文件中不得有下列情形:故意遗漏或虚构交易、事项或者其他重要信息;滥用会计政策或者会计估计;操纵、伪造或篡改编制财务报表所依据的会计记录或者相关凭证。

九是发行人不得有下列影响持续盈利能力的情形:发行人的经营模式、产品或服务的品种结构已经或者将发生重大变化,并对发行人的持续盈利能力构成重大不利影响;发行人的行业地位或发行人所处行业的经营环境已经或者将发生重大变化,并对发行人的持续盈利能力构成重大不利影响;发行人最近一个会计年度的营业收入或净利润对关联方或者存在重大不确定性的客户存在重大依赖;发行人最近一个会计年度的净利润主要来自合并财务报表范围以外的投资收益;发行人在用的商标、专利、专有技术以及特许经营权等重要资产或技术的取得或者使用存在重大不利变化的风险以及其他可能对发行人持续盈利能力构成重大不利影响的情形。

(5)募集资金运用符合要求。具体如下:

一是募集资金应当有明确的使用方向,原则上应当用于主营业务。除金融类企业外,募集资金使用项目不得为持有交易性金融资产和可供出售的金融资产、借予他人、委托理财等财务性投资,不得直接或者间接投资于以买卖有价证券为主要业务的公司。

二是募集资金数额和投资项目应当与发行人现有生产经营规模、财务状况、技术水平和管理能力等相适应。

三是募集资金投资项目应当符合国家产业政策、投资管理、环境保护、土地管理以及其他法律、法规和规章的规定。

四是发行人董事会应当对募集资金投资项目的可行性进行认真分析,确信投资项目具有较好的市场前景和盈利能力,有效防范投资风险,提高募集资金使用效益。募集资金投资项目实施后,不会产生同业竞争或者对发行人的独立性产生不利影响。发行人应当建立募集资金专项存储制度,募集资金应当存放于董事会决定的专项账户。

2. 首次公开发行股票的程序

(1)董事会和股东会决议。发行人董事会应当依法就本次股票发行的具体方案、本次募集资金使用的可行性及其他必须明确的事项作出决议,并提请股东大会批准。发行人股东大会就本次发行股票作出的决议,至少应当包括下列事项:本次发行股票的种类和数量;发行对象;价格区间或者定价方式;募集资金用途;发行前滚存利润的分配方案;决议的有效期;对董事会办理本次发行具体事宜的授权以及其他必须明确的事项。

(2)向中国证监会提出申请,保荐人保荐。发行人应当按照中国证监会的有关规定制作申请文件,由保荐人保荐并向中国证监会申报。特定行业的发行人应当提供管理部门的相关意见。

(3)中国证监会受理、预先披露和审核。中国证监会收到申请文件后,在5个工作日内作出是否受理的决定。申请文件受理后、发行审核委员会审核前,发行人应当将招股说明书(申报稿)在中国证监会网站预先披露。发行人也可以将招股说明书(申报稿)刊登于其企业网站,但披露内容应当完全一致,且不得早于在中国证监会网站的披露时间。发行人及其全体董事、监事和高级管理人员应当保证预先披露的招股说明书(申报稿)的内容真实、准确、完整。预先披露的招股说明书(申报稿)不是发行人发行股票的正式文件,不能含有价格信息,发行人不得据此发行股票。发行人应当在预先披露的招股说明书(申报稿)的显要位置声明:"本公司的发行申请尚未得到中国证监会核准。本招股说明书(申报稿)不具有据以发行股票的法律效力,仅供预先披露之用。投资者应当以正式公告的招股说明书全文作为作出投资决定的依据。"中国证监会受理申请文件后,由相关职能部门对发行人的申请文件进行初审,并由发行审核委员会审核。中国证监会在初审过程中,将征求发行人注册地省级人民政府是否同意发行人发行股票的意见,并就发行人的募集资金投资项目是否符合国家产业政策和投资管理的规定征求国家发展和改革委员会的意见。中国证监会依照法定条件对发行人的发行申请作出予以核准或者不予核准的决定,并出具相关文件。

对首次公开发行的审核,由中国证监会设立主板的发行审核委员会(以下简称发审委)审核。发审委的职责除了包括审核发行人股票发行申请(首次公开发行、增发、配股),还需要审核可转换公司债券以及中国证监会认可的其他证券(如证券投资基金)的发行申请。发审委委员由中国证监会的专业人员和中国证监会外的专家组成,由中国证监会聘任,发审委委员为25名,部分发审委委员可以为专职。其中中国证监会的人员5名,中国证监会以外的人员20名。发审委设会议召集人5名。发审委的职责是根据有关法律、行政法规和中国证监会的规定，审核股票发行申请是否符合相关条件。发审委委员以个人身份出席发审委会议，依法履行职责，独立发表审核意见并行使表决权。

发审委会议采取两种审核程序。一是普通程序。如果是审核发行人公开发行股票申请和可转换公司债券等中国证监会认可的其他公开发行证券申请，适用普通程序。每次参加发审委会议的发审委委员为7名。表决投票时同意票数达到5票为通过，同意票数未达到5票为未通过。二是特别程序。发审委审核上市公司非公开发行股票申请和中国证监会认可的其他非公开发行证券申请，适用特别程序。每次参加发审委会议的委员为5名。表决投票时同意票数达到3票为通过，同意票数未达到3票为未通过。特别程序中委员不得提议暂缓表决。

发审委会议对发行人的股票发行申请投票表决后，中国证监会在网站上公布表决结果。股票发行申请未获核准的，自中国证监会作出不予核准决定之日起6个月后，发行人可再次提出股票发行申请。

(4)发行人公告募集文件。在获得中国证监会的发行核准后，发行人应当公告募集文件。首次公开发行所要公告的募集文件主要是招股说明书、招股说明书的摘要和备查文件。具体要求是：

一是凡是对投资者作出投资决策有重大影响的信息，均应当在招股说明书中予以披露。发行人及其全体董事、监事和高级管理人员应当在招股说明书上签字、盖章，保证招股说明书的内容真实、准确、完整。保荐人及其保荐代表人应当对招股说明书的真实性、准确性、完整性进行核查，并在核查意见上签字、盖章。

二是招股说明书中引用的财务报表在其最近一期截止日后6个月内有效。特别情况下发行人可申请适当延长，但至多不超过1个月。财务报表应当以年度末、半年度末或者季度末为截止日。

三是招股说明书的有效期为6个月，自中国证监会核准发行申请前招股说明书最后一次签署之日起计算。

四是发行人应当在发行前将招股说明书摘要刊登于至少一种中国证监会指定的报刊，同时将招股说明书全文刊登于中国证监会指定的网站，并将招股说明书全文置备于发行人住所、拟上市证券交易所、保荐人、主承销商和其他承销机构的住所，以备公众查阅。

五是保荐人出具的发行保荐书、证券服务机构出具的有关文件应当作为招股说明书的备查文件，在中国证监会指定的网站上披露，并置备于发行人住所、拟上市证券交易所、保荐人、主承销商和其他承销机构的住所，以备公众查阅。

(5)发行股票。自中国证监会核准发行之日起,发行人应在6个月内发行股票;超过6个月未发行的,核准文件失效,须重新经中国证监会核准后方可发行。发行重大事项时应当暂缓或暂停发行。发行申请核准后、股票发行结束前,发行人发生重大事项的,应当暂缓或者暂停发行,并及时报告中国证监会,同时履行信息披露义务。影响发行条件的,应当重新履行核准程序。发布发行公告后,可以向证券市场推介、询价来确定股票的价格,并通过网上发行和网下配售、战略投资者配售的方法来发售股票。

(四)在创业板首次公开发行股票的特别要求

1. 在创业板首次公开发行股票的条件

中国证监会2009年5月1日实施的《首次公开发行股票并在创业板上市管理暂行办法》对拟在创业板上市的首次公开发行股票规定了一系列条件和程序。由于创业板注重企业的成长性和自主创新能力,这一点与主板不尽相同,因此有一些特别的要求;但是,在注册资本和资产完整性、独立性和安全性的要求,公司治理结构和发行人的董事、监事、高级管理人员、控制股东、实际控制人,财务会计和公司的内部管理制度,持续盈利能力、募集资金的用途和管理制度等方面,在创业板首次公开发行股票和在主板首次公开发行股票的要求基本相同。因此,本书仅介绍创业板相对于主板首次公开发行股票的特别要求,大致可以归结为以下四个方面:

(1)发行人具备一定的存续期和规模。发行人是依法设立且持续经营3年以上的股份有限公司。有限责任公司按原账面净资产值折股整体变更为股份有限公司的,持续经营时间可以从有限责任公司成立之日起计算。

(2)发行人具有一定的盈利能力。具体要求是:

一是符合定量业绩指标。在创业板发行有两项定量业绩指标供发行人根据自己的情况选择:发行人最近两年连续盈利,最近两年净利润累计不少于1000万元,且持续增长;或者最近一年盈利,且净利润不少于500万元,最近一年营业收入不少于5000万元,最近两年营业收入增长率均不低于30%。净利润以扣除非经常性损益前后孰低者为计算依据。

二是最近一期期末净资产不少于2000万元,且不存在未弥补亏损。

三是发行后股本总额不少于3000万元。

(3)发行人的主营业务突出。由于在创业板上市的企业规模较小,成长性好,因此其业务不能过于分散。只有主营业务突出才能控制企业的经营风险,保持核心竞争力，所以要求发行人应当主要经营一种业务，其生产经营活动符合法律、行政法规和公司章程的规定，符合国家产业政策及环境保护政策。

(4)在公司治理方面对创业板发行的企业从严要求。创业板企业虽然规模比主板市场的企业要小，但是在公司治理方面与主板市场的要求基本一致，这就说明立法对创业板企业有较高的治理要求。例如要求与主板一样在董事会下要设立审计委员会，强化独立董事的责任，明确控股股东的义务等。

2. 在创业板首次公开发行股票的程序

在创业板首次公开发行股票的程序与在主板发行的程序基本相同，须注意两点：

(1)保荐人保荐时出具的专项意见应当符合创业板发行的要求。发行人应当按照中国证监会有关规定制作申请文件，由保荐人保荐并向中国证监会申报。保荐人保荐、发行人发行股票并在创业板上市，应当对发行人的成长性进行尽职调查和审慎判断并出具专项意见。发行人为自主创新企业的，还应当在专项意见中说明发行人的自主创新能力。

(2)创业板发行审核委员会负责审核创业板的发行申请。中国证监会内设专门的创业板发行审核委员会审核(以下简称创业板发审委)对创业板的首次公开发行申请进行审核。创业板发审委由35名委员组成，其中中国证监会的人员5名，中国证监会以外的人员30名。

三、全国股份转让系统(新三板)的股票定向发行

(一)可以在全国股份转让系统挂牌的公司类型

全国股份转让系统即新三板市场，是经国务院批准，依据证券法设立的全国性证券交易场所，主要为创新型、创业型、成长型中小微企业发展服务。依据国务院和中国证监会的相关规定，在全国股份转让系统挂牌的股份公司适用《非上市公众公司监督管理办法》，即将这类公司作为非上市公众公司(以下简称公众公司)对待。公众公司是指有下列情形之一且其股票未在证券交易所上市交易的股份有限公司：一是股票向特定对象发行或者转让导致股东累计超过200人；二是股票公开转让。境内符合条件的股份公司均可通过主办券商申请在全国股份转让系统挂牌，公开转让股份，进行股权融资、债权融资、资产重组等。申请挂牌的公司应当业务明确、产权清晰、依法规范经营、公司治理健全，可以尚未盈利，但须履行信息披露义务，所披露的信息应当真实、准确、完整。公众公司应当遵循中国证监会要求的内部治理、信息披露、股权转让、定向发行等规定，并接受中国证监

会和国务院有关部门、地方人民政府的依法监管。

依据国务院的相关规定，在全国股份转让系统挂牌的公司，达到股票上市条件的，可以直接向证券交易所申请上市交易。在符合《国务院关于清理整顿各类交易场所切实防范金融风险的决定》（国发〔2011〕38 号）要求的区域性股权转让市场进行股权非公开转让的公司，符合挂牌条件的，可以申请在全国股份转让系统挂牌公开转让股份。由此就可以实现这类公司股份在新三板市场上的自由流转，并形成与我国证券交易所（主板、创业板）相并列的多层次资本市场。

（二）新三板股票的定向发行

1. 定向发行的发行对象

新三板股票的定向发行包括向特定对象发行股票导致股东累计超过 200 人，以及股东人数超过 200 人的公众公司向特定对象发行股票两种情形。所称特定对象的范围包括下列机构或者自然人：一是公司股东；二是公司的董事、监事、高级管理人员、核心员工；三是符合投资者适当性管理规定的自然人投资者、法人投资者及其他经济组织。公司确定发行对象时，公司的董事、监事、高级管理人员、核心员工以及符合投资者适当性管理规定的自然人投资者、法人投资者及其他经济组织合计不得超过 35 名。核心员工的认定，应当由公司董事会提名，并向全体员工公示和征求意见，由监事会发表明确意见后，经股东大会审议批准。

2. 定向发行的程序

中国证监会《非上市公众公司监督管理办法》规定了定向发行的程序：

（1）董事会和股东大会的决议。公司董事会应当依法就本次股票发行的具体方案作出决议，并提请股东大会批准，股东大会决议必须经出席会议的股东所持表决权的 2/3 以上通过。申请向特定对象发行股票导致股东累计超过 200 人的股份有限公司，董事会和股东大会决议中还应当包括以下内容：按照中国证监会的相关规定修改公司章程；按照法律、行政法规和公司章程的规定建立健全公司治理机制；履行信息披露义务，按照相关规定披露定向发行说明书、发行情况报告书、年度报告、半年度报告及其他信息披露内容。公司及其董事、监事、高级管理人员，应当对定向发行说明书、发行情况报告书签署书面确认意见，保证所披露的信息真实、准确、完整。

（2）公司应当按照中国证监会有关规定制作定向发行的申请文件，申请文件应当包括但不限于：定向发行说明书、律师事务所出具的法律意见书、具有证券期货相关业务资格的会计师事务所出具的审计报告、证券公司出具的推荐文件。公司持申请文件向中国证监会申请核准。

在全国中小企业股份转让系统挂牌公开转让股票的公众公司向特定对象发行股票后股东累计不超过200人的，中国证监会豁免核准，由全国中小企业股份转让系统自律管理，但发行对象应当符合定向发行的发行对象之要求。

(3)中国证监会审核。中国证监会受理申请文件后，依法对公司治理和信息披露以及发行对象情况进行审核，在20个工作日内作出核准、中止审核、终止审核、不予核准的决定。

(4)发行。公司申请定向发行股票，可申请一次核准，分期发行。自中国证监会予以核准之日起，公司应当在3个月内首期发行，剩余数量应当在12个月内发行完毕。超过核准文件限定的有效期未发行的，须重新经中国证监会核准后方可发行。首期发行数量应当不少于总发行数量的50%，剩余各期发行的数量由公司自行确定，每期发行后5个工作日内将发行情况报中国证监会备案。

(5)发行完毕的报告。股票发行结束后，公众公司应当按照中国证监会的有关要求编制并披露发行情况报告书。申请分期发行的公众公司应在每期发行后按照中国证监会的有关要求进行披露，并在全部发行结束或者超过核准文件有效期后按照中国证监会的有关要求编制并披露发行情况报告书。豁免向中国证监会申请核准定向发行的公众公司，应当在发行结束后按照中国证监会的有关要求编制并披露发行情况报告书。

四、优先股发行的特殊规定

优先股发行的特殊规定，包括上市公司发行优先股和非上市公众公司非公开发行优先股两种情形。

(一)上市公司发行优先股的条件

1.一般条件

(1)上市公司的独立性与内部治理符合要求。具体要求是：上市公司应当与控股股东或实际控制人的人员、资产、财务分开，机构、业务独立；上市公司内部控制制度健全，能够有效保证公司运行效率、合法合规和财务报告的可靠性，内部控制的有效性应当不存在重大缺陷；上市公司发行优先股，最近3个会计年度实现的年均可分配利润应当不少于优先股一年的股息；上市公司最近3年现金分红情况应当符合公司章程及中国证监会的有关监管规定；上市公司报告期不存在重大会计违规事项；公开发行优先股，最近3年财务报表被注册会计师出具的审计报告应当为标准审计报告或带强调事项段的无保留意见的审计报告；非公开发行优先股，最近一年财务报表被注册会计师出具的审计报告为非标准审计报告的，所涉及事项对公司无重大不利影响或者在发行前重大不利影响已经消除。

(2)优先股募集资金的明确用途。上市公司发行优先股募集资金应有明确用途，与公司业务范围、经营规模相匹配，募集资金用途符合国家产业政策和有关环境保护、土地管理等法律和行政法规的规定。除金融类企业外，本次募集资金使用项目不得为持有交易性金融资产和可供出售的金融资产、借予他人等财务性投资，不得直接或间接投资于以买卖有价证券为主要业务的公司。

(3)上市公司已发行的优先股不得超过公司普通股股份总数的50%，且筹资金额不得超过发行前净资产的50%，已回购、转换的优先股不纳入计算。

(4)发行条件。上市公司同一次发行的优先股，条款应当相同。每次优先股发行完毕前，不得再次发行优先股。上市公司公开发行优先股的，可以向原股东优先配售。优先股每股票面金额为100元。优先股发行价格和票面股息率应当公允、合理，不得损害股东或其他利益相关方的合法利益，发行价格不得低于优先股票面金额。

公开发行优先股的价格或票面股息率以市场询价或证监会认可的其他公开方式确定。非公开发行优先股的票面股息率不得高于最近两个会计年度的年均加权平均净资产收益率。上市公司不得发行可转换为普通股的优先股。但商业银行可根据商业银行资本监管规定，非公开发行触发事件发生时强制转换为普通股的优先股，并遵守有关规定。

(5)上市公司存在下列情形之一的，不得发行优先股：本次发行申请文件有虚假记载、误导性陈述或重大遗漏；最近12个月内受到过中国证监会的行政处罚；因涉嫌犯罪正被司法机关立案侦查或涉嫌违法违规正被中国证监会立案调查；上市公司的权益被控股股东或实际控制人严重损害且尚未消除；上市公司及其附属公司违规对外提供担保且尚未解除；存在可能严重影响公司持续经营的担保、诉讼、仲裁、市场重大质疑或其他重大事项；其董事和高级管理人员不符合法律、行政法规和规章规定的任职资格；严重损害投资者合法权益和社会公共利益的其他情形。

2. 上市公司公开发行优先股的特别规定

(1)上市公司公开发行优先股，应当符合以下情形之一：其普通股为上证50指数成份股(中国证监会核准公开发行优先股后不再符合此情形的，上市公司仍可实施本次发行)；以公开发行优先股作为支付手段收购或吸收合并其他上市公司；以减少注册资本为目的回购普通股的，可以公开发行优先股作为支付手段，或者在回购方案实施完毕后，可公开发行不超过回购减资总额的优先股。

（2）上市公司最近3个会计年度应当连续盈利。扣除非经常性损益后的净利润与扣除前的净利润相比，以孰低者作为计算依据。

（3）上市公司公开发行优先股应当在公司章程中规定以下事项：采取固定股息率；在有可分配税后利润的情况下必须向优先股股东分配股息；未向优先股股东足额派发股息的差额部分应当累积到下一会计年度；优先股股东按照约定的股息率分配股息后，不再同普通股股东一起参加剩余利润分配。商业银行发行优先股补充资本的，可就后两项事项另行约定。

（4）上市公司非公开发行优先股的特别规定：上市公司非公开发行优先股仅向合格投资者发行，每次发行对象不得超过200人，且相同条款优先股的发行对象累计不得超过200人。发行对象为境外战略投资者的，还应当符合国务院相关部门的规定。

3. 上市公司发行优先股的程序

（1）上市公司董事会决议。上市公司申请发行优先股，董事会应当按照中国证监会有关信息披露规定，公开披露本次优先股发行预案，并依法就以下事项作出决议，提请股东大会批准：本次优先股的发行方案；非公开发行优先股且发行对象确定的，上市公司与相应发行对象签订的附条件生效的优先股认购合同。认购合同应当载明发行对象拟认购优先股的数量、认购价格或定价原则、票面股息率或其确定原则，以及其他必要条款。认购合同应当约定发行对象不得以竞价方式参与认购，且本次发行一经上市公司董事会、股东大会批准并经中国证监会核准，该合同即应生效；非公开发行优先股且发行对象尚未确定的，决议应包括发行对象的范围和资格、定价原则、发行数量或数量区间。上市公司独立董事应当就上市公司本次发行对公司各类股东权益的影响发表专项意见，并与董事会决议一同披露。

（2）上市公司股东大会的决议。上市公司股东大会就发行优先股进行审议，应当就下列事项逐项进行表决：本次发行优先股的种类和数量；发行方式、发行对象及向原股东配售的安排；票面金额、发行价格或其确定原则；优先股股东参与分配利润的方式，包括：票面股息率或其确定原则、股息发放的条件、股息支付方式、股息是否累积、是否可以参与剩余利润分配等；回购条款，包括回购的条件、期间、价格及其确定原则、回购选择权的行使主体等（如有）；募集资金用途；公司与发行对象签订的附条件生效的优先股认购合同（如有）；决议的有效期；公司章程关于优先股股东和普通股股东利润分配、剩余财产分配、优先股表决权恢复等相关政策条款的修订方案;对董事会办理本次发行具体事宜的授权以及其他事项。

上述决议,须经出席会议的普通股股东(含表决权恢复的优先股股东)所持表决权的2/3以上通过。已发行优先股的,还须经出席会议的优先股股东(不含表决权恢复的优先股股东)所持表决权的2/3以上通过。上市公司向公司特定股东及其关联人发行优先股的,股东大会就发行方案进行表决时,关联股东应当回避。

上市公司就发行优先股事项召开股东大会,应当提供网络投票,还可以通过中国证监会认可的其他方式为股东参加股东大会提供便利。

(3)保荐人的保荐及向中国证监会的申报。上市公司申请发行优先股应当由保荐人保荐并向中国证监会申报,其申请、审核、核准、发行等相关程序参照《上市公司证券发行管理办法》和《证券发行与承销管理办法》的规定。发审委会议按照《中国证券监督管理委员会发行审核委员会办法》规定的特别程序,审核发行申请。

上市公司发行优先股,可以申请一次核准,分次发行,不同次发行的优先股除票面股息率外,其他条款应当相同。自中国证监会核准发行之日起,公司应在6个月内实施首次发行,剩余数量应当在24个月内发行完毕。超过核准文件时限的,须申请中国证监会重新核准。首次发行数量应当不少于总发行数量的50%,剩余各次发行的数量由公司自行确定,每次发行完毕后5个工作日内报中国证监会备案。

(二)非上市公众公司非公开发行优先股的特别规定

1. 非上市公众公司非公开发行优先股的条件

除符合上市公司发行优先股的一般推荐外,对于非上市公众公司发行优先股还应符合合法规范经营;公司治理机制健全并依法履行信息披露义务。非上市公众公司非公开发行优先股仅向合格投资者发行,每次发行对象不得超过200人,且相同条款优先股的发行对象累计不得超过200人。

2. 非上市公众公司非公开发行优先股的程序

非上市公众公司拟发行优先股的,董事会应依法就具体方案、本次发行对公司各类股东权益的影响、发行优先股的目的、募集资金的用途及其他必须明确的事项作出决议,并提请股东大会批准。

董事会决议确定具体发行对象的,董事会决议应当确定具体的发行对象名称及其认购价格或定价原则、认购数量或数量区间等;同时应在召开董事会前与相应发行对象签订附条件生效的股份认购合同。董事会决议未确定具体发行对象的,董事会决议应当明确发行对象的范围和资格、定价原则等。非上市公众公司股东大会就发行优先股进行审议,表决事项参照上市公司发行优先股的表决要求。发行优先股决议,须经出席会议的普通股股东(含表决权恢复的优先股股东)所持表决权的2/3以上通过。已发行优先股的,还须经出席会议的优先股股东(不含表决权恢复的优先股股东)所持表决权的2/3以上通过。非上市公众公司向公司特定股东及其关联人发行优先股的,股东大会就发行方案进行表决时,关联股东应当回避,公司普通股股东(不含表决权恢复的优先股股东)人数少于200人的除外。

五、上市公司发行新股的条件和程序

(一)上市公司发行新股的条件

上市公司发行新股主要有三种方式:配售、增发和定向增发。配售指向原股东配售股份。增发是指向不特定对象公开募集股份。定向增发是非公开进行的、向特定对象募集资金的股份发行。

1. 配售的条件

除了符合上市公司发行证券的一般条件外,配售还应当符合以下条件:(1)拟配售股份数量不超过本次配售股份前股本总额的30%。(2)控股股东应当在股东大会召开前公开承诺认配股份的数量。(3)应当采用证券法规定的代销方式发行。控股股东不履行认配股份的承诺,或者代销期限届满,原股东认购股票的数量未达到拟配售数量70%的,应当认为属于发行失败,发行人应当按照发行价并加算银行同期存款利息返还已经认购的股东。

2. 增发的条件

除了符合上市公司发行证券的一般条件外,增发则还应当满足以下条件:(1)最近3个会计年度加权平均净资产收益率平均不低于6%。扣除非经常性损益后的净利润与扣除前的净利润相比,以低者作为加权平均净资产收益率的计算依据。(2)除金融类企业外,最近一期末不存在持有金额较大的交易性金融资产和可供出售的金融资产、借予他人款项、委托理财等财务性投资的情形。(3)发行价格应不低于公告招股意向书前20个交易日公司股票均价或前一个交易日的均价。(4)上市公司增发股票或者发行可转换公司债券,可以全部或者部分向原股东优先配售,优先配售比例应当在发行公告中披露。

3. 上市公司非公开发行股票(定向增发)的特殊规定

(1)非公开发行股票的含义。上市公司发行新股还可以采用非公开方式,向特定对象发行股票。这就是上市公司的非公开发行股票,常被称为定向增发,属于私募发行。非公开发行股票往往具有特定的目的,比如改变股权结构、引进战略投资者等。

(2)非公开发行股票的发行对象。非公开发行股票的特定对象应当符合下列规定:发行对象符合股东大会决议规定的条件;发行对象不超过10名。发行对象为境外战略投资者的,应当经国务院相关部门事先批准。

(3)上市公司非公开发行股票的条件。上市公司非公开发行股票,应当符合下列规定:发行价格不低于定价基准日前20个交易日公司股票均价的90%;本次发行的股份自发行结束之日起,12个月内不得转让;控股股东、实际控制人及其控制的企业认购的股份,36个月内不得转让;募集资金使用符合中国证监会的相关规定;本次发行将导致上市公司控制权发生变化的,还应当符合中国证监会的其他规定。

(4)禁止非公开股票的情形。上市公司存在下列情形之一的,不得非公开发行股票:本次发行申请文件有虚假记载、误导性陈述或重大遗漏;上市公司的权益被控股股东或实际控制人严重损害且尚未消除;上市公司及其附属公司违规对外提供担保且尚未解除;现任董事、高级管理人员最近36个月内受到过中国证监会的行政处罚,或者最近12个月内受到过证券交易所公开谴责;上市公司或其现任董事、高级管理人员因涉嫌犯罪正被司法机关立案侦查或涉嫌违法违规正被中国证监会立案调查;最近一年及一期财务报表被注册会计师出具保留意见、否定意见或无法表示意见的审计报告。保留意见、否定意见或无法表示意见所涉及事项的重大影响已经消除或者本次发行涉及重大重组的除外;严重损害投资者合法权益和社会公共利益的其他情形。

(二)上市公司发行新股的程序

1. 由董事会作出发行新股的决议、提请股东大会批准并作出相关公告。

(1)董事会应当就发行方案、募集资金使用的可行性报告、前次募集资金使用的报告以及其他事项作出决议并提请股东大会批准。证券发行议案经董事会表决通过后,应当在2个工作日内报告证券交易所,公告召开股东大会的通知。使用募集资金收购资产或者股权的,应当在公告召开股东大会通知的同时,披露该资产或者股权的基本情况、交易价格、定价依据以及是否与公司股东或其他关联人存在利害关系。股东大会就发行新股应当作出相关决议,必须经出席会议的股东所持表决权的2/3以上通过。向本公司特定的股东及其关联人发行证券的,股东大会就发行方案进行表决时,关联股东应当回避。

(2)上市公司就发行证券事项召开股东大会,应当提供网络或者其他方式为股东参加股东大会提供便利。股东大会通过本次发行议案之日起2个工作日内,上市公司应当公布股东大会决议。

2. 由保荐人保荐,并向中国证监会申报。上市公司申请公开发行新股或者非公开发行新股,应当由保荐人保荐,并向中国证监会申报。保荐人应当按照中国证监会的有关规定编制和报送发行申请文件。

3. 中国证监会进行审核。与首次公开发行的审核基本相同。

4. 公告和发行。自中国证监会核准发行之日起,上市公司应在6个月内发行新股;超过6个月未发行的,核准文件失效,须重新经中国证监会核准后方可发行。上市公司发行新股前发生重大事项的,应暂缓发行,并及时报告中国证监会。该事项对本次发行条件构成重大影响的,发行新股的申请应重新经过中国证监会核准。上市公司发行新股,应当由证券公司承销;非公开发行股票,发行对象均属于原前10名股东的,可以由上市公司自行销售。

上市公司在非公开发行新股后,应当将发行情况报告书刊登在至少一种中国证监会指定的报刊,同时将其刊登在中国证监会指定的互联网网站,置备于中国证监会指定的场所,供公众查阅。

第三节 公司债券的发行

公司债券是重要的资本证券。发行公司债券需要遵守一定的程序和条件。并且由于公司债券体现投资者与发行者之间的债权关系,实践中可以借助债的灵活性为公司债券附若干种条件,如附认股权、可转换成相关股票等,这可以使发行者实现公司债券的融资功能,并满足了投资者的多样化投资需求。

一、发行公司债券概述

(一)发行公司债券的基本条件

1.《证券法》规定的条件

《证券法》第16条的规定是证券法对公开发行公司债券的总体要求,适用于所有发行公司债券的情形。这些条件如下:(1)股份有限公司的净资产不低于人民币3000万元,有限责任公司的净资产不低于人民币6000万元;(2)累计债券余额不超过公司净资产的40%;(3)最近3年平均可分配利润足以支付公司债券一年的利息;(4)筹集的资金投向符合国家产业政策;(5)债券的利率不超过国务院限定的利率水平;(6)国务院规定的其他条件。

2. 其他条件

(1)发行公司债券可以附多样化的条件。依据2015年1月15日中国证监会发布的《公司债券发行与交易管理办法》第12条的规定,上市公司、股票公开转让的非上市公众公司发行的公司债券,可以附认股权、可转换成相关股票等条款。上市公司、股票公开转让的非上市公众公司股东可以发行附可交换成上市公司或非上市公众公司股票条款的公司债券。商业银行等金融机构可以按照有关规定发行附减记条款的公司债券。上市公司发行附认股权、可转换成股票条款的公司债券,应当符合《上市公司证券发行管理办法》、《创业板上市公司证券发行管理暂行办法》的相关规定。股票公开转让的非上市公众公司发行附认股权、可转换成股票条款的公司债券,由中国证监会另行规定。

(2)发行公司债券的决议。发行公司债券,发行人应当依照《公司法》或者公司章程相关规定对以下事项作出决议:发行债券的数量;发行方式;债券期限;募集资金的用途;决议的有效期;其他按照法律法规及公司章程规定需要明确的事项。发行公司债券,如果对增信机制、偿债保障措施作出安排的,也应当在决议事项中载明。

(3)公司债券的合格投资者。合格投资者,应当具备相应的风险识别和承担能力,知悉并自行承担公司债券的投资风险,并符合下列资质条件:经有关金融监管部门批准设立的金融机构,包括证券公司、基金管理公司及其子公司、期货公司、商业银行、保险公司和信托公司等,以及经中国证券投资基金业协会(以下简称基金业协会)登记的私募基金管理人;上述金融机构面向投资者发行的理财产品,包括但不限于证券公司资产管理产品、基金及基金子公司产品、期货公司资产管理产品、银行理财产品、保险产品、信托产品以及经基金业协会备案的私募基金;净资产不低于人民币1000万元的企事业单位法人、合伙企业;合格境外机构投资者(QFII)、人民币合格境外机构投资者(RQFII);社会保障基金、企业年金等养老基金,慈善基金等社会公益基金;名下金融资产不低于人民币300万元的个人投资者;经中国证监会认可的其他合格投资者。前述金融资产包括银行存款、股票、债券、基金份额、资产管理计划、银行理财产品、信托计划、保险产品、期货权益等;理财产品、合伙企业拟将主要资产投向单一债券,需要穿透核查最终投资者是否为合格投资者并合并计算投资者人数,具体标准由基金业协会规定。

(4)公司债券的用途管理。公开发行公司债券,募集资金应当用于核准的用途;非公开发行公司债券,募集资金应当用于约定的用途。除金融类企业外,募集资金不得转借他人。

(5)公司债券的账户管理。发行人应当指定专项账户,用于公司债券募集资金的接收、存储、划转与本息偿付。

(二)发行公司债券的信息披露、监管与市场自律

1. 发行人的信息真实义务

公司债券的发行人及其他信息披露义务人应当及时、公平地履行披露义务,所披露或者报送的信息必须真实、准确、完整,不得有虚假记载、误导性陈述或者重大遗漏。发行人及其控股股东、实际控制人应当诚实守信,发行人的董事、监事、高级管理人员应当勤勉尽责,维护债券持有人享有的法定权利和债券募集说明书约定的权利。发行人全体董事、监事、高级管理人员应当在债券募集说明书上签字,承诺不存在虚假记载、误导性陈述或者重大遗漏,并承担相应的法律责任,但是能够证明自己没有过错的除外。

债券募集说明书及其他信息披露文件所引用的审计报告、资产评估报告、评级报告,应当由具有从事证券服务业务资格的机构出具。债券募集说明书所引用的法律意见书,应当由律师事务所出具,并由两名执业律师和所在律师事务所负责人签署。

为公司债券发行提供服务的承销机构、资信评级机构、受托管理人、会计师事务所、资产评估机构、律师事务所等专业机构和人员应当勤勉尽责,严格遵守执业规范和监管规则,按规定和约定履行义务。

发行人、承销机构及其相关工作人员在发行定价和配售过程中,不得有违反公平竞争、进行利益输送、直接或间接牟取不正当利益以及其他破坏市场秩序的行为。

2. 公司债券发行的监管与自律

中国证监会依法对公司债券的公开发行、非公开发行及其交易或转让活动进行监督管理。证券自律组织可依照相关规定对公司债券的上市交易或转让、非公开发行及转让、承销、尽职调查、信用评级、受托管理及增信等进行自律管理。证券自律组织应当制定相关业务规则,明确公司债券承销、备案、上市交易或转让、信息披露、投资者适当性管理、持有人会议及受托管理等具体规定,报中国证监会批准。

中国证监会对公司债券发行的核准或者中国证券业协会按照相关规定对公司债券发行的备案,不表明其对发行人的经营风险、偿债风险、诉讼风险以及公司债券的投资风险或收益等作出判断或者保证。公司债券的投资风险,由投资者自行承担。

二、公司债券的公开发行与非公开发行

公司债券可以公开发行,也可以非公开发行。

(一)公开发行公司债券

1. 经中国证监会核准

公开发行公司债券,应当符合《证券法》、《公司法》的相关规定,经中国证监会核准。存在下列情形之一的,不得公开发行公司债券:最近36个月内公司财务会计文件存在虚假记载,或公司存在其他重大违法行为;本次发行申请文件存在虚假记载、误导性陈述或者重大遗漏;对已发行的公司债券或者其他债务有违约或者迟延支付本息的事实,仍处于继续状态;严重损害投资者合法权益和社会公共利益的其他情形。

2. 公开发行公司债券资信状况的公开

资信状况符合以下标准的公司债券可以向公众投资者公开发行,也可以自主选择仅面向合格投资者公开发行:发行人最近3年无债务违约或者迟延支付本息的事实;发行人最近3个会计年度实现的年均可分配利润不少于债券一年利息的1.5倍;债券信用评级达到AAA级;中国证监会根据投资者保护的需要规定的其他条件。未达到前款规定标准的公司债券公开发行应当面向合格投资者;仅面向合格投资者公开发行的,中国证监会简化核准程序。

3. 公开发行公司债券的信用评级

公开发行公司债券,应当委托具有从事证券业务资格的资信评级机构进行信用评级。

4. 公开发行公司债券的程序

发行人应当按照中国证监会信息披露内容与格式的有关规定编制和报送公开发行公司债券的申请文件。中国证监会受理申请文件后,依法审核公开发行公司债券的申请,自受理发行申请文件之日起3个月内,作出是否核准的决定,并出具相关文件。发行申请核准后,公司债券发行结束前,发行人发生重大事项,导致可能不再符合发行条件的,应当暂缓或者暂停发行,并及时报告中国证监会。影

响发行条件的,应当重新履行核准程序。承销机构应当勤勉履行核查义务,发现发行人存在前款规定情形的,应当立即停止承销,并督促发行人及时履行报告义务。

公开发行公司债券,可以申请一次核准,分期发行。自中国证监会核准发行之日起,发行人应当在12个月内完成首期发行,剩余数量应当在24个月内发行完毕。公开发行公司债券的募集说明书自最后签署之日起6个月内有效。采用分期发行方式的,发行人应当在后续发行中及时披露更新后的债券募集说明书,并在每期发行完成后5个工作日内报中国证监会备案。

(二)非公开发行公司债券

1. 非公开发行公司债券的条件

非公开发行的公司债券应当向合格投资者发行,不得采用广告、公开劝诱和变相公开方式,每次发行对象不得超过200人。发行人、承销机构应当按照中国证监会、证券自律组织规定的投资者适当性制度,了解和评估投资者对非公开发行公司债券的风险识别和承担能力,确认参与非公开发行公司债券认购的投资者为合格投资者,并充分揭示风险。非公开发行公司债券是否进行信用评级由发行人确定,并在债券募集说明书中披露。

2. 非公开发行公司债券的备案

非公开发行公司债券,承销机构或自行销售的发行人应当在每次发行完成后5个工作日内向中国证券业协会备案。中国证券业协会在材料齐备时应当及时予以备案。备案不代表中国证券业协会实行合规性审查,不构成市场准入,也不豁免相关主体的违规责任。

三、发行公司债券的承销与信息披露

(一)承销

1. 承销机构

发行公司债券应当由具有证券承销业务资格的证券公司承销。取得证券承销业务资格的证券公司、中国证券金融股份有限公司及中国证监会认可的其他机构非公开发行公司债券可以自行销售。

承销机构承销公司债券,应当依据有关尽职调查、风险控制和内部控制等相关规定,制定严格的风险管理制度和内部控制制度,加强定价和配售过程管理。

2. 承销方式

承销机构承销公司债券,应当依照《证券法》相关规定采用包销或者代销方式。

3. 承销协议

发行人和主承销商应当签订承销协议，在承销协议中界定双方的权利义务关系，约定明确的承销基数。采用包销方式的，应当明确包销责任。

公开发行公司债券，依照法律、行政法规的规定应由承销团承销的，组成承销团的承销机构应当签订承销团协议，由主承销商负责组织承销工作。公司债券发行由两家以上承销机构联合主承销的，所有担任主承销商的承销机构应当共同承担主承销责任，履行相关义务。承销团由 3 家以上承销机构组成的，可以设副主承销商，协助主承销商组织承销活动。

承销团成员应当按照承销团协议及承销协议的约定进行承销活动，不得进行虚假承销。

4. 发行价格的确定

公司债券公开发行的价格或利率以询价或公开招标等市场化方式确定。发行人和主承销商应当协商确定公开发行的定价与配售方案并予公告，明确价格或利率确定原则、发行定价流程和配售规则等内容。发行人和承销机构不得操纵发行定价、"暗箱操作"；不得以代持、信托等方式牟取不正当利益或向其他相关利益主体输送利益；不得直接或通过其利益相关方向参与认购的投资者提供财务资助；不得有其他违反公平竞争、破坏市场秩序等行为。

5. 公开发行的法律见证

公开发行公司债券的，发行人和主承销商应当聘请律师事务所对发行过程、配售行为、参与认购的投资者资质条件、资金划拨等事项进行见证，并出具专项法律意见书。公开发行的公司债券在上市后 10 个工作日内，主承销商应当将专项法律意见随同承销总结报告等文件一并报中国证监会。

发行人和承销机构在推介过程中不得夸大宣传，或以虚假广告等不正当手段诱导、误导投资者，不得披露除债券募集说明书等信息以外的发行人其他信息。

承销机构应当保留推介、定价、配售等承销过程中的相关资料，并按相关法律法规规定存档备查，包括推介宣传材料、路演现场录音等，如实、全面反映询价、定价和配售过程。相关推介、定价、配售等的备查资料应当按中国证券业协会的规定制作并妥善保管。

6. 非公开发行的风险控制

中国证券业协会应当制定非公开发行公司债券承销业务的风险控制管理规定，根据市场风险状况对承销业务范围进行限制并动态调整。

(二)信息披露

1. 信息披露义务概述

发行人及其他信息披露义务人应当按照中国证监会及证券自律组织的相关规定履行信息披露义务。

公开发行公司债券的发行人应当按照规定及时披露债券募集说明书,并在债券存续期内披露中期报告和经具有从事证券服务业务资格的会计师事务所审计的年度报告。

非公开发行公司债券的发行人信息披露的时点、内容,应当按照募集说明书的约定履行,相关信息披露文件应当由受托管理人向中国证券业协会备案。

2. 披露事项

(1)公司债券募集资金的用途应当在债券募集说明书中披露。

(2)发行人应当在定期报告中披露公开发行公司债券募集资金的使用情况。

(3)非公开发行公司债券的,应当在债券募集说明书中约定募集资金使用情况的披露事宜。

(4)公开发行公司债券的发行人应当及时披露债券存续期内发生可能影响其偿债能力或债券价格的重大事项。重大事项包括:发行人经营方针、经营范围或生产经营外部条件等发生重大变化;债券信用评级发生变化;发行人主要资产被查封、扣押、冻结;发行人发生未能清偿到期债务的违约情况;发行人当年累计新增借款或对外提供担保超过上年末净资产的20%;发行人放弃债权或财产,超过上年末净资产的10%;发行人发生超过上年末净资产10%的重大损失;发行人作出减资、合并、分立、解散及申请破产的决定;发行人涉及重大诉讼、仲裁事项或受到重大行政处罚;保证人、担保物或者其他偿债保障措施发生重大变化;发行人情况发生重大变化导致可能不符合公司债券上市条件;发行人涉嫌犯罪被司法机关立案调查,发行人董事、监事、高级管理人员涉嫌犯罪被司法机关采取强制措施;其他对投资者作出投资决策有重大影响的事项。

(5)资信评级机构为公开发行公司债券进行信用评级,应按照规定或约定将评级信息告知发行人,并及时向市场公布首次评级报告、定期和不定期跟踪评级报告;在债券有效存续期间,应当每年至少向市场公布一次定期跟踪评级报告;应充分关注可能影响评级对象信用等级的所有重大因素,及时向市场公布信用等级调整及其他与评级相关的信息变动情况,并向证券交易所或其他证券交易场所报告。

3. 披露方式

公开发行公司债券的发行人及其他信息披露义务人应当将披露的信息刊登在其债券交易场所的互联网网站，同时将披露的信息或信息摘要刊登在至少一种中国证监会指定的报刊，供公众查阅。

四、债券持有人权益保护

（一）债券持有人权益保护的必要性

公司债券的发行产生了持有人和发行人之间的债权债务关系，但公司债券持有人却不能参与公司的经营，持有人的利益将被动地由公司经营状况决定。如果不能很好地保护公司债券持有人的合法利益，那么必然影响公司债券的发行效果。因此，实务中公司债券持有人的利益保护就是公司债券发行中的一个重要问题。

（二）债券持有人权益保护的具体措施

1. 债券受托管理人

（1）债券受托管理人的聘请。发行公司债券的，发行人应当为债券持有人聘请债券受托管理人，并订立债券受托管理协议；在债券存续期限内，由债券受托管理人按照规定或协议的约定维护债券持有人的利益。

发行人应当在债券募集说明书中约定，投资者认购或持有本期公司债券视作同意债券受托管理协议、债券持有人会议规则及债券募集说明书中其他有关发行人、债券持有人权利义务的相关约定。

债券受托管理人由本次发行的承销机构或其他经中国证监会认可的机构担任。债券受托管理人应当为中国证券业协会会员。为本次发行提供担保的机构不得担任本次债券发行的受托管理人。债券受托管理人应当勤勉尽责，公正履行受托管理职责，不得损害债券持有人利益。

对于债券受托管理人在履行受托管理职责时可能存在的利益冲突情形及相关风险防范、解决机制，发行人应当在债券募集说明书及债券存续期间的信息披露文件中予以充分披露，并同时在债券受托管理协议中载明。

（2）公开发行公司债券的受托管理人的职责。具体包括：应持续关注发行人和保证人的资信状况、担保物状况、增信措施及偿债保障措施的实施情况，出现可能影响债券持有人重大权益的事项时，召集债券持有人会议；在债券存续期内监督发行人募集资金的使用情况；对发行人的偿债能力和增信措施的有效性进行全面调查和持续关注，并至少每年向市场公告一次受托管理事务报告；在债券存续期内持续督导发行人履行信息披露义务；预计发行人不能偿还债务时，要求发行人追加担保，并可以依法申请法定机关采取财产保全措施；在债券存续期内勤勉处理债券持有人与发行人之间的谈判或者诉讼事务；发行人为债券设定担保的，债券受托管理协议可以约定担保财产为信托财产，债券受托管理人应在债券发行前或债券募集说明书约定的时间内取得担保的权利证明或其他有关文件，并在担保期间妥善保管；发行人不能偿还债务时，可以接受全部或部分债券持有人的委托，以自己名义代表债券持有人提起民事诉讼、参与重组或者破产的法律程序。

受托管理人因涉嫌债券承销活动中违法违规正在接受中国证监会调查或出现中国证监会认定的其他不再适合担任受托管理人情形的，在变更受托管理人之前，中国证监会可以临时指定中证中小投资者服务中心有限责任公司承担受托管理职责，直至债券持有人会议选任出新的受托管理人为止。

(3)非公开发行公司债券的，债券受托管理人应当按照债券受托管理协议的约定履行职责。

(4)受托管理人的权利。受托管理人为履行受托管理职责，有权代表债券持有人查询债券持有人名册及相关登记信息、专项账户中募集资金的存储与划转情况。证券登记结算机构应当予以配合。

2. 债券持有人会议

(1)债券持有人的会议规则。发行公司债券，应当在债券募集说明书中约定债券持有人会议规则。债券持有人会议规则应当公平、合理。债券持有人会议规则应当明确债券持有人通过债券持有人会议行使权利的范围，债券持有人会议的召集、通知、决策机制和其他重要事项。

债券持有人会议按中国证监会相关规定及会议规则的程序要求所形成的决议对全体债券持有人有约束力。

(2)债券持有人会议的召集。存在下列情形的，债券受托管理人应当召集债券持有人会议：拟变更债券募集说明书的约定；拟修改债券持有人会议规则；拟变更债券受托管理人或受托管理协议的主要内容；发行人不能按期支付本息；发行人减资、合并、分立、解散或者申请破产；保证人、担保物或者其他偿债保障措施发生重大变化；发行人、单独或合计持有本期债券总额10%以上的债券持有人书面提议召开；发行人管理层不能正常履行职责，导致发行人债务清偿能力面临严重不确定性，需要依法采取行动的；发行人提出债务重组方案的；发生其他对债券持有人权益有重大影响的事项。

在债券受托管理人应当召集而未召集债券持有人会议时，单独或合计持有本期债券总额10%以上的债券持有人有权自行召集债券持有人会议。

3. 控制公司债券风险的措施

发行人可采取内外部增信机制、偿债保障措施，提高偿债能力，控制公司债券风险。包括但不限于下列方式：第三方担保；商业保险；资产抵押、质押担保；限制发行人债务及对外担保规模；限制发行人对外投资规模；限制发行人向第三方出售或抵押主要资产；设置债券回售条款。

4. 发行人违约及争议解决机制

发行人应当在债券募集说明书中约定构成债券违约的情形、违约责任及其承担方式以及公司债券发生违约后的诉讼、仲裁或其他争议解决机制。

第四节　证券投资基金的发行

证券投资基金份额的发行规定于我国《证券投资基金法》中。证券投资基金份额的发行需要满足基金管理人、基金托管人等一系列条件，发行程序则应当符合证券投资基金法的相关规定。证券投资基金的公开募集和非公开募集是两大基本类型，它们的发行条件和程序有所区别。

一、证券投资基金发行的概述

（一）证券投资基金份额发行的概念

证券投资基金份额的发行，也称证券投资基金的募集或发售，是指依法由依法设立的基金管理人发行证券投资基金份额的行为。证券投资基金份额也是目前我国重要的证券类型。目前，我国的证券投资基金分为公开募集和非公开募集两种。公开募集基金，包括向不特定对象募集资金，向特定对象募集资金累计超过200人以及法律、行政法规规定的其他情形。非公开募集资金，是指向累计不超过200人的合格投资者募集资金。

（二）证券投资基金份额发行的法律依据

我国《证券投资基金法》第2条规定："在中华人民共和国境内，公开或者非公开募集资金设立证券投资基金（以下简称基金），由基金管理人管理，基金托管人托管，为基金份额持有人的利益，进行证券投资活动，适用本法；本法未规定的，适用《中华人民共和国信托法》、《中华人民共和国证券法》和其他有关法律、行政法规的规定。”因此，证券投资基金份额的发行，主要应当依据《证券投资基金法》的相关规定进行，此外还涉及《信托法》、《证券法》和中国证监会的相关规定。

二、公开募集基金

（一）公开募集的证券投资基金的发行条件

1. 基金管理人、基金托管人符合法律要求。

（1）基金管理人。基金管理人是募集基金并运用基金进行投资的专业人员，拟任基金管理人的只能是依法设立的基金管理公司。详见本书第二章相关介绍。

（2）基金托管人。我国《证券投资基金法》对基金托管人的规定主要如下：

一是基金托管人的资格和核准。基金托管人由依法设立的商业银行或者其他金融机构担任。商业银行担任基金托管人的，由中国证监会会同中国银监会核准；其他金融机构担任基金托管人的，由中国证监会核准。担任基金托管人，应当具备下列条件：净资产和风险控制指标符合有关规定；设有专门的基金托管部门；取得基金从业资格的专职人员达到法定人数；有安全保管基金财产的条件；有安全高效的清算、交割系统；有符合要求的营业场所、安全防范设施和与基金托管业务有关的其他设施；有完善的内部稽核监控制度和风险控制制度；法律、行政法规规定的和经国务院批准的国务院证券监督管理机构、国务院银行业监督管理机构规定的其他条件。

二是基金托管人的独立性。基金托管人与基金管理人不得为同一机构，不得相互出资或者持有股份。

三是基金托管人的职责，主要包括：安全保管基金财产；按照规定开设基金财产的资金账户和证券账户；对所托管的不同基金财产分别设置账户，确保基金财产的完整与独立；保存基金托管业务活动的记录、账册、报表和其他相关资料；按照基金合同的约定，根据基金管理人的投资指令，及时办理清算、交割事宜；办理与基金托管业务活动有关的信息披露事项；对基金财务会计报告、中期和年度基金报告出具意见；复核、审查基金管理人计算的基金资产净值和基金份额申购、赎回价格；按照规定召集基金份额持有人大会；按照规定监督基金管理人的投资运作以及规定的其他职责。

四是基金托管人对基金管理人的监管义务。基金托管人发现基金管理人的投资指令违反法律、行政法规和其他有关规定，或者违反基金合同约定的，应当拒绝执行，立即通知基金管理人，并及时向中国证监会报告。基金托管人发现基金管理人依据交易程序已经生效的投资指令违反法律、行政法规和其他有关规定，或者违反基金合同约定的，应当立即通知基金管理人，并及时向中国证监会报告。

五是基金托管人的责任。基金托管人不再具备作为基金托管人的法定条件，或者未能勤勉尽责，在履行本法规定的职责时存在重大失误的，中国证监会、中国银监会应当责令其改正；逾期未改正，或者其行为严重影响所托管基金的稳健运行、损害基金份额持有人利益的，中国证监会、中国银监会可以区别情形，采取限制业务活动，责令暂停办理新的基金托管业务；责令更换负有责任的专门基金托管部门的高级管理人员等措施。基金托管人整改后，经验收符合有关要求的，可以解除对其采取的有关措施。

(3)有符合中国证监会规定的、与管理和托管基金相适应的基金经理等业务人员。

(4)基金的投资管理、销售、登记和估值等业务环节制度健全，行为规范，不存在影响基金正常运作、损害或者可能损害基金份额持有人合法利益的情形。

(5)最近1年内没有因违法违规行为受到行政处罚或者刑事处罚。

(6)没有因违法违规行为正在被监管机构调查，或者正处于整改期间。

(7)不存在对基金运作已经造成或可能造成不良影响的重大变更事项，或者诉讼、仲裁等其他重大事项。

(8)不存在公司治理不健全、经营管理混乱、内部控制和风险管理制度无法得到有效执行、财务状况恶化等重大经营风险。

(9)拟任基金管理人前只获准募集的基金，基金合同已经生效，或者募集期限届满以及中国证监会根据审慎监管原则规定的其他条件。

2. 拟募集的基金应当符合的条件包括：(1)有明确合法的投资方向；(2)有明确的基金运作方式；(3)符合中国证监会关于基金品种的规定；(4)不与拟任基金管理人已管理的基金雷同；(5)基金合同、招募说明书等法律文件草案符合法律法规和中国证监会的规定；(6)基金名称表明基金的类别和投资特征以及中国证监会根据审慎原则规定的其他条件。

(二)公开募集的证券投资基金的发行程序

我国的《证券投资基金法》和其他相关立法规定了公开募集基金发行的程序。这些程序包括：

1. 由基金管理人向中国证监会提出申请

由基金管理人向中国证监会报送申请募集文件。文件主要包括：

(1)申请报告。即向中国证监会提出公开募集基金的申请报告。

(2)基金合同草案。公开募集基金的基金合同应当包括下列内容:募集基金的目的和基金名称;基金管理人、基金托管人的名称和住所;基金的运作方式;封闭式基金的基金份额总额和基金合同期限,或者开放式基金的最低募集份额总额;确定基金份额发售日期、价格和费用的原则;基金份额持有人、基金管理人和基金托管人的权利、义务;基金份额持有人大会召集、议事及表决的程序和规则;基金份额发售、交易、申购、赎回的程序、时间、地点、费用计算方式,以及给付赎回款项的时间和方式;基金收益分配原则、执行方式;基金管理人、基金托管人报酬的提取、支付方式与比例;与基金财产管理、运用有关的其他费用的提取、支付方式;基金财产的投资方向和投资限制;基金资产净值的计算方法和公告方式;基金募集未达到法定要求的处理方式;基金合同解除和终止的事由、程序以及基金财产清算方式;争议解决方式;当事人约定的其他事项。

(3)基金托管协议草案。即与商业银行等基金托管人签订的基金托管协议。

(4)招募说明书草案。公开募集基金的基金招募说明书应当包括下列内容:基金募集申请的准予注册文件名称和注册日期;基金管理人、基金托管人的基本情况;基金合同和基金托管协议的内容摘要;基金份额的发售日期、价格、费用和期限;基金份额的发售方式、发售机构及登记机构名称;出具法律意见书的律师事务所和审计基金财产的会计师事务所的名称和住所;基金管理人、基金托管人报酬及其他有关费用的提取、支付方式与比例;风险警示内容以及规定的其他内容。

(5)律师事务所出具的法律意见书以及中国证监会规定提交的其他文件。

2. 公开募集基金的注册

公开募集基金目前已采用注册制。即应当经中国证监会注册。未经注册,不得公开或者变相公开募集基金。中国证监会应当自受理公开募集基金的募集注册申请之日起6个月内依照法律、行政法规及中国证监会的规定进行审查,作出注册或者不予注册的决定,并通知申请人;不予注册的,应当说明理由。

3. 基金份额的发行

(1)基金信息的披露。基金管理人应当在基金份额发售的3日前公布招募说明书、基金合同及其他有关文件。这些文件应当真实、准确、完整。对公开募集基金所进行的宣传推介活动,应当符合有关法律、行政法规的规定,不得有如下行为:虚假记载、误导性陈述或者重大遗漏;对证券投资业绩进行预测;违规承诺收益或者承担损失;诋毁其他基金管理人、基金托管人或者基金销售机构以及法律、行政法规和中国证监会规定禁止的其他行为。

（2）基金的发售。基金募集申请经注册后，方可发售基金份额。基金份额的发售，由基金管理人或者其委托的基金销售机构办理。

（3）基金的募集期限。基金管理人应当自收到准予注册文件之日起 6 个月内进行基金募集。超过 6 个月开始募集，原注册的事项未发生实质性变化的，应当报国务院证券监督管理机构备案；发生实质性变化的，应当向国务院证券监督管理机构重新提交注册申请。基金募集不得超过国务院证券监督管理机构准予注册的基金募集期限。基金募集期限自基金份额发售之日起计算。

（4）募集成功的验资、备案。基金募集期限届满，封闭式基金募集的基金份额总额达到准予注册规模的 80% 以上，开放式基金募集的基金份额总额超过准予注册的最低募集份额总额，并且基金份额持有人人数符合国务院证券监督管理机构规定的，基金管理人应当自募集期限届满之日起 10 日内聘请法定验资机构验资，自收到验资报告之日起 10 日内，向中国证监会提交验资报告，办理基金备案手续，并予以公告。基金募集期间募集的资金应当存入专门账户，在基金募集行为结束前，任何人不得动用。

（5）基金合同的成立与生效。投资人交纳认购的基金份额的款项时，基金合同成立；基金管理人募集成功办理验资并向中国证监会办理基金备案手续，基金合同生效。

（6）基金管理人对募集失败的责任。基金募集期限届满，不能满足前述验资和备案条件的，基金管理人应当承担下列责任：以其固有财产承担因募集行为而产生的债务和费用；在基金募集期限届满后 30 日内返还投资人已交纳的款项，并加计银行同期存款利息。

三、非公开募集基金

（一）非公开募集基金的含义

非公开募集基金应当向合格投资者募集，合格投资者累计不得超过 200 人。合格投资者，是指达到规定资产规模或者收入水平，并且具备相应的风险识别能力和风险承担能力、其基金份额认购金额不低于规定限额的单位和个人。非公开募集基金，不得向合格投资者之外的单位和个人募集资金，不得通过报刊、电台、电视台、互联网等公众传播媒体或者讲座、报告会、分析会等方式向不特定对象宣传推介。非公开募集基金可以从事的证券投资，包括买卖公开发行的股份有限公司股票、债券、基金份额，以及中国证监会规定的其他证券及其衍生品种。

（二）非公开募集基金相关当事人的权利义务

1. 基金管理人和基金托管人

（1）基金管理人由依法设立的公司或者合伙企业担任。非公开募集基金的基金管理人，应当按照规定向基金行业协会履行登记手续，报送基本情况。专门从事非公开募集基金管理业务的基金管理人，其股东、高级管理人员、经营期限、管理的基金资产规模等符合规定条件的，经国务院证券监督管理机构核准，可以从事公开募集基金管理业务。

（2）除基金合同另有约定外，非公开募集基金应当由基金托管人托管。基金托管人的职责与公开募集基金中的基金托管人职责相同。

2. 基金份额持有人的权利

非公开募集基金持有人的权利与公开募集基金持有人的权利基本相同，仅在知情权方面，公开募集基金的基金份额持有人有权查阅或者复制公开披露的基金信息资料；而非公开募集基金的基金份额持有人对涉及自身利益的情况，有权查阅基金的财务会计账簿等财务资料。

（三）基金合同

1. 基金合同的内容

非公开募集基金，应当制定并签订基金合同。基金合同应当包括下列内容：基金份额持有人、基金管理人、基金托管人的权利、义务；基金的运作方式；基金的出资方式、数额和认缴期限；基金的投资范围、投资策略和投资限制；基金收益分配原则、执行方式；基金承担的有关费用；基金信息提供的内容、方式；基金份额的认购、赎回或者转让的程序和方式；基金合同变更、解除和终止的事由、程序；基金财产清算方式以及当事人约定的其他事项。

2. 部分基金份额持有人作为基金管理人的特殊规定

按照基金合同约定，非公开募集基金可以由部分基金份额持有人作为基金管理人负责基金的投资管理活动，并在基金财产不足以清偿其债务时对基金财产的债务承担无限连带责任。这就是以有限合同形式从事的基金募集，是私募证券投资常见的情形。此种情形下，其基金合同还应载明：承担无限连带责任的基金份额持有人和其他基金份额持有人的姓名或者名称、住所；承担无限连带责任的基金份额持有人的除名条件和更换程序；基金份额持有人增加、退出的条件、程序以及相关责任；承担无限连带责任的基金份额持有人和其他基金份额持有人的转换程序。

（四）非公开募集基金的募集和备案

1. 非公开募集基金的募集

非公开募集基金应当采用非公开方式募集，不得向合格投资者之外的单位和个人募集资金，不得通过报刊、电台、电视台、互联网等公众传播媒体或者讲座、报告会、分析会等方式向不特定对象宣传推介。

2. 向基金行业协会的备案

非公开募集基金募集完毕，基金管理人应当向基金行业协会备案。对募集的资金总额或者基金份额持有人的人数达到规定标准的基金，基金行业协会应当向国务院证券监督管理机构报告。

阅读3－1 我国证券发行制度的历史与注册制改革

1990年，沪深证券交易所相继成立。1993年，证券市场建立了全国统一的股票发行审核制度，并先后经历了行政主导的审批制和市场化方向的核准制两个阶段。审批制是一国在股票市场的发展初期，为了维护上市公司的稳定和平衡复杂的社会经济关系，采用行政计划的办法分配股票发行的指标和额度，由地方或行业主管部门根据指标推荐企业发行股票的一种发行制度。公司发行股票的首要条件是取得指标和额度，如果取得了给予的指标和额度，就等于取得了保荐，股票发行仅仅是走个过场。核准制则是介于注册制和审批制之间的中间形式。它一方面取消了指标和额度管理，并引进证券中介机构的责任来判断企业是否达到股票发行的条件；另一方面证券监管机构同时对股票发行的合规性和适销性条件进行实质性审查，并有权否决股票发行的申请。

具体而言，我国的证券发行审批制包括以下“额度管理”和“指标管理”两个阶段，而核准制包括“通道制”和“保荐制”两个阶段。

一、“额度管理”阶段（1993—1995年）

1993年4月25日，国务院颁布了《股票发行与交易管理暂行条例》，标志着审批制的正式确立。在审批制下，股票发行由国务院证券监督管理机构根据经济发展和市场供求的具体情况，在宏观上制定一个当年股票发行总规模（额度或指标），经国务院批准后，下达给计委，计委再根据各个省级行政区域和行业在国民经济发展中的地位和需要进一步将总额度分配到各省、自治区、直辖市、计划单列市和国家有关部委。省级政府和国家有关部委在各自的发行规模内推荐预选企业，证券监管机构对符合条件的预选企业的申报材料进行审批。对企业而言，需要经历两级行政审批，即企业首先向其所在地政府或主管中央部委提交额度申请，经批准后报送证监会复审。证监会对企业的质量、前景进行实质审查，并对发行股票的规模、价格、发行方式、时间等作出安排。额度是以股票面值计算的，在溢价发行条件下，实际筹资额远大于计划额度，在这个阶段共确定了105亿元发行额度，共有200余家企业发行，筹资400多亿元。

二、"指标管理"阶段(1996—2000年)

1996年，国务院证券委员会公布了《关于1996年全国证券期货工作安排意见》，推行"总量控制、限报家数"的指标管理办法。由国家计委、证券委共同制定股票发行总规模，证监会在确定的规模内，根据市场情况向各省级政府和行业管理部门下达股票发行家数指标，省级政府或行业管理部门在指标内推荐预选企业，证券监管部门对符合条件的预选企业同意其上报发行股票的正式申报材料并审核。1997年，证监会下发了《关于做好1997年股票发行工作的通知》，同时增加了拟发行股票公司预选材料审核的程序，由证监会对地方政府或中央企业主管部门推荐的企业进行预选，改变了两级行政审批下单纯由地方推荐企业的做法，开始了对企业的事前审核。1996年、1997年分别确定了150亿股和300亿股的发行量，共有700余家企业发行，筹资4000多亿元。

三、"通道制"阶段(2001—2004年)

1999年7月1日正式实施的《中华人民共和国证券法》明确确立了核准制的法律地位。1999年9月16日，证监会推出了股票发行核准制实施细则。随后，证监会又陆续制定了一系列与《证券法》相配套的法律法规和部门规章，例如《中国证监会股票发行审核委员会条例》、《中国证监会股票发行核准程序》、《股票发行上市辅导工作暂行办法》等，构建了股票发行核准制的基本框架。新的核准程序包括：第一，省级人民政府和主管部委批准改制设立股份有限公司；第二，拟发行公司与有资格的证券公司签订辅导(保荐)协议，报当地证管办备案，签订协议后，每两个月上报一次辅导材料，辅导时间为期一年；第三，辅导期满，拟发行公司提出发行申请，证券公司依法予以推荐(保荐)；第四，证监会进行合规性初审后，提交发行审核委员会审核，经发审委专家投票表决，最终经证监会核准后，决定其是否具有发行资格。核准制以强制性信息披露为核心，旨在强化中介机构的责任，减少行政干预。

核准制的第一个阶段是"通道制"。2001年3月17日，证监会宣布取消股票发行审批制，正式实施股票发行核准制下的"通道制"。2001年3月29日，中国证券业协会对"通道制"做出了具体解释：每家证券公司一次只能推荐一定数量的企业申请发行股票，由证券公司将拟推荐企业逐一排队，按序推荐。所推荐企业每核准一家才能再报一家,即“过会一家,递增一家”(2001年6月24日又调整为“每公开发行一家才能再报一家”,即“发行一家,递增一家”),具有主承销资格的证券公司拥有的通道数量最多8条,最少2条。到2005年1月1日“通道制”被废除时,全国83家证券公司一共拥有318条通道。

“通道制”改变了由行政机制遴选和推荐发行人的做法,使主承销商在一定程度上承担起股票发行的风险,同时也获得了遴选和推荐股票发行人的权利。

四、“保荐制”阶段(2004年至今)

2003年12月,证监会制定了《证券发行上市保荐制度暂行办法》等法规,这是适应市场需求和深化股票发行制度改革的重大举措。“保荐制”起源于英国,全称是保荐代表人制度。中国的保荐制度是指有资格的保荐人推荐符合条件的公司公开发行证券和上市,并对所推荐的发行人的信息披露质量和所做承诺提供持续训示、督促、辅导、指导和信用担保的制度。其主要内容包括:建立保荐机构和保荐代表人的注册登记管理制度;明确保荐期限;分清保荐责任;引进持续信用监管和“冷淡对待”的监管措施等四个方面。保荐制度的重点是明确保荐机构和保荐代表人的责任并建立责任追究机制。与“通道制”相比,保荐制度增加了由保荐人承担发行上市过程中连带责任的内容。保荐人的保荐责任期包括发行上市全过程,以及上市后的一段时期(如两个会计年度)。

五、证券发行的注册制展望

注册制是在市场化程度较高的成熟股票市场所普遍采用的一种发行制度。证券监管部门公布股票发行的必要条件,只要达到所公布条件要求的企业即可发行股票。发行人申请发行股票时,必须依法将公开的各种资料完全准确地向证券监管机构申报。证券监管机构的职责是对申报文件的真实性、准确性、完整性和及时性做合规性的形式审查,而将发行公司的质量留给证券中介机构来判断和决定。这种股票发行制度对发行人、证券中介机构和投资者的要求都比较高。

当然,需要注意的是,无论审核制,还是注册制,都必须坚持以信息披露为中心,确保企业能够真实、准确、完整、及时披露相关信息。事实上,即使是实行注册制的市场,对新股公开发行的审查也是非常严格和细致的,并非顾名思义地认为注册制仅是简单备案。

证券发行权和上市权的权利本应当是商主体享有的私法性权利,应当由证券发行人和市场来决定。目前,我国《证券法》规定的发行制度依然属于核准制,即发行人在发行股票时,不仅要充分公开企业的真实状况,而且还必须由中国证监会予以审核并决定证券的发行与否。其本质是由监管部门而非市场对公司的价值予以评估。核准制的优点是能发挥出证券监管的行政约束力,但不足在于核准制的实质审查使得上市证券数量有限,市场供需失衡,市场对上市公司的“壳资源”(即上市公司本身的上市资格)的追捧远大于公司本身的价值。并且我国多年来的实践也证明,即使经由中国证监会的核准制审核,也难以杜绝虚假陈诉等违反信息披露制度的现象,权力寻租问题也客观存在,因而对核准制进行改革是必要的。这就是证券发行的注册制改革。

注册制实际上将更多的选择权交由投资者和市场来判断,减少证监会发审的权力。为保护投资者的合法利益,维护证券法的三公原则,注册制下的信息披露方面将往更加透明公开的方向发展,相关当事人的信息真实义务和法律责任将进一步强化。证券上市的程序中将缩短审核周期,增加了企业融资便利性,压缩权力“寻租”空间。上市公司的价值将更多由自身的经营决定,部分垃圾公司最终会逐步被市场淘汰。但是,注册制的改革也不是一蹴而就的,它需要一个过程。2015 年 12 月,全国人大常委会通过了《关于授权国务院在实施股票发行注册制改革中调整适用证券法有关规定的决定》;2017 年 4 月《证券法》修订草案提请十二届全国人大常委会第二十七次会议二审,对现行《证券法》第二章“证券发行”的规定,仍不作修改。但不可否认的是,证券发行的注册制改革已经是大势所趋。

阅读 3－2 我国新三板市场相关制度简介

新三板是我国多层次资本市场中的重要组成部分。据新华社 2017 年 4 月 7 日报道,截至 2017 年 4 月 7 日,全国中小企业股份转让系统(新三板)挂牌公司总数达到 11038 家;挂牌公司总股本达到 6301.62 亿股,其中无限售股本为 2736.25 亿股。挂牌公司总市值达到 44135.71 亿元。新三板成为我国多层次资本市场中重要的一个层次。新三板的股票、可转换公司债券及其他证券品种的发行和交易规则,除遵循证券法的一般原则,如公开、公平、公正的原则,禁止证券欺诈、内幕交易、操纵市场等违法违规行为等,与主板和创业板均有不同。以下概述之:

一、对新三板相关主体的规范

(一)挂牌公司

新三板的挂牌公司是经中国证监会核准的非上市公众公司,股东人数既可以超过 200 人,也可以在 200 人之下。挂牌公司应符合以下要求:

1.公司治理的规范性

(1)挂牌公司应当按照法律、行政法规、部门规章、全国股份转让系统公司相关业务规定完善公司治理,确保所有股东,特别是中小股东享有平等地位,充分行使合法权利。挂牌公司可以按规定实施股权激励。

(2)挂牌公司应当依据《公司法》及有关非上市公众公司章程必备条款的规定制定公司章程并披露。挂牌公司应当依照公司章程的规定,规范重大事项的内部决策程序。

(3)挂牌公司与控股股东、实际控制人及其控制的其他企业应实行人员、资产、财务分开,各自独立核算、独立承担责任和风险。控股股东、实际控制人及其控制的其他企业应切实保证挂牌公司的独立性,不得利用其股东权利或者实际控制能力,通过关联交易、垫付费用、提供担保及其他方式直接或者间接侵占挂牌公司资金、资产,损害挂牌公司及其他股东的利益。

(4)挂牌公司董事会做出的对公司治理机制的讨论评估应当在年度报告中披露。挂牌公司可以实施股权激励,具体办法另行规定。

2. 信息披露的规范性

(1)申请挂牌公司、挂牌公司及其他信息披露义务人、主办券商依法披露的信息,应当第一时间在全国股份转让系统指定信息披露平台(www. neeq. com. cn 或 www. neeq. cc)公布。挂牌公司应当按照全国股份转让系统公司相关规定编制并披露定期报告和临时报告;上述文件披露前,挂牌公司应当依据公司章程履行内部程序。挂牌公司应当按照《企业会计准则》的要求编制财务报告,另有规定的除外。挂牌公司发生的或者与之有关的事件没有达到全国股份转让系统公司规定的披露标准,或者全国股份转让系统公司没有具体规定,但公司董事会认为该事件对公司股票转让价格可能产生较大影响的,公司应当及时披露。若挂牌公司有充分依据证明其拟披露的信息属于国家机密、商业秘密,可能导致其违反国家有关保密法律、行政法规规定或者严重损害挂牌公司利益的,可以向全国股份转让系统公司申请豁免披露或履行相关义务。

(2)挂牌公司应当制定并执行信息披露事务管理制度。挂牌公司设有董事会秘书的,由董事会秘书负责信息披露管理事务,未设董事会秘书的,挂牌公司应指定一名具有相关专业知识的人员负责信息披露管理事务,并向全国股份转让系统公司报备。负责信息披露管理事务的人员应列席公司的董事会和股东大会。

(3)挂牌公司及其他信息披露义务人应当对其披露信息内容的真实性、准确性、完整性承担责任。挂牌公司、相关信息披露义务人和其他知情人不得泄露内幕信息。全国股份转让系统公司对挂牌公司及其他信息披露义务人已披露的信息进行审查。主办券商应对挂牌公司拟披露的信息及披露文件进行审查,履行持续督导职责。主办券商、会计师事务所、律师事务所、其他证券服务机构及其相关人员在全国股份转让系统从事相关业务,应严格履行法定职责,遵守行业规范,勤勉尽责,诚实守信,并对出具文件的真实性、准确性、完整性负责。

(二)实行主办券商制度

1. 主办券商的含义

新三板没有承销和保荐制度,实行的是主办券商制度。主办券商是指在全国股份转让系统从事下列部分或全部业务的证券公司:

(1)推荐业务:推荐申请挂牌公司股票挂牌,持续督导挂牌公司,为挂牌公司定向发行、并购重组等提供相关服务;从事此项业务的证券公司,应当具有证券承销与保荐业务资格。

(2)经纪业务:代理开立证券账户、代理买卖股票等业务;从事此项业务的证券公司应具有证券经纪业务资格。

(3)做市业务:应当具有证券自营业务资格。主办券商的做市业务是证券自营业务的一种,但也交融了证券经纪法律关系。在新三板正常转让日内,证券公司作为做市商必须连续报出其做市证券的买价和卖价,若投资者的限价申报满足成交条件,则新三板做市商在其报价数量范围内,有按其报价履行与其成交的义务。也就是说,当投资者需要买卖股票时,买卖双方不直接成交,而是通过新三板做市商作为对手方,只要是在报价区间做市商就有成交义务。[1]

(4)全国股份转让系统公司规定的其他业务。

2. 主办券商的执业规则

(1)证券公司在全国股份转让系统开展相关业务前,应向全国股份转让系统公司申请备案。全国股份转让系统公司同意备案的,与其签订协议,出具备案函并公告。

(2)主办券商应在取得全国股份转让系统公司备案函后5个转让日内,在全国股份转让系统指定信息披露平台披露公司基本情况、主要业务人员情况及全国股份

---

〔1〕 股票采取做市转让方式将对挂牌公司带来三方面的积极影响:一是改善股票流动性。一方面,做市商通过履行双边报价义务,不断向投资者提供股票买卖价格、接受投资者的买卖要求,充当流动性提供者,保证市场交易连续进行,从而提高市场的流动性;另一方面,在有组织的做市商市场上,多个做市商提供的竞争性报价及股票推介活动,能够激发普通投资者的投资兴趣,吸引更多投资者进入市场交易,增强市场的流动性。二是维护股票价格的稳定性。做市商制度下,做市商报价有连续性,价差幅度也有限制,做市商出于自身利益考虑,会有维护市场稳定的强烈动机。三是解决挂牌公司股票定价难的问题。做市商的双向报价特别是多个做市商的竞争性报价,将促使做市商不断提高自身研究能力和缩小报价价差,使报价尽可能接近真实价格。做市商对挂牌公司的价值发现,将有助于解决其融资过程中的定价难的问题,提高融资效率和成功率。参见左永刚:《新三板下周一实施做市转让方式》,载《证券日报》2014年8月19日。

转让系统公司要求披露的其他信息。主办券商在全国股份转让系统开展业务期间，应按全国股份转让系统公司要求报送并披露相关执业情况等信息。主办券商所披露信息内容发生变更的，应按规定及时报告全国股份转让系统公司并进行更新。

(3)主办券商在全国股份转让系统开展业务，应当建立健全各项业务管理制度和业务操作流程，建立健全风险管理制度和合规管理制度，保障业务依法合规进行，严格防范和控制业务风险。

(4)主办券商应当实现推荐业务、经纪业务、做市业务以及其他业务之间的有效隔离，防范内幕交易，避免利益冲突。

(5)主办券商开展推荐业务，应勤勉尽责地进行尽职调查和内核，并承担相应责任。

(6)主办券商应持续督导所推荐挂牌公司诚实守信、规范履行信息披露义务、完善公司治理机制。主办券商与挂牌公司解除持续督导协议前，应当报告全国股份转让系统公司并说明理由。

(7)主办券商应当建立健全投资者适当性管理工作制度和业务流程，严格执行全国股份转让系统投资者适当性管理各项要求。

(8)主办券商发现投资者存在异常交易行为，应提醒投资者；对可能严重影响正常交易秩序的异常交易行为，应及时报告全国股份转让系统公司。

(9)主办券商开展做市业务不得利用信息优势和资金优势，通过单独或者合谋，以串通报价或相互买卖操纵股票转让价格，损害投资者利益。

(三)投资者适当性管理

全国股份转让系统实行投资者适当性管理制度。投资者应当具备一定的证券投资经验和相应的风险识别和承担能力，知悉相关业务规则，自行承担投资风险。

依据2013年《全国中小企业股份转让系统投资者适当性管理细则(试行)》对新三板投资者适当性的规定，可以在新三板作为投资者的具体要求如下：

1. 机构投资者

机构投资者可以申请参与挂牌公司股票公开转让的条件包括：(1)注册资本500万元人民币以上的法人机构。(2)实缴出资总额500万元人民币以上的合伙企业。(3)集合信托计划、证券投资基金、银行理财产品、证券公司资产管理计划，以及由金融机构或者相关监管部门认可的其他机构管理的金融产品或资产，可以申请参与挂牌公司股票公开转让。

2. 自然人投资者

同时符合下列条件的自然人投资者可以申请参与挂牌公司股票公开转让：

(1)投资者本人名下前一交易日日终证券类资产市值500万元人民币以上。证券类资产包括客户交易结算资金、在沪深交易所和全国股份转让系统挂牌的股票、基金、债券、券商集合理财产品等,信用证券账户资产除外。(2)具有2年以上证券投资经验,或具有会计、金融、投资、财经等相关专业背景或培训经历。投资经验的起算时点为投资者本人名下账户在全国股份转让系统、上海证券交易所或深圳证券交易所发生首笔股票交易之日。

3. 可以参与挂牌公司股票定向发行的投资者

下列投资者可以参与挂牌公司股票定向发行:(1)股东人数未超过200人的公司申请其股票公开转让。(2)符合参与挂牌公司股票公开转让条件的投资者。

此外,公司挂牌前的股东、通过定向发行持有公司股份的股东等,如不符合参与挂牌公司股票公开转让条件,只能买卖其持有或曾持有的挂牌公司股票。已经参与挂牌公司股票买卖的投资者保持原有交易权限不变。

二、股票挂牌的条件和程序

(一)条件

股份有限公司申请股票在全国股份转让系统挂牌,不受股东所有制性质的限制,不限于高新技术企业,应当符合下列条件:依法设立且存续满两年。有限责任公司按原账面净资产值折股整体变更为股份有限公司的,存续时间可以从有限责任公司成立之日起计算;业务明确,具有持续经营能力;公司治理机制健全,合法规范经营;股权明晰,股票发行和转让行为合法合规;主办券商推荐并持续督导;全国股份转让系统公司要求的其他条件。

(二)程序

1. 申请挂牌公司应当与主办券商签订推荐挂牌并持续督导协议,按照全国股份转让系统公司的有关规定编制申请文件,并向全国股份转让系统公司申报。

2. 全国股份转让系统公司对挂牌申请文件审查后,出具是否同意挂牌的审查意见。

3. 申请挂牌公司取得全国股份转让系统公司同意挂牌的审查意见及中国证监会核准文件后,按照全国股份转让系统公司规定的有关程序办理挂牌手续。

4. 申请挂牌公司应当在其股票挂牌前与全国股份转让系统公司签署挂牌协议,明确双方的权利、义务和有关事项。

5. 申请挂牌公司应当在其股票挂牌前依照全国股份转让系统公司的规定披露公开转让说明书等文件。申请挂牌公司在其股票挂牌前实施限制性股票或股票期权等股权激励计划且尚未行权完毕的,应当在公开转让说明书中披露股权激励计划等情况。

6. 申请挂牌公司在其股票挂牌前，应当与中国证券登记结算有限责任公司签订证券登记及服务协议，办理全部股票的集中登记。

7. 挂牌公司控股股东及实际控制人在挂牌前直接或间接持有的股票分三批解除转让限制，每批解除转让限制的数量均为其挂牌前所持股票的1/3，解除转让限制的时间分别为挂牌之日、挂牌期满1年和2年。挂牌前12个月以内控股股东及实际控制人直接或间接持有的股票进行过转让的，该股票的管理按照此规定执行，主办券商为开展做市业务取得的做市初始库存股票除外。因司法裁决、继承等原因导致有限售期的股票持有人发生变更的，后续持有人应继续执行股票限售规定。股票解除转让限制，应由挂牌公司向主办券商提出，由主办券商报全国股份转让系统公司备案。全国股份转让系统公司备案确认后，通知中国证券登记结算有限责任公司办理解除限售登记。

（三）股票转让

1. 转让形式

（1）股票转让采用无纸化的公开转让形式，或经中国证监会批准的其他转让形式。

（2）股票转让可以采取协议方式、做市方式、竞价方式或其他中国证监会批准的转让方式。经全国股份转让系统公司同意，挂牌股票可以转换转让方式。挂牌股票采取协议转让方式的，全国股份转让系统公司同时提供集合竞价转让安排。挂牌股票采取做市转让方式的，须有2家以上从事做市业务的主办券商（以下简称做市商）为其提供做市报价服务。

2. 转让服务及规则

（1）全国股份转让系统为证券转让提供相关设施，包括交易主机、交易单元、报盘系统及相关通信系统等。

（2）主办券商进入全国股份转让系统进行证券转让，应当先向全国股份转让系统公司申请取得转让权限，成为转让参与人。

（3）股票转让时间为每周一至周五上午9:15至11:30，下午13:00至15:00。转让时间内因故停市，转让时间不作顺延。遇法定节假日和全国股份转让系统公司公告的休市日，全国股份转让系统休市。

（4）全国股份转让系统对股票转让不设涨跌幅限制。另有规定的除外。

（5）投资者买卖挂牌公司股票，应当开立证券账户和资金账户，并与主办券商签订证券买卖委托代理协议。投资者开立证券账户，应当按照中国结算的相关规定办理。

(6)主办券商接受投资者的买卖委托后,应当确认投资者具备相应股票或资金,并按照投资者委托的时间先后顺序向全国股份转让系统申报。

(7)买卖挂牌公司股票,申报数量应当为1000股或其整数倍。卖出挂牌公司股票时,余额不足1000股部分,应当一次性申报卖出。股票转让的计价单位为"每股价格"。股票转让的申报价格最小变动单位为0.01元人民币。全国股份转让系统公司可以根据市场需要,调整股票单笔买卖申报数量和申报价格的最小变动单位。申报当日有效。投资者可以撤销委托申报的未成交部分。买卖申报经交易主机成交确认后,转让即告成立,买卖双方必须承认转让结果,履行清算交收义务,另有规定的除外。

(8)结算、清算和交收。中国证券登记结算有限责任公司作为共同对手方,为股票转让提供清算和多边净额担保交收服务;或不作为共同对手方,提供其他清算、交收等服务。

3. 转让信息

全国股份转让系统公司每个转让日发布股票转让即时行情、股票转让公开信息等转让信息,及时编制反映市场转让情况的各类报表,并通过全国股份转让系统指定信息披露平台或其他媒体予以公布。全国股份转让系统公司负责全国股份转让系统信息的统一管理和发布。未经全国股份转让系统公司许可,任何机构和个人不得发布、使用和传播转让信息。经全国股份转让系统公司许可使用转让信息的机构和个人,未经同意不得将转让信息提供给其他机构和个人使用或予以传播。全国股份转让系统公司可以根据市场发展需要,编制综合指数、成份指数、分类指数等证券指数,随即时行情发布。证券指数的设置和编制方法,由全国股份转让系统公司另行规定。

4. 暂停转让与恢复转让

挂牌公司发生下列事项,应当向全国股份转让系统公司申请暂停转让,直至按规定披露或相关情形消除后恢复转让。(1)预计应披露的重大信息在披露前已难以保密或已经泄露,或公共媒体出现与公司有关传闻,可能或已经对股票转让价格产生较大影响的。(2)涉及需要向有关部门进行政策咨询、方案论证的无先例或存在重大不确定性的重大事项,或挂牌公司有合理理由需要申请暂停股票转让的其他事项。(3)向中国证监会申请首次公开发行股票并上市,或向证券交易所申请股票上市。(4)向全国股份转让系统公司主动申请终止挂牌。(5)未在规定期限内披露年度报告或者半年度报告。(6)主办券商与挂牌公司解除持续督导协议。(7)出现依《公司法》第180条规定解散的情形,或法院依法受理公司重整、和解或者破产清算申请。

挂牌公司未按规定向全国股份转让系统公司申请暂停股票转让的,主办券商应当及时向全国股份转让系统公司报告并提出处理建议。此外,全国股份转让系统公司可以根据中国证监会的要求或者基于维护市场秩序的需要,决定挂牌公司股票的暂停与恢复转让事宜。

5. 终止与重新挂牌

挂牌公司出现下列情形之一的,全国股份转让系统公司终止其股票挂牌:(1)中国证监会核准其首次公开发行股票申请,或证券交易所同意其股票上市。(2)终止挂牌申请获得全国股份转让系统公司同意。(3)未在规定期限内披露年度报告或者半年度报告的,自期满之日起2个月内仍未披露年度报告或半年度报告。(4)主办券商与挂牌公司解除持续督导协议,挂牌公司未能在股票暂停转让之日起3个月内与其他主办券商签署持续督导协议的。(5)挂牌公司经清算组或管理人清算并注销公司登记的。(6)全国股份转让系统公司规定的其他情形。

全国股份转让系统公司在作出股票终止挂牌决定后发布公告,并报中国证监会备案。挂牌公司应当在收到全国股份转让系统公司的股票终止挂牌决定后及时披露股票终止挂牌公告。对因未在规定期限内披露年度报告或者半年度报告的,自期满之日起2个月内仍未披露年度报告或半年度报告、主办券商与挂牌公司解除持续督导协议这两种情形终止挂牌的公司,全国股份转让系统公司可以为其提供股票非公开转让服务。

导致公司终止挂牌的情形消除后,经公司申请、主办券商推荐及全国股份转让系统公司同意,公司股票可以重新挂牌。

6. 监控与异常情况处理

(1)挂牌公司出现下列情形之一的,全国股份转让系统公司对股票转让实行风险警示,在公司股票简称前加注标识并公告:最近一个会计年度的财务会计报告被出具否定意见或者无法表示意见的审计报告;最近一个会计年度经审计的期末净资产为负值;全国股份转让系统公司规定的其他情形。

(2)全国股份转让系统公司对股票转让中出现的异常转让行为进行重点监控,并可以视情况采取盘中临时停止股票转让等措施。

(3)发生下列转让异常情况之一,导致部分或全部转让不能正常进行的,全国股份转让系统公司可以决定单独或同时采取暂缓进入清算交收程序、技术性停牌或临时停市等措施:不可抗力;意外事件;技术故障;全国股份转让系统公司认定的其他异常情况。全国股份转让系统公司对暂缓进入清算交收程序、技术性停牌或临时停市决定予以公告。技术性停牌或临时停市原因消除后,全国股份转让系统公司可以决定恢复转让,并予以公告。

因转让异常情况及全国股份转让系统公司采取的相应措施造成损失的,全国股份转让系统公司不承担赔偿责任。

三、新三板市场的自律监管

新三板市场按照市场化改革的方向构建起了自律监管制度。由全国股份转让系统公司依法对申请挂牌公司、挂牌公司及其他信息披露义务人、主办券商等市场参与人进行自律监管。

(一)全国股份转让系统公司的自律监管措施

1. 全国股份转让系统公司的自律监管措施

全国股份转让系统公司的自律监管措施包括:(1)要求申请挂牌公司、挂牌公司及其他信息披露义务人或者其董事(会)、监事(会)和高级管理人员、主办券商、证券服务机构及其相关人员对有关问题作出解释、说明和披露。(2)要求申请挂牌公司、挂牌公司聘请中介机构对公司存在的问题进行核查并发表意见。(3)约见谈话。(4)要求提交书面承诺。(5)出具警示函。(6)责令改正。(7)暂不受理相关主办券商、证券服务机构或其相关人员出具的文件。(8)暂停解除挂牌公司控股股东、实际控制人的股票限售。(9)限制证券账户交易;向中国证监会报告有关违法违规行为以及其他自律监管措施。

2. 监管对象的配合义务

监管对象应当积极配合全国股份转让系统公司的日常监管,在规定期限内回答问询,按照全国股份转让系统公司的要求提交说明,或者披露相应的更正或补充公告。

3. 全国股份转让系统公司的处分措施

(1)申请挂牌公司、挂牌公司、相关信息披露义务人违反新三板业务规则、全国股份转让系统公司其他相关业务规定的,全国股份转让系统公司视情节轻重给予以下处分,并记入证券期货市场诚信档案数据库(即"诚信档案"):通报批评;公开谴责。

(2)申请挂牌公司、挂牌公司的董事、监事、高级管理人员违反新三板规则、全国股份转让系统公司其他相关业务规定的,全国股份转让系统公司视情节轻重给予以下处分,并记入诚信档案:通报批评;公开谴责;认定其不适合担任公司董事、监事、高级管理人员。

(3)主办券商违反新三板规则、全国股份转让系统公司其他相关业务规定的,全国股份转让系统公司视情节轻重给予以下处分,并记入诚信档案:通报批评;公开谴责;限制、暂停直至终止其从事相关业务。

(4)主办券商的相关业务人员违反新三板规则、全国股份转让系统公司其他相关业务规定的,全国股份转让系统公司视情节轻重给予以下处分,并记入诚信档案:通报批评;公开谴责。

(5)会计师事务所、律师事务所、其他证券服务机构及其工作人员违反新三板规则、全国股份转让系统公司其他相关业务规定的,全国股份转让系统公司视情节轻重给予以下处分,记入诚信档案并向相关行业自律组织通报:通报批评;公开谴责。

全国股份转让系统公司设立纪律处分委员会对本业务规则规定的纪律处分事项进行审核,作出独立的专业判断并形成审核意见。全国股份转让系统公司根据纪律处分委员会的审核意见,作出是否给予纪律处分的决定。监管对象不服全国股份转让系统公司作出的纪律处分决定的,可自收到处分通知之日起15个工作日内向全国股份转让系统公司申请复核,复核期间该处分决定不停止执行。

案例3-1　证券公司在证券发行中的信息真实义务

中国证监会认定兴业证券在担任丹东欣泰电气股份有限公司(以下简称欣泰电气)首次公开发行股票并在创业板上市(IPO)的保荐机构和主承销商期间存在以下违法事实:

为实现发行上市目的,解决欣泰电气应收账款余额过大问题,欣泰电气采用外部借款、使用自有资金或伪造银行单据的方式虚构应收账款的收回,在年末、半年末等会计期末冲减应收款项,虚增经营活动产生的现金流;在下一会计期初将借入资金返还,并恢复冲减的应收款项。但兴业证券在对欣泰电气进行核查时,未按照《证券发行上市保荐业务管理办法》、《保荐人尽职调查工作准则》的要求,核查欣泰电气是否存在期末收到销售款项在期后不正常流出的情况;在对主要销售客户进行访谈时,部分客户未对应收账款余额进行确认,其中包括7家欣泰电气虚构应收账款收回的公司。

欣泰电气采用伪造银行单据的方式虚构应收账款的收回,在年末、半年末等会计期末冲减应收款项,虚增银行存款,虚增经营活动产生的现金流。但兴业证券对欣泰电气进行核查时,未按照《证券发行上市保荐业务管理办法》、《保荐人尽职调查工作准则》的要求,重点核查大额货币资金的流出和流入,核查大额银行存款账户,判断其真实性;未对银行存款账户进行独立函证,而是直接引用会计师事务所审计工作底稿,且对审计工作底稿未能审慎核查。

兴业证券未对欣泰电气应收账款和银行存款情况进行审慎核查,出具的《发行保荐书》和《财务自查报告》中涉及欣泰电气应收账款、流动资产和经营活动产生的现金流量净额等项目的财务数据存在虚假记载,《发行保荐书》中关于欣泰电气最近3年财务会计文件无虚假记载、符合《证券法》规定的发行条件的推荐结论意见也存在虚假记载。

兴业证券在《丹东欣泰电气股份有限公司首次公开发行股票并在创业板上市招股意向书》(以下简称《招股意向书》)和《丹东欣泰电气股份有限公司首次公开发行股票并在创业板上市招股说明书》(以下简称《招股说明书》)中,声明"本保荐机构(主承销商)已对招股意向书(招股说明书)进行了核查,确认不存在虚假记载、误导性陈述或重大遗漏,并对其真实性、准确性和完整性承担相应的法律责任"。在欣泰电气公开发行股票过程中,兴业证券作为主承销商,未审慎核查公开发行募集文件的真实性和准确性,未发现《招股意向书》和《招股说明书》中涉及欣泰电气应收账款、流动资产和经营活动产生的现金流量净额等项目的财务数据存在虚假记载。

中国证监会认为,兴业证券出具的保荐书等文件存在虚假记载的行为,违反了《证券法》第11条第2款、《证券发行上市保荐业务管理办法》第4条、第24条、第29条、第30条和《保荐人尽职调查工作准则》第2条、第4条、第6条、第41条、第46条、第50条、第51条的规定,构成《证券法》第192条所述"保荐人出具有虚假记载、误导性陈述或者重大遗漏的保荐书,或者不履行其他法定职责的"情形。兴业证券未审慎核查欣泰电气公开发行募集文件的真实性和准确性的行为,违反了《证券法》第31条的规定,构成《证券法》第191条第3项所述"其他违反证券承销业务规定的行为"。

中国证监会依据《证券法》第191条、第192条和《行政处罚法》第27条第1款第1项的规定,决定对兴业证券给予警告,没收保荐业务收入1200万元,并处以2400万元罚款;没收承销股票违法所得2078万元,并处以60万元罚款。对兰某等给予警告,并分别处以30万元罚款,撤销证券从业资格。[2]

思考与分析:

本案兴业证券是欣泰电气的保荐人和承销商,依据证券法的规定,其所承担的义务较多,特别是应当承担证券发行中的信息真实义务。证券发行制度的市场

---

〔2〕 参见中国证监会〔2016〕91号行政处罚决定书。

化改革也意味着保荐人、承销商将承担更高的注意义务,以确保投资者能获得真实的信息。

本案值得思考的问题是:针对中国证监会的处罚决定,兴业证券能否提出自己免责的理由?保荐人应当如何尽到自己的法定义务?

案例3-2 欺诈上市案

2016年,中国证监会认定欣泰电气存在以下违法事实:

为实现发行上市目的,解决欣泰电气应收账款余额过大问题,欣泰电气总会计师刘某(时任欣泰电气总会计师)向公司董事长、实际控制人温某建议在会计期末以外部借款减少应收账款,并于下期初再还款冲回。二人商议后,温某同意并与刘某确定主要以银行汇票背书转让形式进行冲减。2011年12月至2013年6月,欣泰电气通过外部借款、使用自有资金或伪造银行单据的方式虚构应收账款的收回,在年末、半年末等会计期末冲减应收款项(大部分在下一会计期期初冲回),致使其在向中国证监会报送的IPO申请文件中相关财务数据存在虚假记载。其中,……截至2013年6月30日,虚减应收账款15,840万元,虚减其他应收款5324万元,少计提坏账准备313万元;虚增应付账款2421万元;虚减预付账款500万元;虚增货币资金21,232万元,虚增经营活动产生的现金流净额8638万元。

2013年12月至2014年12月,欣泰电气在上市后继续通过外部借款或者伪造银行单据的方式虚构应收账款的收回,在年末、半年末等会计期末冲减应收款项(大部分在下一会计期期初冲回),导致其披露的相关年度和半年度报告财务数据存在虚假记载。其中,《2013年年度报告》虚减应收账款19,940万元,虚减其他应收款6224万元,少计提坏账准备1240万元……。

欣泰电气实际控制人温某以员工名义从公司借款供其个人使用,截至2014年12月31日,占用欣泰电气6388万元。欣泰电气在《2014年年度报告》中未披露该关联交易事项,导致《2014年年度报告》存在重大遗漏。

欣泰电气披露的《2013年年度报告》、《2014年半年度报告》、《2014年年度报告》存在虚假记载及《2014年年度报告》存在重大遗漏的行为,违反了《证券法》第63条有关"发行人、上市公司依法披露的信息,必须真实、准确、完整,不得有虚假记载、误导性陈述或者重大遗漏"的规定,构成《证券法》第193条第1款所述"发行人、上市公司或者其他信息披露义务人未按照规定披露信息,或者披露的信息有虚假记载、误导性陈述或者重大遗漏的"行为。对欣泰电气该项违法行为,直接负责的主管人员为温某、刘某,其他直接责任人员包括财务经理、董事、独立董事。

同时,温某作为欣泰电气实际控制人,其行为已构成《证券法》第193条第3款所述"发行人、上市公司或者其他信息披露义务人的控股股东、实际控制人指使从事前两款违法行为的"行为。

中国证监会依据《证券法》第189条的规定,决定:(1)对欣泰电气处以非法所募资金的3%即772万元罚款;(2)对温某处以802万元罚款,其中作为直接负责的主管人员处以30万元罚款,作为实际控制人处以欣泰电气非法所募资金的3%即772万元罚款;(3)对刘某处以30万元罚款。

依据《证券法》第193条第1款、第3款的规定,决定:(1)对欣泰电气责令改正,给予警告,并处以60万元罚款;(2)对温某给予警告,并处以90万元罚款;其中作为直接负责的主管人员处以30万元罚款,作为实际控制人处以60万元罚款;(3)对刘某给予警告,并处以30万元罚款。欣泰电气的财务经理、董事、独立董事等也悉数受罚。相关证券保荐、律所、会计师事务所及资产评估机构等也被调查和处罚。[3]

思考与分析:

按照相关上市规则,深交所2017年7月作出终止欣泰电气的上市决定,此后复牌进入30个交易日的退市整理期,期满次日摘牌,由此欣泰电气在短短3年内完成了自己在创业板的上市和退市之路。欣泰电气被称为中国证券市场"欺诈发行第一股"。本案当事人后期将面临投资者的巨额民事赔偿请求。

本案值得进一步思考的问题是:欺诈发行的法律后果有哪些?我国《证券法》第189条第1款为什么规定了欺诈发行中的罚款要按"……已经发行证券的,处以非法所募资金金额的百分之一以上百分之五以下的罚款"计算?这种"按比例"罚款的合理性是什么?

思考题

1. 证券发行的含义及分类有哪些?
2. 证券发行中的信息公开原则如何实现?
3. 股票发行的条件和程序有哪些?
4. 公司债券发行的条件和程序有哪些?

---

〔3〕 参见中国证监会〔2016〕84号行政处罚决定书。

——司法考试试题——

单项选择题

1. 赢鑫投资公司业绩骄人。公司拟开展非公开募集基金业务，首期募集1000万元。李某等老客户知悉后纷纷表示支持，愿意将自己的资金继续交其运作。关于此事，下列哪一选项是正确的？（2016年）

A. 李某等合格投资者的人数可以超过200人

B. 赢鑫公司可在全国性报纸上推介其业绩及拟募集的基金

C. 赢鑫公司可用所募集的基金购买其他的基金份额

D. 赢鑫公司就其非公开募集基金业务应向中国证监会备案

【答案】 C

【考点】 非公开募集基金。

2. 依据我国《证券法》的相关规定，关于证券发行的表述，下列哪一选项是正确的？（2013年）

A. 所有证券必须公开发行，而不得采用非公开发行的方式

B. 发行人可通过证券承销方式发行，也可由发行人直接向投资者发行

C. 只有依法正式成立的股份公司才可发行股票

D. 国有独资公司均可申请发行公司债券（正确）

【答案】 D

【考点】 证券发行的条件。

3. 为扩大生产规模，筹集公司发展所需资金，鄂神股份有限公司拟发行总值1亿元的股票，下列哪一说法符合《证券法》的规定？（2012年）

A. 根据需要可向特定对象公开发行股票

B. 董事会决定后即可径自发行

C. 可采取溢价发行方式

D. 不必将股票发行情况上报证券监管机构备案

【答案】 C

【考点】 上市公司新股发行。

第四章　证券上市与证券交易

本章导语

证券发行之后就是证券的上市与交易。证券发行的目的就是上市和交易。证券上市是指依法发行的证券在证券交易所和其他交易场所的转让。证券上市的条件和程序由证券交易所决定。证券交易是证券的流转,也是投资者实现资本收益的方式。证券法的重点内容之一就是确立证券交易的基本规则。证券交易需要遵循一系列专业和复杂的交易规则,这些具体规则主要由证券交易所依法制定。

第一节　证券上市

证券上市是指依法公开发行的证券,在证券交易所或者其他依法设立的证券交易场所公开挂牌交易的过程。证券交易所针对不同的证券类型规定了不同的上市规则,证券上市规则是包括上市、停牌、退市等多种制度在内的完整体系。证券上市的规则为我们展现了证券交易的特殊性。

一、证券上市的概述

(一)证券上市的含义和程序

1. 证券上市的含义

我国《证券法》第 39 条规定:"依法公开发行的股票、公司债券及其他证券,应当在依法设立的证券交易所上市交易或者在国务院批准的其他证券交易场所转让。"因此,证券上市是指依法公开发行的证券,在证券交易所或者其他依法设立的证券交易场所公开挂牌交易的过程。在证券交易所或者其他依法设立的证券交易场所进行交易的证券称为上市证券。

2. 证券上市的程序

(1) 证券发行人提出上市申请。对于不同类型的证券，证券交易所有不同的要求。证券发行人应当按证券交易所的具体要求提出上市申请。

(2) 由证券交易所进行审核，决定是否同意上市的决定并通知发行人。证券依法发行后，能否上市的审核权由证券交易所行使。审核程序对于各类证券均适用。具体由证券交易所设立上市委员会对上市申请进行审议，作出独立的专业判断并形成审核意见。证券交易所根据上市审核委员会的审核意见，作出是否同意上市的决定。这种做法能够确保证券交易所按照市场规范化的要求进一步核查证券的质量，确保要求上市交易的证券应遵守有关的交易规则，遵循保护投资者利益的原则，贯彻信息公开义务。此外，证券交易所还要对上市证券实施停牌、复牌、暂停上市、恢复上市和终止上市等各种具体管理措施，因此，证券上市由证券交易所进行审核体现了证券交易的市场化走向和自律性的管理。

(3) 证券交易所与发行人签订上市协议书并发布上市公告。经证券交易所同意上市后，由证券交易所与发行人签订上市协议书，并由发行人发布上市公告。我国《证券法》第 48 条第 1 款规定：“申请证券上市交易，应当向证券交易所提出申请，由证券交易所依法审核同意，并由双方签订上市协议。”第 53 条规定：“股票上市交易申请经证券交易所审核同意后，签订上市协议的公司应当在规定的期限内公告股票上市的有关文件，并将该文件置备于指定场所供公众查阅。”第 59 条规定：“公司债券上市交易申请经证券交易所审核同意后，签订上市协议的公司应当在规定的期限内公告公司债券上市文件及有关文件，并将其申请文件置备于指定场所供公众查阅。”

(二) 证券上市的特点

第一，证券上市是联结证券发行和证券交易的必要环节。有时候，人们习惯将证券发行与证券上市合称为“证券发行与上市”；有时则将证券上市与证券交易合称“证券上市与交易”，这些说法都表明了证券上市与证券发行、证券交易的密切关系。证券发行和证券交易是证券法中最重要的两大法律事实，而证券上市则是联结证券发行和证券交易的必要环节。证券发行是国家从监管角度采取的证券市场准入制度，只有符合证券发行条件的证券，才能在证券交易所上市并进行交易。证券上市则是证券市场本身采用的市场准入制度。符合证券上市条件的证券，不仅应当符合证券发行条件，还要符合证券交易所的上市条件；证券交易中的证券则不仅应当是依法发行的证券,还必须是依法上市的证券。因此,证券上市是不可或缺的、联结证券发行和证券交易的环节。

第二,证券依法发行后能否上市的审核权属于证券交易所。证券发行、上市的市场化改革必然要求增大证券交易所的职权。按照目前相关法律法规的规定,大部分证券发行的审核权力仍属于中国证监会,但证券上市的审核权力则属于证券交易所。证券交易所是证券集中交易的场所,是证券交易的组织者和实施者。因此,证券上市的前提是该证券必须依法发行,但能否成功上市还取决于证券交易所的审核。因此,证券上市必须遵守具体的上市条件和规则。目前,我国的两大证券交易所和其他证券交易场所对不同类型的证券都制定有详细的证券上市规则。依法发行的证券必须遵守这些上市规则,才能在证券交易所上市。

第三,证券上市是完整的法律制度。证券上市是一个完整的制度,包括证券上市的条件和程序、证券暂停上市、证券退市以及证券上市的保荐制度等,而不是指"上市"这个特定的行为。证券上市制度主要是从证券交易所角度或市场角度对已经发行的证券进行监管,对符合条件的证券允许在证券交易所进行交易;对不符合条件的证券则采取暂停交易乃至退市制度。因此,与证券发行一样,证券上市制度在体系上也属于证券市场的准入和退出机制,是成熟证券市场必要的法律制度。

第四,证券上市的条件因证券类型和证券市场的不同而有区别。证券类型多样,不同类型的证券如股票、公司债券、证券衍生品种,都有各自不同的上市条件;并且证券上市的市场不同,要求也不尽相同。我国的证券市场是证券交易所和其他国务院批准的证券交易场所。上海证券交易所是我国的主板市场;深圳证券交易所除主板市场外,还有中小板市场和创业板市场。此外,还有全国中小企业股权转让系统的股票上市。这些不同层次的证券市场其实体现的是我国证券市场的多层次性,它们能够满足不同情况企业的上市需求。

第五,证券上市必须满足相关的信息披露要求。我国《证券法》第 3 条规定:"证券的发行、交易活动,必须实行公开、公平、公正的原则。"证券上市作为连接证券发行和证券交易的枢纽,必须实行严格的信息披露制度。例如两大证券交易所对股票、公司债券上市都规定有具体的信息披露要求。证券上市必须满足这些要求。

二、股票的上市

(一)股票上市的条件概述

1. 股票在主板市场上市的条件

股票在主板市场上市是指股份公司依法发行的股票进入证券交易所主板市

场(上海证券交易所和深圳证券交易所)公开挂牌交易的过程。依据我国《证券法》第50条的规定,股票在主板上市应当符合下列条件:(1)股票经中国证监会核准已公开发行。因此,能够上市的股票必然应当符合股票发行的条件。(2)公司股本总额不少于人民币3000万元。(3)公开发行的股份达到公司股份总数的25%以上,公司股本总额超过人民币4亿元的,公开发行股份的比例为10%以上。此条件主要是要求公众持股达到一定的比例,有利于开展股票交易。(4)公司最近3年无重大违法行为,财务会计报告无虚假记载。(5)证券交易所可以规定高于前款规定的上市条件,并报中国证监会批准。依据上海证券交易所和深圳证券交易所的相关规定,证券交易所对证券上市的信息披露、监管等问题往往有非常详尽的要求。

2. 股票在中小板市场上市的条件

中小板市场是2004年5月经国务院批准,中国证监会批复同意,在深圳证券交易所主板市场内设立的。它主要满足主业突出、具有成长性和科技含量高的中小企业的上市需求。目前按照相关规定,股票在中小板市场上市的条件与主板上市的条件相同,在中小板上市的企业应当符合主板市场的上市条件和信息披露要求。

3. 股票在创业板上市的条件

依据深圳证券交易所《创业板股票上市规则》,申请股票在创业板上市,应当符合下列要求:(1)股票已公开发行;(2)公司股本总额不少于人民币3000万元;(3)公开发行的股份达到公司股份总数的25%以上;公司股本总额超过4亿元的,公开发行股份的比例为10%以上;(4)公司股东人数不少于200人;(5)公司最近3年无重大违法行为,财务会计报告无虚假记载;(6)深圳证券交易所要求的其他条件。

(二)股票上市的保荐制度

1. 股票上市的保荐制度概述

股票(也包括可转换公司债券)的上市也涉及保荐问题。我国《证券法》第49条规定,申请股票、可转换为股票的公司债券或者法律、行政法规规定实行保荐制度的其他证券上市交易,应当聘请具有保荐资格的机构担任保荐人。对保荐人的要求与证券发行中保荐人的要求相同,即保荐人应当遵守业务规则和行业规范,诚实守信,勤勉尽责,对发行人的申请文件和信息披露资料进行审慎核查,督导发行人规范运作。

例如,上海证券交易所的《股票上市规则》要求实行股票和可转换公司债券(含分离交易的可转换公司债券)的上市保荐制度。发行人(上市公司)向该所申请其首次公开发行的股票、上市后发行的新股和可转换公司债券在该所上市,以及公司股票被暂停上市后申请恢复上市、公司股票被终止上市后申请重新上市的,应当由保荐人保荐。要求保荐人应当为经中国证监会注册登记并列入保荐人名单,同时具有本所会员资格的证券经营机构;恢复上市保荐人还应当具有中国证券业协会《证券公司从事代办股份转让主办券商业务资格管理办法(试行)》中规定的从事代办股份转让主办券商业务资格。

2. 保荐机构在股票上市中的职责

在股票、可转换公司债券上市过程中,保荐机构的主要职责有:

(1)保荐机构应当与发行人签订保荐协议,明确双方在发行人申请上市期间、申请恢复上市期间和持续督导期间的权利和义务。保荐机构在证券发行中的职责是督导发行人按照交易所的规则履行信息披露及其他相关义务,督导发行人及其董事、监事和高级管理人员遵守本规则并履行向上证所作出的承诺,审阅发行人信息披露文件和向上证所提交的其他文件,并保证提交的与保荐工作相关的文件真实、准确、完整。

(2)在主板市场首次公开发行股票的,保荐机构承担持续督导的责任期间为股票上市当年剩余时间及其后 2 个完整会计年度;发行新股、可转换公司债券的,持续督导的期间为股票或者可转换公司债券上市当年剩余时间及其后 1 个完整会计年度;申请恢复上市的,持续督导期间为股票恢复上市当年剩余时间及其后 1 个完整会计年度。持续督导的期间自股票或者可转换公司债券上市之日起计算。

(3)在创业板市场首次公开发行股票的,持续督导期间为股票上市当年剩余时间及其后 3 个完整会计年度;上市后发行新股、可转换公司债券的,持续督导期间为股票、可转换公司债券上市当年剩余时间及其后 2 个完整会计年度;申请恢复上市的,持续督导期间为股票恢复上市当年剩余时间及其后 1 个完整会计年度。持续督导期间自股票、可转换公司债券上市或者恢复上市之日起计算。

(4)如果保荐机构有充分理由确信发行人可能存在违反上市规则的行为的,应当督促发行人作出说明并限期纠正;情节严重的,有责任向证券交易所及时报告;也可以对发行人违法违规事项公开发表声明。如果保荐机构有充分理由确信中介机构及其签名人员出具的专业意见可能存在虚假记载、误导性陈述或重大遗漏等违法违规情形或者其他不当情形的,应当及时发表意见;情节严重的,应当向证券交易所报告。

(三)股票上市的信息披露

股票发行人在提出上市申请期间,未经证券交易所的同意,不得擅自披露与上市有关的任何信息。依据证券交易所的相关规定,不同情况的股票上市有不同的信息披露要求。

1.首次公开发行股票上市的信息披露

依据上海证券交易所的规定,发行人首次公开发行股票的申请获得中国证监会核准后,可以向该所提出股票上市申请,股票上市申请应当向该所提交如下文件:上市报告书(申请书);中国证监会核准其股票首次公开发行的文件;申请股票上市的董事会和股东大会决议;营业执照复印件;公司章程;依法经具有执行证券、期货相关业务资格的会计师事务所审计的发行人最近3年的财务会计报告;首次公开发行结束后发行人全部股票已经中国证券登记结算有限责任公司上海分公司托管的证明文件;首次公开发行结束后具有执行证券、期货相关业务资格的会计师事务所出具的验资报告;关于董事、监事和高级管理人员持有本公司股份的情况说明和《董事(监事、高级管理人员)声明及承诺书》;发行人拟聘任或者已聘任的董事会秘书的有关资料;首次公开发行后至上市前按规定新增的财务资料和有关重大事项的说明;首次公开发行前已发行股份持有人自发行人股票上市之日起1年内持股锁定证明;控股股东和实际控制人接受限制转让约束的承诺函。即控股股东和实际控制人应当承诺:自发行人股票上市之日起36个月内,不转让或者委托他人管理其已直接和间接持有的发行人股份,也不由发行人收购该部分股份;发行人在刊登招股说明书之前12个月内进行增资扩股的,新增股份的持有人应当承诺:自发行人完成增资扩股工商变更登记手续之日起36个月内,不转让其持有的该部分新增股份。发行人应当在上市公告书中披露上述承诺;最近一次的招股说明书和经中国证监会审核的全套发行申报材料;按照有关规定编制的上市公告书;保荐协议和保荐机构出具的上市保荐书;律师事务所出具的法律意见书以及其他文件。

对于公开首次发行的股票,发行人应当于其股票上市前5个交易日内,在指定媒体上披露下列文件和事项:上市公告书;公司章程;申请股票上市的股东大会决议;上市保荐书;法律意见书以及其他文件和事项。

2.上市公司公开发行新股或可转换公司债券的信息披露

上市公司应当在公开发行股票或可转换公司债券上市前5个交易日内,在指定媒体上披露下列文件和事项:上市公告书以及证券交易所要求的其他文件和事项。

3. 上市公司非公开发行股票的上市申请和信息披露

上市公司非公开发行股票的限售期届满，申请非公开发行股票上市时，应当在上市前5个交易日向证券交易所提交下列文件：上市申请书；发行结果的公告；发行股份的托管证明；关于向特定对象发行股份的说明；上市提示性公告以及证券交易所要求的其他文件。上市公司非公开发行股票上市申请获得证券交易所同意后，应当在上市前3个交易日内披露上市提示性公告。上市提示性公告应当包括非公开发行股票的上市时间、上市数量、发行价格、发行对象等内容。

4. 有限售条件的股份上市申请和信息披露

上市公司有限售条件的股份上市，应当在上市前5个交易日以书面形式向本所提出上市申请。

(1)上市公司申请公开发行前已发行股份的上市，应当向证券交易所提交下列文件：上市申请书；有关股东的持股情况说明及托管情况；有关股东作出的限售承诺及其履行情况的说明(如有)；上市提示性公告以及证券交易所要求的其他文件。经证券交易所同意后，上市公司应当在有关股份上市前3个交易日披露上市提示性公告。上市提示性公告应当包括以下内容：上市时间和数量；有关股东所作出的限售承诺及其履行情况以及证券交易所要求的其他内容。上市公司申请股权分置改革后有限售条件的股份上市，亦适用本规定。

(2)上市公司申请向证券投资基金、法人、战略投资者配售的股份上市，应当向证券交易所提交下列文件：上市申请书；配售结果的公告；配售股份的托管证明；关于向证券投资基金、法人、战略投资者配售股份的说明；上市提示性公告以及证券交易所要求的其他文件。经证券交易所同意后，上市公司应当在配售的股份上市前3个交易日内披露上市提示性公告。上市提示性公告应当包括以下内容：配售股份的上市时间；配售股份的上市数量；配售股份的发行价格；公司历次股份变动情况。

(3)上市公司申请对其有关股东以及(原)董事、监事和高级管理人员所持本公司股份解除锁定时，应当向证券交易所提交下列文件：持股解锁申请；全部或者部分解除锁定的理由和相关证明文件(如适用)；上市提示性公告；以及证券交易所要求的其他文件。

(4)上市公司申请其内部职工股上市时，应当向证券交易所提交下列文件：上市申请书；中国证监会关于内部职工股上市时间的批文；有关内部职工股持股情况的说明及其托管证明；董事、监事和高级管理人员持有内部职工股有关情况的说明;内部职工股上市提示性公告以及证券交易所要求的其他文件。经证券交易所同意后,上市公司应当在内部职工股上市前3个交易日内披露上市提示性公告。上市提示性公告应当包括以下内容:上市日期;本次上市的股份数量以及董事、监事和高级管理人员持有的数量;发行价格;历次股份变动情况;持有内部职工股的人数。

三、公司债券的上市

(一)公司债券上市的一般条件

1. 上市条件

公司债券的上市指由上市公司发行的普通公司债券和其他发行主体发行的公司债券在证券交易所公开挂牌交易的过程。发行人申请债券上市,应当符合下列条件:经有权部门批准并发行;债券的期限为1年以上;债券的实际发行额不少于人民币5000万元;债券须经资信评级机构评级,且债券的信用级别良好;申请债券上市时仍符合法定的公司债券发行条件以及其他条件。

2. 公司债券上市的分类管理

目前,根据公司债券的资信等级和其他指标,证券交易所对公司债券的上市交易实行分类管理,不能同时达到下列条件的债券,只能通过证券交易所的"固定收益证券综合电子平台"进行上市交易:发行人的债项评级不低于AA;债券上市前,发行人最近一期末的净资产不低于15亿元人民币;债券上市前,发行人最近3个会计年度实现的年均可分配利润不少于债券1年利息的1.5倍;证券交易所规定的其他条件。

3. 公司债券上市的推荐人制度

(1)公司债券上市推荐人的条件。对于债券上市也存在与保荐制度相似的"上市推荐人制度"。例如按照《上海证券交易所公司债券上市规则》的相关规定,债券在该所申请上市,必须由一至两个该所认可的机构推荐并出具上市推荐书。上市推荐人应当符合下列条件:本所会员或本所认可的其他机构;最近1年内无重大违法违规行为;负责推荐工作的主要业务人员应当熟悉本所章程及相关业务规则以及其他条件。

(2)上市推荐人的义务。上市推荐人应履行下列义务:确认债券发行人符合上市条件;确保债券发行人的董事、高级管理人员了解其所担负责任的性质,并承担证券交易所上市规则及上市协议所列明的责任;协助债券发行人进行债券上市申请工作;向证券交易所提交上市推荐书;确保上市文件真实、准确、完整,符合规定要求，文件所载的资料经过核实；协助债券发行人与证券交易所安排债券上市以及其他义务。

(3)上市推荐人的信息真实义务。上市推荐人应当保证发行人的上市申请材料、上市公告书及其他有关宣传材料没有虚假、误导性陈述或者重大遗漏，并保证对其承担连带责任。上市推荐人不得利用其在上市推荐过程中获得的内幕信息进行内幕交易，为自己或他人牟取利益。

(二)公司债券上市的信息披露

1. 公司债券上市信息披露的一般要求

依据上海证券交易所的规定，发行人申请债券上市须向上证所提交下列文件：债券上市申请书；有权部门批准债券发行的文件；股东会或股东大会同意债券上市的决议；债券上市推荐书；公司章程，但经中国证监会核准发行公司债券的上市公司可以豁免提供公司章程；公司营业执照；债券募集办法、发行公告及发行情况报告；债券资信评级报告及跟踪评级安排说明；债券实际募集数额的证明文件；上市公告书具有证券从业资格的会计师事务所出具的发行人最近3个完整会计年度审计报告；如果有债券发行的担保人，则应当提供担保人资信情况说明与担保协议；发行人最近3年是否存在违法违规行为的说明；债券持有人名册及债券托管情况说明以及其他文件。

发行公司债券时，发行人应当在债券上市交易前在中国证监会指定的信息披露报刊或该所网站上公告债券上市公告书，并将上市公告书、与核准文件及有关上市申请文件备置于指定场所供公众查阅。

2. 公司债券分类管理对公司债券上市信息披露的特别要求

债券上市期间，凡发生下列可能导致债券信用评级发生重大变化，对债券按期偿付产生任何影响等事件或者存在相关的市场传言，发行人应当在第一时间向证券交易所提交临时报告，并予以公告澄清：公司发生重大亏损或者重大损失；公司发生重大债务和未能清偿到期重大债务的违约情况；公司减资、合并、分立、解散、申请破产及其他涉及债券发行人主体变更的决定；公司涉及或可能涉及的重大诉讼；公司债券担保人主体发生变更或担保人经营、财务状况发生重大变化的情况(如属担保发行)；国家法律、法规规定和中国证监会、证券交易所认为必须报告的其他事项。

发行人应与债券信用评级机构就跟踪评级的有关安排作出约定，并于每年6月30日前将上一年度的跟踪评级报告向市场公告。债券信用评级机构应及时跟踪发行人的债券资信变化情况，债券资信发生重大变化的，应及时调整债券信用等级，并及时向市场公布。

第二节　证券交易

证券交易是证券所有人将证券按照法定的方式转让给其他投资者的行为。证券交易是证券上市的目的，也是证券价值实现的方式。证券交易的规则较多，如证券交易的结果不能改变，证券交易的集中交易等。这些规则深刻体现了证券交易作为现代化、专业化商事交易的特色。

一、证券交易的概述

（一）证券交易的概念

证券交易是指证券所有人将证券按照法定的方式转让给其他投资者的行为。证券交易与证券发行相比，虽然本质上都是一种买卖关系，但是证券发行仅是证券发行人将证券出卖给投资者，是一种单向的证券出卖活动，而参与证券交易的法律关系主体都是投资者，是投资者相互之间的买卖活动。因此才把证券交易市场称为“二级市场”。

（二）证券交易的特点

第一，证券交易严格贯彻公开、公平和公正原则。证券交易在本质上是一种证券的买卖，但是与普通商品的买卖不同，证券交易的标的物是作为虚拟资本的证券，为了维护证券市场的秩序，保护投资者的合法利益，必须在证券交易中贯彻严格的公开、公平和公正原则。在证券交易中，有一系列的制度确保“三公”原则得到实现。

第二，证券交易的结果不得改变。我国《证券法》第120条规定：“按照依法制定的交易规则进行的交易，不得改变其交易结果。对交易中违规交易者应负的民事责任不得免除；在违规交易中所获利益，依照有关规定处理。”因此，证券交易与其他民法中的买卖不同，不存在交易的可撤销、效力待定和无效制度，只要是按照证券交易规则进行的证券交易，其结果都不允许改变。即使在证券交易中存在虚假陈述、内幕交易、操纵市场等违规行为，也不因此而改变先前进行的证券交易结果,而是由违规者向不知情的利益受害者承担相关的民事赔偿责任,违规者所获得的利益通常会被没收。

第三,证券交易要严格依据法律规定的交易规则进行。证券交易采用无纸化的集中交易或经中国证监会批准的其他方式。证券交易虽然是一种买卖,本应适用当事人的意思自治,但是有关证券交易的一系列规则都由法律严格、细致地规定,证券交易必须遵守这些规则。证券交易的规则包括证券交易的场所(证券交易所和其他国务院批准的证券交易场所)法定、交易时间规则(开盘时间、休盘时间、集合竞价时间、连续竞价时间等,如交易日为每周一至周五;国家法定假日和证券交易所公告的休市日则市场休市;交易时间内因故停市,交易时间不作顺延等)、交易方式法定(现货交易和信用交易)以及证券交易的经纪制度、集中竞价制度、稳定市场制度(涨跌幅限制)、交收结算制度、信息披露制度等。之所以牺牲交易的自由而采取这些复杂且专业的交易制度,在根本上是维护证券交易的秩序、公平、安全和效率。这一特点也使证券交易成为商事交易中一种非常特别的交易类型。

二、股票的交易方式

(一)现货交易

所谓证券的现货交易是指证券交易方用自己真实持有的证券和资金进行交易,在成交后及时清算交割证券和价款。由于是即时清算交割,因此现货交易的风险比较确定,是一种较为传统和安全的交易方式。

(二)股票的信用交易

证券法目前允许以现货交易以外的其他方式进行证券交易。我国《证券法》第42条:"证券交易以现货和国务院规定的其他方式进行交易。"该规定是2005年修订后的证券法所做重大变动之一。所谓"国务院规定的其他方式进行交易"就是指信用交易。

证券信用交易就是投资者凭自身的信誉,通过缴纳一定比例的保证金或证券,其余不足部分的资金由证券经纪人垫付而进行的证券交易方式,也就是我们常说的融资融券。融资是借钱买证券,证券公司借款给客户购买证券,客户到期偿还本息,客户向证券公司融资买进证券称为"买空";融券是借证券来卖,然后以证券归还,证券公司出借证券给客户出售,客户到期返还相同种类和数量的证券并支付利息,客户向证券公司融券卖出称为"卖空"。融资融券使客户能够超出自身所拥有的资金和证券进行大宗的交易，但是风险也很大。

（三）期货交易

1. 期货交易的原理

期货交易是指买卖双方成交后，按契约中规定的价格延期交割。与现货交易相比，期货交易的最大特点是不进行即时清结，而是将订约与履行的时间分离开来，由于这一期限内，货物的价格有所涨落，因而合约本身也成为可以投资的标的。购买期货者不是需要到期所交货物，而是希望合约价格涨落获得投资回报。期货交易按照交易的标的物分为商品期货、金融期货等。

2. 股指期货交易的特点

目前我国已经开展的股指期货属于金融期货，就是以某种股票指数为标的资产的标准化的期货合约。它的特点如下：

（1）股指期货的价格根据股票指数进行计算。股指期货的买卖双方报出的价格是一定时期后的股票指数价格水平。在合约到期后，股指期货通过现金结算差价的方式来进行交割。可见，股指期货是交易双方通过对股票指数变动趋势的预测，约定在未来某一时间按照一定条件进行交易的合约。因此，股指期货的交易是建立在对未来预期的基础上，预期的准确与否直接决定了投资者的盈亏。股指期货不涉及股票本身的交割，其价格根据股票指数计算，合约以现金清算形式进行交割。

（2）股指期货交易的风险较大。股指期货交易不需要全额支付合约价值的资金，只需要支付一定比例的保证金就可以签订较大价值的合约。因此，投资者只需支付相当于合约价值一部分比例的资金就可以进行交易，当然，他可能承担的损失也是成倍放大的。此外，股指期货还存在一定的信用风险和结算风险、因市场缺乏交易对手而不能平仓导致的流动性风险等，都使股指期货的风险远远大于一般的股票的交易。

（3）股指期货的价格与其标的资产——股票指数的变动联系极为紧密。股票指数是股指期货的标的资产，对股指期货价格的变动具有很大影响。与此同时，股指期货是对未来价格的预期，因而对股票指数也有一定的反映。

（四）股票的期权交易

1. 期权交易概述

（1）期权交易的含义。期权交易即选择权交易或权证交易，就是投资者与专门交易商签订的契约,规定持有者有权在一定期限内按交易双方所商订的“协定价格”,购买或出售一定数量的股票。

(2)期权交易的特点。这种交易的特殊性在于所买卖的并非证券本身,而是买入或卖出证券的“选择权”;其风险也是到期的选择权。购买期权者可以在期限以内任何时候行使买入某证券的权利,也可以到期不执行任其作废。期权交易可分买进期权交易和卖出期权交易两种。

(3)期权交易的意义。证券的期权交易有很强的杠杆效应。持有者只要支付证券期权的价格就可保留认购证券的权利,而证券期权的市场价格大大低于该证券的交易价格,价格的波动幅度却都大于该证券波动幅度。因此,证券期货提供了以小博大的机会。专家指出,期权是适应国际上金融机构和企业等控制风险、锁定成本的需要而出现的一种重要的避险衍生工具。1997 年诺贝尔经济学奖授给了期权定价公式(布莱克—斯科尔斯公式)的发明人,这也说明国际经济学界对于期权研究的重视。我国目前证券市场发行的备兑权证和认股权证等都是证券期权的交易方式。它们都属于金融衍生品种,按《证券法》第 2 条的规定,可以根据不同于证券法规定的规则发行和交易。

2. 备兑权证

(1)备兑权证的含义。备兑权证是上市公司以外的第三者发行的,赋予持有者以某一特定价格购买或卖出某种股票权利的权证。“备兑”指其发行人将权证的指定证券或资产存放在独立的受托人、托管人或存管处,作为其履行责任的抵押,以备兑付,而受托人、托管人或存管处则代表权证持有人的利益。

(2)备兑权证的发行。备兑权证的发行人通常都是资信卓著的金融机构,或是持有大量的认股对象公司股票以供投资者到时兑换,或是有雄厚的资金实力作担保,能够依照备兑权证所列的条款向投资者承担责任。发行人可能是多个,并且提供的条件不同,投资者可以自行选择。

(3)备兑权证包含的权利。备兑权证所赋予的权利可以是购买的权利(认购权证)或出售的权利(认沽权证),其中赋予购买权利的权证称为备兑认购权证,赋予出售权利的权证称为备兑认沽权证。

(4)备兑权证权利的行使。备兑权证权利的行使方式可以是欧式(只可在权证到期时行使)或美式(可以在到期前随时行使);行使备兑权证时可以交付现金或证券。备兑权证实际是认购此权证的社会资金与发行此权证的券商机构资金之间的博弈。买方(即权证持有人),在最后到期日或之前必须作出两种选择:一是当股票市场价届时高于(权证价 + 约定行权价)时,按发行的约定条款行权(以事先约定好的价格从权证发行人那里买进股票赚取差价,或直接得到权证发行人支付的行权当时的股票市价与约定价之间的差价对应的现金),二是当股票市场价届时不高于(权证价+约定行权价)时,放弃行权,承担购买权证所支付的资金损失。

(5)备兑权证价格的确定。在备兑权证中,由于买方最后作出选择的决定所造成的盈亏,实际是由该权证对应的股票的市场价格的高低确定的,所以权证本身的市场交易价格必然与对应股票的市场价格息息相关。若偏离太大,买方与卖方必有一方最终承担偏离带来的重大差价损失。对卖方而言,最大的好处是因发行权证而获得了一笔可观的权价即期收入,加快了资金周转;但当股票市场向期权卖方(备兑权证发行人)的不利方向波动时,若不及时采取套期保值等反向操作措施,其蒙受的损失可能是无限的。

3. 认股权证

(1)认股权证的含义。认股权证的全称是股票认购授权证,它由上市公司发行,给予持有权证的投资者在未来某个时间或某一段时间以事先确认的价格购买一定量该公司股票的权利。

(2)认股权证的发行。认股权证一般是上市公司在发行公司债券(如我国的可分离交易的公司债券)、优先股股票或配售新股之际同时发行。它的目的与备兑权证不同,主要是提高投资者认购股票或债券的积极性。如果到时投资者据此认购新股,还能增加发行公司的资金来源。权证表明持有者有权利而无义务。如果届时公司股票价格上涨,超过认股权证所规定的认购价格,权证持有者按认购价格购买股票,赚取市场价格和认购价格之间的差价;若届时市场价格比约定的认购价格还低,权证持有者可放弃认购。从内容上看,认股权证实质上就是一种买入期权。

4. 股票期权交易的管理

按照有关规则,上海证券交易所和中国证券登记结算有限责任公司对权证业务分别实施交易资格和结算资格管理。经上证所和中国证券登记结算有限责任公司认定,同时取得权证交易资格和结算资格的会员公司和结算参与人,可从事权证自营或经纪业务,上证所或中国证券登记结算有限责任公司另有规定的除外。权证一级交易商的主要职责是向投资者提供买卖报价,以维持权证交易的流动性。一级交易商从事权证及其标的证券自营业务的,必须通过在交易所备案的专用席位和专用账户进行,并接受监管。未同时取得权证交易资格和结算资格的会员公司和结算参与人,只可以在自营或经纪业务中行权或卖出权证。取得权证交易资格但未取得结算资格的结算参与人,根据《中国证券登记结算有限责任公司关于上海证券交易所上市权证登记结算业务实施细则》第50条的规定,选择符合准入要求的结算参与人代理其结算业务的,则可以在自营或经纪业务中买入权证。权证交易的主要规则如下:

(1)权证价格采用竞价方式进行交易。

权证涨幅价格=权证前一日收盘价格+(标的证券当日涨幅价格-标的证券前一日收盘价)×125%×行权比例

权证跌幅价格=权证前一日收盘价格-(标的证券前一日收盘价-标的证券当日跌幅价格)×125%×行权比例

实行T+0交易,当日买进的权证,当日可以卖出。权证上市后存续期满前,流通数量低于1000万份的,只参加每日集合竞价。

(2)权证买入申报数量为100份的整数倍,申报价格最小变动单位为0.001元人民币,权证买卖单笔申报数量不超过100万份。

(3)交易所每日开盘前公布每一只权证可流通数量。

(4)当日买进的权证,当日可以行权。当日行权取得的标的证券,次一交易日可以卖出。

三、债券的交易方式

(一)债券现货交易

1.债券现货交易的含义

债券现货交易是指以债券现券为交易标的,在规定的结算日须实际办理债券现券交割的债券交易方式,又称现券交易。我国的债券现货交易早在两大证券交易所成立前即已经开始,也是传统意义上最典型的债券交易方式。

2.债券现货交易类型

债券现货交易按交易结算时间的不同,又可分为债券即期交易、债券远期交易与债券回购交易。

(1)债券即期交易。即是指交易双方在成交后较短的时间内即办理交割的债券现货交易,一般是在交易日(T日)的当天或者次日(即T+1日)交割。

(2)债券远期交易。即是指交易双方在未来某一日期,以约定价格和数量买卖标的债券并办理交割的债券现货交易;其目的是套期保值、规避风险或者套利。

(3)债券回购交易。这是证券现货交易的创新品种,它是指债券持有人(正回购方,即资金融入方)在卖出一笔债券、融入资金的同时,与买方(逆回购方,即资金融出方)协议约定于某一到期日再以事先约定的价格将该笔债券购回的交易方式;其目的是为了融资。一笔回购交易涉及资金融入方和资金融出方这双方主体、两次交易契约行为即初始交易和回购期满时的回购交易,以及相应的两次清算。债券回购交易按标的债券所有权是否发生转移,可进一步分为债券质押式回购交易与债券买断式回购交易。债券买断式回购交易是指债券持有人将债券卖给购买方的同时,交易双方约定在未来某一日期,卖方再以约定价格从买方购回相等数量同种债券的交易,又称开放式回购。债券质押式回购交易是指债券持有人在将债券质押的同时,将相应债券以标准券折算比率计算出的标准券数量为融资额度而进行的质押融资,交易双方约定在回购期满后返还资金和解除质押的交易。债券质押式回购又称封闭式回购。仅具有融资功能。债券回购交易的期限按日历时间计算。如到期日为非交易日,顺延至下一个交易日结算。

(二)债券的期货交易

债券期货交易始于1993年10月25日上海证券交易所国债期货交易,已经有比较长的历史。债券期货交易是指以债券期货合约为交易标的,可在合约到期前对冲平仓,或者在合约到期时进行债券现券或现金交割的债券交易方式。与债券现货交易相比,债券期货交易除了交易标的、结算不同外,还实行保证金交易,能够“以小博大”;可以买空卖空,与现货市场进行相反交易,帮助投资者实现套期保值、套利、投机等不同的目的。债券的期货合约则是一份标准化合同,交易对象、交易规模、交割时间都是标准化的约定,投资者一般对期货合约本身进行交易。在债券的期货交易中,大多数情况下交易双方不进行债券现券的交割,而通过作出与前一交易方向相反而数量相同的交易进行对冲,从而只是进行资金交割。由于债券期货交易的杠杆作用较大,故采取保证金制度、逐日盯市制度和每日清算制度等控制结算风险。

四、证券交易的具体规则

(一)可以交易的证券

依法发行并交付的证券可以进行交易。证券交易所对上市证券实行挂牌交易。

上市后的证券意味着可以在证券交易所进行自由的流通。我国《证券法》对可以进行交易的证券在总体上要求依法发行并交付。该法第37条规定:“证券交易当事人依法买卖的证券,必须是依法发行并交付的证券。非依法发行的证券,不得买卖。”该规定将可以买卖或交易的证券限定为“依法发行”和“交付”，是完全符合有价证券的移转要求的。“依法发行”说明立法对该证券合法性的认可，“交付”则说明原持有人对该证券拥有所有权。例如上海证券交易所允许下列证券可以在本所市场挂牌交易：股票；基金；债券；债券回购；权证以及经证监会批准的其他交易品种。

我国《证券法》第38条规定：“依法发行的股票、公司债券及其他证券，法律对其转让期限有限制性规定的，在限定的期限内不得买卖。”本条即我们所说的“限售股”，大都是因为股东与发行人存在一定的关系而在一定期限内不允许在证券市场上流通，待限定期限届满则可以成为流通股。目前包括发行人董事、监事和其他高级管理人员持有的股份、职工内部股、战略投资者和询价对象持有的股份以及股权分置改革中限售的法人股、控制股东和5%以上股东的股份等。

（二）证券交易所的信息披露

1. 证券交易所发布的交易信息

证券交易所于每个交易日发布证券交易即时行情、证券指数、证券交易公开信息等交易信息；证券交易所及时编制反映市场成交情况的各类日报表、周报表、月报表和年报表，并予以发布。证券交易市场产生的交易信息归证券交易所所有。未经其许可，任何机构和个人不得使用和传播。经其许可使用交易信息的机构和个人，未经其同意，不得将交易信息提供给其他机构和个人使用或予以传播。

2. 交易信息的类型

（1）即时行情在每个交易日9时15分至9时25分开盘集合竞价期间发布，即时行情内容包括：证券代码、证券简称、前收盘价格、虚拟开盘参考价格、虚拟匹配量和虚拟未匹配量。连续竞价期间，即时行情内容包括：证券代码、证券简称、前收盘价格、最新成交价格、当日最高成交价格、当日最低成交价格、当日累计成交数量、当日累计成交金额、实时最高5个买入申报价格和数量、实时最低5个卖出申报价格和数量。首次上市证券上市首日，其即时行情显示的前收盘价格为其发行价，本所另有规定的除外。即时行情通过通信系统传输至各会员，会员应在本所许可的范围内使用。

（2）证券指数包括证券交易所编制的综合指数、成份指数、分类指数等证券指数，以反映证券交易总体价格或某类证券价格的变动和走势，随即时行情发布。证券指数的编制遵循公开透明的原则。

（3）有价格涨跌幅限制的股票、封闭式基金竞价交易出现下列情形之一的，证券交易所公布当日买入、卖出金额最大的5家会员营业部的名称及其买入、卖出金额：日收盘价格涨跌幅偏离值达到±7%的各前3只股票（基金）；收盘价格涨跌幅偏离值的计算公式为：

收盘价格涨跌幅偏离值＝单只股票（基金）涨跌幅－对应分类指数涨跌幅

日价格振幅达到15%的前3只股票（基金）；价格振幅的计算公式为：

价格振幅＝（当日最高价格－当日最低价格）/当日最低价格×100%

日换手率达到20%的前3只股票（基金），换手率的计算公式为

换手率＝成交股数（份额）/流通股数（份额）×100%

收盘价格涨跌幅偏离值、价格振幅或换手率相同的，依次按成交金额和成交量选取。对应分类指数包括本所编制的上证A股指数、上证B股指数和上证基金指数等。无价格涨跌幅限制的股票、封闭式基金，证券交易所公布当日买入、卖出金额最大的五家会员营业部的名称及其买入、卖出金额。

（4）股票、封闭式基金竞价交易出现下列情形之一的，属于异常波动，本所分别公告该股票、封闭式基金交易异常波动期间累计买入、卖出金额最大5家会员营业部的名称及其买入、卖出金额：连续3个交易日内日收盘价格涨跌幅偏离值累计达到±20%的；连续3个交易日内日均换手率与前5个交易日的日均换手率的比值达到30倍，并且该股票、封闭式基金连续3个交易日内的累计换手率达到20%的等。异常波动指标自公告之日起重新计算。无价格涨跌幅限制的股票、封闭式基金不纳入异常波动指标的计算。经证监会批准，证券交易所可以调整涨跌幅偏离值的累计比例。

（5）对涉嫌违法违规交易的证券实施特别停牌，根据需要可以公布以下信息：成交金额最大的5家会员营业部的名称及其买入、卖出数量和买入、卖出金额；股份统计信息以及其他证券交易所认为应披露的其他信息。

（三）证券交易的场所

我国《证券法》第39条规定："依法公开发行的股票、公司债券及其他证券，应当在依法设立的证券交易所上市交易或者在国务院批准的其他证券交易场所转让。"证券交易所是最主要的证券交易场所，应当具备必要的证券交易设施，包括交易主机、交易大厅、参与者交易业务单元、报盘系统及相关的通信系统等。证券交易日为每周一至周五，国家法定假日和证券交易所公告的休市日进行市场休市。我国目前不同层次资本市场的证券交易场所不同。上海证券交易所是主板市场，深圳证券交易所是中小板和创业板市场，新三板市场的交易场所是全国中

小企业股权转让系统。即将推出的"四板"市场是各区域的股权转让系统。

（四）证券交易施行会员制和经纪制

1. 会员制

我国《证券法》第110条规定："进入证券交易所参与集中交易的，必须是证券交易所的会员。"因此，实际上能够在证券交易所从事交易的是取得了证券交易所会员资格的各个证券公司。会员及证券交易所认可的机构进入证券市场进行证券交易的，须向证券交易所申请取得相应席位和交易权，成为证券交易参与人。

交易参与人应当通过在证券交易所申请开设的参与者交易业务单元进行证券交易。参与者交易业务单元，是指交易参与人据此可以参与本所证券交易，享有及行使相关交易权利，并接受本所相关交易业务管理的基本单位。证券交易所设有交易大厅，会员可以通过其派驻交易大厅的交易员进行各种交易的申报。证券交易所仅允许登记在册交易员和场内监管人员进入交易大厅。

2. 经纪制（全面指定交易）

我国《证券法》第111条规定："投资者应当与证券公司签订证券交易委托协议，并在证券公司开立证券交易账户，以书面、电话以及其他方式，委托该证券公司代其买卖证券。"实践中，普通的投资者从事证券交易，必须按照证券经纪制度的要求达成委托协议并办理开户登记，由投资者委托证券经纪商代理进行证券交易。这在证券交易中被称为"全面指定交易"。《上海证券交易所交易规则》规定，"全面指定交易"是指"参与本所市场证券买卖的投资者必须事先指定一家会员作为其买卖证券的受托人，通过该会员参与本所市场证券买卖"。但境外投资者从事B股交易除外。投资者应当与指定交易的会员签订指定交易协议，明确双方的权利、义务和责任。指定交易协议一经签订，会员即可根据投资者的申请向证券交易所的交易主机申报办理指定交易手续。

可见，所谓"全面指定交易"实际上就是投资者与证券公司之间的证券经纪业务。投资者买卖证券，应当开立证券账户和资金账户，并与会员签订证券交易委托协议。协议生效后，投资者即成为该会员经纪业务的客户。投资者开立证券账户，按证券交易所指定登记结算机构的规定办理。客户可以通过书面或电话、自助终端、互联网等自助委托方式委托会员买卖证券。电话、自助终端、互联网等自助委托应当按相关规定操作。客户通过自助委托方式参与证券买卖的，会员应当与其签订自助委托协议。客户的委托指令应当包括证券账户号码、证券代码、买卖方向、委托数量、委托价格和其他内容。该指令被交易主机接受后即刻生效。

(五)证券交易中证券和交易结算资金的存管制度

按照我国《证券法》第112条的规定,由证券登记结算机构办理证券和资金的清算交收以及登记过户手续。该条规定:“证券公司根据投资者的委托,按照证券交易规则提出交易申报,参与证券交易所场内的集中交易,并根据成交结果承担相应的清算交收责任;证券登记结算机构根据成交结果,按照清算交收规则,与证券公司进行证券和资金的清算交收,并为证券公司客户办理证券的登记过户手续。”《证券法》第139条第1款规定:“证券公司客户的交易结算资金应当存放在商业银行,以每个客户的名义单独立户管理。具体办法和实施步骤由国务院规定。”因此,证券交易中的交易结算资金由商业银行存管。

(六)证券交易竞价制度

1. 开盘集合竞价和连续竞价的含义

在证券交易所进行的证券交易,可能同时存在众多的买家和卖家,为了公平起见,证券交易所就采用公开的竞价交易方式。竞价交易包括集合竞价和连续竞价两种方式。集合竞价是指在规定时间内接受的买卖申报一次性集中撮合的竞价方式。连续竞价是指对买卖申报逐笔连续撮合的竞价方式。集合竞价期间未成交的买卖申报,自动进入连续竞价。采用竞价交易方式的,每个交易日的9:15至9:25为开盘集合竞价时间,9:30至11:30、13:00至15:00为连续竞价时间。开市期间停牌并复牌的证券除外。

证券的开盘价为当日该证券的第一笔成交价格。证券的开盘价通过集合竞价方式产生,不能产生开盘价的,以连续竞价方式产生。

证券的收盘价为当日该证券最后一笔交易前一分钟所有交易的成交量加权平均价(含最后一笔交易)。当日无成交的,以前收盘价为当日收盘价。

2. 通过委托方式进行竞价

对于拟交易证券的价格,可以采用限价委托或市价委托的方式委托会员买卖证券。限价委托是指客户委托会员按其限定的价格买卖证券,会员必须按限定的价格或低于限定的价格申报买入证券;按限定的价格或高于限定的价格申报卖出证券。市价委托是指客户委托会员按市场价格买卖证券,其委托中不包括具体价格,一般只适用于有价格涨跌幅限制的证券在连续竞价期间的交易。未成交部分的委托可以撤销。被撤销和失效的委托,被委托的证券公司应当在确认后及时向客户返还相应的资金或证券。

3. 竞价交易中买卖证券的申报数量和计价单位

(1)申报数量。在竞价交易中,投资者通过竞价交易买入股票、基金、权证的,申报数量应当为100股(份)或其整数倍;卖出股票、基金、权证时,余额不足100股(份)的部分,应当一次性申报卖出。竞价交易中,债券交易的申报数量应当为1手(人民币1000元面值债券为1手)或其整数倍,债券质押式回购交易的申报数量应当为100手或其整数倍,债券买断式回购交易的申报数量应当为1000手或其整数倍。债券交易和债券买断式回购交易以人民币1000元面值债券为1手,债券质押式回购交易以人民币1000元标准券为1手。股票、基金、权证交易单笔申报最大数量应当不超过100万股(份),债券交易和债券质押式回购交易单笔申报最大数量应当不超过10万手,债券买断式回购交易单笔申报最大数量应当不超过5万手。

(2)计价单位。不同证券的交易采用不同的计价单位。股票为"每股价格",基金为"每份基金价格",权证为"每份权证价格",债券为"每百元面值债券的价格",债券质押式回购为"每百元资金到期年收益",债券买断式回购为"每百元面值债券的到期购回价格"。A股、债券交易和债券买断式回购交易的申报价格最小变动单位为0.01元人民币,基金、权证交易为0.001元人民币,B股交易为0.001美元,债券质押式回购交易为0.005元。

4. 股票、基金交易的价格涨跌幅限制

(1)对股票、基金交易实行价格涨跌幅限制,涨跌幅比例为10%,其中ST股票价格涨跌幅比例为5%。股票、基金涨跌幅价格的计算公式为:

涨跌幅价格 = 前收盘价 × (1 ± 涨跌幅比例)

计算结果按照四舍五入原则取至价格最小变动单位。买卖有价格涨跌幅限制的证券,在价格涨跌幅限制以内的申报为有效申报,超过价格涨跌幅限制的申报为无效申报。

(2)无价格涨跌幅限制的情形。主要指首个交易日无价格涨跌幅限制,具体情形有:首次公开发行上市的股票和封闭式基金;增发上市的股票;暂停上市后恢复上市的股票;退市后重新上市的股票以及交易所认定的其他情形。

买卖无价格涨跌幅限制的证券,集合竞价阶段的有效申报价格应符合下列规定:股票交易申报价格不高于前收盘价格的200%,并且不低于前收盘价格的50%;基金、债券交易申报价格最高不高于前收盘价格的150%,并且不低于前收盘价格的70%。集合竞价阶段的债券回购交易申报无价格限制。

买卖无价格涨跌幅限制的证券,连续竞价阶段的有效申报价格应符合下列规定:申报价格不高于即时揭示的最低卖出价格的110%且不低于即时揭示的最高买入价格的90%;同时不高于上述最高申报价与最低申报价平均数的130%且不低于该平均数的70%;即时揭示中无买入申报价格的,即时揭示的最低卖出价格、最新成交价格中较低者视为前项最高买入价格;即时揭示中无卖出申报价格的,即时揭示的最高买入价格、最新成交价格中较高者视为前项最低卖出价格。当日无交易的,前收盘价格视为最新成交价格。

(3)申报当日有效。每笔参与竞价交易的申报不能一次全部成交时,未成交的部分继续参加当日竞价,本规则另有规定的除外。

5. 竞价交易中的成交原则

(1)价格优先、时间优先原则的含义和适用。证券竞价交易按价格优先、时间优先的原则撮合成交。价格优先的原则为:较高价格买入申报优先于较低价格买入申报,较低价格卖出申报优先于较高价格卖出申报;成交时时间优先的原则为:买卖方向、价格相同的,先申报者优先于后申报者。先后顺序按交易主机接受申报的时间确定。

(2)集合竞价时的成交价格确定。集合竞价时,成交价格的确定原则为:可实现最大成交量的价格;高于该价格的买入申报与低于该价格的卖出申报全部成交的价格;与该价格相同的买方或卖方至少有一方全部成交的价格。两个以上申报价格符合上述条件的,使未成交量最小的申报价格为成交价格;仍有两个以上使未成交量最小的申报价格符合上述条件的,其中间价为成交价格。集合竞价的所有交易以同一价格成交。

(3)连续竞价时成交价格的确定。连续竞价时,成交价格的确定原则为:最高买入申报价格与最低卖出申报价格相同,以该价格为成交价格;买入申报价格高于即时揭示的最低卖出申报价格的,以即时揭示的最低卖出申报价格为成交价格;卖出申报价格低于即时揭示的最高买入申报价格的,以即时揭示的最高买入申报价格为成交价格。

(4)证券交易的成立。证券交易于成立时生效,买卖双方必须承认交易结果,履行清算交收义务。符合证券交易规则各项规定达成的交易于成立时生效,买卖双方必须承认交易结果,履行清算交收义务。因不可抗力、意外事件、交易系统被非法侵入等原因造成严重后果的交易,本所可以采取适当措施或认定无效。对显失公平的交易,经交易所认定并经本所理事会同意,可以采取适当措施,并向证监会报告。违反证券交易规则,严重破坏证券市场正常运行的交易,证券交易所有权宣布取消,由此造成的损失由违规交易者承担。依照证券交易规则达成的交易,其成交结果以证券交易所交易主机记录的成交数据为准。证券交易的清算交收业务,应当按照证券交易所指定的登记结算机构的规定办理。

(七)证券的大宗交易制度

证券竞价交易是目前证券交易所采取的主要证券交易方式,除了竞价交易,还有大宗交易。大宗交易也属于证券交易所的交易方式。仍以上海证券交易所的交易规则为例:

1. 大宗交易的含义

大宗交易与竞价交易都属于集中交易。大宗交易是指单笔交易规模远大于市场平均单笔交易规模的证券交易。对于大宗交易,其成交价格不按竞价制度产生,而是由买卖双方在当日已成交的最高和最低成交价格之间协商确定。大宗交易经买卖双方当事人达成一致,报交易所确认后即可成交。大宗交易不纳入证券交易所的即时行情和指数的计算,成交量在大宗交易结束后计入该证券成交总量。

2. 适用大宗交易的条件

依据上海证券交易所的相关规定,在该所进行的证券买卖符合以下条件的,可以采用大宗交易方式。当然,证券交易所保留了根据具体情况调整具体标准的权力。(1)A 股单笔买卖申报数量应当不低于 30 万股,或者交易金额不低于 200 万元人民币;(2)B 股单笔买卖申报数量应当不低于 30 万股,或者交易金额不低于 20 万元美元;(3)基金大宗交易的单笔买卖申报数量应当不低于 200 万份,或者交易金额不低于 200 万元;(4)债券及债券回购大宗交易的单笔买卖申报数量应当不低于 1000 手,或者交易金额不低于 100 万元。

3. 大宗交易的交易规则

(1)证券交易所接受下列大宗交易申报:意向申报、成交申报、固定价格申报以及该所认可的其他大宗交易申报。

(2)证券交易所每个交易日接受大宗交易申报的时间分别为:9:30 至 11:30、13:00 至 15:30 接受意向申报;9:30 至 11:30、13:00 至 15:30、16:00 至 17:00 接受成交申报;15:00 至 15:30 接受固定价格申报。交易日的 15:00 仍处于停牌状态的证券,证券交易所当日不再接受其大宗交易的申报。每个交易日 9:30 至 15:30 时段确认的成交,于当日进行清算交收。每个交易日 16:00 至 17:00 时段确认的成交,于次一交易日进行清算交收。

(3)意向申报。意向申报指令应当包括证券账号、证券代码、买卖方向等。意向申报应当真实有效。申报方价格不明确的,视为至少愿以规定的最低价格买入或最高价格卖出;数量不明确的,视为至少愿以大宗交易单笔买卖最低申报数量成交。

当意向申报被会员接受(包括其他会员报出比意向申报更优的价格)时,申报方应当至少与一个接受意向申报的会员进行成交申报。

(4)成交申报。买卖双方就大宗交易达成一致后,应当委托会员通过交易业务单元向证券交易所交易系统提出成交申报,申报指令应当包括以下内容:证券代码;证券账号;买卖方向;成交价格;成交数量;该所规定的其他内容。成交申报的证券代码、成交价格和成交数量必须一致。买卖双方达成协议后,向该所交易系统提出成交申报,申报的交易价格和数量必须一致。

除另有规定外,大宗交易的成交申报、成交结果一经其确认,不得撤销或变更。买卖双方必须承认交易结果、履行清算交收义务。

(5)固定申报。提出固定价格申报的,买卖双方可按当日竞价交易市场收盘价格或者当日全天成交量加权平均价格进行申报。固定价格申报指令应当包括证券账号、证券代码、买卖方向、交易类型、交易数量等。在接受固定价格申报期间内,固定价格申报可以撤销;申报时间结束后,证券交易所根据时间优先的原则对固定价格申报进行匹配成交。未成交部分自动撤销。

(6)有价格涨跌幅证券的成交申报价格,由买方和卖方在当日价格涨跌幅限制范围内确定。无价格涨跌幅限制证券的成交申报价格,由买卖双方在前收盘价格的上下30%或当日已成交的最高、最低价格之间自行协商确定。

(7)会员应当保证大宗交易参与者实际拥有与其申报相对应的证券或者资金。持有或者租用本所交易业务单元的机构参与大宗交易,应当通过持有或者租用的交易业务单元提出申报,并确保拥有与申报相对应的证券或者资金。

(8)债券大宗交易实行一级交易商制度。经证券交易所认可的会员,可以担任一级交易商,通过其大宗交易系统进行债券双边报价业务。

(9)信息披露。大宗交易不纳入证券交易所即时行情和指数的计算,成交量在大宗交易结束后计入该证券成交总量。证券交易所在每个交易日结束后通过交易所网站公布以下交易信息:股票和基金的成交申报大宗交易,内容包括:证券代码、证券简称、成交量、成交价格以及买卖双方所在会员证券营业部的名称;债券和债券回购的成交申报大宗交易,内容包括:证券名称、成交价和成交量;单只证券的固定价格申报的成交量、成交金额,及该证券当日买入、卖出金额最大五家会员证券营业部的名称和各自的买入、卖出金额。大宗交易涉及法定信息披露要求的，买卖双方应依照有关法律法规履行信息披露义务。

（八）证券交易的暂停和恢复

1. 停牌和复牌的含义及意义

证券交易可以因某些原因暂停和恢复，这就是证券的停牌和复牌制度。证券的停牌是指因出现法定的原因而暂时停止其上市交易，如果停牌原因消除或停牌期间届满，就恢复其上市交易，即复牌。无论何种原因的停牌和复牌，都须由证券交易所进行公告。

2. 停牌和复牌的规则

（1）一般规则。我国《证券法》第55条规定，上市公司有下列情形之一的，由证券交易所决定暂停其股票上市交易：公司股本总额、股权分布等发生变化不再具备上市条件；公司不按照规定公开其财务状况或者对财务会计报告作虚假记载，可能误导投资者；公司有重大违法行为；公司最近3年连续亏损以及证券交易所上市规则中规定的其他情形。在实践中，两大证券交易所针对不同证券市场上市的股票规定了不同的暂停交易的情形，以下仍以上海证券交易所的规则介绍为主。

证券停牌时，证券交易所发布的行情中包括该证券的信息；如果证券摘牌后则行情中无该证券的信息。证券开市期间停牌的，停牌前的申报参加当日该证券复牌后的交易；停牌期间，可以继续申报，也可以撤销申报；复牌时对已接受的申报实行集合竞价，集合竞价期间不揭示虚拟开盘参考价格、虚拟匹配量、虚拟未匹配量。证券挂牌、摘牌、停牌与复牌的，证券交易所均应当予以公告。

（2）特别停牌。证券交易所可以对涉嫌违法违规交易的证券实施特别停牌并予以公告，相关当事人应按照证券交易所的要求提交书面报告。特别停牌及复牌的时间和方式由证券交易所决定。例如，上海证券交易所交易规则规定了如下停牌和复牌的情形：上市公司预计应披露的重大信息在披露前已难以保密或者已经泄露，可能或者已经对公司股票及其衍生品种的交易价格产生较大影响的，应当立即向证券交易所申请对其股票及其衍生品种停牌；上市公司进行重大资产重组，根据中国证监会和本所相关规定向证券交易所申请停牌的，公司股票及其衍生品种应当按照相关规定停牌与复牌等。

3. 技术性停牌和临时停市

（1）发生下列交易异常情况之一，导致部分或全部交易不能进行的，证券交易所可以决定技术性停牌或临时停市：不可抗力；意外事件；技术故障以及证券交易所认定的其他异常情况。

(2)出现行情传输中断或无法申报的会员营业部数量超过营业部总数10%以上的交易异常情况,证券交易所可以实行临时停市。

(3)证券交易所认为可能发生上述交易异常情况,并会严重影响交易正常进行的,可以决定技术性停牌或临时停市。

(九)除权与除息

1.除权、除息的含义和意义

当一家上市公司发生权益分派、公积金转增股本、送股或配股时,在红利尚未分配,配股尚未配股之前,该股票被称为含权股票。除权是指除去股票中领取股票股息和取得配股权的权利,除息是指除去股票中领取现金股息的权利。含权股票的价格和除权、除息后的股票价格会有差异,如果不除权、除息,投资者就很难判断在红利分配前后这只股票的真实价格。因此需要通过一定的方法计算出该股票除权、除息后的价格才能方便投资者进行对比。所以上市公司在进行分红派息和配股时,会规定某一交易日为股权登记日(R日)或股息登记日(R日),只有在该日收盘后持有该股票的投资者才有获得分红派息和配股的权利,股权登记日和股息登记日的下一个交易日为除权或除息基准日(R+1日),该日交易的股票已被除权或除息处理的,不再享有分红派息和配股的权利,该日被除权或除息的股票,沪市用XR表示除权,XD表示除息,DR为同时除权和除息,深市无标记。

要办理除权手续的股份公司先要报主管机关核定,在准予除权后,该公司即可确定股权登记基准日和除权基准日。凡在股权登记日拥有该股票的股东,就享有领取或认购股权的权利,即可参加分红或配股。

2.除权、除息的规则

(1)上海证券交易所的规则。上海证券交易所除权(息)参考价格的计算公式为:

除权(息)参考价格=[(前收盘价格-现金红利)+配(新)股价格×流通股份变动比例]÷(1+流通股份变动比例)

证券发行人认为有必要调整上述计算公式的,可向该所提出调整申请并说明理由。该所可以根据申请决定调整除权(息)参考价格计算公式,并予以公布。除权(息)日即时行情中显示的该证券的前收盘价为除权(息)参考价。除权(息)日证券买卖,按除权(息)参考价格作为计算涨跌幅度的基准,本所另有规定的除外(结果四舍五入至0.01元)。例:某上市公司分配方案为每10股送3股,派2元现金，同时每10股配2股，配股价为5元，该股股权登记日收盘价为12元，则该股除权参考价为：

$(12+0.2\times5-0.2)/(1+0.3+0.2)=8.53$(元)

(2)深圳证券交易所的规则。深市方式的计算方式以市值为依据，其公式为：

除权参考价＝(股权登记日总市值＋配股总数×配股价－派现金总额)/除权后总股本结果四舍五入至0.01元

股权统计日总市值＝股权登记日收盘价×除权前总股本

除权后总股本＝除权前总股本＋送股总数＋配股总数。

例如，深市某上市公司总股本10000万股，流通股5000万股，股权登记日收盘价为10元，其分红配股方案为10股，送3股，派2元现金，配2股，共送出红股3000万股，派现金2000万元，由于国家股和法人股股东放弃配股，实际配股总数为1000万股，配股价为5元，则其除权参考价为：

$(10\times10000+1000\times5-2000)/(10000+3000+1000)=7.36$(元)

五、证券交易行为监督和交易异常情况处理

(一)证券交易所对证券交易行为的监督

1. 证券交易所重点监控的交易行为

依据上海证券交易所的规则，该所对下列可能影响证券交易价格或者证券交易量的异常交易行为予以重点监控：(1)可能对证券交易价格产生重大影响的信息披露前，大量买入或者卖出相关证券；(2)以同一身份证明文件、营业执照或其他有效证明文件开立的证券账户之间，大量或者频繁进行互为对手方的交易；(3)委托、授权给同一机构或者同一个人代为从事交易的证券账户之间，大量或者频繁进行互为对手方的交易；(4)两个或两个以上固定的或涉嫌关联的证券账户之间，大量或者频繁进行互为对手方的交易；(5)大笔申报、连续申报或者密集申报，以影响证券交易价格；(6)频繁申报或频繁撤销申报，以影响证券交易价格或其他投资者的投资决定；(7)巨额申报，且申报价格明显偏离申报时的证券市场成交价格；(8)一段时期内进行大量且连续的交易；(9)在同一价位或者相近价位大量或者频繁进行回转交易；(10)大量或者频繁进行高买低卖交易；(11)进行与自身公开发布的投资分析、预测或建议相背离的证券交易；(12)在大宗交易中进行虚假或其他扰乱市场秩序的申报；(13)该所认为需要重点监控的其他异常交易。

2. 会员及营业部的配合监督义务

会员及其营业部发现投资者的证券交易出现前述异常交易行为之一，且可能

严重影响证券交易秩序的,应当予以提醒,并及时向证券交易所报告。

3. 证券交易所对异常交易可以采取的处理措施

(1)出现前述异常交易行为之一,且对证券交易价格或者交易量产生重大影响的,该所可采取非现场调查和现场调查措施,要求相关会员及其营业部提供投资者开户资料、授权委托书、资金存取凭证、资金账户情况、相关交易情况等资料;如异常交易涉及投资者的,本所可以直接要求其提供有关材料。会员及其营业部、投资者应当配合本所进行相关调查,及时、真实、准确、完整地提供有关文件和资料。

(2)对情节严重的异常交易行为,该所可以视情况采取下列措施:口头或书面警示;约见谈话;要求相关投资者提交书面承诺;限制相关证券账户交易;报请证监会冻结相关证券账户或资金账户;上报证监会查处。如对限制相关证券账户交易措施有异议的,可以向该所提出复核申请。复核期间不停止相关措施的执行。

(二)交易异常情况处理

交易异常是指客观情形导致的交易障碍。上海证券交易所规则规定,发生下列交易异常情况之一,导致部分或全部交易不能进行的,本所可以决定技术性停牌或临时停市:不可抗力;意外事件;技术故障以及该所认定的其他异常情况。出现行情传输中断或无法申报的会员营业部数量超过营业部总数10%以上的交易异常情况,该所可以实行临时停市。

证券交易所认为交易异常情况,并会严重影响交易正常进行的,可以决定技术性停牌或临时停市并予以公告。技术性停牌或临时停市原因消除后,该所可以决定恢复交易。除该所认定的特殊情况外,技术性停牌或临时停市后当日恢复交易的,技术性停牌或临时停市前交易主机已经接受的申报有效。交易主机在技术性停牌或临时停市期间继续接受申报,在恢复交易时对已接受的申报实行集合竞价交易。因交易异常情况及本所采取的相应措施造成的损失,证券交易所不承担责任。

六、对上市股票的特别处理

(一)对上市股票实行特别处理的原因

证券上市必须满足相应的条件。对于投资者来说,按照信息公开的原则,有必要知道自己购买股票的真实情况。如果在上市期间,证券的上市条件不再满足,就应当及时告知投资者,由投资者进行决策和判断。这种告知的方法就是证券交易所对该证券实行的“特别处理”,特别处理包括退市风险警示以及其他特别处理措施。对某证券在法定情形下,实行特别处理是证券交易所的职责。“特别处理”既是对投资者的警示,也是对上市公司的警示,上市公司如果不能保持上市条件,就有可能被暂停上市甚至退市,从而失去上市资格。

(二)对上市公司特别处理具体措施

1. 警示存在终止上市风险的特别处理(退市风险警示)

对上市公司存在终止上市风险的特别处理,简称为退市风险警示。退市风险警示是在公司股票的简称前冠以“ST”以区别于其他股票。

2. 其他特别处理

对上市公司特别处理措施的“其他特别处理”包括在公司股票简称前冠以“ST”字样,以区别于其他股票;将该股票价格的日涨跌幅限制为5%。

(三)适用特别处理的情形

1. 适用退市风险警示的情形

根据上海证券交易所的相关规则,上市公司出现财务状况异常情况或者其他异常情况,导致其股票存在被终止上市的风险,或者投资者难以判断公司前景,投资者权益可能受到损害的,该所对该公司股票实施风险警示。对上市公司实行退市风险警示的情形包括存在终止上市风险的风险警示(以下简称退市风险警示)和警示存在其他重大风险的其他风险警示(以下简称其他风险警示)。具体如下:

(1)退市风险警示。上市公司股票被实施退市风险警示的,在公司股票简称前冠以“*ST”字样,以区别于其他股票。上市公司出现以下情形之一的,该所对其股票实施退市风险警示:最近两个会计年度经审计的净利润连续为负值或者被追溯重述后连续为负值;最近一个会计年度经审计的期末净资产为负值或者被追溯重述后为负值;最近一个会计年度经审计的营业收入低于1000万元或者被追溯重述后低于1000万元;最近一个会计年度的财务会计报告被会计师事务所出具无法表示意见或者否定意见的审计报告;因财务会计报告存在重大会计差错或者虚假记载,被中国证监会责令改正但未在规定期限内改正,且公司股票已停牌2个月;未在法定期限内披露年度报告或者中期报告,且公司股票已停牌2个月;因股权分布不具备上市条件,公司在规定的1个月内向本所提交解决股权分布问题的方案,并获得本所同意;因首次公开发行股票申请或者披露文件存在虚假记载、误导性陈述或者重大遗漏,致使不符合发行条件的发行人骗取了发行核准,或者对新股发行定价产生了实质性影响,受到中国证监会行政处罚,或者因涉嫌欺诈发行罪被依法移送公安机关(以下简称欺诈发行);因信息披露文件存在虚假记载、误导性陈述或者重大遗漏,受到中国证监会行政处罚,并且因违法行为性质恶劣、情节严重、市场影响重大,在行政处罚决定书中被认定构成重大违法行为,或者因涉嫌违规披露、不披露重要信息罪被依法移送公安机关(以下简称重大信息披露违法);公司可能被依法强制解散;法院依法受理公司重整、和解或者破产清算申请;证券交易所认定的其他情形。

依据证券交易所的相关规则,在上市公司出现上述情形时,还应当履行作为信息披露义务的公告以及停牌等;如果这些情形消除,则可以向证券交易所申请撤销退市风险警示,由证券交易所决定是否予以撤销和复牌。

(2)其他风险警示。上市公司股票被实施其他风险警示的,在公司股票简称前冠以“ST”字样,以区别于其他股票。上市公司出现以下情形之一的,证券交易所将对其股票实施其他风险警示:

一是被暂停上市的公司股票恢复上市后或者被终止上市的公司股票重新上市后,公司尚未发布首份年度报告,证券交易所自公司股票恢复上市或者重新上市之日起,对其实施其他风险警示。

二是生产经营活动受到严重影响且预计在 3 个月内不能恢复正常或者主要银行账号被冻结;或者董事会会议无法正常召开并形成决议;或者公司被控股股东及其关联方非经营性占用资金或违反规定决策程序对外提供担保,情形严重的;或者中国证监会或证券交易所认定的其他情形的,应当在事实发生之日及时向证券交易所报告,提交董事会的书面意见,并申请其股票及其衍生品种于事实发生下一交易日起开始停牌。证券交易所在收到公司报告之日后的 5 个交易日内,根据实际情况,对公司股票实施其他风险警示。

依据证券交易所的相关规则,在上市公司出现上述情形时,上市公司还应当履行作为信息披露义务的公告、停牌等;如果这些情形消除,则可以向证券交易所申请撤销退市风险警示,由证券交易所决定是否予以撤销和复牌。

七、暂停上市、恢复上市、终止上市和重新上市

(一)暂停上市

1. 暂停上市的含义

以股票为例,股票暂停上市是因净利润、净资产、营业收入或者审计意见类型等法定原因股票被实施退市风险警示后,在一定期限内仍不能满足上市条件而被证券交易所暂停上市。

2. 暂停上市的情形

上海证券交易所交易规则规定，上市公司出现下列情形之一的，由其决定暂停其股票上市：

(1)因最近两个会计年度的净利润连续为负值或者被追溯重述后连续为负值，其股票被实施退市风险警示后，公司披露的最近一个会计年度经审计的净利润继续为负值。

(2)因最近一个会计年度的净资产为负值或者被追溯重述后为负值，其股票被实施退市风险警示后，公司披露的最近一个会计年度经审计的期末净资产继续为负值。

(3)因最近一个会计年度的营业收入低于1000万元或者被追溯重述后低于1000万元，其股票被实施退市风险警示后，公司披露的最近一个会计年度经审计的营业收入继续低于1000万元。

(4)因最近一个会计年度财务会计报告被会计师事务所出具无法表示意见或者否定意见的审计报告，其股票被实施退市风险警示后，公司披露的最近一个会计年度的财务会计报告被会计师事务所出具无法表示意见或者否定意见的审计报告。

(5)因未在规定期限内改正财务会计报告中的重大差错或者虚假记载，其股票被实施退市风险警示后，公司在2个月内仍未按要求改正财务会计报告。

(6)因未在法定期限内披露年度报告或者中期报告且公司股票已停牌2个月，其股票被实施退市风险警示后，公司在两个月内仍未披露应披露的年度报告或者中期报告。

(7)公司股本总额发生变化不具备上市条件。

(8)因股权分布发生变化导致连续20个交易日不具备上市条件，其股票被实施停牌后，未在停牌后1个月内向本所提交解决股权分布问题的方案；或者提交了方案但未获本所同意；或者因股权分布发生变化不具备上市条件公司在规定的1个月内向证券交易所提交解决股权分布问题的方案，并获得证券交易所同意，其股票被实施退市风险警示后，公司在5个月内其股权分布仍不具备上市条件。

(9)因首次公开发行股票申请或者披露文件存在虚假记载、误导性陈述或者重大遗漏，致使不符合发行条件的发行人骗取了发行核准，或者对新股发行定价产生了实质性影响，受到中国证监会行政处罚，或者因涉嫌欺诈发行罪被依法移送公安机关(欺诈发行)情形，其股票被实施退市风险警示后交易满30个交易日。

(10)因信息披露文件存在虚假记载、误导性陈述或者重大遗漏，受到中国证监会行政处罚，并且因违法行为性质恶劣、情节严重、市场影响重大，在行政处罚决定书中被认定构成重大违法行为，或者因涉嫌违规披露、不披露重要信息罪被依法移送公安机关（重大信息披露违法）情形，其股票被实施退市风险警示后交易满30个交易日。

（11）其他情形。

（二）恢复上市

恢复上市是指，上市公司股票被暂停上市后，如果达到一定的条件，即可向证券交易所申请恢复其股票的上市交易。

1. 恢复上市的程序

证券交易所在收到恢复上市的申请后，应当予以审查。由证券交易所上市委员会对上市公司恢复上市申请进行审议，作出独立的专业判断并形成审核意见。证券交易所根据上市委员会的审核意见，作出是否同意公司股票恢复上市的决定。如果决定不同意公司股票恢复上市申请的同时，作出终止其股票上市的决定。如果同意其股票恢复上市的决定，则在该决定作出后2个交易日内通知上市公司，并报中国证监会备案。上市公司在这一过程中还需要履行公告义务。

2. 恢复上市的条件

（1）因净利润、净资产、营业收入或者审计意见类型不符合要求而被暂停上市的，如果符合下列情形，可以向证券交易所提出恢复上市申请的：在法定期限内披露了最近一年年度报告；最近一个会计年度经审计的扣除非经常性损益前后的净利润均为正值；最近一个会计年度经审计的营业收入不低于1000万元；最近一个会计年度经审计的期末净资产为正值；最近一个会计年度的财务会计报告未被会计师事务所出具保留意见、无法表示意见或者否定意见的审计报告；保荐机构经核查后发表明确意见，认为公司具备持续经营能力；保荐机构经核查后发表明确意见，认为公司具备健全的公司治理结构、运作规范、无重大内控缺陷；不存在证券交易规则规定的暂停上市或者终止上市情形；证券交易所认为需具备的其他条件。符合这些条件的上市公司可以在最近一年年度报告披露后的5个交易日内，以书面形式向证券交易所提出恢复上市的申请。

（2）上市公司因未在规定期限内改正财务会计报告中的重大差错或者虚假记载，或者因未在规定期限内披露年度报告或者中期报告，其股票被暂停上市的，在暂停上市后2个月内披露了改正后的财务会计报告或相关定期报告，可以在披露之日后的5个交易日内，以书面形式向证券交易所提出恢复上市的申请。

(3)上市公司因股本总额发生变化不具备上市条件情形,其股票被暂停上市,在规定的期限内上述情形已消除的,可以在事实发生之日后的5个交易日内,以书面形式向证券交易所提出恢复上市的申请。

(4)上市公司因股权分布发生变化,其股票被暂停上市的,在暂停上市后6个月内,其股权分布重新具备上市条件的,可以在事实发生之日后的5个交易日内,以书面形式向证券交易所提出恢复上市的申请。

(5)上市公司因欺诈发行或者重大信息披露违法情形,其股票被暂停上市后,在证券交易所作出终止其股票上市决定前,出现行政处罚决定被依法撤销或者确认无效、公安机关决定不予立案或者撤销案件,或者人民检察院作出不起诉决定,或者人民法院作出无罪判决或者免于刑事处罚且中国证监会未再做行政处罚的,证券交易所在收到相关法律文书后5个交易日内,作出撤销原暂停公司股票上市的决定。上市公司应当在收到前款规定的相关法律文书后及时发布公告,并说明公司是否准备按规定向证券交易所申请恢复上市;上市公司可以在个交易日内以书面形式向证券交易所提出恢复上市的申请。公司应当在提出申请后,及时发布相关公告。但是,如果上市公司同时触及证券交易规则规定的欺诈发行和重大信息披露违法之外的风险警示、暂停上市或者终止上市情形的,证券交易所对其股票相应予以实施风险警示、继续暂停上市或者终止上市。

(6)上市公司因重大信息披露违法情形,其股票被暂停上市后,在证券交易所作出终止其股票上市决定前,同时符合下列条件的,公司可以在5个交易日内以书面形式向证券交易所提出恢复上市的申请:

第一,已全面纠正重大违法行为并符合下列要求:公司已就重大信息披露违法行为所涉事项披露补充或更正公告;对重大信息披露违法行为的责任追究已处理完毕;公司已就重大信息披露违法行为所涉事项补充履行相关决策程序;公司控股股东、实际控制人等相关责任主体,对公司因重大信息披露违法行为发生的损失已作出补偿;重大信息披露违法行为可能引发的与公司相关的风险因素已消除。

第二,已撤换下列与重大信息披露违法行为有关的责任人员:被人民法院判决有罪的有关人员;被中国证监会行政处罚的有关人员;被中国证监会依法移送公安机关立案调查的有关人员;中国证监会、证券交易所认定的与重大信息披露违法行为有关的其他责任人员。

第三,已对相关民事赔偿承担做出妥善安排并符合下列要求:相关赔偿事项已由人民法院作出判决的,该判决已执行完毕;相关赔偿事项未由人民法院作出判决，但已达成和解的，该和解协议已执行完毕；相关赔偿事项未由人民法院作出判决，且也未达成和解的，公司及相关责任主体已按预计最高索赔金额计提赔偿基金，并将足额资金划入专项账户，且公司的控股股东和实际控制人已承诺：若赔偿基金不足赔付，其将予以补足。不存在证券交易规则规定的暂停上市或者终止上市情形。公司聘请的恢复上市保荐机构、律师已对前述条件所述情况进行核查验证，并出具专项核查意见，明确认定公司已完全符合前述条件。

3. 恢复上市的保荐

（1）一般要求。上市公司申请恢复上市，应当聘请具有主办券商业务资格的保荐人保荐。保荐人应当出具恢复上市保荐书，包括公司的基本情况；公司存在的主要风险以及原有风险是否已经消除的说明；对公司发展前景的评价；核查报告的主要内容；公司是否完全符合恢复上市条件及其依据的说明；无保留且表述明确的保荐意见及其理由；保荐人和相关保荐代表人具备相应保荐资格以及保荐人内部审核程序的说明；保荐人是否存在可能影响其公正履行保荐职责的情形的说明；保荐人比照有关规定作出的承诺；对公司持续督导期间的工作安排；保荐人和相关保荐代表人的联系地址、电话和其他通讯方式；保荐人认为应当说明的其他事项；中国证监会和本所要求的其他内容。

（2）保荐人的审查义务。保荐人应当对公司恢复上市申请材料的真实性、准确性和完整性进行核查，在确信公司具备恢复上市条件后出具恢复上市保荐书，并保证承担连带责任。保荐人应当在规定期限内如实回复本所就公司恢复上市事项提出的问询，并提供相应补充文件。

保荐人在核查过程中，应当至少从以下三个方面对上市公司的有关情况予以充分关注和尽职核查，并出具核查报告：

第一，规范运作：包括但不限于人员、资产、财务的独立性，关联交易是否公允，重大出售或者收购资产的行为是否规范，重组后的业务方向以及经营状况是否发生实质性变化，与实际控制人之间是否存在同业竞争等。

第二，财务会计：包括但不限于收入确认、非经常性损益的确认是否合规，会计师事务所出具的非标准无保留审计意见所涉及事项对公司是否构成重大影响，公司对明显违反会计准则、制度及相关信息披露规范规定的事项进行纠正和调整的情况等。

第三，或有风险：包括但不限于资产出售、抵押、置换、委托经营、重大对外担保、重大诉讼和仲裁事项（适用本规则有关累计计算的规定），以及上述事项对公司生产经营所产生的影响等。

对于公司存在的各种不规范行为,保荐人应当要求公司改正。公司未按要求改正的,保荐人应当拒绝为其出具恢复上市保荐书。

4. 恢复上市的法律意见书

上市公司申请其股票恢复上市的,应当聘请律师对恢复上市申请的合法性、合规性以及相关申请材料的真实性、准确性和完整性进行核查验证,就公司是否具备恢复上市条件出具法律意见书,并承担相应的法律责任。法律意见书应当包括以下内容及相关结论性意见:公司的主体资格;公司是否符合恢复上市的实质条件;公司的业务及发展目标;公司治理结构和规范运作情况;关联交易和同业竞争;公司的主要财产;重大债权、债务;重大资产变化和收购兼并情况;公司纳税情况;重大诉讼、仲裁;公司受到的行政处罚;律师认为需要说明的其他问题。律师就上述事项发表的有关结论性意见,应当包括是否合法合规、是否真实有效、是否存在纠纷或者潜在风险等。

(三)终止上市

1. 终止上市的含义及意义

证券在符合一定条件时可以上市交易,但在不符合上市条件时,则应当终止其上市。股票的终止上市对投资者来说,是证券市场上比较大的风险,因为股票一旦终止上市,就意味着该股票无法再在证券交易所买出。因此,股票上市交易的终止实际上是一种证券市场的退出机制,有利于提高投资者的风险意识,促进资源的合理流动,并且能够在总体上实现证券市场的优胜劣汰,保持证券市场的健康发展。依据我国《证券法》第56条的规定,上市公司有下列情形之一的,由证券交易所决定终止其股票上市交易:公司股本总额、股权分布等发生变化不再具备上市条件,在证券交易所规定的期限内仍不能达到上市条件;公司不按照规定公开其财务状况,或者对财务会计报告作虚假记载,且拒绝纠正;公司最近3年连续亏损,在其后一个年度内未能恢复盈利;公司解散或者被宣告破产以及证券交易所上市规则规定的其他情形。

2. 终止上市的情形

上海证券交易所交易规则中规定了以下两种终止上市的情形:

(1)强制终止上市。上市公司出现法定情形时,由证券交易所决定终止其股票上市即为强制终止上市。上市公司出现下列情形之一的,由证券交易所决定终止其股票上市:

第一,因净利润、净资产、营业收入或者审计意见,其股票被暂停上市后,公司披露的最近一个会计年度经审计的财务会计报告存在扣除非经常性损益前后的净利润孰低者为负值、期末净资产为负值、营业收入低于1000万元或者被会计师事务所出具保留意见、无法表示意见、否定意见的审计报告等四种情形之一。

第二,因净利润、净资产、营业收入或者审计意见,其股票被暂停上市后,公司未能在法定期限内披露最近一年的年度报告。

第三,因未在规定期限内按要求改正财务会计报告中的重大差错或者虚假记载,其股票被暂停上市后,公司在2个月内仍未按要求改正财务会计报告。

第四,因未在规定期限内披露年度报告或者中期报告,其股票被暂停上市后,公司在2个月内仍未按要求披露相关定期报告。

第五,在证券交易所仅发行A股股票的上市公司,通过交易系统连续120个交易日(不包含公司股票停牌日)实现的累计股票成交量低于500万股,或者连续20个交易日(不包含公司股票停牌日)的每日股票收盘价均低于股票面值。

第六,在证券交易所仅发行B股股票的上市公司,通过交易系统连续120个交易日(不包含公司股票停牌日)实现的累计股票成交量低于100万股,或者连续20个交易日(不包含公司股票停牌日)的每日股票收盘价均低于股票面值。

第七,在本所既发行A股股票又发行B股股票的上市公司,其A、B股股票的成交量或者收盘价同时触及上述第五项和第六项规定的标准。

第八,上市公司股东数量连续20个交易日(不含公司首次公开发行股票上市之日起的20个交易日和公司股票停牌日)每日均低于2000人。

第九,公司股本总额发生变化不再具备上市条件,在证券交易所规定的期限内仍不能达到上市条件。

第十,因股权分布发生变化不具备上市条件,其股票被暂停上市后,公司在暂停上市6个月内股权分布仍不具备上市条件。

第十一,公司被依法强制解散。

第十二,公司被法院宣告破产。

第十三,因欺诈发行或者重大信息披露违法情形,其股票已被暂停上市,且未在规定期限内恢复上市。

第十四,因净利润、净资产、营业收入、审计意见类型,其股票被暂停上市后,公司在法定期限内披露了最近一年年度报告,但未在其后的5个交易日内提出恢复上市申请。

第十五,因未在规定期限内按要求改正财务会计报告中的重大差错或者虚假记载,其股票被暂停上市后,公司在2个月内披露了按要求改正的财务会计报告,但未在其后的5个交易日内提出恢复上市申请。

第十六,因未在规定期限内披露年度报告或者中期报告,其股票被暂停上市后,公司在2个月内披露了相关定期报告,但未在其后的5个交易日内提出恢复上市申请。

第十七,因股本总额发生变化不再具备上市条件或者股权分布发生变化不具备上市条件,其股票被暂停上市后,公司股本总额在规定的期限内或者股权分布在6个月内重新具备上市条件,但未在其后的5个交易日内提出恢复上市申请。

第十八,符合特定可以申请恢复上市情形,但未在其后的5个交易日内提出恢复上市申请。

第十九,恢复上市申请未被受理、恢复上市申请未获同意以及证券交易所认定的其他情形。

上市公司董事会预计其股票可能出现终止上市情形的,应当及时提出化解相关风险的应对预案并对外披露。

(2)主动终止上市。主动终止上市是上市公司因自身原因而终止其股票的上市交易。上市公司向证券交易所提出主动终止上市申请的,至少应当提交以下文件:主动终止上市申请书;董事会决议及独立董事意见(如适用);股东大会决议(如适用);主动终止上市的方案;主动终止上市后去向安排的说明;异议股东保护的专项说明;财务顾问出具的关于公司主动终止上市的专项意见;律师出具的关于公司主动终止上市的专项法律意见以及证券交易所要求的其他材料。上市公司出现下列情形之一的,可以向证券交易所申请主动终止上市:

第一,上市公司股东大会决议主动撤回其股票在该所的交易,并决定不再在交易所交易或转而申请在其他交易场所交易或转让。

第二,上市公司向所有股东发出回购全部股份或部分股份的要约,导致公司股本总额、股权分布等发生变化不再具备上市条件。

第三,上市公司股东向所有其他股东发出收购全部股份或部分股份的要约,导致公司股本总额、股权分布等发生变化不再具备上市条件;除上市公司股东外的其他收购人向所有股东发出收购全部股份或部分股份的要约,导致公司股本总额、股权分布等发生变化不再具备上市条件。

第四,上市公司因新设合并或者吸收合并,不再具有独立主体资格并被注销。

第五,上市公司股东大会决议公司解散。

第六,中国证监会和证券交易所认可的其他主动终止上市情形。

（四）重新上市

1. 重新上市的含义

在证券交易所的上市公司的股票被终止上市后，其终止上市情形已消除，且符合一定条件的，可以申请重新上市。证券交易所的上市委员会对股票重新上市申请进行审议，作出独立的专业判断并形成审核意见。证券交易所根据上市委员会的审核意见，作出是否同意公司股票重新上市的决定。

2. 重新上市的情形

（1）一般规定。上市公司的股票被终止上市后，如果符合下列条件则可以申请重新上市：公司股本总额不少于人民币5000万元；社会公众股持有的股份占公司股份总数的比例为25%以上；公司股本总额超过人民币4亿元的，社会公众股持有的股份占公司股份总数的比例为10%以上；公司及董事、监事、高级管理人员最近3年无重大违法行为，财务会计报告无虚假记载；最近3个会计年度净利润均为正数且累计超过人民币3000万元，净利润以扣除非经常性损益前后较低者为计算依据；最近3个会计年度经营活动产生的现金流量净额累计超过人民币5000万元；或者最近3个会计年度营业收入累计超过人民币3亿元；最近一个会计年度经审计的期末净资产为正值；最近3个会计年度的财务会计报告均被会计师事务所出具标准无保留意见的审计报告；最近3年主营业务没有发生重大变化，董事、高级管理人员没有发生重大变化，实际控制人没有发生变更；保荐机构经核查后发表明确意见，认为公司具备持续经营能力；保荐机构经核查后发表明确意见，认为公司具备健全的公司治理结构、运作规范、无重大内控缺陷；证券交易所规定的其他条件。

（2）公司股票被强制终止上市后，如果公司不配合退市相关工作的，证券交易所自其股票进入全国中小企业股份转让系统挂牌转让之日起36个月内不受理其重新上市的申请。

（3）上市公司因欺诈发行或重大信息披露违法，其股票被终止上市后，公司需要同时符合下列条件的，证券交易所才能受理其重新上市申请：

第一，已全面纠正重大违法行为并符合下列要求：公司已就欺诈发行、重大信息披露违法行为所涉事项披露补充或更正公告；对欺诈发行、重大信息披露违法行为的责任追究已处理完毕；公司已就重大信息披露违法行为所涉事项补充履行相关决策程序；公司控股股东、实际控制人等相关责任主体对公司因欺诈发行、重大信息披露违法行为发生的损失已作出补偿；欺诈发行、重大信息披露违法行为可能引发的与公司相关的风险因素已消除。

第二,已撤换下列与欺诈发行、重大信息披露违法行为有关的责任人员:被人民法院判决有罪的有关人员;被中国证监会行政处罚的有关人员;被中国证监会依法移送公安机关立案调查的有关人员;中国证监会、证券交易所认定的与欺诈发行、重大信息披露违法行为有关的其他责任人员。

第三,已对相关民事赔偿承担做出妥善安排并符合下列要求:相关赔偿事项已由人民法院作出判决的,该判决已执行完毕;相关赔偿事项未由人民法院作出判决,但已达成和解,且该和解协议已执行完毕的;相关赔偿事项未由人民法院作出判决,且也未达成和解的,公司及相关责任主体已按预计最高索赔金额计提赔偿基金,并将足额资金划入专项账户,且公司的控股股东和实际控制人已承诺"若赔偿基金不足赔付,其将予以补足"。

第四,公司聘请的重新上市保荐机构、律师已对前述三项条件所述情况进行核查验证,并出具专项核查意见,明确认定公司已完全符合前述三项条件。

阅读4-1 证券交易的不可撤销及反思

证券交易是将已经发行的股票、债券等有价证券在证券交易市场上进行买卖的行为。证券交易虽然是一种买卖,但在法律适用上仅仅适用证券法,属于绝对商行为的范畴。其交易的规则与民法中的买卖就不相同。例如,民事法律行为制度中关于意思表示错误可得撤销的规则在证券交易中就不允许适用。《证券法》第120条规定:"按照依法制定的交易规则进行的交易,不得改变其交易结果。对交易中违规交易者应负的民事责任不得免除;在违规交易中所获利益,依照有关规定处理。"可见,证券交易行为是不存在撤销和交易无效问题的,只要是按照证券交易所交易规则进行的交易就必须有效。这是证券交易作为大规模、连续性、反复性、集中性交易的必然要求。

证券交易的不可撤销性固然有其必要,但也引起了人们的反思。1990年12月19日,上交所开业首日,申银证券的经纪人为抢到沪市第一单的历史记录,情急之中将当时市场价格为384元的真空电子按面值100元的卖出报价输入电脑后成交;1994年1月26日,某证券公司交易员徐某将数百万股广州广船分多次以20元高价"卖出",不料却将第9笔81万余股"卖出"打成了"买入",致该证券公司损失达1200余万元;2000年3月16日虹桥机场转债事件,开盘时投资者误以为拆细交易,将百元面值的转债以1元多的价格卖出,产生1.88元的开盘价,上交所决定对该异常交易期间发生的交易实行暂缓交收;2009年12月31日交银施罗德事件:“治理 ETF”在计算基金的申购赎回时,清单计算出现偏差,导致不少机构凭空获得了一个极为罕见的套利机会。

近期的交易错误事件也时有发生。例如 2017 年 3 月 9 日的上午盘中,新三板协议转让企业宁波水表(834980. OC)股票交易出现乌龙指,一名买方输入小数点错误,将 19.70 买入价输为 1,970 元,随后被交易对手迅速点击成交,损失 390 万元。行情显示,宁波水表周三收盘于 20.36 元,最高价 1970 元,最低价 19.6 元,振幅达到 8900%。当日成交总金额 460 万元。根据股转公司官网,当日上午盘中,是一名投资者通过“中信建投证券郴州解放路证券营业部”挂出 1970 元成交 2000 股的买单。两名买家分别在 10 点 58 分 19 秒和 10 点 58 分 19 秒通过“方正证券株洲新华路证券营业部”和“长江证券股份有限公司成都人民南路证券营业部”,点击买单成交,各卖出 1000 股。乌龙指在新三板已经成为一类独特的现象,这与新三板的交易制度有关。新三板有一万家企业采取协议转让方式,每日市场协议成交总金额在 5 亿元至 10 亿元,与做市转让方式平分秋色。协议转让虽然同样也能达成交易、形成价格,但是与广大股民熟悉的 A 股竞价交易相比,协议转让的效率较低、操作比较复杂,容易出错。在协议转让中,系统不会自动为买卖双方撮合交易,投资者需要手动进行一系列操作才能完成成交。所以在协议转让中,市场遵循的不是价格优先,而是时间优先,全凭投资者眼疾手快,才能抢得最优价格。由于交易流程中的人工操作成分较大,并且一些交易者对新三板的交易规则还不够熟悉,因此不可避免会出现乌龙指。

近年境内外各大证券交易所都发生了多起错误交易事件。如 2001 年 5 月 14 日,伦敦证券交易所一会员公司的交易员在收盘集合竞价阶段将 300 万英镑的申报输入为 3 亿英镑,引发了 FTSE100 指数在此期间下跌约 2.5%;又如 2003 年 7 月 14 日,芝加哥商业交易所(CME)因自动交易系统执行了大量超出限价范围的申报,导致 E – mini 标普 500 指数期货合约短时急剧下跌,交易所撤销约 600 份交易;再如 2005 年 12 月 8 日,日本“J – COM 大规模错误订单事件”,瑞穗证券一名交易员将“以 610,000 日元的价格出售 1 股 J – COM 股票”误输入为“以 1 日元价格出售 610,000 股 J – COM 公司股票”;2010 年 5 月 6 日,美股“闪电暴跌”事件,30DJIA 指数在不到 20 分钟的时间里狂泻近 1000 点,后又实现了快速反弹,其间,如埃森哲等知名股票曾一度跌到只剩几美分;2010 年 6 月 1 日,德意志证券在日本大阪证交所由于系统故障错误挂出巨额期货合约卖单,一度影响现货价格;2010 年 9 月 15 日,CME 在进行质量保证测试时,错误地在正常运行中的能源和金属市场下单,持续 6 分钟。

证券交易中的错误交易,又称明显错误交易,是指因市场参与者行为或交易系统故障而导致被错误执行的交易。这个明显错误的表现形式可以体现在价格、股票数量或其他证券单位、证券识别代码等方面。错误交易不仅不是当事人的真实意思,反而因缺乏错误交易的挽救措施而让当事人选择铤而走险,不惜以违法行为来挽救自己的错误。这在更大程度上放大了错误交易对市场的冲击,往往有违市场公平。例如本书下引的光大乌龙指事件中,中国证监会的认定及处罚无误,但确实也折射出错误交易撤销制度的必要性。

而证券交易规则发达的国家针对明显错误交易事件已经构建起了一项撤销错误交易的制度。该制度即证券交易所依职权或者依申请,根据一定标准并按照一定程序取消明显错误交易或者宣告该错误交易无效。如美国、英国、德国、日本、新加坡和香港特区等主要证券交易所都有专门的"明显错误交易处置规则"。在2010年5月6日美国"闪电暴跌"事件(Flash Crash)中,美国当地时间2010年5月6日下午,在14:45之前不到20分钟的时间里,美股经历了匪夷所思的惊人暴跌,道琼斯30种工业股票平均价格指数(30DJIA)狂泻近1000点,标普500(S&P500)、纳斯达克100(NASDAQ100)等指数均现罕见下跌,道琼斯指数(DJIA)更是创下了114年历史中最大规模的盘中下跌。暴跌过程中,约7000亿美元市值瞬间蒸发,整个美股市场则一度蒸发市值约万亿美元。很多个股也是经历了惊魂一跳,如宝洁公司股价从64美元跌至39美元,另如爱克斯龙(Exelon,当天开盘43.35美元)、埃森哲(Accenture,当天开盘41.94美元)、波士顿啤酒(Boston Beer,当天开盘59.44美元)等知名股票曾一度跌到只剩几美分。正在众人莫名其妙之时,股市又实现了快速反弹,市场在临近15:00时基本恢复正常。当天下午18:00左右,SEC与主要证交所在举行了紧急电话会议调查和沟通之后,各交易所宣布取消当日下午美国东部时间14:40~15:00间较14:40或之前的最后一笔交易上涨或下跌超过60%的所有股票交易。

证券交易不可撤销应当是证券交易的基本规则,但是在产生明显错误交易的情况下,维护市场公正、避免错误信息干扰、确保市场功能发挥等价值更加需要得到尊重。撤销错误交易具有一定的合理性。但关键是判断一个证券交易达到了什么程度的"明显错误"才能被撤销。只有明确了标准,投资者才能依据该标准提出申请,交易所也可以依据该标准启动相关程序并作出具体判断。

有学者在研究后指出,比较各主要交易所的错误交易处置政策,判断是否构成明显错误交易的标准主要有四个方面:一是价格偏离;二是亏损情况;三是数量情况;四是额外因素。但这四个标准的确立都需要相当扎实的实证研究,并不能照搬西方的经验。此外，构建公正的撤销错误交易的程序也实属必要。[1]

阅读 4－2　证券交易的费用

实践中，证券交易的费用主要有以下几项：

1. 印花税。印花税是根据国家税法规定，是在股票（包括 A 股和 B 股）成交后对买卖双方投资者按照规定的税率分别征收的税金。印花税的缴纳是由证券经营机构在同投资者交割中代为扣收，然后在证券经营机构同证券交易所或登记结算机构的清算交割中集中结算，最后由登记结算机构统一向征税机关缴纳。其收费标准是按 A 股成交金额的 4‰计收（为 1‰），基金、债券等均无此项费用。

2. 佣金。佣金是指投资者在委托买卖证券成交之后按成交金额的一定比例支付给证券公司的费用。此项费用一般由券商的经纪佣金、证券交易所交易经手费及管理机构的监管费等构成。如上海证券交易所 A 股的佣金为成交金额的 3.5‰，起点为 10 元；债券的佣金为成交金额的 2‰（上际，可浮动），起点为 5 元；基金的佣金为成交金额的 3.5‰，起点为 10 元；证券投资基金的佣金为成交金额的 2.5‰，起点为 5 元；回购业务的佣金标准为：3 天、7 天、14 天、28 天和 28 天以上回购品种，分别按成交额 0.15‰、0.25‰、0.5‰、1‰和 1.5‰以下浮动。

3. 过户费。过户费是指投资者委托买卖的股票、基金成交后买卖双方为变更股权登记所支付的费用。这笔收入属于证券登记清算机构的收入，由证券经营机构在同投资者清算交割时代为扣收。如上海证券交易所 A 股、基金交易的过户费为成交票面金额的 1‰，起点为 1 元，其中 0.5‰由证券经营机构交登记公司；

4. 其他费用。其他费用是指投资者在委托买卖证券时，向证券营业部缴纳的委托费、撤单费、查询费、开户费、磁卡费以及电话委托、自助委托的刷卡费、超时费等。由券商根据需要酌情收取，一般没有明确的收费标准，只要其收费得到当地物价部门批准即可，目前有相当多的证券经营机构出于竞争的考虑而减免部分或全部此类费用。

阅读 4－3　退市的法律分析

退市是证券上市制度的必要组成部分。一般来说，退市可以分为主动退市与

---

〔1〕 参见吴伟央：《证券错误交易撤销制度的比较分析：法理、标准和程序》，载《证券法苑》2012 年第 8 期。

被动退市。目前，在被动退市的公司中，有因不符合交易所的要求而退市，也有因出现重大问题被证监会勒令退市的情况。我国目前证券实践中较多存在的是被动退市。而在成熟市场，主动退市的比例要高于被动退市，主板市场尤其如此。比如，在1998年至2007年，美国纳斯达克的退市企业约一半为主动退市，同期美国纽交所主动退市比例约为67%；英国也是类似，在2001年至2013年，约70%为主动退市。这与成熟市场发达完善的市场化资源配置机制紧密相关，归根结底，退市是一个权衡成本收益的商业选择。企业退市由公开公司变为非公开公司，其中自然有当事人的利益考量。但发达证券市场国家退市后有较多选择，企业退市后的具体去向直接与其退市的原因挂钩。如果因为转板原因退市，那么企业可能转移到新的交易所交易，典型如从创业板转移到主板。从2000年至今，香港创业板退市的企业48%转移到了主板。转板也可以从主板转移到创业板，如在2002年至2006年，英国伦敦交易所约20%主板企业退市的原因是他们转到了创业板市场。如果企业不符合交易所的要求而被动退市，则很可能进入场外交易市场。退市后企业可能以非公开公司的形式继续发展。企业退市与上市一样，都是市场化的常态，无论是上市或退市，均为企业市场化的最优选择，形成市场资源的最有效配置，我们可以看到，在这些市场退市数量和IPO数量基本达到平衡，有时候，IPO数量甚至会少于退市数量，如从1985年至2008年，美国纳斯达克有11,820家IPO，但同期退市数达到12965家；从2001年至2013年，伦敦交易所IPO为965家，退市公司高达2004家。〔2〕

在我国，退市主要是被动退市。自2001年PT水仙被终止上市以来，已经有多家上市公司退市。例如大庆联谊因2003年、2004年和2005年连续3年亏损，公司股票自2006年3月10日起暂停上市。2007年4月28日，大庆联谊披露了经审计的年度报告，该报告显示2006年公司盈利。2007年5月11日，大庆联谊提出了恢复股票上市的申请。2007年5月18日，上交所正式受理该申请。上交所披露的信息显示，该公司最终退市的原因主要在于，上市委员会的参会委员对该公司报表显示的盈利真实性提出了合理的怀疑，最终作出了不予同意的意见。据称上市委员会委员在恢复上市审核时，对大庆联谊当期年度盈利的真实性、合规性表示关注，认为该公司当期利润来源主要系巨额坏账准备计提冲回，尤其是对该公司、淞江集团和相关债权银行或债权人间先经协议形成该公司对淞江集团的债务，然后于2006年12月18日和12月29日，该公司将重组后控股股东淞江集

---

〔2〕 参见北京证券期货研究院研究中心：《各国退市的整体情况和美国主动退市实践介绍》，载中国证监会网。

团代原控股股东联谊总厂偿还非经营性占用的1.67亿元款项，又以债务偿还的方式返汇回淞江集团的行为表示质疑，认为其实质上将“债务重组”事项人为设计为“代为偿债”和“债务转移”两笔交易，明显违反了当时的企业会计制度不允许确认债务重组收益的有关规定。上市委员会委员由此认为，大庆联谊2006年年度盈利缺乏真实性。另外，参会的委员还注意到，大庆联谊截至2006年年末的历年累计未弥补亏损高达6亿多元，财务状况并没有实质性的变化。上市委员会委员还注意到该公司所称的资产重组方案不断变化，相关重组方案仅仅停留于非正式汇报，并未召开董事会审议和对外公告，更没有实质性的进展。根据以上情况，参会委员最终表决一致否决了大庆联谊的恢复上市申请。

上市公司终止上市后，按照有关规定，退市公司将进入股份代办转让系统进行转让。构建多层次的资本市场显然对退市制度的完善很有必要。

案例4-1　光大证券内幕交易案

经中国证监会查明，2013年8月16日11时05分，光大证券在进行交易型开放式指数基金（以下简称ETF）申赎套利交易时，因程序错误，其所使用的策略交易系统以234亿元的巨量资金申购180ETF成份股，实际成交72.7亿元。经测算，180ETF与沪深300指数在2013年1月4日至8月21日期间的相关系数达99.82%，即巨量申购和成交180ETF成份股对沪深300指数，180ETF、50ETF和股指期货合约价格均产生重大影响。同时，巨量申购和成交可能对投资者判断产生重大影响，从而对沪深300指数，180ETF、50ETF和股指期货合约价格产生重大影响。根据《证券法》第75条第2款第8项和《期货交易管理条例》第82条第11项的规定，“光大证券在进行ETF套利交易时，因程序错误，其所使用的策略交易系统以234亿元的巨量资金申购180ETF成份股，实际成交72.7亿元”为内幕信息。光大证券是《证券法》第202条和《期货交易管理条例》第70条所规定的内幕信息知情人。

上述内幕信息自2013年8月16日11时05分交易时产生，至当日14时22分光大证券发布公告时公开。

同日不晚于11时40分，徐浩明召集杨赤忠、沈诗光和杨剑波开会，达成通过做空股指期货、卖出ETF对冲风险的意见，并让杨剑波负责实施。因此，光大证券知悉内幕信息的时间不晚于2013年8月16日11时40分。光大证券2013年8月16日下午将所持股票转换为180ETF和50ETF并卖出的行为和2013年8月16日下午卖出股指期货空头合约IF1309、IF1312共计6240张的行为构成内幕交易。

2013年8月16日13时,光大证券称因重大事项停牌。当日14时22分,光大证券发布公告,称"公司策略投资部自营业务在使用其独立套利系统时出现问题"。但在当日13时开市后,光大证券即通过卖空股指期货、卖出ETF规避损失13,070,806.63元。

中国证监会认为,光大证券在内幕信息公开前将所持股票转换为ETF卖出和卖出股指期货空头合约的交易,构成《证券法》第202条和《期货交易管理条例》第70条所述内幕交易行为。光大证券法定代表人徐某为直接负责的主管人员,杨某等三人为其他直接责任人员。

中国证监会根据《证券法》第202条和《期货交易管理条例》第70条的规定,决定没收光大证券ETF内幕交易违法所得13,070,806.63元,并处以违法所得5倍的罚款;没收光大证券股指期货内幕交易违法所得74,143,471.45元,并处以违法所得5倍的罚款。上述两项罚没款共计523,285,668.48元。还对光大证券ETF内幕交易直接负责的主管人员徐某等给予警告,并处罚款等行政处罚。[3]

思考与分析:

本案是我国证券史上一个著名的案例。真实情况是光大证券在操作时输入错误,即光大乌龙指事件。光大证券在陈述申辩中提出:其一,2013年8月16日全天所做对冲交易,是按照光大证券《策略投资部业务管理制度》的规定和策略投资的原理,按照既定计划进行的必然性和常识性操作,具有合规性和正当性,符合业内操作惯例。其二,本案系我国资本市场上首次发生的新型案件,事件发生时,作为一个正常理性的市场交易主体,无法判断错单信息属于内幕信息,更无从判断下午的行为可能构成内幕交易行为。证监会认定相关交易构成内幕交易法律依据不足。其三,证监会对于违法所得的认定没有法律依据,而且存在计算错误。其四,即使证监会认定其构成内幕交易,也应该从轻减轻处罚,不应处以5倍罚款。

除上述申辩理由外,徐某等人还提出,没有内幕交易的主观故意;杨某等三人分别提出了各自的申辩意见。

中国证监会经复核认为:本案是我国资本市场上首次发生的新型案件,虽然《证券法》和《期货交易管理条例》列举的内幕信息主要是与发行人自身相关的信息或与政策相关的信息,但同时规定证监会有权就具体信息是否属于内幕信息进行认定。内幕信息有两个基本特征,包括信息重大和未公开性。本案中,光大证

〔3〕 参见中国证监会〔2013〕59号行政处罚决定书。

券因程序错误以234亿元的巨量资金申购180ETF成份股，实际成交72.7亿元，可能影响投资者判断，对沪深300指数、180ETF、50ETF和股指期货合约价格均可能产生重大影响，同时这一信息在一段时间内处于未公布状态，符合内幕信息特征。中国证监会据此依法认定其为内幕信息。光大证券自身就是信息产生的主体，对内幕信息知情。

中国证监会认为，按照光大证券《策略投资部业务管理制度》的规定和策略投资的原理，光大证券可以进行正常的对冲交易，但是光大证券决策层了解相关事件的重大性之后，在没有向社会公开之前进行的交易，并非针对可能遇到的风险进行一般对冲交易的既定安排，而是利用内幕信息进行的交易。此时公司具有进行内幕交易的主观故意，符合《证券法》中“利用”要件，应当认定为内幕交易。光大证券内幕交易行为性质恶劣，影响重大，对市场造成了严重影响，应当依法予以处罚。本案的违法所得认定综合考虑了交易金额、税费、内幕信息的影响时间等因素，具有合理性。本案4名责任人员召开公司层面的决策会议决定先交易后披露，理应承担相应的责任。

本案值得进一步思考的问题是：请结合前述证券交易规则，思考有可撤销交易规则的可行性。此外，本案中国证监会对内幕信息、内幕交易的认定方法应当如何评价？

案例4－2　《证券法》第43条的适用

中国证监会认定冯某以彭某嫦名义入股深圳世方联创业投资有限公司（以下简称深圳世方联），进而以深圳世方联名义持有、买卖“鱼跃医疗”。

2006年12月25日，深圳世方联于深圳成立，公司股东为彭某嫦、刘某、朱某年、胡某娟，持股比例分别为30%、30%、30%、10%。彭某嫦担任深圳世方联法定代表人、执行董事职务，她是冯某岳母。2014年1月26日，公司变更为石河子融科华投资有限合伙企业（以下简称融科华投资）。融科华投资的执行事务合伙人为彭某嫦，彭某嫦承担无限连带责任，胡某娟、刘某、朱某年承担有限责任。深圳世方联存续期间，其证券账户主要用于交易“鱼跃医疗”。

何某梅为冯某配偶何某玉之妹，彭某嫦为冯某配偶何某玉之母。何某梅招商银行账户为冯某夫妇实际控制银行账户。何某梅本人不知悉该账户的开立情况及交易密码，也不清楚该账户的日常交易情况。经查询该账户的交易流水，该账户为冯某之女冯某益缴纳深圳教育国际交流学院学杂费。彭某嫦招商银行账户为冯某夫妇实际控制账户。上述3个账户所留联系电话为冯某配偶何某玉的手机号码,所留联系地址为冯某夫妇家庭住址。

冯某夫妇实际控制何某梅、彭某嫦名下证券账户。彭某嫦已于2015年8月离世,但彭某嫦招商证券账户在2015年11月仍有交易记录。彭某嫦广发证券账户留存的联系电话为何某玉电话。中投证券账户开户代理人为何某玉,且与何某玉就该证券账户签订了全权代理的《授权委托书》。招商证券账户留存的联系电话为何某玉手机号码,电子邮件为何某玉邮件地址。何某梅中投证券账户留存的联系电话为何某玉手机号码。何某梅国盛证券账户留存的联系电话为何某玉手机号码,联系地址为冯某、何某玉的家庭住址。在接受问询时,何某梅本人不知悉自己有几个证券账户,不知道相关账户的开立情况。何某梅国盛证券、中投证券账户在开户至注销期间,除进行"宝莱特"、"三川股份"的减持外,仅少量小额地进行新股申购及卖出中签新股操作,共计完成16笔此类操作。

2008年4月18日,鱼跃医疗在深交所上市。2013年10月14日至2015年3月6日期间,深圳世方联证券账户在二级市场减持所持全部"鱼跃医疗",卖出清算金额共计440,027,654.8元。此外,在深圳世方联证券账户持有"鱼跃医疗"期间,共获得6次现金分红,分红金额总计5,527,936.6元。2015年3月6日之后,深圳世方联证券账户再无证券交易记录。

深圳世方联卖出"鱼跃医疗"所得与所获分红款项,在扣缴个人所得税52,692,307.27元,并通过彭某嫦账户缴纳个人所得税34,733,824.53元后,剩余资金共计358,129,460元,全部向4名股东进行了分配。其中,向彭某嫦分配107,858,780.77元。据查,彭某嫦缴纳深圳世方联注册资本的资金来自冯某夫妇。彭某嫦所得收益绝大部分最终流向为冯某及其配偶何某玉、女儿冯某益。冯某配偶何某玉深度参与深圳世方联的运营活动,并且参与了深圳世方联转变企业性质、转移注册地址的相关工作,而相关工作的目的即为减少减持"鱼跃医疗"带来的税收负担。

深圳世方联股东彭某嫦为冯某岳母,冯某时任深交所发审监管部副总监、发审委兼职委员。深圳世方联入股价格等同于"鱼跃医疗"每股净资产价值,显著低于市场合理水平,且与鱼跃医疗重要员工入股价格一致。

综上,冯某通过本人社会关系及所任职务之便利,以彭某嫦名义入股深圳世方联,进而以深圳世方联名义持有、买卖"鱼跃医疗",其对应的买卖股票金额为106,193,917.73元,其持有、买卖"鱼跃医疗"的获利金额为106,058,780.77元。

此外,冯某还买卖"三川股份"、"宝莱特"等股票共计251,412,971.74元(已扣除实际缴纳税费),获利金额为248,021,618.19元。

中国证监会根依据《证券法》第 199 条的规定决定:没收冯某违法借他人名义持有、买卖股票的违法所得 248,021,618.19 元,并处以 251,412,971.74 元罚款。[4]

思考与分析:

本案冯某身份特殊。1996 年 3 月至 2014 年 2 月期间他于深交所任职,2004 年 12 月至 2007 年 4 月期间冯某担任发审委委员,其借用他人名义持有、买卖股票行为违反了《证券法》第 43 条"证券交易所、证券公司和证券登记结算机构的从业人员、证券监督管理机构的工作人员以及法律、行政法规禁止参与股票交易的其他人员,在任期或者法定期限内,不得直接或者以化名、借他人名义持有、买卖股票,也不得收受他人赠送的股票"的规定,构成《证券法》第 199 条所述违法行为。证券交易是一种特殊的市场交易,我国《证券法》第 43 条对特定身份人员禁止从事证券交易的规定,对于维护证券交易的公平和公正有其特殊的必要性。

本案值得继续思考的问题是:本案的法律适用并不困难,但案情复杂,事实认定较为困难。请仔细梳理上述案情并注意中国证监会所使用的法律推理以及因果关系的认定方法。

思考题

1. 概述股票上市的条件。
2. 证券交易的规则主要有哪些?
3. 股票交易的方式有哪些?
4. 证券暂停上市、终止上市的情形有哪些?

---

〔4〕 参见中国证监会〔2017〕31 号行政处罚决定书。

第五章　上市公司收购

本章导语

上市公司收购是取得上市公司股权进而取得控制权的行为。上市公司收购是资源合理流动的方式。证券法对上市公司收购予以规制主要是从投资者利益保护的角度来考虑的，即要求上市公司收购中的收购人、被收购人等均须履行一定的义务，包括信息公开、诚信义务等，以保护证券市场上投资者的利益。上市公司收购的情形较多，当事人应当承担的实体和程序义务也较为复杂。

第一节　上市公司收购的概述

上市公司收购是使收购人获得或者可能获得对某上市公司实际控制权的行为。上市公司收购可以按不同的标准分为不同的类型，最常见的分类即要约收购和协议收购。证券法对上市公司收购的原则予以了规定。

一、上市公司收购的概述

（一）上市公司收购的含义

上市公司收购，系对上市公司的收购或者上市公司被收购人收购，是指收购人通过在证券交易所的股份转让活动持有一个上市公司的股份达到一定比例，或者通过证券交易所股份转让活动以外的其他合法途径控制一个上市公司的股份达到一定程度，导致其获得或者可能获得对该公司的实际控制权的行为。其中的"收购人"是指可以通过取得股份的方式成为一个上市公司的控股股东，可以通过投资关系、协议、其他安排的途径成为一个上市公司的实际控制人，也可以同时采取上述方式和途径取得上市公司控制权。收购人包括投资者及与其一致行动的他人。收购人可以是自然人、法人,也包括上市公司;被收购的公司称为目标公司。

收购人本身是投资者,但上市公司的收购是为了取得对上市公司的控制权,因而该行为的动机不限于投资获利。实践中为了实现规模效应,为了对某行业进行垄断、资产重组、获得该上市公司的"壳"资源等都可能采用上市公司收购。对整个社会来说,上市公司收购能够产生资源优化配置的后果;对被收购的目标公司来说,为了不失去控制权而必须勤勉经营;对持有流通股份的普通投资者来说,上市公司收购为他们提供了以公平价格卖出股票的机会,或者因收购而改善公司经营并使股票升值的机会。但是,上市公司收购往往会引起股市的震荡,其间难免会有虚假信息、内幕交易等违法行为。为了加强对普通投资者利益的保护,加强对上市公司收购中信息披露制度的完善和各方面的监管相当必要。

(二)上市公司收购制度的基本原则

1. 公开、公平和公正原则

上市公司的收购及相关股份权益变动活动,必须遵循公开、公平、公正的原则。在上市公司收购中,投资者是否要将自己所持的股票卖给收购人,是一项复杂的决策。只有实行信息的公开,切实消除上市公司收购中的信息垄断,才能防止内幕交易和证券欺诈行为的发生,让投资者的判断建立在真实的信息基础上,从而真正保护投资者的合法权益,实现证券市场的公开与公平。因此,与证券的发行、上市和交易一样,在上市公司收购中也必须实行信息公开原则。

上市公司的收购及相关股份权益变动活动中的信息披露义务人,应当充分披露其在上市公司中的权益及变动情况,依法严格履行报告、公告和其他法定义务。在相关信息披露前,负有保密义务。信息披露义务人报告、公告的信息必须真实、准确、完整,不得有虚假记载、误导性陈述或者重大遗漏。公开、公平和公正原则有以下具体体现:

(1)收购人承担大额持股披露义务。大额持股往往是收购的前兆,大额持股披露一方面使广大投资者对迅速积累股票的行为及其可能引起公司控股的变动情势有足够的警觉;另一方面又提醒其对所持有股票的真正价值重新加以评估,以保护投资公众在充分掌握信息的基础上自主地作出投资判断。大额持股披露义务是指股东在持股达到一定比例时,有报告并披露其股份增减状况和持股意图的义务。该义务不因收购方式是要约收购、协议收购还是其他方式收购而有区别,只要持股比例达到临界点(上市公司已发行的股份达到5%),就必须向中国证监会和证券交易所进行申报。大额持股披露包括达到5%的初始披露和递增或递减5%的持续性披露。我国《证券法》第86条规定:“通过证券交易所的证券交易,投资者持有或者通过协议、其他安排与他人共同持有一个上市公司已发行的股份达到百分之五时,应当在该事实发生之日起三日内,向国务院证券监督管理机构、证券交易所作出书面报告,通知该上市公司,并予公告;在上述期限内,不得再行买卖该上市公司的股票。投资者持有或者通过协议、其他安排与他人共同持有一个上市公司已发行的股份达到百分之五后,其所持该上市公司已发行的股份比例每增加或者减少百分之五,应当依照前款规定进行报告和公告。在报告期限内和作出报告、公告后二日内,不得再行买卖该上市公司的股票。”该规定确立的就是股东(收购人)的大额持股信息披露义务。与其他信息披露义务的履行一样,大额持股披露义务的履行也应当以书面报告和公告的方式来履行。书面报告即“权益变动报告书”。按照《证券法》的规定,书面报告和公告应当包括持股人的名称、住所;所持有的股票的名称、数量;持股达到法定比例或者持股增减变化达到法定比例的日期等内容。

(2)通过专门的财务顾问进行上市公司收购的信息披露。无论要约收购还是协议收购,都需要通过专门的财务顾问进行相关的信息披露。这是为了从财务角度披露收购的相关信息,帮助投资者进行决策。

依据中国证监会的相关规定,为了确保所披露信息的真实性,除了国有股行政划转或者变更、股份转让在同一实际控制人控制的不同主体之间进行以及因继承取得股份以外,在上市公司收购中,收购人和目标公司的董事会或者独立董事还应当各自聘请财务顾问对相关权益变动报告书所披露的内容出具核查意见。收购人未按规定聘请财务顾问的,不得收购上市公司。财务顾问应当勤勉尽责,遵守行业规范和职业道德,保持独立性,保证其所制作、出具文件的真实性、准确性和完整性。财务顾问认为收购人利用上市公司的收购损害被收购公司及其股东合法权益的,应当拒绝为收购人提供财务顾问服务。这类财务顾问应当出具财务顾问报告并予以披露。具体要求包括收购人的财务顾问和上市公司董事会或者独立董事聘请的独立财务顾问两种:

第一,收购人聘请的财务顾问的职责及财务顾问报告。收购人聘请的财务顾问应当履行以下职责:对收购人的相关情况进行尽职调查;应收购人的要求向收购人提供专业化服务,全面评估被收购公司的财务和经营状况,帮助收购人分析收购所涉及的法律、财务、经营风险,就收购方案所涉及的收购价格、收购方式、支付安排等事项提出对策建议,并指导收购人按照规定的内容与格式制作申报文件;对收购人进行证券市场规范化运作的辅导,使收购人的董事、监事和高级管理人员熟悉有关法律、行政法规和中国证监会的规定,充分了解其应当承担的义务和责任,督促其依法履行报告、公告和其他法定义务;对收购人是否符合中国证监会的规定及申报文件内容的真实性、准确性、完整性进行充分核查和验证,对收购事项客观、公正地发表专业意见;接受收购人委托,向中国证监会报送申报材料,根据中国证监会的审核意见,组织、协调收购人及其他专业机构予以答复;与收购人签订协议,在收购完成后 12 个月内,持续督导收购人遵守法律、行政法规、中国证监会的规定、证券交易所规则、上市公司章程,依法行使股东权利,切实履行承诺或者相关约定。

收购人聘请的财务顾问应当就本次收购出具的财务顾问报告,应当对以下事项进行说明和分析,并逐项发表明确意见:收购人编制的上市公司收购报告书或者要约收购报告书所披露的内容是否真实、准确、完整;本次收购的目的;收购人是否提供所有必备证明文件,根据对收购人及其控股股东、实际控制人的实力、从事的主要业务、持续经营状况、财务状况和诚信情况的核查,说明收购人是否具备主体资格,是否具备收购的经济实力,是否具备规范运作上市公司的管理能力,是否需要承担其他附加义务及是否具备履行相关义务的能力,是否存在不良诚信记录;对收购人进行证券市场规范化运作辅导的情况,其董事、监事和高级管理人员是否已经熟悉有关法律、行政法规和中国证监会的规定,充分了解应承担的义务和责任,督促其依法履行报告、公告和其他法定义务的情况;收购人的股权控制结构及其控股股东、实际控制人支配收购人的方式;收购人的收购资金来源及其合法性,是否存在利用本次收购的股份向银行等金融机构质押取得融资的情形;涉及收购人以证券支付收购价款的,应当说明有关该证券发行人的信息披露是否真实、准确、完整以及该证券交易的便捷性等情况;收购人是否已经履行了必要的授权和批准程序;是否已对收购过渡期间保持上市公司稳定经营作出安排,该安排是否符合有关规定;对收购人提出的后续计划进行分析,收购人所从事的业务与上市公司从事的业务存在同业竞争、关联交易的,对收购人解决与上市公司同业竞争等利益冲突及保持上市公司经营独立性的方案进行分析,说明本次收购对上市公司经营独立性和持续发展可能产生的影响;在收购标的上是否设定其他权利,是否在收购价款之外还作出其他补偿安排;收购人及其关联方与被收购公司之间是否存在业务往来,收购人与被收购公司的董事、监事、高级管理人员是否就其未来任职安排达成某种协议或者默契;上市公司原控股股东、实际控制人及其关联方是否存在未清偿对公司的负债、未解除公司为其负债提供的担保或者损害公司利益的其他情形；存在该等情形的，是否已提出切实可行的解决方案；涉及收购人拟提出豁免申请的，应当说明本次收购是否属于可以得到豁免的情形，收购人是否作出承诺及是否具备履行相关承诺的实力。

第二，上市公司董事会或者独立董事聘请的独立财务顾问，不得同时担任收购人的财务顾问或者与收购人的财务顾问存在关联关系。独立财务顾问应当根据委托进行尽职调查，对本次收购的公正性和合法性发表专业意见。独立财务顾问报告应当对以下问题进行说明和分析，发表明确意见：收购人是否具备主体资格；收购人的实力及本次收购对被收购公司经营独立性和持续发展可能产生的影响分析；收购人是否存在利用被收购公司的资产或者由被收购公司为本次收购提供财务资助的情形；涉及要约收购的，分析被收购公司的财务状况，说明收购价格是否充分反映被收购公司价值，收购要约是否公平、合理，对被收购公司社会公众股股东接受要约提出的建议；涉及收购人以证券支付收购价款的，还应当根据该证券发行人的资产、业务和盈利预测，对相关证券进行估值分析，就收购条件对被收购公司的社会公众股股东是否公平合理、是否接受收购人提出的收购条件提出专业意见；涉及管理层收购的，应当对上市公司进行估值分析，就本次收购的定价依据、支付方式、收购资金来源、融资安排、还款计划及其可行性、上市公司内部控制制度的执行情况及其有效性、上述人员及其直系亲属在最近 24 个月内与上市公司业务往来情况以及收购报告书披露的其他内容等进行全面核查，发表明确意见。

2. 保护公共利益原则

由于上市公司收购涉及国家产业结构的调整甚至国家经济安全，因此保护公共利益原则也成为上市公司收购的原则。我国《证券法》第 101 条规定：“收购上市公司中由国家授权投资的机构持有的股份，应当按照国务院的规定，经有关主管部门批准。”上市公司的收购及相关股份权益变动活动不得危害国家安全和社会公共利益。上市公司的收购及相关股份权益变动活动涉及国家产业政策、行业准入、国有股份转让等事项，需要取得国家相关部门批准的，应当在取得批准后进行。外国投资者进行上市公司的收购及相关股份权益变动活动的，应当取得国家相关部门的批准，适用中国法律，服从中国的司法、仲裁管辖。

此外，中国证监会依法对上市公司的收购及相关股份权益变动活动进行监督管理。中国证监会设立由专业人员和有关专家组成的专门委员会。专门委员会可以根据中国证监会职能部门的请求，就是否构成上市公司的收购、是否有不得收购上市公司的情形以及其他相关事宜提供咨询意见。

3. 上市公司收购中相关当事人应履行的诚实信用原则

（1）任何人不得利用上市公司的收购损害被收购公司及其股东的合法权益。为了防止欺诈性收购对目标公司造成损害，中国证监会《上市公司收购管理办法》规定，有下列情形之一的，不得收购上市公司：收购人负有数额较大债务，到期未清偿，且处于持续状态；收购人最近 3 年有重大违法行为或者涉嫌有重大违法行为；收购人为自然人的，最近 3 年有严重的证券市场失信行为；收购人为自然人的，存在《公司法》第 146 条规定情形；法律、行政法规规定以及中国证监会认定的不得收购上市公司的其他情形。收购人进行上市公司的收购，应当聘请在中国注册的具有从事财务顾问业务资格的专业机构担任财务顾问。收购人未按照中国证监会相关规定聘请财务顾问的，不得收购上市公司。财务顾问应当勤勉尽责，遵守行业规范和职业道德，保持独立性，保证其所制作、出具文件的真实性、准确性和完整性。财务顾问认为收购人利用上市公司的收购损害被收购公司及其股东合法权益的，应当拒绝为收购人提供财务顾问服务。财务顾问不得教唆、协助或者伙同委托人编制或披露存在虚假记载、误导性陈述或者重大遗漏的报告、公告文件，不得从事不正当竞争，不得利用上市公司的收购牟取不正当利益。

（2）被收购公司的控股股东或者实际控制人不得滥用股东权利损害被收购公司或者其他股东的合法权益。被收购公司的控股股东、实际控制人及其关联方有损害被收购公司及其他股东合法权益的，上述控股股东、实际控制人在转让被收购公司控制权之前，应当主动消除损害；未能消除损害的，应当就其出让相关股份所得收入用于消除全部损害做出安排，对不足以消除损害的部分应当提供充分有效的履约担保或安排，并依照公司章程取得被收购公司股东大会的批准。

（3）被收购公司的董事、监事、高级管理人员对公司负有忠实义务和勤勉义务，应当公平对待收购本公司的所有收购人。被收购公司董事会针对收购所做出的决策及采取的措施，应当有利于维护公司及其股东的利益，不得滥用职权对收购设置不适当的障碍，不得利用公司资源向收购人提供任何形式的财务资助，不得损害公司及其股东的合法权益。

4. 上市公司收购的监管原则

上市公司的收购及相关股份权益变动活动，必须遵守法律、行政法规及中国证监会的规定。当事人应当诚实守信，遵守社会公德、商业道德，自觉维护证券市场秩序，接受政府、社会公众的监督。中国证监会依法对上市公司的收购及相关股份权益变动活动进行监督管理。中国证监会设立由专业人员和有关专家组成的专门委员会。专门委员会可以根据中国证监会职能部门的请求，就是否构成上市公司的收购、是否有不得收购上市公司的情形以及其他相关事宜提供咨询意见。中国证监会依法做出决定。证券交易所依法制定业务规则，为上市公司的收购及相关股份权益变动活动组织交易和提供服务，对相关证券交易活动进行实时监控，监督上市公司的收购及相关股份权益变动活动的信息披露义务人切实履行信息披露义务。

(三)上市公司收购的特点

1. 上市公司收购的目的是取得对某上市公司的控制权。在证券市场上，不仅普通的投资者能够买卖证券，还可以使一些具有战略投资需要的投资者通过买卖证券获得对上市公司的控制权，从而实现其资本战略。上市公司收购发生在收购人与目标公司股东之间，其本质是目标公司股东将自己所持的股份出卖给收购人，这种交易在法律性质上属于证券的买卖或证券的交易，但是其特殊性在于收购的动机是取得对上市公司的控制权，因此成为一类特殊的商行为。

2. 上市公司收购的收购人是投资者及一致行动人。

(1)收购人概述。上市公司的收购人包括投资者和与其一致行动的他人。投资者的含义较为清晰，至于“与其一致行动的他人”，简称一致行动人，也被纳入收购人，是因为在上市公司收购中，可能出现两个或两个以上的人在收购中相互配合以取得或巩固对某公司的控制权；他们单独持有的股权可能没有达到信息披露或者强制要约收购的临界点，但是联合计算的话则有可能达到。为了维护证券市场信息披露制度的公平性，就要求对这种情况下的收购人进行约束。

(2)一致行动和一致行动人的含义。一致行动是指投资者通过协议、其他安排，与其他投资者共同扩大其所能够支配的一个上市公司股份表决权数量的行为或者事实。在上市公司的收购及相关股份权益变动活动中有一致行动情形的投资者，互为一致行动人。

如无相反证据，投资者有下列情形之一的，为一致行动人：投资者之间有股权控制关系；投资者受同一主体控制；投资者的董事、监事或者高级管理人员中的主要成员，同时在另一个投资者担任董事、监事或者高级管理人员；投资者参股另一投资者，可以对参股公司的重大决策产生重大影响；银行以外的其他法人、其他组织和自然人为投资者取得相关股份提供融资安排；投资者之间存在合伙、合作、联营等其他经济利益关系；持有投资者 30% 以上股份的自然人，与投资者持有同一上市公司股份；在投资者任职的董事、监事及高级管理人员，与投资者持有同一上市公司股份；持有投资者 30% 以上股份的自然人和在投资者任职的董事、监事及高级管理人员，其父母、配偶、子女及其配偶、配偶的父母、兄弟姐妹及其配偶、配偶的兄弟姐妹及其配偶等亲属，与投资者持有同一上市公司股份；在上市公司任职的董事、监事、高级管理人员及其前项所述亲属同时持有本公司股份的，或者与其自己或者其前项所述亲属直接或者间接控制的企业同时持有本公司股份；上市公司董事、监事、高级管理人员和员工与其所控制或者委托的法人或者其他组织持有本公司股份；投资者之间具有其他关联关系。

（3）一致行动人应当合并计算其所持有的股份。投资者计算其所持有的股份，应当包括登记在其名下的股份，也包括登记在其一致行动人名下的股份。投资者认为其与他人不应被视为一致行动人的，可以向中国证监会提供相反证据。

3. 上市公司收购的标的是上市公司股东持有的股份。在资本多数决原则下，持有股份的多少决定了表决权的大小。正是由于收购人希望通过收购取得对上市公司的控制权，因此，上市公司收购的标的是上市公司股东所持有的股份。

二、上市公司收购的主要类型

（一）要约收购、协议收购及其他合法方式

上市公司收购最主要的分类就是按收购方式区分为要约收购、协议收购和其他合法方式收购。我国《证券法》第 85 条规定："投资者可以采取要约收购、协议收购及其他合法方式收购上市公司。"这三种收购方式在具体条件、程序上都有不同的要求。

1. 要约收购

要约收购运用了作为合同订立过程中意思表示的"要约"概念，它的基本含义是指收购方通过向目标公司的股东发出收购要约的方式进行的收购。此种要约是面向所有股东的、收购条件一致的收购意思表示；收购人应当公平对待被收购公司的所有股东，持有同一种类股份的股东应当得到同等对待。除要约方式外，投资者不得在证券交易所外公开求购上市公司的股份。

2. 协议收购

协议收购是指收购方通过与被收购公司的股东达成收购协议所进行的收购，协议收购并不在证券交易所完成，而是通过场外当事人的协议完成，但同样受到有关收购权益披露制度的制约。

下表是要约收购和协议收购的简要区别：

	交易对象	交易场所	交易价格	收购过程	交易方式
要约收购	所有股东	证券交易所	市价	复杂且公开	仅限要约方式
协议收购	特定股东	场外	协议	简单、不公开	可以同时在场内竞价交易

3. 其他合法方式的收购

上市公司收购的其他合法方式，包括投资者及其一致行动人通过行政划转或者变更、执行法院裁定、继承、赠与等方式拥有权益的股份变动达到法定的 5% 这个比例的，也按上市公司收购对待，取得股份的投资者和一致行动人应当履行有关的权益披露义务。此外，在我国证券市场上还存在过竞价收购。

（二）自愿收购和强制收购

按照收购方的收购行为是自愿进行还是法定义务，将上市公司的收购分为自愿收购和强制收购。

1. 自愿收购

自愿收购指收购人的收购行为属于其自愿的收购。根据《上市公司收购管理办法》第 23 条规定，投资者自愿选择以要约方式收购上市公司股份的，可以向被收购公司所有股东发出收购其所持有的全部股份的要约，也可以向被收购公司所有股东发出收购其所持有的部分股份的要约。该规定即为自愿的要约收购。

2. 强制收购

强制要约收购则指无论之前按什么方式取得目标公司的股份，包括自愿要约收购、协议收购或其他方式，如果达到该上市公司已发行的股份的 30% 时，继续进行收购的，就必须采用要约收购的方式。这也就是说，以要约收购和协议收购启动的上市公司收购，原本都是自愿收购；但是达到一定的持股比例时，都演变为强制要约收购。《上市公司收购管理办法》第 24 条规定："通过证券交易所的证券交易，收购人持有一个上市公司的股份达到该公司已发行股份的 30% 时，继续增持股份的，应当采取要约方式进行，发出全面要约或者部分要约。"不过，立法允许按协议方式收购取得该上市公司已发行的股份的 30% 时，如果符合有关规定，收购人可以向中国证监会申请豁免发出要约收购的要约。

（三）全面收购和部分收购

按所收购的股份是否为全部分为全面收购和部分收购。这是要约收购中使用的方式。《上市公司收购管理办法》第 23 条规定，投资者自愿选择以要约方式收购上市公司股份的,如果向被收购公司所有股东发出收购其所持有的全部股份的要约,就是全面收购;如果向被收购公司所有股东发出收购其所持有的部分股份的要约就是部分收购。

(四)现金收购、换股收购和混合收购

《上市公司收购管理办法》第36条规定:“收购人可以采用现金、证券、现金与证券相结合等合法方式支付收购上市公司的价款……”所以按收购人支付对价的方式,可以分为现金收购、换股收购和混合收购。

1. 现金收购

现金收购是指收购人向目标公司的股东直接支付现金。现金收购对于确保被收购公司股东的利益比较有保障,中国证监会要求收购人为终止上市公司的上市地位而发出全面要约的,或者向中国证监会提出申请但未取得豁免而发出全面要约的,应当以现金支付收购价款;以依法可以转让的证券支付收购价款的,应当同时提供现金方式供被收购公司股东选择。

2. 换股收购

换股收购则是向目标公司的股东支付收购人自己的股份或其他有价证券,也就是我们常说的“股权置换”或“换股”。收购人以证券支付收购价款的,应当提供该证券的发行人最近3年经审计的财务会计报告、证券估值报告,并配合被收购公司聘请的独立财务顾问的尽职调查工作。收购人以在证券交易所上市的债券支付收购价款的,该债券的可上市交易时间应当不少于1个月。收购人以未在证券交易所上市交易的证券支付收购价款的,必须同时提供现金方式供被收购公司的股东选择,并详细披露相关证券的保管、送达被收购公司股东的方式和程序安排。

3. 混合收购

混合收购是收购人以现金、本公司股份、债券等混合作为对价支付给目标公司的股东以完成收购。

(五)直接收购和间接收购

按照收购人是否为上市公司的股东分为直接收购和间接收购。

1. 直接收购

直接收购中收购人本身就是上市公司的股东,从而使上市公司收购变成了收购人逐步扩充股份的行为。

2. 间接收购

间接收购中,收购人并不是该上市公司的股东,而是通过投资关系、协议、其他安排导致其拥有权益的股份达到了上市公司收购所要求的比例。因此间接收购本质上是上市公司的实际控制人通过其支配的股东或其他安排而实现对上市公司的收购,实际控制人虽然不是收购关系中的直接收购人,但他是间接的、实质上的收购人。间接收购也按直接收购的要求进行权益披露,并适用相同的具体规则,例如《上市公司收购管理办法》第 56 条第 1 款规定:“收购人虽不是上市公司的股东,但通过投资关系、协议、其他安排导致其拥有权益的股份达到或者超过一个上市公司已发行股份的 5% 未超过 30% 的,应当按照本办法第二章的规定办理。”当前进行的很多管理层收购就是间接收购。

(六)友好收购和敌意收购

按照目标公司的管理层是否与收购人合作分为敌意收购和友好收购。敌意收购中目标公司事先并不知晓收购人的收购意图,双方也无沟通,一旦开始收购很可能目标公司的管理层会采用一些措施进行“反收购”,比如在收购前将“冠珠”(公司的精华部门)处理掉;或使用“毒药战术”,将公司搞得一塌糊涂,让收购者反受其害;还可求助“白马骑士”(友好买主),以提高被收购价码等来制止收购。所以敌意收购的困难可能较大。而友好收购指得到了目标公司管理层合作的收购。

(七)管理层收购

管理层收购,即由上市公司董事、监事、高级管理人员、员工或者其所控制或者委托的法人或者其他组织,拟对本公司进行收购,或者按间接收购的方式取得上市公司的控制权。管理层收购是上市公司收购的特殊类型之一。在进行管理层收购时还应当由公司聘请具有证券、期货从业资格的资产评估机构提供公司资产评估报告,管理层收购还应当经董事会非关联董事作出决议,且取得 2/3 以上的独立董事同意后,提交公司股东大会审议,经出席股东大会的非关联股东所持表决权过半数通过。独立董事发表意见前,应当聘请独立财务顾问就本次收购出具专业意见,独立董事及独立财务顾问的意见应当一并予以公告。还要求上市公司董事、监事、高级管理人员不存在《公司法》第 148 条规定情形,并且最近 3 年没有证券市场不良诚信记录。

三、上市公司收购与并购、资产重组的关系

（一）实践中的公司并购和资产重组

目前，在我国证券业实践中，与上市公司收购比较相关的概念还有公司并购、资产重组等。总的来讲，上市公司收购、公司并购、资产重组虽然各自含义不尽相同，但是确实有相似之处，实践中也经常交叉运用。上市公司收购实际是以取得上市公司控制权的方法进行的并购或资产重组，或者说在上市公司的并购重组中可能涉及上市公司收购。上市公司收购仅涉及相关信息披露和对投资者利益保护，并不解决并购重组的全部问题。

（二）公司并购与上市公司收购

公司并购就是公司的兼并和收购，也可以称为"公司的购并"。因为公司并购有狭义和广义之分，与上市公司收购的关系也不一样。

1. 狭义的兼并与上市公司收购

兼并在狭义上指吸收合并，是指一个公司被另一个公司吸收，后者继续保存它的名称和独立地位，并获得前者的财产、责任、特权和其他权利；被吸收的公司不再是一个独立的商业实体。

（1）主体不同。上市公司收购关系的主体是收购人和目标公司（被收购的上市公司）的股东；而狭义的兼并主体是不同的两个公司。当然，两个上市公司之间也可能发生狭义的兼并。

（2）行为是否出于主体的合意有所不同。上市公司收购的情况比较复杂，协议收购属于收购人与目标公司股东的协议。但要约收购并不需要与目标公司股东达成收购合意，甚至经常会发生目标公司管理层对收购的反抗和阻挠（反收购）；而狭义的兼并要建立在兼并各方的合意基础之上，否则无法进行。

（3）方式不同。上市公司收购的方式比较多，其中比较有代表性的是要约收购。要约收购是收购人向目标公司的全体股东发出同等条件的收购要约，从这些股东手中直接买到股份。要约收购涉及众多股东（投资者）的利益，这些投资者需要决定是否将股票卖给收购人，因此需要证券法从立法层面确保信息公开的实现，还要求目标公司的管理层发表相关意见，由此来帮助投资者作出正确的决策。但狭义的兼并只采用协议方式。

（4）后果不同。上市公司收购的后果是公司控制权的转移，兼并的后果则会消灭被兼并方的主体资格。但上市公司收购也可能使目标公司不具备存在条件

而消灭人格，因此与狭义兼并的后果一致。

2. 广义的兼并与上市公司收购

在广义上，兼并是指企业在发展过程中，为了增强竞争能力，减少竞争对手，扩大企业规模，提高企业效率等原因，多个独立的企业结合在一起的现象。广义的兼并包括三种：公司合并；一个公司购买另一个公司的全部或大部分财产；一个公司通过购买另一个公司的一定数量的股份来控制该公司。[1]

上市公司收购属于广义兼并中的第三种，强调的是控制权的转移。目前，我国证券实践中所称的“并购”都是指包含了上市公司收购在内的广义的兼并。

(三)资产重组与上市公司收购

1. 资产重组的含义和分类

资产重组并没有精确的法律含义，它是一个经济学的概念，泛指企业资产的拥有者、控制者与企业外部的经济主体进行的，对企业资产的分布状态进行重新组合、调整、配置的过程，或对设在企业资产上的权利进行重新配置的过程。按照中国证监会的相关规定，上市公司的资产重组分为五大类：(1)收购兼并，指上市公司收购其他企业股权或资产、兼并其他企业，或采取定向扩股合并其他企业；(2)股权转让，包括非流通股的划拨、有偿转让和拍卖等，以及流通股的二级市场购并；(3)资产剥离或所拥有股权出售，是指上市公司将企业资产或所拥有股权从企业中分离、出售的行为；(4)资产置换，包括上市公司资产(含股权、债权等)与公司外部资产或股权互换的活动；(5)其他类。

2. 上市公司重大资产重组

各类企业都有可能进行资产重组。中国证监会对上市公司的重大资产重组进行监管。上市公司及其控股或者控制的公司在日常经营活动之外购买、出售资产或者通过其他方式进行资产交易达到规定的比例，导致上市公司的主营业务、资产、收入发生重大变化的资产交易行为，就构成了重大资产重组。对于重大资产重组，由中国证监会在发行审核委员会中设立上市公司并购重组审核委员会(简称并购重组委)，以投票方式对提交其审议的重大资产重组申请进行表决，提出审核意见。为促进资源优化组合，目前我国鼓励依法设立的并购基金、股权投资基金、创业投资基金、产业投资基金等投资机构参与上市公司并购重组。上市公司重大资产重组可以提高上市公司的质量，保护上市公司和投资者的利益，因

---

〔1〕 张舫：《公司收购法律制度研究》，法律出版社1998年版，第1页。

此,对上市公司重组在信息披露、实施程序和监管方面都有具体要求,以下简要介绍构成上市公司重组的标准和实施要求。

（1）重大资产重组的原则。上市公司实施重大资产重组,应当就本次交易是否符合下列要求作出充分说明,并予以披露:符合国家产业政策和有关环境保护、土地管理、反垄断等法律和行政法规的规定;不会导致上市公司不符合股票上市条件;重大资产重组所涉及的资产定价公允,不存在损害上市公司和股东合法权益的情形;重大资产重组所涉及的资产权属清晰,资产过户或者转移不存在法律障碍,相关债权债务处理合法;有利于上市公司增强持续经营能力,不存在可能导致上市公司重组后主要资产为现金或者无具体经营业务的情形;有利于上市公司在业务、资产、财务、人员、机构等方面与实际控制人及其关联人保持独立,符合中国证监会关于上市公司独立性的相关规定;有利于上市公司形成或者保持健全有效的法人治理结构。

（2）构成重大资产重组的认定标准。依据中国证监会 2016 年修订后的《上市公司重大资产重组管理办法》第 12 条的规定,上市公司及其控股或者控制的公司购买、出售资产,达到下列标准之一的,构成重大资产重组:购买、出售的资产总额占上市公司最近一个会计年度经审计的合并财务会计报告期末资产总额的比例达到 50% 以上;购买、出售的资产在最近一个会计年度所产生的营业收入占上市公司同期经审计的合并财务会计报告营业收入的比例达到 50% 以上;购买、出售的资产净额占上市公司最近一个会计年度经审计的合并财务会计报告期末净资产额的比例达到 50% 以上,且超过 5000 万元人民币。购买、出售资产未达到以上规定标准,但中国证监会发现存在可能损害上市公司或者投资者合法权益的重大问题的,可以根据审慎监管原则,责令上市公司按照本办法的规定补充披露相关信息、暂停交易、聘请独立财务顾问或者其他证券服务机构补充核查并披露专业意见。

3. 上市公司收购与上市公司重大资产重组的关系

从上述中国证监会对上市公司重大资产重组的规定来看,上市公司收购与上市公司重大资产重组有一定区别,但也有重合之处。我们需要明确以下三个问题:

（1）在主体方面,上市公司收购的主体是收购人和目标公司的股东,上市公司的资产重组主体就是上市公司,一般是上市公司主动进行的各种资产重组行为。但是,上市公司的协议收购本身就是资产重组的方式;要约收购发生时,如果目标公司的管理层积极配合收购,也就是进行了资产重组,如果目标公司的管理层进行反收购,则不构成资产重组,而是单纯的反收购。

(2)在行为的实施方式上,上市公司收购与上市公司的重大资产重组也可能存在交叉关系。例如,上市公司重大资产重组采用的方法之一是向特定对象发行股份,即定向募集发行股份,从而使上市公司获得新的资产或资金。而上市公司收购管理办法规定,收购人也可以以取得上市公司向其发行的新股作为对价支付给目标公司。如《上市公司收购管理办法》第63条规定可以免予向中国证监会申请豁免申请、直接向证券交易所和证券登记结算机构申请办理股份转让和过户登记手续的情形包括:“……经上市公司股东大会非关联股东批准,投资者取得上市公司向其发行的新股,导致其在该公司拥有权益的股份超过该公司已发行股份的30%,投资者承诺3年内不转让本次向其发行的新股,且公司股东大会同意投资者免于发出要约;……”

(3)在行为的后果方面,上市公司收购的后果是收购人取得对上市公司的控制权,上市公司的重大资产重组后果也可能将公司的控制权易主。

因此,从我国当前的证券业实践来看,证券法所调整的上市公司收购应当仅属于当前“上市公司并购重组”的方式之一,是收购人通过取得股份的方式成为上市公司的控股股东,或者通过投资关系、协议、其他安排的途径成为一个上市公司的实际控制人。而并购重组的范围和方式都比较灵活和广泛。

四、上市公司收购的法律后果

(一)收购人在上市公司收购完成后承担的义务

上市公司收购完成后,对收购人的义务主要有两项:

1. 向中国证监会报告和公告的义务。收购人应当在15日内将收购情况报告中国证监会和证券交易所,并予公告。

2. 收购人所持有的股票在法定期限内不得转让。为了防止收购人通过恶意收购操纵上市公司股票的行情,维持上市公司的正常经营,《证券法》要求收购人对所持有的被收购的上市公司的股票,在收购行为完成后的12个月内不得转让。

(二)目标公司因上市公司收购而发生的后果

1. 符合终止上市交易条件时,目标公司的股票将终止上市交易。

(1)股票上市交易的终止。收购期限届满,被收购公司股权分布不符合上市条件的,该上市公司的股票应当由证券交易所依法终止交易。按照公司法的相关规定,股票上市的必备条件是公开发行的股份达到公司股份总数的25%,只有如此才能保证公司股票交易的公众性。因此,如果收购人所持股票达到公司已发行股份的75%,就不符合股票上市的基本条件而应当终止上市交易。

(2)余额股东的强制性出售权。如果发生上述股票终止交易的后果,仍然持有该目标公司股票的股东,就有权要求收购人按收购要约的同等条件购买其所持有的股票,收购人则必须按该条件收买这些股票。这种权利一般称为“余额股东的强制性出售权”。

(3)如果股票终止上市交易,被收购公司不再具备股份公司条件的,应当依法办理组织形式的变更。变更后的组织形式,可能是有限责任公司,也可能是其他形式的企业。

2. 在法定条件下公司合并。依据我国《证券法》第99条规定:“收购行为完成后,收购人与被收购公司合并,并将该公司解散的,被解散公司的原有股票由收购人依法更换。”如果通过上市公司收购,目标公司的股份全部被收购人(另一公司)收购,就构成公司的吸收合并,被收购的目标公司本身被解散,原目标公司的股东成为收购人的股东,因此,收购人应当依法对这些股东换发新的股票或出资证明书。

五、上市公司收购中的反垄断问题

我国的《反垄断法》于2008年8月1日起施行。该法第7条第1款规定:“国有经济占控制地位的关系国民经济命脉和国家安全的行业以及依法实行专营专卖的行业,国家对其经营者的合法经营活动予以保护,并对经营者的经营行为及其商品和服务的价格依法实施监管和调控,维护消费者利益,促进技术进步。”除此以外的经营者都必须遵守《反垄断法》关于垄断行为的禁止性规定,包括禁止“经营者达成垄断协议、经营者滥用市场支配地位以及具有或者可能具有排除、限制竞争效果的经营者集中”。值得注意的是《反垄断法》第50条规定:“经营者实施垄断行为,给他人造成损失的,依法承担民事责任。”该规定与我国《证券法》第214条的规定是基本协调的,该条规定:“收购人或者收购人的控股股东,利用上市公司收购,损害被收购公司及其股东的合法权益的,责令改正,给予警告;情节严重的,并处以十万元以上六十万元以下的罚款。给被收购公司及其股东造成损失的,依法承担赔偿责任。对直接负责的主管人员和其他直接责任人员给予警告,并处以三万元以上三十万元以下的罚款。”其中也确定了收购人或者收购人的控股股东利用上市公司收购损害被收购公司及其股东的合法权益的民事责任。

第二节 要约收购和协议收购

要约收购和协议收购是两种重要的上市公司收购方法。要约收购是指收购方通过向目标公司的股东发出收购要约的方式进行的收购。此种要约是面向所有股东的、收购条件一致的收购意思表示;收购人应当公平对待被收购公司的所有股东,持有同一种类股份的股东应当得到同等对待。协议收购则是按协议转让股权,但其收购的目的仍是取得公司的控制权。

一、要约收购

(一)要约收购的概念

要约收购是指收购方通过向目标公司的股东发出收购要约的方式进行的收购。此种要约是面向所有股东的、收购条件一致的收购意思表示;收购人应当公平对待被收购公司的所有股东,持有同一种类股份的股东应当得到同等对待。由于要约收购需要大量的资金进入股票市场,往往会引发股票价格的巨大波动,也容易滋生内幕交易、操纵市场等损害投资者利益的违法行为,因此各国在涉及上市公司收购时都将要约收购作为立法的重点。除要约方式外,投资者不得在证券交易所外公开求购上市公司的股份。

(二)要约收购的特点

第一,要约收购的收购条件对所有股东都是平等的。收购要约是收购人面对目标公司所有股东发出的、同一条件的、收买其所持股份的意思表示。目标公司的股东自行决定是否接受该要约收购。

第二,收购要约应当在证券交易所公开发出。要约收购要向所有投资者发出公开收购要约,因此,收购要约只能在证券交易所公开发出。除要约方式外,投资者不得在证券交易所外公开求购上市公司的股份。

第三,要约收购涉及的情形比较复杂。要约收购是成熟证券市场上市公司收购的基本形式。要约收购可以是自愿收购,也可以是强制收购;可以进行全面收购,也可以进行部分收购。可以用现金或证券支付股份价款,也可以用现金和证券的组合作为所收购股份的对价。因此,要约收购涉及的情形是相当复杂的,它可以全面体现上市公司收购的特点。

第四,要约收购采用的强制要约收购最大限度体现了对中小股东利益的保护。按照要约收购的规则,无论以何种原因进行的收购(要约收购、协议收购和间接收购),只要达到了持股30%这个临界点,如果收购人还要继续收购,就只能采用要约收购的方式,这就是要约收购的强制要约收购。强制要约收购规则的采用,主要是为了保护中小股东的利益,使股东受到平等对待。

(三)要约收购的适用情形

1. 持股30%之前自愿进行的要约收购

在投资者持有或者通过协议、其他安排与他人共同持有一个上市公司已发行的股份达到30%之前,他可以进行自愿的要约收购。这个持股30%就是一个启动强制要约收购的临界点。

2. 通过证券交易所交易持股30%之后的强制要约收购

要约收购既可能自始至终由收购人自愿进行,也可能是协议收购达到30%后法律强制采用。我国《证券法》第88条规定:“通过证券交易所的证券交易,投资者持有或者通过协议、其他安排与他人共同持有一个上市公司已发行的股份达到百分之三十时,继续进行收购的,应当依法向该上市公司所有股东发出收购上市公司全部或者部分股份的要约。”因此,通过证券交易所进行的证券交易,收购人已经持有30%的股份时,如果他还要继续收购,就应当进行要约收购,即向目标公司的所有股东发出全面或部分的收购要约。

3. 通过协议收购持股30%之后的强制要约收购

采用协议收购方式的,收购人收购或者通过协议、其他安排与他人共同持有一个上市公司已发行的股份达到30%时,如果继续收购,就应当向所有股东发出全面或部分收购要约,但经中国证监会豁免发出要约的除外。

4. 通过间接收购使收购人拥有权益的股份达到30%时的强制全面要约收购

间接收购中,收购人拥有权益的股份超过该公司已发行股份的30%的,应当向该公司所有股东发出全面要约。收购人预计无法在事实发生之日起30日内发出全面要约的,应当在前述30日内促使其控制的股东将所持有的上市公司股份减持至30%或者30%以下,并自减持之日起2个工作日内予以公告;其后收购人或者其控制的股东拟继续增持的,应当采取要约方式;这种强制要约收购也可以向中国证监会申请豁免。

（四）要约收购的具体规则

要约收购的具体规则比较多，包括信息披露原则、强制要约收购的规则，收购人的大额持股披露义务等，这些已经在前文叙述。除了这些，在要约收购中，还有一些具体规则：

1. 股东平等待遇

股东平等待遇原则是要约收购中最重要的规则。它包括以下三点含义：

（1）收购要约对所有的股东都适用。与其他的收购方式相比，要约收购在对待目标公司所有股东方面是最公平的；目标公司的所有股东，不论大小，也不论持股的先后；他们在信息的获得、条件的适用、价格的提高以及出售股份的机会等方面均应受到平等对待。

（2）部分收购中的按比例收购规则。在要约收购中，收购上市公司部分股份的收购要约应当约定，如果被收购公司股东承诺出售的股份数额超过预定收购的股份数额的，收购人就应当按比例进行收购。

（3）收购人在要约收购中的行为限制。采取要约收购方式的，收购人在收购期限内，不得卖出被收购公司的股票，也不得采取要约规定以外的形式和超出要约的条件买入被收购公司的股票。

2. 要约收购中收购价格的确定

（1）法律规定要约收购价格的意义。上市公司收购中，收购人提出的收购价格是否合理，是股东们在决定是否出卖股份时考虑的重要因素，也是防范内幕交易、操纵市场的重要问题。实践中往往大股东有可能与收购人讨价还价，收购人可能会为了顺利收购而给大股东优惠的收购价格，但中小股东却无法享有这些利益。为了使全体股东受到平等对待，有必要通过立法对要约收购的价格进行强制性规定。

（2）要约收购价格的确定。收购人按照《上市公司收购管理办法》规定进行要约收购的，对同一种类股票的要约价格，不得低于要约收购提示性公告日前6个月内收购人取得该种股票所支付的最高价格。要约价格低于提示性公告日前30个交易日该种股票的每日加权平均价格的算术平均值的，收购人聘请的财务顾问应当就该种股票前6个月的交易情况进行分析，说明是否存在股价被操纵、收购人是否有未披露的一致行动人、收购人前6个月取得公司股份是否存在其他支付安排、要约价格的合理性等。

3. 要约收购的方式

收购人可以采用现金、证券、现金与证券相结合等合法方式支付收购上市公司的价款。收购人以证券支付收购价款的，应当提供该证券的发行人最近3年经审计的财务会计报告、证券估值报告，并配合被收购公司聘请的独立财务顾问的尽职调查工作。收购人以在证券交易所上市的债券支付收购价款的，该债券的可上市交易时间应当不少于1个月。收购人以未在证券交易所上市交易的证券支付收购价款的，必须同时提供现金方式供被收购公司的股东选择，并详细披露相关证券的保管、送达被收购公司股东的方式和程序安排。

4. 收购人应当具备一定的履约能力

收购人聘请的财务顾问应当对收购人支付收购价款的能力和资金来源进行充分的尽职调查，详细披露核查的过程和依据，说明收购人是否具备要约收购的能力。收购人应当在作出要约收购提示性公告的同时，提供以下至少一项安排保证其具备履约能力：

(1) 以现金支付收购价款的，将不少于收购价款总额的20%作为履约保证金存入证券登记结算机构指定的银行；收购人以在证券交易所上市交易的证券支付收购价款的，将用于支付的全部证券交由证券登记结算机构保管，但上市公司发行新股的除外。

(2) 银行对要约收购所需价款出具保函。

(3) 财务顾问出具承担连带保证责任的书面承诺，明确如要约期满收购人不支付收购价款，财务顾问进行支付。

(五) 要约收购的程序

依据《证券法》和《上市公司收购管理办法》的相关规定，要约收购的程序如下：

1. 收购人聘请财务顾问，制作并报送要约收购报告书以及相关文件。以要约方式收购上市公司股份的，收购人应当编制要约收购报告书，并应当聘请财务顾问向中国证监会、证券交易所提交书面报告，抄报派出机构，通知被收购公司，同时对要约收购报告书摘要作出提示性公告。

(1) 要约收购报告书的要求。要约收购报告书其实是要约收购中相当重要的信息披露文件。要约收购报告书，应当载明下列事项：收购人的姓名、住所；收购人为法人的，其名称、注册地及法定代表人，与其控股股东、实际控制人之间的股权控制关系结构图；收购人关于收购的决定及收购目的，是否拟在未来12个月内继续增持；上市公司的名称、收购股份的种类；预定收购股份的数量和比例；收购价格；收购所需资金额、资金来源及资金保证，或者其他支付安排；收购要约约定的条件；收购期限；公告收购报告书时持有被收购公司的股份数量、比例；本次收购对上市公司的影响分析，包括收购人及其关联方所从事的业务与上市公司的业务是否存在同业竞争或者潜在的同业竞争，是否存在持续关联交易；存在同业竞争或者持续关联交易的，收购人是否已作出相应的安排，确保收购人及其关联方与上市公司之间避免同业竞争以及保持上市公司的独立性（如果收购人发出以终止公司上市地位为目的的全面要约则无须披露此项）未来12个月内对上市公司资产、业务、人员、组织结构、公司章程等进行调整的后续计划；前24个月内收购人及其关联方与上市公司之间的重大交易；前6个月内通过证券交易所的证券交易买卖被收购公司股票的情况；中国证监会要求披露的其他内容。收购人发出全面要约的，应当在要约收购报告书中充分披露终止上市的风险、终止上市后收购行为完成的时间及仍持有上市公司股份的剩余股东出售其股票的其他后续安排。收购人发出以终止公司上市地位为目的的全面要约，无须披露本次收购对上市公司的影响分析。

（2）需要向中国证监会报送的其他文件。收购人公告上市公司收购报告书时，应当提交以下备查文件：中国公民的身份证明，或者在中国境内登记注册的法人、其他组织的证明文件；基于收购人的实力和从业经验对上市公司后续发展计划可行性的说明，收购人拟修改公司章程、改选公司董事会、改变或者调整公司主营业务的，还应当补充其具备规范运作上市公司的管理能力的说明；收购人及其关联方与被收购公司存在同业竞争、关联交易的，应提供避免同业竞争等利益冲突、保持被收购公司经营独立性的说明；收购人为法人或者其他组织的，其控股股东、实际控制人最近2年未变更的说明；收购人及其控股股东或实际控制人的核心企业和核心业务、关联企业及主营业务的说明；收购人或其实际控制人为两个或两个以上的上市公司控股股东或实际控制人的，还应当提供其持股5%以上的上市公司以及银行、信托公司、证券公司、保险公司等其他金融机构的情况说明；财务顾问关于收购人最近3年的诚信记录、收购资金来源合法性、收购人具备履行相关承诺的能力以及相关信息披露内容真实性、准确性、完整性的核查意见；收购人成立未满3年的，财务顾问还应当提供其控股股东或者实际控制人最近3年诚信记录的核查意见。境外法人或者境外其他组织进行上市公司收购的，还应当提交以下文件：财务顾问出具的收购人符合对上市公司进行战略投资的条件、具有收购上市公司的能力的核查意见以及收购人接受中国司法、仲裁管辖的声明等。

2. 中国证监会对要约收购报告书的审查。在报送上述要约收购报告书以及相关文件15日内,中国证监会对要约收购报告书进行审查。

3 要约收购的公告。中国证监会对要约收购的报告书如果无异议的,收购人可以在报送上述要约收购报告书以及相关文件15日后公告其要约收购报告书、财务顾问专业意见和律师出具的法律意见书。

4. 在收购期内股东的预受。预受是指被收购公司股东同意接受要约的初步意思表示,在要约收购期限内不可撤回之前不构成承诺。同意接受收购要约的股东应当委托证券公司办理预受要约的相关手续。收购人应当委托证券公司向证券登记结算机构申请办理预受要约股票的临时保管。证券登记结算机构临时保管的预受要约的股票,在要约收购期间不得转让。在要约收购期限届满3个交易日前,预受股东可以委托证券公司办理撤回预受要约的手续,证券登记结算机构根据预受要约股东的撤回申请解除对预受要约股票的临时保管。在要约收购期限届满前3个交易日内,预受股东不得撤回其对要约的接受。在要约收购期限内,收购人应当每日在证券交易所网站上公告已预受收购要约的股份数量。出现竞争要约时,接受初始要约的预受股东撤回全部或者部分预受的股份,并将撤回的股份售予竞争要约人的,应当委托证券公司办理撤回预受初始要约的手续和预受竞争要约的相关手续。

5. 收购期限届满时收购人的收购。收购期限届满,发出部分要约的收购人应当按照收购要约约定的条件购买被收购公司股东预受的股份,预受要约股份的数量超过预定收购数量时,收购人应当按照同等比例收购预受要约的股份;以终止被收购公司上市地位为目的的,收购人应当按照收购要约约定的条件购买被收购公司股东预受的全部股份;未取得中国证监会豁免而发出全面要约的收购人应当购买被收购公司股东预受的全部股份。收购期限届满后3个交易日内,接受委托的证券公司应当向证券登记结算机构申请办理股份转让结算、过户登记手续,解除对超过预定收购比例的股票的临时保管;收购人应当公告本次要约收购的结果。收购期限届满,被收购公司股权分布不符合上市条件,该上市公司的股票由证券交易所依法终止上市交易。在收购行为完成前,其余仍持有被收购公司股票的股东,有权在收购报告书规定的合理期限内向收购人以收购要约的同等条件出售其股票,收购人应当收购。

6. 收购结束的报告与公告。收购期限届满后15日内,收购人应当向证券交易所提交关于收购情况的书面报告,并予以公告。

二、协议收购

（一）协议收购的概述

1. 协议收购的概念

协议收购是指收购人在证券交易所以外与目标公司的股东通过协议进行的上市公司收购。

2. 协议收购的特点

（1）协议收购的标的主要是目标公司大股东所持的股份。与要约收购不同，协议收购并不是针对目标公司所有的股东，而是针对上市公司某些大股东所持的股份。收购人往往通过分析来自行选择最适宜的交易对象并进行股份的收买。针对不同的股东，收购人与之协商的受让股份条件也可能并不相同。因此，如果站在上市公司股东的角度看，协议收购其实就是股权的出让。

（2）协议收购是在证券交易所之外私下进行的。要约收购是在证券交易所内实行的，但协议收购则是在证券交易所之外私下进行的，并不公开。相比之下，协议收购对证券交易市场的冲击比要约收购要小。

（3）协议收购比较灵活简便。协议收购在价格方面由当事人自行协商，法律并不加以干涉。协议收购可以与收购人在证券市场内进行的集中竞价交易同时使用；但要约收购只能单独运用，禁止收购人在要约收购的同时进行集中竞价交易。此外，协议收购程序相对简单，除了在信息披露方面存在比较严格的监管外，法律的限制比较少，因此是实践中比较常见的、成功率也比较高的上市公司收购方式。

（二）协议收购中控股股东转让股份时的义务

协议收购中上市公司控股股东向收购人协议转让其所持有的上市公司股份的，应当对收购人的主体资格、诚信情况及收购意图进行调查，并在其权益变动报告书中披露有关调查情况。控股股东及其关联方未清偿其对公司的负债，未解除公司为其负债提供的担保，或者存在损害公司利益的其他情形的，被收购公司董事会应当对前述情形及时予以披露，并采取有效措施维护公司利益。

（三）协议收购的后续程序

协议收购本身并不复杂，但是在符合一定情形时，如果继续收购就有可能转化为强制要约收购，因此，协议收购的程序就需要考虑与强制要约收购及豁免程序相衔接：

1. 未达到持股 30% 的协议收购

从效果上来说，在这种情况的收购中，只要收购方与出卖方达成了转让协议，再按照《证券法》第 94 条的规定，由收购人在 3 日内将该收购协议向国务院证券监督管理机构及证券交易所作出书面报告，并予公告。之后就是协议的履行问题了，实质上就是一个普通的股权转让程序，只是应当按规定进行公告。

在履行协议收购时，协议双方可以临时委托证券登记结算机构保管协议转让的股票，并将资金存放于指定的银行。收购报告书公告后，相关当事人应当按照证券交易所和证券登记结算机构的业务规则，在证券交易所就本次股份转让予以确认后，凭全部转让款项存放于双方认可的银行账户的证明，向证券登记结算机构申请解除拟协议转让股票的临时保管，并办理过户登记手续。收购人在收购报告书公告后 30 日内仍未完成相关股份过户手续的，应当立即作出公告，说明理由；在未完成相关股份过户期间，应当每隔 30 日公告相关股份过户办理进展情况。收购行为完成后，按《证券法》第 100 条的规定，收购人应当在 15 日内将收购情况报告中国证监会和证券交易所，并予公告。

2. 获得目标公司 30% 的股份但申请了中国证监会的要约收购豁免

（1）豁免强制要约收购义务的情形。协议收购获得目标公司 30% 的股份还需要继续收购，本来应当适用强制要约收购；但是如果符合有关规定，收购人可以向中国证监会申请免除发出要约。按照《上市公司收购管理办法》第六章的规定，允许豁免要约收购的情形包括：收购人与出让人能够证明本次股份转让是在同一实际控制人控制的不同主体之间进行，未导致上市公司的实际控制人发生变化；上市公司面临严重财务困难，收购人提出的挽救公司的重组方案取得该公司股东大会批准，且收购人承诺 3 年内不转让其在该公司中所拥有的权益；中国证监会为适应证券市场发展变化和保护投资者合法权益的需要而认定的其他情形。

（2）强制要约收购义务豁免的程序。收购人报送的豁免申请文件符合规定，并且已经履行中国证监会规定的报告、公告义务的，中国证监会予以受理；不符合规定或者未履行报告、公告义务的，中国证监会不予受理。中国证监会在受理豁免申请后 20 个工作日内，就收购人所申请的具体事项做出是否予以豁免的决定；取得豁免的，收购人可以完成本次增持行为。

3. 强制要约收购义务的自动豁免

在特定情形下，相关投资者持股虽然达到 30%，但可以免于按照上述规定提交豁免申请，直接向证券交易所和证券登记结算机构申请办理股份转让和过户登记手续,这就是强制要约收购义务的自动豁免,具体包括如下情形:经上市公司股东大会非关联股东批准,投资者取得上市公司向其发行的新股,导致其在该公司拥有权益的股份超过该公司已发行股份的30%,投资者承诺3年内不转让本次向其发行的新股,且公司股东大会同意投资者免于发出要约;在一个上市公司中拥有权益的股份达到或者超过该公司已发行股份的30%的,自上述事实发生之日起一年后,每12个月内增持不超过该公司已发行的2%的股份;在一个上市公司中拥有权益的股份达到或者超过该公司已发行股份的50%的,继续增加其在该公司拥有的权益不影响该公司的上市地位;证券公司、银行等金融机构在其经营范围内依法从事承销、贷款等业务导致其持有一个上市公司已发行股份超过30%,没有实际控制该公司的行为或者意图,并且提出在合理期限内向非关联方转让相关股份的解决方案;因继承导致在一个上市公司中拥有权益的股份超过该公司已发行股份的30%;因履行约定购回式证券交易协议购回上市公司股份导致投资者在一个上市公司中拥有权益的股份超过该公司已发行股份的30%,并且能够证明标的股份的表决权在协议期间未发生转移;因所持优先股表决权依法恢复导致投资者在一个上市公司中拥有权益的股份超过该公司已发行股份的30%。相关投资者应在以上规定的权益变动行为完成后3日内就股份增持情况做出公告,律师应就相关投资者权益变动行为发表符合规定的专项核查意见并由上市公司予以披露。

4. 协议收购之后进行的强制要约收购

如果以协议收购引发的上市公司收购,收购人和一致行动人持有的股份达到某上市公司已发行股份的30%,不申请豁免或者中国证监会不同意豁免要约收购,如果收购人还要继续收购则应当执行前述要约收购的程序,包括聘请财务顾问、制作并报送要约收购报告书以及相关文件;中国证监会对要约收购报告书进行审查,如果无异议的,收购人可以在15日后公告其要约收购报告书、财务顾问专业意见和律师出具的法律意见书;在收购期间预受;收购期满的收购和公告等。

阅读5-1　上市公司收购的意义

上市公司收购是各国证券市场发展过程中的必然现象。自20世纪60年代初,美英等国家的企业为寻求多元化经营,纷纷采取收购方式扩张营业范围及规模,造成第三次“并购热潮”,其中以公开要约收购作为上市公司收购方式的次数及所涉及股票的价值都有显著增长。在我国证券市场上,自从1993年9月“宝延风波”拉开了上市公司收购的帷幕后,在前后不到一年的时间里,就接连不断地发生了“万科控股申化”、“恒通控股棱光”、“康恩贝控股浙凤凰”等多起控股事件。上市公司收购作为一种市场行为,法律应当予以鼓励和规范,尽量发挥出上市公司收购制度的积极意义。

证券法中的上市公司收购其实只是实践中公司并购重组事件中的一部分。证券法构建的上市公司收购规则侧重信息公开、保护投资者利益,要求上市公司收购做到程序的公开和公正。但实践中的上市公司收购相当复杂,上市公司可能被他人收购,也可以去收购别的公司或收购上市公司;上市公司也可能选择与其他公司或私募基金联手开展各种并购。这一制度的运用关系到收购人、上市公司的生存和发展战略。不少著名的公司均是通过合理运用并购手段才得以迅速发展的。例如,中石油要约收购吉林化工、锦州石化、辽河油田就是一个成功的案例。2005 年 10 月 31 日,中石油及其控股的 3 家上市公司吉林化工、辽河油田和锦州石化分别发布公告显示,中石油将出资 61.5 亿元现金要约收购辽河油田和锦州石化所有流通 A 股,收购吉林化工所有流通 A 股和 H 股,收购价较市价溢价 6.9% 至 18.8%。本次收购是首次以终止上市为目的的要约收购;是同时对三家上市公司发出要约收购;是首次 A + H 的要约收购,是有条件的要约收购;也是当时国内高溢价要约收购。

在本次收购中,按照中石油公告的要约收购方案,实施要约收购价格为:吉林化工 H 股 2.8 港元,A 股 5.25 元,锦州石化 A 股 4.25 元,辽河油田 A 股 8.8 元。根据目前我国《上市公司收购管理办法》规定,要约收购的价格一般为在提示性公告前 30 个交易日内,被收购公司股票的每日加权平均价格的算术平均值的 90%。而根据中石油的公告,此次收购三家公司的定价依据基本是公告前 6 个月算术平均价溢价 41% 左右,远高于法定的要约收购下限。此次要约收购的价格充分体现出保护流通股东的利益。由于本次要约收购方案对流通股东十分有利,上述 3 家公司 A 股在年内表现远优于大盘。吉林化工 A 股 7 月 14 日见低 2.34 元,锦州石化 A 股 7 月 19 日见低 1.78 元,辽河油田 A 股 7 月 4 日见低 5.83 元,至 11 月 15 日收盘涨幅分别达 118.80%,136.52%,49.23%,而同期上证综指涨幅在 7% 左右。因此,二级市场投资者明显受益于本次要约收购。

本次收购对中石油也非常有利。中石油 2000 年 4 月在纽约证券交易所及香港联合交易所挂牌上市时,曾经承诺将简化公司结构,而这次收购正是达成这一目标的重要步骤。被收购的三家公司,是相近地域的三个相近产业链(石油开采、炼制、化工)上的公司,分别经营,则低油价时一亏两盈,高油价时一盈二亏。中国石油将三家公司一起收购,可整合石油开采、石油炼制、化工三个子产业形成一个完整的石油化工产业链。从而进一步增加中石油的公司透明度,减少关联交易,全面整合各方业务,增进供应链效率,优化管理水平。对于中石油集团来说,收购的更大目的在于迅速扩张,以形成能与世界石油巨头抗衡的实力。收购完成后,辽河油田、锦州石化、吉林化工在产品定价和原料采购问题上可获得中石油集团定价优势,这是三家公司任何一家都无法做到的。而中石油则成为我国证券市场上的规模最大的上市公司之一。

再如2008年2月28日,广东美的电器股份有限公司与无锡市国联发展(集团)有限公司(以下简称国联集团)签署了《股份转让协议》,受让国联集团持有的无锡小天鹅股份有限公司(以下简称小天鹅)87,673,341股A股股票,占小天鹅总股本的24.01%,为小天鹅的第一大股东。同时,广东美的通过境外全资控股子公司 Titoni Investments Development Ltd. 持有小天鹅B股18,000,006股,占小天鹅总股本的4.93%。上述协议收购使美的持有小天鹅股份105,673,347股,占小天鹅总股本的28.94%。2008年6月8日,美的集团发布公告称,计划对无锡小天鹅股份有限公司A股及B股股票实施部分要约收购,要约收购股份数量接近1.3亿股,占小天鹅总股本的20%,预计收购总成本约13亿元。要约收购之后,美的集团将实现对小天鹅的绝对控股。依据公告显示,美的集团将以A、B股各溢价15%的价格完成本次要约收购,要约收购价分别为10.75元/股和10.43港元/股。此类收购在证券市场上较为常见,大多是为了通过取得对上市公司的控股,提高企业集团的整体盈利能力、扩大市场份额。

不过上市公司收购的意义还很多,例如证券史上著名的琼民源事件也运用到了上市公司收购。琼民源于1993年4月30日在深交所上市交易。1996年下半年,琼民源的股东民源海南公司等联手炒作琼民源股票,加之某些传媒对琼民源业绩的渲染,致使众多投资者在不明真相的情况下盲目跟进,琼民源股份在短短的5个月时间里上涨了4倍。1997年初,琼民源财务报告显示1996年度"实现利润5.7亿元,资本公积金增加6.57亿元",比1995年增加一千倍。而当中国证监会对琼民源业绩提出质疑并要求公司董事对其真实性负责时,全体董事集体辞职,并申请股票停牌。中国证监会于1997年2月28日宣布琼民源停牌,当时琼民源的收盘价为23.49元。随后,中国证监会对琼民源进行了调查,发现公司虚增公积金6.57亿元,虚构利润5.4亿。中国证监会对造假、操纵股价的琼民源及有关的会计师事务所和注册会计师进行了处罚。1998年11月12日,北京市第一中级人民法院对琼民源一案作出一审判决,琼民源董事长马玉和及公司聘用的会计师文昭被判刑。持有18,742.347万股琼民源流通股的散户被套,他们的成本价多在 15—20 元。

由于琼民源的利润几乎全部是虚构的,如果证监会允许公司复牌交易,股价一定会大幅急跌,严重损害投资者利益,尤其是散户的利益。因此,中国证监会积极支持外部力量对琼民源进行重组。

1998 年,北京市政府提出新中关村规划,目标是将中关村培育成为创新能力为基础的“具有中国特色的科技园”。新规划拟投资 100 余亿元,将中关村西区 10 平方公里建商贸区,将中关村东区 2 平方公里的中科院建成以研究为重点的科学城。改建后的中关村将包括研究中心、商贸区、跨国公司总部,以及由创业投资基金、银行、投资银行组成的高级金融区,使之成为中国未来的“硅谷”。国务院批复了这一规划,中关村即将兴起大规模的建设。北京住宅建设总公司(以下简称北京住总)是一家大型的以建筑为主业的集团公司,拥有 5 个全资土建公司和 3 个全资设备安装、装饰和市政建设的专业公司。急切盼望上市的北京住总集团看到了琼民源重组这一题材与机会,以下为其借琼民源之“壳”的上市之路。

其具体步骤是:(1)1998 年 11 月 20 日,北京市政府批准将民源海南公司持有的琼民源 38.92% 的国有法人股无偿划拨给北京住总集团。北京住总集团代替民源海南公司成为琼民源的第一大股东。(2)1999 年 6 月 8 日,以北京住总集团为发起人,联合北京市国资经营公司、北京市新技术产业发展服务中心、实创高科、联想集团、北大方正、四通集团六家发起人,发起设立“中关村”公司。经评估和财政部确认,北京住总集团注入中关村建筑安装类净资产为 2.7 亿元,按 1:1 的比例折为 2.7 亿股国有法人股,由北京住总集团持有;其他六家发起人共出现金 3000 万元按1:1的折股比例折为 3000 万股发起人股。(3)1999 年 6 月,中关村向北京住总集团定向增发 18742 万股,北京住总集团以经评估确认后的 18,742 万元净资产(建安类)按 1:1 的比例认购股份。通过定向增发,中关村的总股本增至 48,742 万股。(4)1999 年 6 月,经中国证监会同意,北京住总集团将自己拥有的中关村定向增发的 18,742 万股股票与琼民源的 18,742 万股社会公众股按 1:1 的比例实施换股,即琼民源的社会公众股股东可以将自己持有的琼民源股票换成中关村公司的股票。(5)1999 年 7 月 7 日,琼民源公司董事会与深交所同时发布公告,宣布根据《公司法》第 158 条和《深圳证券交易所股票上市规则》的有关规定,经中国证监批准,自 1999 年 7 月 12 日起,琼民源股票终止上市。同日,中关村股票在深交所上市流通(股票代码为 000931)。由于高科技题材及其他原因,上市当日,中关村股价在 30 元以上,原琼民源的散户解套。

阅读5－2 上市公司的收购与反收购

反收购是指目标公司管理层为了防止公司控制权转移而采取的旨在预防或挫败收购者收购本公司的行为。反收购通常由目标公司进行，核心在于防止公司控制权的转移。上市公司的收购与反收购，往往在证券市场上引起巨大关注。

常见的反收购措施如“毒丸”(Poison Pill)战术，是指目标公司通过制定特定的股份计划，赋予不同的股东以特定的优先权利(双层股权结构)，一旦收购要约发出，该特定的优先权利的行使，可以导致公司财务结构的弱化或收购方部分股份投票权的丧失。这样收购方即使在收购成功后，也可能像吞下毒丸一样遭受不利后果，从而放弃收购。又如在公司章程中制订反收购条款，又可称为“驱鲨剂”(Shark Repellent)或者“豪猪条款”(Porcupine Provision)，是指在收购要约前修改公司章程或做其他防御准备，使那些没有经过目标公司董事会同意的收购企图不可能实现或不具可行性。再如“金降落伞”(Golden Parachute)是指目标公司通过与其高级管理人员签订合同条款，规定目标公司有义务给予高级管理人员优厚的报酬和额外的利益，若是公司的控制权发生突然变更，则给予高级管理人员以全额的补偿金。目标公司希望以此方式增加收购的负担与成本，阻却外来收购。此外，常见的反收购措施还有“白衣骑士”、“焦土”策略等。

再如员工持股计划也成为公司进行反收购的重要手段，因为持股的员工股东对公司的认同感高于一般的股东，其所持股份更倾向于目标公司一方，不易被收购。此外，目标公司在章程中设立条款，规定在公司面临收购时，迅速偿还各种债务，包括提前偿还未到期的债务，这也可能给收购者在收购成功后造成巨额的财务危机。

2016年8月，因受到我国资本市场典型收购事件万科股权之争影响，个别股份较为分散的上市公司开始警觉，试图通过修改公司章程防止“野蛮人”恶意收购，以此保证公司控制权。一些上市公司董事会提出议案，拟在公司章程中引入系列反收购条款。例如，山东金泰8月12日公告称拟修订《公司章程》第77条规定，收购方为实施恶意收购而提交的各类交易议案、修改公司章程部分条款的议案、公司与董监高以外的人签订业务管理合同的议案等，须由出席股东大会的股东所持表决权的3/4以上决议通过。公司拟修订《公司章程》第82条第1款规定，提名非独立董事和监事候选人的股东，应当是“连续270日以上单独或合计持有公司股份3%以上的股东”。

对此，中国证监会新闻发言人明确表示，根据《证券法》、《公司法》、《上市公司收购管理办法》的规定，上市公司章程中涉及公司控制权条款的约定需遵循法律、行政法规的规定，不得利用反收购条款限制股东的合法权利。后山东金泰对前期提出的章程修订案进行了调整，仅保留“有召集权和提案权股东需满足连续持股270日以上”的一项要求，对其他条款的修改均被取消。可见，上市公司反收购的出发点，旨在平衡好发挥收购制度功能和保持公司治理稳定有序的关系，平衡好保护股东基本权利和维护公司整体利益的关系，平衡好对董监高的适度保护和防止不当利益输送的关系。

案例5-1 违反《证券法》第86条的证券交易是否有效以及反收购的合法性思考

2013年7月至11月期间，被告王某实际控制K公司等15个账户（以下简称账户组）进行证券买卖。自2013年7月18日起，账户组持续不断买入XM公司（上市公司）股票。截至2013年10月23日，账户组合计持有XM公司股票24,682,975股，占XM公司全部已发行股份的5.53%；截至2013年11月1日，该账户组合计持有XM公司全部已发行股份的10.02%；截至2013年11月27日，该账户组合计持有XM公司全部已发行股份的14.86%。其中K公司持有XM公司全部已发行股份的5%。2013年11月27日，K公司发布《上海XM置业股份有限公司简式权益变动报告书》，声明截至2013年11月27日，K公司持有XM公司无限售条件的流通股22,319,200股，占其总股本的5%。

2014年6月6日，K公司与其他账户组成员共同签署《一致行动人协议》，约定各方共同作为XM公司股东，在XM公司股东大会、董事会行使提案权和在相关股东大会、董事会上行使表决权时保持一致。

2015年1月20日，中国证监会宁波监管局向王某出具《行政处罚决定书》，认为账户组在2014年6月13日前，未披露该账户组受同一人控制或存在一致行动关系，账户组在2013年10月23日合计持有XM公司股票首次超过5%以及在2013年11月1日合计持有XM公司股票10.02%时，均未按照《证券法》第86条的规定对超比例持股情况进行及时报告和公告。认定王某作为账户组的实际控制人和信息披露义务人，在账户组合计持有XM公司股票分别达到5%及10%时，未根据《证券法》的相关规定履行信息披露义务，王某的上述行为违反了《证券法》第86条的规定，构成了《证券法》第193条所述之信息披露违法行为。中国证监会宁波监管局据此决定：责令王某改正违法行为，给予警告，并处以50万元的罚款。

2015年1月27日，XM公司发出公告，公布了中国证券监督管理委员会宁波监管局上述决定。

2015年1月23日，王某、K公司与其他一致行动人共同发布《上海XM公司详式权益变动报告书(补充披露)》。该报告载明，截至2015年1月23日，K公司等持有XM公司股票32,640,274股，占XM公司总股本7.31%；账户组其他一致相对人分别持有3.10%、1.89%、0.32%、3.35%、0.56%。

原告XS有限公司系本案XM公司的股东，持股比例为11.19%。诉称根据中国证监会宁波监管局行政处罚决定书，被告未依法履行信息披露义务，不仅违反了法律的禁止性规定，损害了上市公司各股东的知情权、交易选择权，且严重侵害了原告对上市公司的控制权和反收购权，构成对上市公司的恶意收购，更为严重的是扰乱了上市公司信息披露、上市公司收购等基本交易制度，严重违背证券交易的公开、公平、公正的基本原则。根据违法行为不得从中获利的民法基本原理，参照《公司法》、《证券法》的相关规定及立法精神，故应依法阻止其实现违法目的，同时无效法律行为自始即为无效，被告在持有XM公司股票期间不应享有相应的股东权利。鉴于被告在股东权利受限期间，仍有可能继续采取包含但不限于协议转让、大宗交易转让、质押、托管、市值(或收益)互换等方式处分股票权益，在既获取股票交易差价非法利益的同时，又假借股东身份间接行使股东权利，从而实施二次损害上市公司及股东利益的行为，故应依法对其所持股票的处置权予以限制，切实追究各被告恶意收购的证券欺诈民事责任。据此请求法院判令：(1)自2013年10月23日账户组持有XM公司股票首次达到5%之日起，各被告购买XM公司股票的交易行为无效；(2)依法强制各被告抛售2013年10月23日当日及后续购买并持有的XM公司已发行股票(即超出5%部分)，所得收益赔偿给XM公司；(3)……；(4)被告在持有XM公司股票期间，均不得享有股东权利，包括但不限于表决权(提案权和投票权)等各项权利或权能；(5)自行政处罚决定书生效之日起，被告不得以集合竞价和连续竞价以外的任何方式处分其持有的XM公司的股票。[2]

思考与分析：

本案的争议焦点一是被告违反《证券法》第86条的规定，在未履行信息披露义务的情况下超比例购买XM公司股票的交易行为是否有效；二是原告的合法权益是否因被告的违规行为而遭受损失；三是原告要求限制现持股被告行使股东权利或处分相应股份的诉请是否具有法律依据。

关于争议焦点一，法院判决认为，王某系通过其实际控制的各被告的证券账

---

〔2〕 参见(2015)沪一中民六(商)初字第66号民事判决书。

户,按照证券交易所的交易规则,通过在交易所集合竞价的方式公开购买了XM公司的股票,其交易方式本身并不违法。本案被告的交易行为确实违反了我国《证券法》第86条关于大额持股信息披露制度的相关规定。但根据我国《证券法》第120条第1款的规定,按照依法制定的交易规则进行的交易,不得改变其交易结果。

关于争议焦点二,原告在诉讼过程中明确提起本案诉讼并非基于股东代表诉讼,而系其自身利益受到侵害,即被告的违规交易行为侵害了其股东知情权及对XM公司的控制权和反收购权。但法院认为,我国《证券法》第86条所规定的相关责任主体的信息披露义务旨在保障证券市场广大投资者的知情权,维护证券市场公开、公平、公正的交易秩序。本案被告违反了《证券法》第86条的规定,的确侵害了包括原告在内的广大投资者的知情权。根据我国现行《证券法》及相关司法解释的规定,对于因违反信息披露义务,侵害了投资者的知情权及交易选择权的责任主体,其应对遭受损失的投资者承担民事侵权损害赔偿责任。但原告并未主张财产性权益损失,而是以此为由要求限制被告行使股东权利及对股票的处分权利,该主张缺乏相应的法律依据,故法院不予支持。至于原告主张被告的行为侵害了其对XM公司的控制权及反收购权,一方面原告本非XM公司的控股股东,另一方面原告所主张的控制权及反收购权并不属于依法应予保护的股东权利。

争议焦点三,在依据《证券法》第120条认定本案王某的证券交易行为有效的前提下,依据我国《证券法》第213条规定:“收购人未按照本法规定履行上市公司收购的公告、发出收购要约等义务的,责令改正,给予警告,并处以十万元以上三十万元以下的罚款;在改正前,收购人对其收购或者通过协议、其他安排与他人共同收购的股份不得行使表决权……”。根据上述条款的规定,责令改正的事项应由证券监督管理机构依其行政职权依法作出行政处罚决定,而是否全面履行改正义务亦应由作出行政处罚决定的证券监督管理机构予以审查认定。本案中,中国证监会宁波监管局在对诉争违法交易行为予以审查后,最终认定被告王某违反《证券法》第86条的规定,构成了《证券法》第193条所述之信息披露违法行为,并责令王某改正违法行为,给予警告,并处以罚款。迄今为止,相关证券监督管理部门并未进一步责令王某或其他被告改正其他违法行为,或要求其进一步补充信息披露,故对原告提出的根据行政处罚决定的结果,各被告的改正行为尚未完成的诉称意见,因缺乏相应的事实及法律依据,法院也不予支持。故原告上海XS公司全部诉讼请求被驳回。

本案是我国证券实践中为数不多的涉及《证券法》第86条适用的司法案例。

其所展现的法院对《证券法》第86条、第120条以及对于反收购的理解和适用是正确的，值得我们关注。但是，本案值得继续思考的问题是：上市公司的管理层应当怎样进行合法的反收购？

案例5-2　上市公司收购中的信息公开

2014年12月19日，中国证监会针对邹某提出的信息公开申请作出证监信息公开(2014)40号《监管信息告知书》(以下简称被诉告知书)，主要内容为：根据《政府信息公开条例》第21条等相关规定，邹某申请的关于"根据贵会2008年4月1日作出的第2项信访答复以及《上市公司收购管理办法》第10条、第14条、第17条，申请公开HY股份有限公司向贵会报送的《详式权益披露报告书》"的信息已在公司公告中予以公开，可通过指定的信息披露网站巨潮网进行查询，具体查询路径为"公司股票代码—查咨询—公告全文—选择日期—详式权益变动报告书"。邹某不服被诉告知书，向证监会申请行政复议。中国证监会作出(2015)21号《行政复议决定书》(以下简称21号复议决定)，决定维持被诉告知书，驳回邹某的其他复议申请。邹某为此又提出了行政诉讼。

法院判决认为，《政府信息公开条例》第21条第3项规定，对申请公开的政府信息，依法不属于本行政机关公开或者该政府信息不存在的，应当告知申请人，对能够确定该政府信息的公开机关的，应当告知申请人该行政机关的名称、联系方式。参照《上市公司收购管理办法》第14条、第17条，投资者及其一致行动人应当在相关事实发生后，编制权益变动报告书，向证监会、证券交易所提交书面报告，抄报派出机构，通知该上市公司，并予公告。但在本案中，并无证据证明HY公司在涉案收购过程中系投资者或投资者一致行动人，故无依照该办法前述条款履行权益变动报告书编制、报告等义务。后法院判决驳回邹某全部诉讼请求。[3]

思考与分析：

《政府信息公开条例》第2条规定，本条例所称政府信息，是指行政机关在履行职责过程中制作或者获取的，以一定形式记录、保存的信息；第4条第1款规定，各级人民政府及县级以上人民政府部门应当建立健全本行政机关的政府信息公开工作制度，并指定机构负责本行政机关政府信息公开的日常工作；第13条规定，除本条例第9条、第10条、第11条、第12条规定的行政机关主动公开的政府信息外，公民、法人或者其他组织还可以根据自身生产、生活、科研等特殊需要，向

---

〔3〕参见北京市高级人民法院(2016)京行终529号行政判决书。

国务院部门、地方各级人民政府及县级以上地方人民政府部门申请获取相关政府信息。因此证监会具有依照申请人的信息公开申请予以答复的法定职责。根据《证券法》并参照《上市公司收购管理办法》等相关规定，上市公司及相关主体依法必须披露的信息，应当在国务院证券监督管理机构指定的媒体发布，同时将其置备于公司住所、证券交易所，供社会公众查阅；投资者及其一致行动人拥有权益的股份达到或者超过一个上市公司已发行股份的20%但未超过30%的，应当编制详式权益变动报告书，除须披露前条规定的信息外，还应当披露以下内容：(1)投资者及其一致行动人的控股股东、实际控制人及其股权控制关系结构图；(2)取得相关股份的价格、所需资金额、资金来源，或者其他支付安排……据此，本案邹某所申请公开的涉案信息应由投资者及其一致行动人履行编制、披露等义务。本案事实是涉案的投资者及其一致行动人也确在证监会指定媒体上披露了涉案信息。中国证监会在接到邹某信息公开申请后，在法定期限内履行了延期答复告知义务，作出并送达被诉告知书，告知邹某可在证监会指定的信息披露网站巨潮网查询相应《详式权益变动报告书》，并告知了具体查询路径。故中国证监会履行信息公开答复法定职责并无不当。

本案是一起行政诉讼，案情并不复杂。但是值得我们继续关注的问题是，《政府信息公开条例》在证券市场中的应用。依据我国《证券法》第184条规定："国务院证券监督管理机构依法制定的规章、规则和监督管理工作制度应当公开。国务院证券监督管理机构依据调查结果，对证券违法行为作出的处罚决定，应当公开。"2008年5月1起施行的《中国证券监督管理委员会证券期货监督管理信息公开办法》是中国证监会执行2008年5月1起施行的《中华人民共和国政府信息公开条例》的重要举措。例如，该《办法》规定了证监会在监管过程中的信息披露问题，即"监管公开"。要求证监会及其派出机构对外公布监管信息，应当自该信息形成或者变更之日起20个工作日内予以公开；法律、行政法规对监管信息公开的期限另有规定的，依据其规定。该《办法》规定了证监会主动公开监管信息的范围，主要包括证监会及其派出机构的机构设置、工作职责，证券期货规章、规范性文件，市场发展规划、发展报告，纳入国家统计指标体系的统计信息，行政许可事项及核准结果，证监会批准的证券期货经营机构和证券服务机构名录，证券期货交易所上市品种及自律性机构规则等非行政性许可项目的批准和备案结果、对违法违规者的市场禁入及行政处罚决定等。主动公开的监管信息通过证监会公告、新闻发布、统计年鉴、法律法规汇编、互联网等方式统一对外发布。总之，信息公开是证券法的核心，中国证监会应当依法履行信息公开义务。

思考题

1. 上市公司收购的含义和意义有哪些?
2. 上市公司收购的原则有哪些?
3. 要约收购的程序有哪些?
4. 上市公司收购的法律后果有哪些?

司法考试试题

多项选择题

吉达公司是一家上市公司,公告称其已获得某地块的国有土地使用权。嘉豪公司资本雄厚,看中了该地块的潜在市场价值,经过细致财务分析后,拟在证券市场上对吉达公司进行收购。下列哪些说法是正确的?(2016 年)

A. 若收购成功,吉达公司即丧失上市资格

B. 若收购失败,嘉豪公司仍有权继续购买吉达公司的股份

C. 嘉豪公司若采用要约收购则不得再与吉达公司的大股东协议购买其股份

D. 待嘉豪公司持有吉达公司已发行股份 30% 时,应向其全体股东发出不得变更的收购要约

【答案】 BC

【考点】 上市公司收购。

第六章　证券交易所和其他证券服务机构

本章导语

证券交易的技术性、专业性要求均较高，因此在证券交易的服务方面也有特别的要求。证券交易所和其他证券服务机构就成为证券交易中不可或缺的专业服务者。证券交易所为证券交易提供场所和交易规则，其性质是法人；其他证券服务机构如会计师事务所、律师事务所、资产评估机构等。在证券交易中，证券服务机构也承担着相应的法律义务，应当做到勤勉尽责。

第一节　证券交易所

证券交易所是为证券集中交易提供场所和设施，组织和监督证券交易，实行自律管理的法人。证券交易所实行会员制，证券交易所应当创造公开、公平、公正的市场环境，保证证券市场的正常运行。证券交易所也受到法律的规制和严格的证券监管。

一、证券交易所概述

（一）证券交易所的概念和特征

1. 证券交易所的概念

证券交易所是为证券集中交易提供场所和设施，组织和监督证券交易，实行自律管理的法人。

证券交易所本身并不从事任何证券买卖，而是向投资者提供一个证券集中竞价交易的场所。证券交易所在证券的上市交易中必不可少，是证券法律关系的重要主体之一。世界上最早的证券交易所是荷兰的阿姆斯特丹证券交易所，成立于1680年。19世纪以后，德国和法国等国家都相继成立了自己的证券交易所。目前世界上有很多著名的证券交易所,如伦敦证券交易所、纽约证券交易所、巴黎证券交易所等。我国的证券交易所目前有两个:一是上海证券交易所,成立于1990年11月26日;二是深圳证券交易所,成立于1991年4月11日。两大证券交易所由中国证监会监督管理。

2. 证券交易所的特征

(1)证券交易所是依法设立的法人。证券交易所在性质上是法人,中国证监会对证券交易所实行严格监管。证券交易所的设立和解散,由中国证监会审核,报国务院批准。因此我国的证券交易所实质上是采取特许制设立的法人。此外,证券交易所的权利能力也受到严格限制。依据当前的相关规定,证券交易所不得直接或者间接从事以营利为目的的业务;新闻出版业;发布对证券价格进行预测的文字和资料;为他人提供担保以及未经中国证监会批准的其他业务。

(2)证券交易所为证券的集中交易提供场所和设施。在证券交易所内进行的证券交易称为场内交易,所以证券交易所又称为场内交易市场、场内市场。而在证券交易所之外进行的各种证券交易,则称为场外交易,如新三板、四板市场。场内交易与场外交易共同组成我国多层次的资本市场,但场内市场具有场所固定、设施齐备、时间稳定、规则明确等一系列优点,并且场内实行的集中交易在价格确定方面比较公平和便利,交易的效率高且安全性好。因此,证券交易所是证券集中交易最典型的证券交易场所。

(3)证券交易所实行会员制。目前我国的两大证券交易所都实行会员制。当今世界上的证券交易所有会员制和公司制两种,所谓会员制就是指进入证券交易所参与集中交易的,必须是具有证券交易所会员资格的证券公司。普通的投资者并不能进入证券交易所直接参与交易,而是应当委托具有会员资格的证券公司代为买卖(即证券公司的经纪业务)。会员制的证券交易所的积累归会员所有,其权益由会员共同享有,在存续期间,不得将积累分配给会员。会员制的证券交易所收取的交易费用比较低,交易中的一切责任都由买卖双方承担,证券交易所不负任何责任。

实行会员制的证券交易所,对证券交易所本身最大的好处是以有限的会员人数和确定的资质确保交易秩序的有序化和交易的安全。对证券公司来说,由于法律提供了商事代理的制度便利,它只有取得证券交易所的会员资格,才能拥有证券交易的经纪资格并获得不菲的佣金收入。为了保有这种会员身份,证券公司也会积极地按照证券交易所的要求进行自我约束。对监管部门来说,会员制的证券交易所可以很方便地对会员行为的随时监控。对普通投资者来说,虽然必须按证券经纪业务的规则在证券公司办理开户、委托等手续才能投资于证券交易，但发达的网络技术完全可以让投资者“身临其境”地进行证券交易，以经纪方式进行交易的成本其实被大大减少了。因此会员制本身是有其独特的便宜之处的。

（4）证券交易所由中国证监会监管，实行自律管理。证券交易所由中国证监会监督管理。如果证券交易所会员、上市公司违反国家有关法律、法规、规章、政策和证券交易所章程、业务规则的规定，并且证券交易所没有履行规定的监督管理责任，中国证监会有权追究证券交易所和证券交易所有关高级管理人员和直接责任人的责任。同时，证券交易所也实行自律管理，并且证券交易所的自律管理也是我国证券监管中必不可少的一部分。证券交易所是证券集中交易的场所，它享有决定证券上市的审核权，对证券交易有权力也有责任进行实时监控，在出现重大异常交易时有权对证券账户限制交易。此外，证券交易所在会员接纳、交易方式、申报规则等方面，也享有充分的管理权。为了保障这种权力行使的正当性，就要求证券交易所一方面要接受中国证监会的监管，另一方面也实行严格的自律管理。证券交易所按照自律管理的要求，规范会员的行为，督促信息披露义务的履行并协调会员之间的关系。

（二）证券交易所的功能

证券交易所应当创造公开、公平、公正的市场环境，保证证券市场的正常运行。总体说来，证券交易所的功能如下：

1. 证券交易所是一个可以持续进行证券投资的场所。投资者可以在证券交易所连续、同时进行多项证券交易，这样一个场所对社会闲余资本来说是一个理想的增值场所。并且证券交易所通过对上市公司的监管，要求上市公司公开与投资决策相关的所有信息，因此，在证券交易所进行投资也是一种规范性比较强的投资方式。

2. 证券交易所是企业筹措资金、实施资产重组、提高商业信誉的理想场所。

（1）上市公司在设立时可以向社会发行证券，在设立之后还可以在证券交易所进行再融资。该公司往往可以在短时期内积聚起大量的货币资本。这种直接融资方法在我国这样的融资渠道单一的国家更有意义。能够在证券交易所上市的公司往往比一般的公司资产质量好，即使是向银行进行间接融资，其融资能力也比较强。

（2）上市公司在证券交易所还可以进行上市公司收购等资产的重组、并购等行为，以此来提高上市公司的资产质量，进一步提高经济效益。

(3)上市公司的股票在证券交易所进行挂牌交易,其商业名称被反复提及和宣传,无形中提高了企业的知名度和信誉。

3.证券交易所可以优化国家的产业结构、反映宏观和微观经济动态。

(1)证券交易所进行大量的证券交易,促进了资源的合理流动。证券的流通没有地区、行业的限制,能够使货币资本以大范围、大规模、大自由的方式进行组合和流动,使社会的货币资本得到最大限度的合理利用。

(2)证券交易所能及时反映宏观经济状况及变化。例如,证券交易所可以随时反映出货币供应量的变动趋势,尤其是当银根紧缩或松弛时,就可以从证券交易所见到剧烈波动的迹象。证券交易所提供的股票指数往往成为国家经济情况的反映。

(3)证券交易所要求上市公司公开其有关信息,特别是有关财务信息,使公众能了解其微观的生产经营状况,由此构成了一种对上市公司规范化治理的社会监督。

二、证券交易所的设立和组织结构

(一)证券交易所的设立

1.证券交易所设立的法律依据

目前,我国证券交易所的设立依据是《证券法》和2002年12月12日中国证监会发布的《证券交易所管理办法》。

2.设立证券交易所的申请和审批

证券交易所的设立应当向中国证监会提出申请,由国务院批准。

申请设立证券交易所,应当向中国证监会提交下列文件:申请书;章程和主要业务规则草案;拟加入会员名单;理事会候选人名单及简历;场地、设备及资金情况说明;拟任用管理人员的情况说明;以及中国证监会要求提交的其他文件。其中的章程应当包括如下条款:设立目的;名称;主要办公及交易场所和设施所在地;职能范围;会员的资格和加入、退出程序;会员的权利和义务;对会员的纪律处分;组织机构及其职权;高级管理人员的产生、任免及其职责;资本和财务事项;解散的条件和程序;以及其他需要在章程中规定的事项。

证券交易所章程的制定和修改,必须经中国证监会批准。

证券交易所必须在其名称中标明“证券交易所”字样,其他任何单位或者个人不得使用证券交易所或者近似的名称。

(二)组织结构

在组织结构方面,证券交易所主要包括会员大会、理事会和专门委员会。

1. 会员大会

我国两大证券交易所实行会员制，由会员组成会员大会，是证券交易所的最高权力机构。会员大会有以下职权：(1)制定和修改证券交易所章程；(2)选举和罢免会员理事；(3)审议和通过理事会、总经理的工作报告；(4)审议和通过证券交易所的财务预算、决算报告以及决定证券交易所的其他重大事项。

2. 理事会

(1)理事会的性质和组成。证券交易所设的理事会是证券交易所的决策机构，每届任期3年；理事会由7至13人组成，其中非会员理事人数不少于理事会成员总数的1/3，不超过理事会成员总数的1/2。会员理事由会员大会选举产生。非会员理事由中国证监会委派。理事长负责召集和主持理事会会议。理事长因故临时不能履行职责时，由理事长指定的副理事长代其履行职责。理事长担任会员大会期间的会议主席。理事长不得兼任证券交易所总经理。理事连续任职不得超过两届。理事会会议至少每季度召开一次。会议须有2/3以上理事出席，其决议应当经出席会议的2/3以上理事表决同意方为有效。理事会决议应当在会议结束后两个工作日内报中国证监会备案。

(2)证券交易所设总经理一人，由中国证监会任免，负责日常经营管理工作；副总经理1至3人。总经理应当是理事会成员。总经理、副总经理由中国证监会任免，并且不得由国家公务员兼任总经理、副总经理。证券交易所中层干部的任免报中国证监会备案，财务、人事部门负责人的任免报中国证监会批准。

3. 专门委员会

(1)理事会设监察委员会，每届任期3年。监察委员会主席由理事长兼任。监察委员会对理事会负责，行使下列职权：监察证券交易所高级管理人员和其他工作人员遵守国家有关法律、法规、规章、政策和证券交易所章程、业务规则的情况；监察高级管理人员执行会员大会、理事会决议的情况；监察证券交易所的财务情况；证券交易所章程规定的其他职权。

(2)根据需要，理事会可以下设其他专门委员会。各专门委员会的职责、任期和人员组成等事项，应当在证券交易所章程中作出具体规定。所需经费应当纳入证券交易所的预算。

(三)证券交易所任职人员的资格限制

1. 证券交易所高级管理人员任职的一般要求

(1)证券交易所高级管理人员对其任职机构负有诚实信用的义务。证券交易所的总经理离任时,交易所理事会应当聘请地方审计局或者具有从事证券相关业务资格的会计师事务所进行总经理离任审计。交易所聘请的审计机构应当报中国证监会认可。

(2)证券交易所总经理、副总经理不得在任何营利性组织、团体和机构中兼职。证券交易所的非会员理事及其他工作人员不得以任何形式在证券交易所会员公司兼职。

(3)证券交易所的高级管理人员及其他工作人员不得以任何方式泄露或者利用内幕信息,不得以任何方式从证券交易所的会员、上市公司获取利益。

(4)证券交易所、证券登记结算机构的高级管理人员及其他工作人员在履行职责时,遇到与本人或者其亲属等有利害关系情形的,应当回避。具体回避事项由其章程、业务规则规定。

2. 不得担任证券交易所负责人的情形

证券交易所高级管理人员的产生、聘任有不正当情况,或者前述人员在任期内有违反国家有关法律、法规、规章、政策和证券交易所章程、业务规则的行为,或者由于其他原因,不适宜继续担任其所担任的职务时,中国证监会有权解除有关人员的职务,并任命新的人选。

按照《证券法》第 108 条的规定,有我国《公司法》第 146 条规定的情形或者下列情形之一的,不得担任证券交易所的负责人:(1)因违法行为或者违纪行为被解除职务的证券交易所、证券登记结算机构的负责人或者证券公司的董事、监事、高级管理人员,自被解除职务之日起未逾 5 年。(2)因违法行为或者违纪行为被撤销资格的律师、注册会计师或者投资咨询机构、财务顾问机构、资信评级机构、资产评估机构、验证机构的专业人员,自被撤销资格之日起未逾 5 年。

3. 不得招聘为证券交易所从业人员的情形

因违法行为或者违纪行为被开除的证券交易所、证券登记结算机构、证券服务机构、证券公司的从业人员和被开除的国家机关工作人员,不得招聘为证券交易所的从业人员。

三、证券交易所对证券交易活动的监管

(一)证券交易所组织证券交易、发布证券交易行情

1. 证券交易所组织的证券交易

(1)证券交易所应当在业务规则中对证券交易合同的生效和废止条件作出详细规定,并维护在证券交易所达成的证券交易合同的有效性。

(2)证券交易所应当建立市场准入制度,并根据证券法规的规定或者中国证监会的要求,限制或者禁止特定证券投资者的证券交易行为。除此以外,证券交易所不得限制或者禁止证券投资者的证券买卖行为。

(3)按照依法制定的交易规则进行的证券交易,不得改变其结果。对于相关交易中违规交易者应负的民事责任不得免除。在违规交易中所获利益,按照有关规定处理。

(4)在证券交易所内从事证券交易的人员,违反证券交易所有关交易规则的,由证券交易所给予纪律处分;对情节严重的,撤销其资格,禁止其入场进行证券交易。

2. 证券交易所应当发布证券交易行情

(1)交易行情的意义。在证券交易所中的证券交易,要按照集中竞价的方法来确定证券价格。交易即时行情是投资者了解证券市场的最重要的信息,从而做出即时判断的基本依据。凡是挂牌交易的证券,证券交易所都要提供其即时、准确的行情。

(2)提供交易行情是证券交易所的专属性义务。证券交易所应当保证投资者有平等机会获取证券市场的交易行情,并有平等的交易机会。我国《证券法》第113条规定:"证券交易所应当为组织公平的集中交易提供保障,公布证券交易即时行情,并按交易日制作证券市场行情表,予以公布。未经证券交易所许可,任何单位和个人不得发布证券交易即时行情。"

(3)证券交易所发布交易行情的具体要求。按照《证券交易所管理办法》第31条的规定,证券交易所应当公布即时行情,并按日制作证券行情表,记载下列事项,以适当方式公布:上市证券的名称;开市、最高、最低及收市价格;与前一交易日收市价比较后的涨跌情况;成交量、值的分计及合计;股价指数及其涨跌情况;中国证监会要求公开的其他事项。

此外,证券交易所应当就其市场内的成交情况编制日报表、周报表、月报表和年报表,并及时向社会公布。

(二)证券交易所应当制定具体的上市规则、交易规则、会员管理规则和其他规则

证券交易所应当在其职能范围内制定和修改业务规则。证券交易所制定和修改业务规则,由证券交易所理事会通过,报中国证监会批准。证券交易所应当保证其业务规则得到切实执行,对违反业务规则的行为要及时处理。对国家有关法律、法规、规章、政策中规定的有关证券交易的违法、违规行为,证券交易所负有

发现、制止和上报的责任,并有权在职责范围内予以查处。证券交易所有权制定的业务规则包括:

1. 上市规则

证券交易所应当根据有关法律、行政法规的规定制定具体的上市规则。其内容包括:(1)证券上市的条件、申请和批准程序以及上市协议的内容及格式;(2)上市公告书的内容及格式;(3)上市推荐人的资格、责任、义务;(4)上市费用及其他有关费用的收取方式和标准;(5)对违反上市规则行为的处理规定;(6)其他需要在上市规则中规定的事项。

2. 交易规则

证券交易所应当制定具体的交易规则。具体包括:(1)交易证券的种类和期限;(2)证券交易方式和操作程序;(3)证券交易中的禁止行为;(4)清算交割事项;(5)交易纠纷的解决;(6)上市证券的暂停、恢复与取消交易;(7)证券交易所的开市、收市、休市及异常情况的处理;(8)交易手续费及其他有关费用的收取方式和标准;(9)对违反交易规则行为的处理规定;(10)证券交易所证券交易信息的提供和管理;(11)股价指数的编制方法和公布方式;(12)其他需要在交易规则中规定的事项。

3. 会员管理规则

证券交易所接纳的会员应当是有权部门批准设立并具有法人地位的境内证券经营机构。境外证券经营机构设立的驻华代表处,经申请可以成为证券交易所的特别会员。特别会员的资格及权利、义务由证券交易所章程规定。证券交易所决定接纳或者开除会员应当在决定后的5个工作日内向中国证监会备案;决定接纳或者开除正式会员以外的其他会员应当在履行有关手续5个工作日之前报中国证监会备案。证券交易所应当制定具体的会员管理规则。其内容包括:(1)取得会员资格的条件和程序;(2)席位管理办法;(3)与证券交易和清算业务有关的会员内部监督、风险控制、电脑系统的标准及维护等方面的要求;(4)会员的业务报告制度;(5)会员所派出市代表在交易场所内的行为规范;(6)会员及其出市代表违法、违规行为的处罚;(7)其他需要在会员管理规则中规定的事项。

4. 其他规则

比如证券交易所应当对收取的各种费用管理制定相应的规则等。

(三)证券交易所对会员实施监督管理

证券交易所的会员应当接受证券交易所的监督管理,并主动报告有关问题。

具体包括：

1. 对会员的席位管理

证券交易所必须限定交易席位的数量。证券交易所设立普通席位以外的席位应当报中国证监会批准。证券交易所调整普通席位和普通席位以外的其他席位的数量，应当事先报中国证监会批准。证券交易所应当对会员取得的交易席位实施严格管理。会员转让席位必须按照证券交易所的有关管理规定由交易所审批。严禁会员将席位全部或者部分以出租或者承包等形式交由其他机构和个人使用。

2. 对会员的业务监管

证券交易所对会员的各项业务都予以监管，以下以证券自营业务和经纪业务为例简要介绍：

(1)对会员自营业务的监管。证券交易所应当根据国家关于证券经营机构证券自营业务管理的规定和证券交易所业务规则，对会员的证券自营业务实施下列监管：要求会员的自营买卖业务必须使用专门的股票账户和资金账户，并采取技术手段严格管理；检查开设自营账户的会员是否具备规定的自营资格；要求会员按月编制库存证券报表，并于次月5日前报送证券交易所；对自营业务规定具体的风险控制措施，并报中国证监会备案；每年6月30日和12月31日过后的30日内向证监会报送各家会员截至该日的证券自营业务情况以及其他监管事项。

(2)对会员经纪业务的监管。证券交易所应当在业务规则中对会员代理客户买卖证券业务做出详细规定，并实施下列监管：制定会员与客户所应签订的代理协议的格式并检查其内容的合法性；规定接受客户委托的程序和责任，并定期抽查执行客户委托的情况；要求会员每月过后5日内就其交易业务和客户投诉等情况提交报告，报告格式和内容由证券交易所报证监会批准后颁布。

3. 财务指标和风险控制监管

证券交易所每年应当对会员的财务状况、内部风险控制制度以及遵守国家有关法规和证券交易所业务规则等情况进行抽样或者全面检查，并将检查结果上报证监会。证券交易所有权要求会员提供有关业务的报表、账册、交易记录及其他文件、资料。

(四)证券交易所对上市公司的监管

1. 由证券交易所决定证券是否上市、暂停上市和其他上市事项

(1)上市。《证券法》第48条规定："申请证券上市交易，应当向证券交易所

提出申请,由证券交易所依法审核同意,并由双方签订上市协议。证券交易所根据国务院授权的部门的决定安排政府债券上市交易。”证券交易所通过与上市公司订立上市协议,确定相互间的权利义务关系。上市协议的内容与格式应当符合国家有关法律、法规、规章、政策的规定,并报证监会备案。为了确保对所有上市公司的公平待遇,要求交易所与任何上市公司所签上市协议的内容与格式均应一致。确需与某些上市公司签署特殊条款时,报证监会批准。

(2)暂停上市。出现以下情况之一的,证券交易所应当暂停上市公司的股票交易,并要求上市公司立即公布有关信息:该公司股票交易发生异常波动;有投资者发出收购该公司股票的公开要约;上市公司依据上市协议提出停牌申请;证监会依法作出暂停股票交易的决定时;证券交易所认为必要时。

(3)其他上市事项。包括停牌、复牌、终止上市等事项,参见本书第五章对此的介绍。

2. 证券交易所上市推荐人制度

上市推荐人由证券交易所认可的、协助证券发行人申请其证券上市的证券交易所正式会员担任。上市推荐人应当保证上市公司符合上市要求,并在上市后由上市推荐人指导上市公司履行相关义务。证券交易所应当监督上市推荐人切实履行业务规则中规定的相关职责。上市推荐人不按规定履行职责的,证券交易所有权根据业务规则的规定对上市推荐人予以处分。

3. 对上市公司信息公开的监管

《证券法》第115条第2款规定:“证券交易所应当对上市公司及相关信息披露义务人披露信息进行监督,督促其依法及时、准确地披露信息。”证券交易所对上市公司信息公开的监管是证券交易所的重要职责。具体有以下要求:

(1)证券交易所应当根据中国证监会统一制定的格式和证券交易所的有关业务规则,复核上市公司的配股说明书、上市公告书等与募集资金及证券上市直接相关的公开说明文件,并监督上市公司按时公布。

(2)证券交易所可以要求上市公司或者上市推荐人就上述文件做出补充说明并予以公布。

(3)证券交易所应当督促上市公司按照规定的报告期限和中国证监会统一制定的格式,编制并公布年度报告、中期报告,并在其公布后进行检查,发现问题应当根据有关规定及时处理。证券交易所应当在报告期结束后20个工作日内,将检查情况报告证监会。

(4)证券交易所应当审核上市公司编制的各种临时报告,临时报告的内容涉及《公司法》、国家证券法规以及公司章程中规定需要履行审批程序的事项，或者涉及应当报证监会批准的事项，证券交易所应当在确认其已履行规定的审批手续后，方可准予其公布。

4. 对上市公司股东的监管

(1)证券交易所应当设立上市公司股东持股情况的档案资料，并根据国家有关法律、法规、规章、政策对股东持股数量及其买卖行为的限制规定，对上市公司股东在交易过程中的持股变动情况进行即时统计和监督。上市公司股东因持股数量变动而产生信息披露义务的，证券交易所应当在其履行信息披露之前，限制其继续交易该股票，督促其及时履行信息披露义务，并立即向中国证监会报告。

(2)证券交易所应当采取必要的技术措施，将上市公司尚未上市流通股份与其已上市流通股份区别开来。未经中国证监会批准，不得准许尚未上市流通股份进入交易系统。

(3)证券交易所应当采取必要的措施，保证上市公司董事、监事、经理不得卖出本人持有的本公司股票。

(五)证券交易所对异常交易的报告和限制交易

证券交易所对证券交易实行实时监控，并按照中国证监会的要求，对异常的交易情况提出报告；证券交易所根据需要，可以对出现重大异常交易情况的证券账户限制交易，并报中国证监会备案。

(六)证券交易所应当建立风险准备金制度

证券交易所应当从其收取的交易费用和会员费、席位费中提取一定比例的金额设立风险基金。风险基金由证券交易所理事会管理。风险基金提取的具体比例和使用办法，由中国证监会会同国务院财政部门规定。证券交易所应当将收存的风险基金存入开户银行专门账户，不得擅自使用。

第二节　证券登记结算机构

证券登记结算机构是为证券交易提供集中登记、存管与结算服务，不以营利为目的的法人，系中国证券登记结算有限公司。证券登记结算机构在证券交易中的意义重大，它的设立和运行、业务规则要遵守证券法和中国证监会的规定。

一、证券登记结算机构概述

（一）证券登记结算机构的概念

证券登记结算机构是为证券交易提供集中登记、存管与结算服务，不以营利为目的的法人。在我国，证券登记结算机构指成立于 2001 年 3 月 30 日的中国证券登记结算有限公司。2005 年修订的《中华人民共和国证券法》再次明确“证券登记结算采取全国集中统一的运营方式”。《证券法》第 159 条规定：“证券持有人持有的证券，在上市交易时，应当全部存管在证券登记结算机构。证券登记结算机构不得挪用客户的证券。”因此，所有用于在上海证券交易所和深圳证券交易所进行证券交易的证券，都必须在证券登记结算机构统一登记和结算。目前，不仅在证券交易所上市的股票、债券、证券投资基金份额及证券衍生品种等由证券登记结算机构进行登记和结算，非上市证券的登记结算业务也参照上市的证券办理证券登记结算。

（二）证券登记结算机构的设立

1. 设立条件

根据《证券法》第 156 条的规定，设立证券登记结算机构还应当具备下列条件：(1) 自有资金不少于人民币 2 亿元。(2) 具有证券登记、存管和结算服务所必须的场所和设施。对证券登记结算机构在总体上的技术要求非常高。为了实现上述证券登记结算的服务，证券登记结算机构必须配备为证券交易所的上市证券的交易提供集中的登记、存管、结算和交收服务的系统（简称结算系统），有必备的电脑、通讯设备，有完整的数据安全保护和数据备份措施，确保证券登记、存管、结算交收资料和电脑、通讯系统的安全。(3) 主要管理人员和从业人员必须具有证券从业资格。(4) 中国证监会规定的其他条件。

2. 设立程序

设立证券登记结算机构同样采用特许制，必须经中国证监会的批准。证券登记结算机构的名称中应当标明“证券登记结算”字样。

二、中国证监会对证券登记结算机构的监管

（一）证券登记结算机构的权利能力受到严格限定

证券登记结算机构虽然名为公司，但并非商法意义上的公司，而是一个特殊

的证券交易服务机构,它的权利能力严格限定于它的功能,除了完成相关的证券登记结算,证券登记结算机构就不再享有任何权利能力。例如,中国证监会禁止证券登记结算机构从事与证券登记结算业务无关的投资;禁止购置非自用不动产;禁止买卖证券,除非因结算参与人发生资金交收违约或证券交收违约而可以取得证券等。如果证券登记结算机构违反《证券法》及中国证监会的管理办法规定的,中国证监会依法予以行政处罚;对直接负责的主管人员和其他直接责任人员,依法给予行政处分。

(二)中国证监会对证券登记结算机构的批准和报告的事项

1. 须由中国证监会批准的事项

我国的证券登记结算机构接受中国证监会的监管。证券登记结算机构的下列事项,应当报中国证监会批准:(1)章程、业务规则的制定和修改;(2)业务规则,是指证券登记结算机构的证券账户管理、证券登记、证券托管与存管、证券结算、结算参与人管理等与证券登记结算业务有关的业务规则;(3)重大国际合作与交流活动、涉港澳台重大事务;(4)与证券登记结算有关的主要收费项目和标准的制定或调整;(5)董事长、副董事长、总经理和副总经理的任免;(6)依法应当报中国证监会批准的其他事项。

2. 须向中国证监会报告的事项

下列事项和文件,证券登记结算机构应当向中国证监会报告:(1)业务实施细则;(2)制定或修改业务管理制度、业务复原计划、紧急应对程序;(3)办理新的证券品种的登记结算业务,变更登记结算业务模式;(4)结算参与人和结算银行资格的取得和丧失等变动情况;(5)发现重大业务风险和技术风险,发现重大违法违规行为,或涉及重大诉讼;(6)任免分公司总经理、公司总经理助理、公司部门负责人;(7)有关经营情况和国家有关规定执行情况的年度工作报告;(8)经会计师事务所审计的年度财务报告,财务预决算方案和重大开支项目,聘请或更换会计师事务所;(9)与证券交易所签订的主要业务合作协议,与证券发行人、结算参与人和结算银行签订的各项业务协议的样本格式以及中国证监会要求报告的其他事项和文件。

三、全国集中统一的证券登记结算制度

(一)全国集中统一的证券登记结算制度

1. 全国集中统一的证券登记结算制度的含义

所谓"集中统一运营方式"就是由单一的证券登记结算机构对证券发行和交

易进行集中的登记、存管、结算和交收。在这一制度之下，对于投资者来说，在认购证券前，必须在证券登记结算机构开立证券登记账户；在证券发行时，证券发行人将所发行的证券通过证券登记结算机构划入投资者的账户就完成了证券的交付；在证券交易时，卖方的证券通过证券登记结算机构划入买方的账户就完成了证券的交付。

2. 实行全国集中统一的证券登记结算制度的意义

建立证券登记结算全国的集中统一运营完全是出于证券交易的安全性和效率性的考虑，也深刻体现了商法的技术性特点。有价证券是一种民法中特殊的物，完成对有价证券所有权的移转，除了交付，有时候还需要登记。而证券市场上证券所有权的移转都必须以登记作为权利移转以及公示的方法。在证券无纸化的情形下，买入证券者无法如民法动产所有人那样以“占有”来证明自己的权利，所以登记成了唯一的证券权利的证明方法。同理，在移转证券权利时，如民法动产交付的“现实交付”以及其他各种交付方法在证券交易中都是不可能完成的，如果非要进行这种交付，则与证券交易的效率要求也是极端相悖的。此外，一般民法中的交易由于信用关系的存在，在交付标的物和货款时允许存在时间上的差异；而在证券的集中交易中，买卖双方无法见面也无须见面，更谈不到彼此的信用，因此为了确保交易的安全性和持续性，卖方在出卖证券的同时，应当即时获得相应的价款，而绝对不允许延时支付资金。对于买方也一样，在付出资金的同时，就必须获得相应的证券。基于上述理由，在证券交易中就必须设立一种专门的、中立于买卖双方的证券登记结算机构来完成证券的登记和结算。至于证券登记结算机构的“全国集中统一”则是为了减少登记结算的环节，进一步提高登记结算的效率和安全性。

（二）证券登记结算机构的具体职责

在集中统一的证券登记结算制度下，证券登记结算机构的职能可以概括为以下几个方面：

1. 证券账户的管理

（1）证券账户的开立。证券账户用于记录投资者持有证券的余额及其变动情况，在证券无纸化的现状下，投资者只能通过证券账户持有证券，以证券账户来证明证券权利的享有。《证券法》第 166 条规定：“投资者委托证券公司进行证券交易，应当申请开立证券账户。证券登记结算机构应当按照规定以投资者本人的名义为投资者开立证券账户。投资者申请开立账户，必须持有证明中国公民身份或者中国法人资格的合法证件。国家另有规定的除外。”这就要求投资者开立证券账户应当向证券登记结算机构提出申请,并且证券账户的开立采取实名制,申请人必须提供真实有效的身份证明,投资者申请开立证券账户还应当保证其提交的开户资料真实、准确、完整。

证券登记结算机构为投资者开立证券账户,应当遵循方便投资者和优化配置账户资源的原则,一般一个自然人或一个法人对同一类别的证券账户只能开立一个证券账户。证券登记结算机构可以直接为投资者开立证券账户,也可以委托证券公司代为办理。目前自然人和一般机构开立证券账户由证券公司代为办理,如果是证券公司和基金公司等机构开立证券账户则由证券登记结算机构直接受理。证券公司作为代理开户机构时,应当向证券登记结算机构申请取得开户代理资格。证券公司代理开立证券账户,应当根据证券登记结算机构的业务规则,对投资者提供的有效身份证明文件原件及其他开户资料的真实性、准确性、完整性进行审核,并应当妥善保管相关开户资料,保管期限不得少于20年。证券登记结算机构应当根据业务规则,对开户代理机构开立证券账户的活动进行监督。开户代理机构违反业务规则的,证券登记结算机构可以根据业务规则暂停、取消其开户代理资格,并提请中国证监会按照相关规定采取暂停或撤销其相关证券业务许可,并对直接负责的主管人员和其他直接责任人员,单处或并处警告、罚款、撤销任职资格或证券从业资格等处罚措施。

(2)证券账户的使用规则。证券账户的使用遵循专用原则,投资者不得将本人的证券账户提供给他人使用。证券公司应当掌握其客户的资料及资信状况,并对其客户证券账户的使用情况进行监督。证券公司发现其客户在证券账户使用过程中存在违规行为的,应当按照证券登记结算机构的业务规则处理,并及时向证券登记结算机构和证券交易所报告。涉及法人以他人名义设立证券账户或者利用他人证券账户买卖证券的,还应当向中国证监会报告,由中国证监会依法予以处罚。投资者在证券账户开立和使用过程中存在违规行为的,证券登记结算机构应当依法对违规证券账户采取限制使用、注销等处置措施。

2. 证券的登记

(1)证券登记法律关系。按照中国证监会《证券登记结算机构管理办法》第78条的规定,证券登记是“是指证券登记结算机构接受证券发行人的委托,通过设立和维护证券持有人名册确认证券持有人持有证券事实的行为”。因此,证券登记是证券登记结算机构与证券发行人之间的法律关系,是凭借证券持有人名册确认证券持有人对证券的持有事实。

(2)证券登记的意义。在无纸化发行和交易的条件下,证券登记结算机构提供的证券持有人名册是证明证券持有人权益的有效凭证。因此证券的登记是证券登记结算机构核心的职能。证券登记结算机构应当确保证券持有人名册的合法性、真实性和完整性。任何机构和个人不得伪造、篡改、损毁证券持有人名册及其他相关资料。

(3)证券登记的种类。主要有以下两类登记:

一是证券发行的初始登记。上市证券的发行人必须委托证券登记结算机构办理其所发行的证券的登记业务。证券登记结算机构应当与委托其办理证券登记业务的证券发行人签订证券登记及服务协议,明确双方的权利义务。该协议属于典型的标准合同,证券登记结算机构应当制定并公布证券登记及服务协议的范本。至于政府债券的发行,证券登记结算机构根据政府债券主管部门的要求办理上市政府债券的登记业务。证券公开发行后,证券发行人应当向证券登记结算机构提交已发行证券的证券持有人名册及其他相关资料。证券登记结算机构据此办理证券持有人名册的初始登记。证券发行人应当保证其所提交资料的合法、真实、准确、完整。证券登记结算机构不承担由于证券发行人原因导致证券持有人名册及其他相关资料有误而产生的损失和法律后果。

二是证券交易的变更登记。证券在证券交易所上市交易的,证券登记结算机构应当根据证券交易的交收结果办理证券持有人名册的变更登记。证券以协议转让、继承、捐赠、强制执行、行政划拨等方式转让的,证券登记结算机构根据业务规则变更相关证券账户的余额,并相应办理证券持有人名册的变更登记。证券因质押、锁定、冻结等原因导致其持有人权利受到限制的,证券登记结算机构应当在证券持有人名册上加以标记。证券登记结算机构应当按照业务规则和协议定期向证券发行人发送其证券持有人名册及有关资料。

3. 证券的托管和存管

(1)证券托管和存管的含义。按照中国证监会《证券登记结算机构管理办法》第78条的规定,证券托管是指证券公司接受客户委托,代其保管证券并提供代收红利等权益维护服务的行为,所以证券的托管是证券公司与客户之间的法律关系。而证券的存管,则是指证券登记结算机构接受证券公司委托,集中保管证券公司的客户证券和自有证券,并提供代收红利等权益维护服务的行为,所以存管是证券公司与证券登记结算机构之间的关系。

(2)托管的办理。投资者买卖证券,应当委托证券公司托管其持有的证券。在投资者和证券公司之间应当签订证券交易、托管与结算协议。证券登记结算机构应当制定和公布证券交易、托管与结算协议中与证券登记结算业务有关的必备条款。必备条款应当包括但不限于以下内容：证券公司根据客户的委托，按照证券交易规则提出交易申报，根据成交结果完成其与客户的证券和资金的交收，并承担相应的交收责任；客户应当同意集中交易结束后，由证券公司委托证券登记结算机构办理其证券账户与证券公司证券交收账户之间的证券划付；实行质押式回购交易的，投资者和证券公司应当按照业务规则的规定向证券登记结算机构提交用于回购的质押券。投资者和证券公司之间债权债务关系不影响证券登记结算机构按照业务规则对证券公司提交的质押券行使质押权；客户出现资金交收违约时，证券公司可以委托证券登记结算机构将客户净买入证券划付到其证券处置账户内，并要求客户在约定期限内补足资金。客户出现证券交收违约时，证券公司可以将相当于证券交收违约金额的资金暂不划付给该客户。证券公司应当将其与客户之间建立、变更和终止证券托管关系的事项报送证券登记结算机构。证券登记结算机构应当对上述事项加以记录。客户要求证券公司将其持有证券转由其他证券公司托管的，相关证券公司应当依据证券交易所及证券登记结算机构有关业务规则予以办理，不得拒绝，但有关法律、行政法规和中国证监会另有规定的除外。证券公司应当采取有效措施，保证其托管的证券的安全，禁止挪用、盗卖。

(3)存管的办理。证券公司应当将其自有证券和所托管的客户证券交由证券登记结算机构存管，但法律、行政法规和中国证监会另有规定的除外。证券登记结算机构应当采取有效措施，保证其存管的证券的安全，禁止挪用、盗卖。

4. 证券和资金的清算交收

(1)清算交收的含义。按照中国证监会《证券登记结算机构管理办法》第78条的规定，清算交收也就是结算。清算，是指按照确定的规则计算证券和资金的应收应付数额的行为；交收，是指根据确定的清算结果，通过转移证券和资金履行相关债权债务的行为。经证券登记结算机构核准，有资格参与集中清算交收的证券公司或其他机构称为结算参与人。证券登记结算机构应当在结算业务规则中对结算参与人与证券登记结算机构之间的证券和资金的集中交收以及结算参与人与客户之间的证券和资金的交收期限分别做出规定。结算参与人应当在规定的交收期限内完成证券和资金的交收。我国对证券和资金结算实行分级结算原则，按照该原则，证券和资金的清算交收分为两个层次：第一层次是证券登记结算机构与结算参与人之间的清算交收关系；第二层次是结算参与人与客户之间的法律关系之间的清算交收关系。以下分别予以简要说明。

(2)证券登记结算机构与结算参与人之间的关系。证券登记结算机构负责办理证券登记结算机构与结算参与人之间的集中清算交收。对这一层次的清算交收,需要明确以下几个问题:

第一,净额结算服务和货银对付原则。我国《证券法》第167条规定:"证券登记结算机构为证券交易提供净额结算服务时,应当要求结算参与人按照货银对付的原则,足额交付证券和资金,并提供交收担保。在交收完成之前,任何人不得动用用于交收的证券、资金和担保物。结算参与人未按时履行交收义务的,证券登记结算机构有权按照业务规则处理前款所述财产。"这就说明,我国《证券法》要求证券登记结算机构采取多边净额结算方式的,应当根据业务规则作为结算参与人的共同对手方(指在结算过程中,同时作为所有买方和卖方的交收对手并保证交收顺利完成的主体),按照货银对付的原则,以结算参与人为结算单位办理清算交收。该规定所指的"净额结算服务"是指多边净额结算,是证券登记结算机构将每个结算参与人所有达成交易的应收应付证券或资金予以冲抵轧差,计算出相对每个结算参与人的应收应付证券或资金的净额,再按照应收应付证券或资金的净额与每个结算参与人进行交收,是常见的交互计算方式。"货银对付"是指证券登记结算机构与结算参与人在交收过程中,当且仅当资金交付时给付证券、证券交付时给付资金;交收一旦完成就不可撤销。

第二,结算协议的内容。结算协议是规定证券登记结算机构与参与多边净额结算的结算参与人之间权利义务的法律文件,它应当包括下列内容:对于结算参与人负责结算的证券交易合同,该合同双方结算参与人向对手方结算参与人收取证券或资金的权利,以及向对手方结算参与人支付资金或证券的义务一并转让给证券登记结算机构;受让前项权利和义务后,证券登记结算机构享有原合同双方结算参与人对其对手方结算参与人的权利,并应履行原合同双方结算参与人对其对手方结算参与人的义务。

第三,相关账户的开立。证券登记结算机构应当设立证券集中交收账户和资金集中交收账户,用以办理与结算参与人的证券和资金的集中清算交收。证券登记结算机构应当选择符合条件的商业银行作为结算银行,办理资金划付业务。结算参与人应当根据证券登记结算机构的规定,申请开立证券交收账户和资金交收账户用以办理证券和资金的交收。同时经营证券自营业务和经纪业务的结算参与人,应当申请开立自营证券、资金交收账户和客户证券、资金交收账户分别用以办理自营业务的证券、资金交收和经纪业务的证券、资金交收。

第四,集中交收的办理。结算在与证券登记结算机构集中交收前,结算参与人应当向客户收取其应付的证券和资金,并在结算参与人证券交收账户、结算参与人资金交收账户留存足额证券和资金。在集中交收过程中,证券登记结算机构应当在交收时点,向结算参与人收取其应付的资金和证券,同时交付其应收的证券和资金。交收完成后不可撤销。结算参与人未能足额履行应付证券或资金交收义务的,不能取得相应的资金或证券。对于同时经营自营业务以及经纪业务或资产管理业务的结算参与人,如果其客户资金交收账户资金不足的,证券登记结算机构可以动用该结算参与人自营资金交收账户内的资金完成交收。

第五,没有取得结算参与人资格的证券公司,应当与结算参与人签订委托结算协议,委托结算参与人代其进行证券和资金的集中清算交收。

(3)结算参与人与客户之间的法律关系。第二个层次的清算交收关系发生在结算参与人与客户之间。

第一,结算参与人负责办理结算参与人与客户之间的清算交收。集中交收后,结算参与人应当向客户交付其应收的证券和资金。结算参与人与客户之间的证券划付,应当委托证券登记结算机构代为办理。结算参与人可以根据证券登记结算机构的规定,向证券登记结算机构申请开立证券处置账户,用以存放暂不交付给客户的证券。

第二,结算参与人可以视客户的风险状况,采取包括要求客户提供交收担保在内的风险控制措施。客户提供交收担保的具体标准,由结算参与人与客户在证券交易、托管与结算协议中明确。客户出现资金交收违约时,结算参与人可以发出指令,委托证券登记结算机构将客户净买入证券划付到其证券处置账户内,并要求客户在约定期限内补足资金。客户出现证券交收违约时,结算参与人可以将相当于证券交收违约金额的资金暂不划付给该客户。违约客户未在规定的期间内补足资金、证券的,结算参与人可以将证券处置账户内的相应证券卖出,或用暂不交付的资金补购相应证券。这些处置所得要用于补足违约客户欠付的资金、证券和支付相关费用;有剩余的,应当归还该客户;尚有不足的,结算参与人有权继续向客户追偿。

第三,结算参与人未及时将客户应收资金支付给客户或未及时委托证券登记结算机构将客户应收证券从其证券交收账户划付到客户证券账户的,结算参与人应当对客户承担违约责任,给客户造成损失的,结算参与人应当承担对客户的赔偿责任。客户对结算参与人交收违约的,结算参与人不能因此拒绝履行对证券登记结算机构的交收义务,也不得影响已经完成和正在进行的证券和资金的集中交收及证券登记结算机构代为办理的证券划付。

(三)证券登记结算机构的其他职能

比如证券登记结算机构可以受证券发行人的委托,为公司的股东派发红利等权益,再如依法提供与证券登记结算业务有关的查询、信息、咨询和培训。经中国证监会批准,目前证券登记结算机构还从事上市公司股东网上投票业务。

第三节 其他证券服务机构

证券交易的服务机构还包括专业的证券投资咨询机构、资信评级机构、资产评估机构、财务顾问机构、会计师事务所、律师事务所等。这些服务机构也是证券市场上重要的组成部分,它们为证券上市和证券交易提供服务要遵守证券法的规定,特别是要对信息的真实性承担法律责任。

一、其他证券服务机构概述

除了证券登记结算机构外,证券交易的服务机构还包括专业的证券投资咨询机构、资信评级机构、资产评估机构、财务顾问机构、会计师事务所、律师事务所等。这些服务机构也是证券市场上重要的组成部分,它们的服务行为对于维护证券市场的信用有着相当大的作用。它们既是证券市场信息的提供者,也要对信息的真实性承担法律责任。例如《证券法》第 173 条规定:"证券服务机构为证券的发行、上市、交易等证券业务活动制作、出具审计报告、资产评估报告、财务顾问报告、资信评级报告或者法律意见书等文件,应当勤勉尽责,对所依据的文件资料内容的真实性、准确性、完整性进行核查和验证。其制作、出具的文件有虚假记载、误导性陈述或者重大遗漏,给他人造成损失的,应当与发行人、上市公司承担连带赔偿责任,但是能够证明自己没有过错的除外。"它们既应当遵守证券法的规定,也应当遵守有关行业规章。以下我们简要介绍证券咨询服务机构、资信评级机构、资产评估机构、财务顾问机构、会计师事务所和律师事务所的相关法律规定。

二、证券投资咨询机构

(一)证券投资咨询的含义

如何做出证券市场的投资判断是一个非常专业的问题,因此证券投资咨询成为一种专业的有偿服务。证券投资咨询,是指从事证券投资咨询业务的机构及其投资咨询人员以下列形式为证券投资人或者客户提供证券投资分析、预测或者建议等直接或者间接有偿咨询服务的活动:接受投资人或者客户委托,提供证券投资咨询服务;举办有关证券投资咨询的讲座、报告会、分析会等;在报刊上发表证券投资咨询的文章、评论、报告,以及通过电台、电视台等公众传播媒体提供证券投资咨询服务;通过电话、传真、电脑网络等电信设备系统,提供证券投资咨询服务以及中国证监会认定的其他形式。证券投资咨询可以作为证券公司的业务类型之一,也可以由专门的证券投资咨询机构从事。

(二)证券投资咨询机构的设立

1. 设立条件

向投资者提供证券投资咨询服务,必须取得中国证监会的业务许可。按照中国证监会的相关规定,申请证券投资咨询从业资格的机构,应当具备下列条件:

(1)人员要求。单独从事证券投资咨询业务的机构,有5名以上取得证券投资咨询从业资格的专职人员;如果同时从事期货业务咨询和证券投资咨询业务的机构,有10名以上取得证券、期货投资咨询从业资格的专职人员;其高级管理人员中,至少有一名取得证券或者期货投资咨询从业资格;

(2)注册资本要求。证券投资咨询业务的机构应当有100万元人民币以上的注册资本。

(3)场所和设施要求。证券投资咨询业务的机构应当有固定的业务场所和与业务相适应的通讯及其他信息传递设施。

(4)公司章程。

(5)有健全的内部管理制度以及具备中国证监会要求的其他条件。

2. 证券投资咨询的专营与兼营

证券经营机构符合上述条件规定的,可以申请从事证券投资咨询业务;其他从事咨询业务的机构,符合上述条件的,可以申请兼营证券投资咨询业务。

(三)对证券投资咨询机构的年检制度

证券投资咨询机构应当于每年1月1日至4月30日期间向证券监管部门申请办理年检。办理年检时,应当提交年检申请报告;年度业务报告和经注册会计师审计的财务会计报表。在具体程序上先由地方证管办(或地方证监局)在收到上述文件之日起20个工作日内对年检申请提出审核意见;审核同意的,上报中国证监会审批。如果逾期未提交年检报告或者经审核未通过年检的,不得继续从事证券投资咨询业务。取得证券投资咨询执业资格的人员,应当在所参加的证券投资咨询机构年检时间同时办理执业年检。

(四)证券投资咨询的从业人员的资格要求

1. 总体要求

总体看来,对于证券投资咨询的从业人员是严格限定的。从事证券投资咨询业务(含期货)的人员,必须在取得证券投资咨询从业资格并加入一家有从业资格的证券投资咨询机构后,方可从事证券投资咨询业务。任何人未取得证券投资咨询从业资格的,或者取得证券投资咨询从业资格,但是未在证券投资咨询机构工作的,不得从事证券投资咨询业务。

2. 证券投资咨询的从业人员的积极资格要求

证券投资咨询人员申请取得证券投资咨询从业资格,必须具备下列条件:(1)具有中华人民共和国国籍;(2)具有完全民事行为能力;(3)品行良好、正直诚实,具有良好的职业道德;(4)未受过刑事处罚或者与证券、期货业务有关的严重行政处罚;(5)具有大学本科以上学历;(6)证券投资咨询人员具有从事证券业务两年以上的经历,还必须通过中国证监会统一组织的证券从业人员资格考试以及中国证监会规定的其他条件。取得证券投资咨询从业资格,但是未在证券投资咨询机构执业的,其从业资格自取得之日起满18个月后自动失效。

(五)证券投资咨询机构的服务要求

1. 对证券投资咨询机构及其从业人员的行为的一般要求

证券投资咨询机构必须约束自己的行为,保持作为被咨询者的中立和独立地位,做到客观、公正和诚实信用;否则要向投资者承担民事赔偿责任。由于证券投资咨询也需要利用很多的信息才能作出分析,为了做到客观分析,就必须完整、客观、准确地运用信息、资料向投资人或者客户提供投资分析、预测和建议,不得断章取义地引用或者篡改有关信息、资料;引用有关信息、资料时,应当注明出处和著作权人;不得以虚假信息、市场传言或者内幕信息为依据向投资人或者客户提供投资分析、预测或建议。依据《证券法》第171条规定,证券投资咨询机构及其从业人员从事证券服务业务不得有下列行为:(1)代理委托人从事证券投资;(2)与委托人约定分享证券投资收益或者分担证券投资损失;(3)买卖本咨询机构提供服务的上市公司股票;(4)利用传播媒介或者通过其他方式提供、传播虚假或者误导投资者的信息；(5)法律、行政法规禁止的其他行为。如果证券投资咨询机构及其从业人员有前款所列行为之一，给投资者造成损失的，依法承担赔偿责任。

2. 证券投资咨询人员在公共媒体上提供服务的具体要求

(1)证券投资咨询人员在报刊、电台、电视台或者其他传播媒体上发表投资询文章、报告或者意见时，必须注明所在证券投资咨询机构的名称和个人真实姓名，并对投资风险作充分说明。

(2)证券投资咨询机构与报刊、电台、电视台合办或者协办证券投资咨版面、节目或者与电信服务部门进行业务合作时，应当向地方证管办(或地方证监局)备案。

(3)证券投资咨询机构就同一问题向不同客户提供的投资分析、预测或者建议应当一致。具有自营业务的证券经营机构在从事超出本机构范围的证券投资咨询业务时，就同一问题向社会公众和其自营部门提供的咨询意见应当一致，不得为自营业务获利的需要误导社会公众。

(4)经中国证监会批准的公开发行股票的公司的承销商或者上市推荐人及其所属证券投资咨询机构不得在公众传播媒体上刊登其为客户撰写的投资价值分析报告。

三、资信评级机构

(一)资信评级的含义和评价对象

1. 资信评级的含义

资信评级也称信用评级，是指由独立的第三方信用评级机构对影响评级对象的诸多信用风险因素进行分析研究，就其信用能力(主要是偿债能力及偿债意愿)进行综合评价，并用简单明了的符号表示出来。资信评级的根本目的是揭示受评对象违约风险的大小，而不是其他类型的投资风险，如利率风险、通货膨胀风险等，同时其评价的是经济主体按合同约定如期履行特定债务或其他经济义务的能力和意愿，而不是企业的价值或经营业绩。资信评级服务是对评级对象按照独立、客观、公正的原则进行的评价。

2. 资信评级的意义

证券的信用评级意义很大。对投资者来说，信用评级可以通过简单明了的等级符号标示债务偿还的风险情报，以此作为投资决策的参考；评级机构会在债券存续期持续关注评级对象的信用状况，当信用等级降到一定水平以下，投资者可以要求发行方增强偿债保障措施，加速执行或者终止信用合同，从而降低违约损失。对评级对象(证券发行方)而言,寻求信用评级是为了满足监管或者市场准入条件。例如《保险机构投资者债券投资管理暂行办法》规定保险机构投资的企业(公司)债券,应具有国内信用评级机构评定的AA级或者相当于AA级以上的长期信用级别。对监管方来说,信用评级可以实现分类监管,将监管资源投向信用级别低(一般为BBB级以下的投机级)、信用风险大的企业,而对于具有较高信用等级的评级对象可以放宽监管要求,从而降低监管成本。此外,证券评级也将决定证券的价格,高信用等级的证券利差要小于低等级的证券。

3. 资信评级的评价对象

按照中国证监会2007年9月1日起施行的《证券市场资信评级业务管理暂行办法》,评级对象包括两大类:一是证券,即中国证监会依法核准发行的债券、资产支持证券以及其他固定收益或者债务型结构性融资证券;在证券交易所上市交易的债券、资产支持证券以及其他固定收益或者债务型结构性融资证券。二是前述证券的发行人、上市公司、非上市公众公司、证券公司、证券投资基金管理公司等其他评级对象。评级对象中不包括国债。本章主要涉及对证券的评级。

(二)资信评级机构的设立

1. 设立条件

申请证券评级业务许可的资信评级机构,应当具备下列条件:(1)具有中国法人资格,实收资本与净资产均不少于人民币2000万元;(2)具有符合中国证监会规定的高级管理人员不少于3人;具有证券从业资格的评级从业人员不少于20人,其中包括具有3年以上资信评级业务经验的评级从业人员不少于10人,具有中国注册会计师资格的评级从业人员不少于3人;(3)具有健全且运行良好的内部控制机制和管理制度;(4)具有完善的业务制度,包括信用等级划分及定义、评级标准、评级程序、评级委员会制度、评级结果公布制度、跟踪评级制度、信息保密制度、证券评级业务档案管理制度等;(5)最近5年未受到刑事处罚,最近3年未因违法经营受到行政处罚,不存在因涉嫌违法经营、犯罪正在被调查的情形;(6)最近3年在税务、工商、金融等行政管理机关,以及自律组织、商业银行等机构无不良诚信记录;(7)中国证监会基于保护投资者、维护社会公共利益规定的其他条件。

2. 中国证监会对资信评级机构和业务的审批

中国证监会依照法定条件和程序,根据审慎监管的原则,并充分考虑市场发展和行业公平竞争的需要，对资信评级机构的证券评级业务许可申请进行审查、作出决定。

（三）资信评级机构对证券资信评级的业务规则

1. 证券评级业务的“一致性原则”

从事证券评级业务应当符合“一致性原则”。资信评级机构在从事证券评级业务时，除了应当遵循独立、客观、公正的原则，还必须应当遵循一致性原则，即对同一类评级对象评级，或者对同一评级对象跟踪评级，应当采用一致的评级标准和工作程序。如果评级标准有调整的，应当充分披露。证券评级机构从事证券评级业务，应当制定科学的评级方法和完善的质量控制制度，遵守行业规范、职业道德和业务规则，勤勉尽责，审慎分析。中国证监会及其派出机构依法对证券评级业务活动进行监督管理。中国证券业协会依法对证券评级业务活动进行自律管理。

2. 证券评级业务的其他规则

（1）在证券评级业务中，证券评级机构应当自取得证券评级业务许可之日起20日内，将其信用等级划分及定义、评级方法、评级程序报中国证券业协会备案，并通过中国证券业协会网站、本机构网站及其他公众媒体向社会公告。信用等级划分及定义、评级方法和评级程序有调整的，应当及时备案、公告。

（2）证券评级机构与评级对象存在利害关系的，不得从事证券评级。证券评级机构评级委员会委员及评级从业人员在开展证券评级业务期间与评级对象的存在牵连关系的，应当回避。

（3）证券评级机构应当建立清晰合理的组织结构，合理划分内部机构职能，建立健全防火墙制度，从事证券评级业务的业务部门应当与其他业务部门保持独立。

（4）在证券评级中，证券评级机构应当建立证券评级业务信息保密制度。对于在开展证券评级业务活动中知悉的国家秘密、商业秘密和个人隐私，证券评级机构及其从业人员应当依法履行保密义务。还应当建立业务档案管理制度。业务档案应当包括受托开展证券评级业务的委托书、出具评级报告所依据的原始资料、工作底稿、初评报告、评级报告、评级委员会表决意见及会议记录、跟踪评级资料、跟踪评级报告等。业务档案应当保存到评级合同期满后5年，或者评级对象存续期满后5年。业务档案的保存期限不得少于10年。

（四）证券资信评级的程序

在具体的评级程序中遵循以下程序：建立项目组、评级委员会、复评、跟踪评级、异议处理、保密和档案管理制度

1. 建立项目组和评级委员会，对评价对象确定信用等级

（1）应当首先建立项目组和评级委员会。项目组组长应当具有证券从业资格且从事资信评级业务3年以上。项目组对评级对象进行考察、分析，形成初评报告，并对所依据的文件资料内容的真实性、准确性、完整性进行核查和验证。证券评级机构应当建立评级委员会制度，评级委员会是确定评级对象信用等级的最高机构。

（2）项目组提出初评意见。

（3）评级委员会对项目组提交的初评报告进行审查，作出决议，确定信用等级。

（4）将信用等级告知受评级机构或者受评级证券发行人。

2. 复评

评级对象可以申请复评。在确定信用等级后，受评级机构或者受评级证券发行人对信用等级有异议的，可以申请复评一次。证券评级机构受理复评申请的，应当召开评级委员会会议重新进行审查，作出决议，确定最终信用等级。

3. 公布评级结果

评级结果应当包括评级对象的信用等级和评级报告。评级报告应当采用简洁、明了的语言，对评级对象的信用等级做出明确解释，并由符合法律规定的高级管理人员签字。

4. 跟踪评级

（1）在评级对象有效存续期间，证券评级机构应当持续跟踪评级对象的政策环境、行业风险、经营策略、财务状况等因素的重大变化，及时分析该变化对评级对象信用等级的影响，出具定期或者不定期跟踪评级报告。

（2）受评级机构或者受评级证券发行人对其委托的证券评级机构出具的评级报告有异议，另行委托其他证券评级机构出具评级报告的，原受托证券评级机构与现受托证券评级机构应当同时公布评级结果。

（3）证券评级机构应当采用有效的统计方法，对评级结果的准确性和稳定性进行验证，并将统计结果通过中国证券业协会网站和相关网站向社会公告。

四、财务顾问机构

（一）财务顾问的含义

准确地说，在证券法中，财务顾问机构的财务顾问业务应当称为“独立财产顾问”，它专指为拟上市公司或上市公司提供策划、咨询服务。在传统上，由投资银行从事独立财务顾问业务的，目前也允许符合规定的证券公司从事，通常作为证券公司的业务类型。

（二）适用财务顾问的情形

在中国证监会的规范性法律文件中，对适用财务顾问的情形有专门规定，如上市公司收购、境外上市、股份回购等。此外，在中国证监会2016年修正后的《上市公司重大资产重组管理办法》第17条第1、2款规定：“上市公司应当聘请独立财务顾问、律师事务所以及具有相关证券业务资格的会计师事务所等证券服务机构就重大资产重组出具意见。独立财务顾问和律师事务所应当审慎核查重大资产重组是否构成关联交易，并依据核查确认的相关事实发表明确意见。重大资产重组涉及关联交易的，独立财务顾问应当就本次重组对上市公司非关联股东的影响发表明确意见。”如果上市公司重大资产重组报告获得通过，独立财务顾问还承担至少一年的持续督导责任。持续督导责任是应当对重大资产重组的实施过程、资产过户事宜和相关后续事项的合规性及风险进行核查，发表明确的结论性意见。独立财务顾问和律师事务所出具的意见应当与实施情况报告书同时报告、公告。如果该上市公司出现重大情形变更，独立财务顾问应当及时出具核查意见，并向中国证监会报告和公告。

五、资产评估机构

（一）资产评估的含义

证券法中的资产评估是指依据一定的评估方法，对股票公开发行、上市交易的企业的资产进行的估值。资产评估机构从事证券业务必须经过中国证监会和有关部门（目前指财政部）的批准。资产评估的基本功能是对资产予以估值。实务中的资产评估机构发挥着资产估值的重要作用。资产评估结论也是上市公司信息公开的内容之一。资产评估机构也是重要的证券服务机构。

(二)从事证券相关业务中资产评估机构的条件

2008年4月29日,财政部和证监会联合印发了《关于从事证券期货相关业务的资产评估机构有关管理问题的通知》。该通知规定,资产评估机构申请证券评估资格,应当符合以下7个条件:机构依法设立并取得资产评估资格3年以上,发生过吸收合并的,还应自完成工商变更登记之日起满1年;质量控制制度和其他内部管理制度健全并有效执行,执业质量和职业道德良好;具有不少于30名注册资产评估师,其中最近3年持有注册资产评估师证书且连续执业的不少于20人;净资产不少于200万元;按规定购买职业责任保险或者提取职业风险基金;半数以上合伙人或者持有不少于50%股权的股东最近在本机构连续执业3年以上;最近3年评估业务收入合计不少于2000万元,且每年不少于500万元。依法取得证券评估资格的资产评估机构,可以从事涉及各类已发行或者拟发行证券的企业的各类资产评估业务,以及涉及证券及期货经营机构、证券及期货交易所、证券投资基金及其管理公司、证券登记结算机构等的资产评估业务。

(三)资产评估机构的功能

在实践中,资产评估机构的功能比较复杂,资产评估机构出具的资产评估报告是证券发行、上市的必备法律文件。例如《证券法》第17条规定"申请公开发行公司债券,应当向国务院授权的部门或者国务院证券监督管理机构报送"的文件中就包括资产评估报告。又如《证券法》第149条规定:"国务院证券监督管理机构认为有必要时,可以委托会计师事务所、资产评估机构对证券公司的财务状况、内部控制状况、资产价值进行审计或者评估。具体办法由国务院证券监督管理机构会同有关主管部门制定。"

(四)资产评估机构的信息真实义务

资产评估机构与其他证券服务机构一样,也承担着证券法的信息真实义务。资产评估机构应当恪守职业道德,严格按照评估准则和程序,以客观、独立、公证、科学为原则,实事求是地出具评估报告,不得片面追求收入而出具与事实不符的评估报告。在有关规定中还详细规定了资产评估机构的业务规则,要求资产评估机构应对评估对象所涉及交易、收入、支出、投资等业务的合法性、未来预测的可靠性取得充分证据,充分考虑未来各种可能性发生的概率及其影响,禁止根据不切实际的各种简单假设进行随意的评估。为防止公司和评估师高估未来盈利能力，并进而高估资产，对使用收益现值法评估资产的，凡未来年度报告的利润实现数低于预测数10%—20%的，公司及其聘请的评估师应在股东大会及指定报刊上作出解释，并向投资者公开道歉；凡未来年度报告的利润实现数低于预测数20%以上的，除要作出公开解释并道歉外，中国证监会将视情况实行事后审查，对有意提供虚假资料，出具虚假资产评估报告，误导投资者的，一经查实，将依据有关法规对公司和评估机构及其相关责任进行处罚。在中国证监会的规范性法律文件中也常见要求出具资产评估报告的规定。

六、会计师事务所

（一）会计师事务所的证券业务

会计师事务所是依法设立并承办注册会计师业务的机构。会计师事务所从事的证券业务是指对证券相关机构的财务报表审计、净资产验证、实收资本（股本）的审验、盈利预测审核、内部控制制度审核、前次募集资金使用情况专项审核等业务。注册会计师依法执行审计业务出具的报告，具有证明效力。

由于公众投资者无法了解上市公司的真实情况，只能通过注册会计师的审计结论来了解上市公司的情况，因此，会计师事务所出具的审计报告是重要的信息披露文件。如果会计师事务所违背法律规定，在构成虚假陈述的情况下，投资者有权要求会计师事务所承担民事赔偿责任。[1]

（二）会计师事务所从事证券业务的条件

会计师事务所申请证券资格，应当具备下列条件：（1）依法成立5年以上。（2）质量控制制度和内部管理制度健全并有效执行，执业质量和职业道德良好。（3）注册会计师不少于200人，其中最近5年通过注册会计师全国统一考试取得注册会计师证书且连续执业不少于120人，且每一注册会计师的年龄不得超过65岁。（4）会计师事务所净资产不少于500万元。（5）会计师事务所职业保险的累计赔偿限额与累计职业风险基金之和不少于8000万元，上一年度审计业务收入不少于8000万元，其中审计业务收入不少于6000万元；至少有25名以上的合伙人，且半数以上合伙人最近在本会计师事务所连续执业的3年以上。（6）不存在下列情形之一：在执业活动中受到行政处罚、刑事处罚，自处罚决定生效之日起至

---

〔1〕 参见2007年6月11日最高人民法院发布的《关于审理涉及会计师事务所在审计业务活动中民事侵权赔偿案件若干规定》。

提出申请之日止未满 3 年；因以欺骗等不正当手段取得证券资格而被撤销该资格，自撤销之日起至提出申请之日止未满 3 年；申请证券资格过程中，因隐瞒有关情况或者提供虚假材料被不予受理或者不予批准的，自被出具不予受理凭证或者不予批准决定之日起至提出申请之日止未满 3 年。

（三）会计师事务所从事证券业务的一般要求

注册会计师应对审计报告所涉及交易的真实性和合法性、假设的合理性，各项数据的稳定性和可靠性、评估方法的科学性，以及会计和披露的合规性等方面，按照审慎的原则发表审计意见。

七、律师事务所

（一）律师事务所的证券业务

1. 证券法律业务的含义

律师事务所从事的证券法律业务，是指律师事务所接受当事人委托，为其证券发行、上市和交易等证券业务活动，提供的制作、出具法律意见书等文件的法律服务。律师事务所在证券法律业务中出具的法律意见书，也是重要的信息披露文件。律师在出具法律意见时，对与法律相关的业务事项应当履行法律专业人士特别的注意义务，对其他业务事项履行普通人一般的注意义务，其制作、出具的文件不得有虚假记载、误导性陈述或者重大遗漏。

2. 证券法律业务的类型

目前，按照相关规定，律师事务所从事的证券法律业务主要有：(1) 在不同层次的资本市场（主板、创业板、中小板、新三板）首次公开发行股票及上市；(2) 上市公司发行证券及上市；(3) 上市公司的收购、重大资产重组及股份回购；(4) 上市公司实行股权激励计划；(5) 上市公司召开股东大会；(6) 境内企业直接或者间接到境外发行证券、将其证券在境外上市交易；(7) 证券公司、证券投资基金管理公司及其分支机构的设立、变更、解散、终止；(8) 证券投资基金的募集、证券公司集合资产管理计划的设立；(9) 证券衍生品种的发行及上市以及中国证监会规定的其他事项。

律师事务所可以接受当事人的委托，组织制作与证券业务活动相关的其他法律文件。

(二)律师事务所从事证券法律业务的条件

1. 对律师事务所从事证券法律业务的监管

虽然目前中国证监会不审批律师事务所和执业律师从事证券业务的资格,但是中国证监会及其派出机构、司法部及地方司法行政机关依法对律师事务所从事证券法律业务进行监督管理,律师协会依照章程和律师行业规范对律师事务所从事证券法律业务进行自律管理。中国证监会及其派出机构或者司法行政机关有权对律师、律师事务所采取责令改正、监管谈话、出具警示函等措施。

2. 律师事务所从事证券法律业务的条件

中国证监会鼓励符合下列条件的律师事务所从事证券法律业务:(1)内部管理规范,风险控制制度健全,执业水准高,社会信誉良好;(2)有 20 名以上执业律师,其中 5 名以上曾从事过证券法律业务;(3)已经办理有效的执业责任保险;(4)最近 2 年未因违法执业行为受到行政处罚。

3. 律师从事证券业务的条件

中国证监会鼓励具备下列条件之一,并且最近 2 年未因违法执业行为受到行政处罚的律师从事证券法律业务:(1)最近 3 年从事过证券法律业务;(2)最近 3 年连续执业,且拟与其共同承办业务的律师最近 3 年从事过证券法律业务;(3)最近 3 年连续从事证券法律领域的教学、研究工作,或者接受过证券法律业务的行业培训。

阅读 6-1　会计师事务所在审计业务中的民事侵权赔偿责任

由于财务会计报告是证券市场信息公开中最重要的信息,所以会计师事务所的责任十分重大。例如,在 2001 年美国“安然财务造假事件”中,安达信会计师事务所一直负责其审计工作,其信誉因安然造假而受到重创。2002 年 8 月安达信会计师事务所宣布放弃在美国的全部审计业务,退出其从事了 89 年的审计行业。

在我国,会计师事务所的行为主要接受《注册会计师法》的调整,从民商法的角度来看,其民事责任属于中介机构的民事责任,与其他证券服务机构承担的民事责任并没有什么区别。2007 年 6 月 11 日最高人民法院发布了《关于审理涉及会计师事务所在审计业务活动中民事侵权赔偿案件的若干规定》(以下简称《规定》),该《规定》目前是审理注册会计师民事侵权赔偿的依据。对该《规定》,可以从以下几个方面来理解:

1. 它确立了“利害关系人”为侵权案件中原告的地位。因合理信赖或者使用会计师事务所出具的不实报告,与被审计单位进行交易或者从事与被审计单位的股票、债券等有关的交易活动而遭受损失的自然人、法人或者其他组织，应认定为注册会计师法规定的利害关系人。利害关系人以会计师事务所在从事《注册会计师法》第14条规定的审计业务活动中出具不实报告并致其遭受损失为由[《注册会计师法》第14条规定："注册会计师承办下列审计业务：(一)审查企业会计报表，出具审计报告；(二)验证企业资本，出具验资报告；(三)办理企业合并、分立、清算事宜中的审计业务，出具有关的报告；(四)法律、行政法规规定的其他审计业务。注册会计师依法执行审计业务出具的报告，具有证明效力。"]向人民法院提起民事侵权赔偿诉讼的，人民法院应当依法受理。所谓不实报告，是指会计师事务所违反法律法规、中国注册会计师协会依法拟定并经国务院财政部门批准后施行的执业准则和规则以及诚信公允的原则，出具的具有虚假记载、误导性陈述或者重大遗漏的审计业务报告。

2. 会计师事务所与被审计单位应当作为共同被告。利害关系人未对被审计单位提起诉讼而直接对会计师事务所提起诉讼的，人民法院应当告知其对会计师事务所和被审计单位一并提起诉讼；利害关系人拒不起诉被审计单位的，人民法院应当通知被审计单位作为共同被告参加诉讼。

3. 会计师事务所承担过错推定的过错归责原则。会计师事务所因在审计业务活动中对外出具不实报告给利害关系人造成损失的，应当承担侵权赔偿责任，但其能够证明自己没有过错的除外。人民法院应当根据会计师事务所过失的大小确定其赔偿责任。对注册会计师的注意义务同样要求专业标准；注册会计师在审计过程中未保持必要的职业谨慎，存在下列情形之一，并导致报告不实的，人民法院应当认定会计师事务所存在过失：(1)违反《注册会计师法》第20条第2、3项的规定；(2)负责审计的注册会计师以低于行业一般成员应具备的专业水准执业；(3)制定的审计计划存在明显疏漏；(4)未依据执业准则、规则执行必要的审计程序；(5)在发现可能存在错误和舞弊的迹象时，未能追加必要的审计程序予以证实或者排除；(6)未能合理地运用执业准则和规则所要求的重要性原则；(7)未根据审计的要求采用必要的调查方法获取充分的审计证据；(8)明知对总体结论有重大影响的特定审计对象缺少判断能力，未能寻求专家意见而直接形成审计结论；(9)错误判断和评价审计证据以及其他违反执业准则、规则确定的工作程序的行为。

上述会计师事务所承担与其过失程度相应的赔偿责任时，应按照下列情形处理：(1)应先由被审计单位赔偿利害关系人的损失。被审计单位的出资人虚假出资、不实出资或者抽逃出资，事后未补足，且依法强制执行被审计单位财产后仍不足以赔偿损失的，出资人应在虚假出资、不实出资或者抽逃出资数额范围内向利害关系人承担补充赔偿责任。(2)对被审计单位、出资人的财产依法强制执行后仍不足以赔偿损失的,由会计师事务所在其不实审计金额范围内承担相应的赔偿责任。(3)会计师事务所对一个或者多个利害关系人承担的赔偿责任应以不实审计金额为限。

4. 在特定情形下,会计师事务所与被审计单位承担连带赔偿责任。该情形是指注册会计师在审计业务活动中存在下列情形之一,出具不实报告并给利害关系人造成损失的:(1)与被审计单位恶意串通;(2)明知被审计单位对重要事项的财务会计处理与国家有关规定相抵触,而不予指明;(3)明知被审计单位的财务会计处理会直接损害利害关系人的利益,而予以隐瞒或者作不实报告;(4)明知被审计单位的财务会计处理会导致利害关系人产生重大误解,而不予指明;(5)明知被审计单位的会计报表的重要事项有不实的内容,而不予指明;(6)被审计单位示意其作不实报告,而不予拒绝。其中第2至5项所列行为,注册会计师按照执业准则、规则应当知道的,人民法院应认定其明知。

5. 该《规定》还明确了会计师事务所的免责事由。如果会计师事务所能够证明存在以下情形之一的,不承担民事赔偿责任:(1)已经遵守执业准则、规则确定的工作程序并保持必要的职业谨慎,但仍未能发现被审计的会计资料错误;(2)审计业务所必须依赖的金融机构等单位提供虚假或者不实的证明文件,会计师事务所在保持必要的职业谨慎下仍未能发现其虚假或者不实;(3)已对被审计单位的舞弊迹象提出警告并在审计业务报告中予以指明;(4)已经遵照验资程序进行审核并出具报告,但被验资单位在注册登记后抽逃资金;(5)为登记时未出资或者未足额出资的出资人出具不实报告,但出资人在登记后已补足出资。会计师事务所在证明自己没有过错时,可以向人民法院提交与该案件相关的执业准则、规则以及审计工作底稿等。如果利害关系人明知会计师事务所出具的报告为不实报告而仍然使用的,人民法院应当酌情减轻会计师事务所的赔偿责任。会计师事务所在报告中注明"本报告仅供年检使用"、"本报告仅供工商登记使用"等类似内容的,不能作为其免责的事由。

此外,有学者指出,根据审计准则,如果注册会计师在执业过程中没有遵守审计准则和审计规则等职业规范而导致在执业报告中出现虚假陈述,称为"审计失败";反之,如果遵守了审计准则和审计规则等职业规范,但是仍然出现了虚假陈述,则称为"审计风险"。审计界一直把审计失败作为注册会计师的过错并认可应当由注册会计师承担民事赔偿责任,注册会计师并不承担担保审计结论正确的责任。但是法律界的许多观点认为,既然公众投资者只能看到注册会计师的审计结论，在虚假陈述的情况下，投资者根本无法了解该结论出具的背景究竟是属于审计失败还是审计风险，只能被动地接受该审计结论，那么投资者据此做出判断而遭受损失就应当得到赔偿，而会计师事务所也就应当承担连带责任，其归责原则应当是无过错原则。[2] 从上述《规定》来看，其并没有完全按法律界的观点对注册会计师实行无过错归责原则，而是适用了过错推定原则。这一方面是因为我国《证券法》第173条对证券服务机构均规定为过错推定，另一方面是遵循了审计独立原则。有关的审计准则和审计规则等职业规范，虽然不是正式的法律渊源，但也应当被看作行业惯例或者商业习惯来对待，只要注册会计师的行为符合这些职业规范，就不应当让注册会计师和会计师事务所承担责任。只有对审计失败，才应当按照法律上的过错来对待，让注册会计师承担民事责任。应当说，公正、公开和公平的证券市场需要会计师事务所的积极参与，合理界定注册会计师的民事责任，既能鼓励会计师事务所的行业规范性，也能提升公众对审计报告的信心。

阅读6－2 律师事务所出具的证券服务法律意见书

律师事务所从事证券法律业务的主要工作是出具法律意见书。所谓法律意见，是律师事务所及其指派的律师针对委托人委托事项的合法性，出具的明确结论性意见，是委托人、投资者和中国证监会及其派出机构确认相关事项是否合法的重要依据。

法律意见应当由律师在核查和验证所依据的文件资料内容的真实性、准确性、完整性的基础上，依据法律、行政法规及相关规定作出。在构成方面，法律意见书应当列明相关材料、事实、具体核查和验证结果、国家有关规定和结论性意见。在语言表达上法律意见书应当确切，不得使用“基本符合”、“未发现”等含糊措辞。按照《律师事务所从事证券法律业务管理办法》的规定，有下列情形之一的，律师应当在法律意见中予以说明，并充分揭示其对相关事项的影响程度及其风险：(1)委托人的全部或者部分事项不符合中国证监会规定；(2)事实不清楚，材料不充分，不能全面反映委托人情况；(3)核查和验证范围受到客观条件的限制，无法取得应有证据；(4)律师已要求委托人纠正、补充而委托人未予纠正、补充；(5)律师已依法履行勤勉尽责义务，仍不能对全部或者部分事项作出准确判断；(6)律师认为应当予以说明的其他情形。所出具的法律意见应当由2名执业律师和所在律师事务所负责人签名，加盖该律师事务所印章，并签署日期。法律

---

〔2〕 参见喻采平、罗俊亮：《注册会计师民事责任归责模式的重构》，载《财会月刊》2008年第2期。

意见书的具体内容和格式,应当符合中国证监会的相关规定。法律意见书等文件在报送中国证监会及其派出机构后,发生重大事项或者律师发现需要补充意见的,应当及时提出补充意见。

律师的法律意见书往往要依据其他证券服务机构提供的数据材料。这种情况下,如果律师是从国家机关、具有管理公共事务职能的组织、会计师事务所、资产评估机构、资信评级机构、公证机构(这些机构被统称公共机构)直接取得的文书,这些文书就可以作为出具法律意见的依据,但律师应当履行法定的注意义务并加以说明;对于不是从公共机构直接取得的文书,经核查和验证后方可作为出具法律意见的依据。如果律师进行核查和验证,需要会计师事务所、资产评估机构等证券服务机构作出判断的,应当直接委托或者要求委托人委托会计师事务所、资产评估机构等证券服务机构出具意见。

律师在从事证券法律业务时,委托人应当向其提供真实、完整的有关材料,不得拒绝、隐匿、谎报。律师发现委托人提供的材料有虚假记载、误导性陈述、重大遗漏,或者委托人有重大违法行为的,应当要求委托人纠正、补充;委托人拒不纠正、补充的,律师可以拒绝继续接受委托,同时应当按照规定向有关方面履行报告义务。律师从事证券法律业务期间,律师或者其所在律师事务所因涉嫌违法被有关机关立案调查的,该律师、律师事务所应当及时如实告知委托人,并明确提示可能的法律后果。

对律师事务所而言,出具法律意见的程序同样也受到法律控制。其所出具的法律意见应当经所在律师事务所讨论复核,并制作相关记录作为工作底稿留存。律师应当归类整理核查验证中形成的工作记录和获取的材料,并对法律意见书等文件中各具体意见所依据的事实、国家相关规定以及律师的分析判断作出说明,形成记录清晰的工作底稿。工作底稿由出具法律意见的律师事务所保存,保存期限一般不得少于 7 年。

中国证监会同样对律师出具法律意见书存在严密监管,要求律师、律师事务所在向委托人出具法律意见时,应当按照规定同时提交其已从事证券法律业务的有关情况;委托人向中国证监会及其派出机构报送含有法律意见的文件时,应当按照规定同时提交律师、律师事务所已从事证券法律业务的有关情况。中国证监会及其派出机构、司法行政机关及律师协会建立律师从事证券法律业务的资料库和诚信档案,记载律师、律师事务所从事证券法律业务所受处理处罚等情况,并按照规定予以公开。如果中国证监会及其派出机构在审核律师出具的法律意见时,对其真实性、准确性、完整性有疑义的,可以要求律师作出解释、补充,或者调阅其工作底稿。律师和律师事务所应当配合。

案例6－1　会计师事务所的勤勉尽责义务

瑞华会计师事务所作为振隆特产 IPO 审计机构，对振隆特产 2012 年、2013 年及 2014 年财务报表进行审计并出具了标准无保留意见的审计报告，审计收费 130 万元。但中国证监会认定瑞华所在审计过程中未勤勉尽责，其所出具的审计报告存在虚假记载。

2012 年至 2014 年，振隆特产出口收入分别占各年主营业务收入的 73.25%、84.4%、85.27%。经查，振隆特产以虚增出口销售单价方式虚增利润，虚增各年利润金额分别占当年利润总额的 8.61%、20.81%、67.33%。

中国证监会认为瑞华所在对振隆特产 2012 年至 2014 年营业收入进行审计时，振隆特产提供的与各个境外销售客户签订的合同的格式大致相同，合同中缺少对外贸易合同的一些基本要素，如对货物质量的约定（如纯度、含水率、破损率等）；包装标准；付款条件（如见票即付）；需要提交的文件（如发票、提单、各种检疫检验证明文件等）。瑞华所在审计时发现振隆特产在 2012 年前后使用的外销合同格式不一样，但未保持应有的职业怀疑，特别是在 2013 年及 2014 年营业收入存在舞弊导致的重大错报风险的情况下，对上述异常情况未予以充分关注。瑞华所对大部分销售客户（包括大部分境外销售客户）期末应收账款余额及当期销售金额进行了函证。经查，瑞华所将向销售客户的询证函交由振隆特产的工作人员发出，未对函证保持控制。振隆特产后安排将虚假回函寄回瑞华所。

此外，2012 年至 2014 年，振隆特产分别通过调节出成率、调低原材料采购单价以及未在账面确认已处理霉变存货损失的方式虚增利润和存货。虚增利润金额分别占当年利润总额的 25.52%、32.85% 及 32.43%；虚增存货金额分别占各年末资产总额的 3.11%、6.51% 及 7.26%。但是，瑞华所未按审计准则及其设计的舞弊风险应对措施、总体审计策略执行相应的审计程序，实施有效的抽盘程序。实际监盘时，瑞华所仅从每一垛存货中抽出部分存货进行称重或查看质量，进而认为整垛存货是经过抽盘的，故瑞华所实际抽盘的比例远低于审计底稿记载的比例。此外，2013 年及 2014 年，瑞华所在总体审计策略中提出要加大抽盘的范围与数量，但实际也未执行。

中国证监会认为，瑞华所上述行为违反了《中国注册会计师鉴证业务基本准则》第 28 条、《中国注册会计师审计准则第 1312 号——函证》第 14 条、《中国注册会计师审计准则第 1231 号——针对评估的重大错报风险采取的应对措施》第 5

条、《中国注册会计师审计准则第1311号——对存货、诉讼和索赔、分部信息等特定项目获取审计证据的具体考虑》第4条的规定。

中国证监会认为,瑞华所的上述行为违反了《证券法》第173条有关"证券服务机构为证券的发行、上市、交易等证券业务活动制作、出具审计报告、资产评估报告、财务顾问报告、资信评级报告或者法律意见书等文件,应当勤勉尽责,对所依据的文件资料内容的真实性、准确性、完整性进行核查和验证……"的规定,也违反了《证券法》第20条第2款"为证券发行出具有关文件的证券服务机构和人员,必须严格履行法定职责,保证其所出具文件的真实性、准确性和完整性"的规定,构成《证券法》第223条所述"证券服务机构未勤勉尽责,所制作、出具的文件有虚假记载、误导性陈述或者重大遗漏……"的行为。签字注册会计师侯某、肖某为直接负责的主管人员。

根据当事人违法行为的事实、性质、情节与社会危害程度,依据《证券法》第223条的规定,中国证监会决定责令瑞华所改正违法行为,没收业务收入130万元,并处以260万元罚款;对侯某等给予警告,并分别处以10万元罚款。[3]

思考与分析:

在本案中会计师事务所应当如何尽到勤勉义务。注册会计师作为专业的财务会计人员,应当严格按照会计规则予以审核。本案中国证监会所认定的其违法之处,均是没有执行相关的会计规则。

本案值得进一步思考的是,尽管会计师事务所从事的审计业务较为专业,但是认定其是否尽到勤勉尽责义务的方法仍是对照相关业务规则。

案例6-2　律师事务所的勤勉尽责义务

中国证监会认定中银律师事务所在为振隆特产提供法律服务过程中,未勤勉尽责,存在以下违法事实:

中银律所在为振隆特产提供法律服务过程中,对有关事项进行核查和验证前,没有编制查验计划。该行为违反了《律师事务所从事证券法律业务管理办法》第13条"应当编制核查和验证计划"、《律师事务所证券法律业务执业规则(试行)》第9条"律师事务所及其指派的律师应当按照《管理办法》编制查验计划"的规定。

中银律所在执业过程中,底稿中未包含查验工作程序、查验方法等内容,未能反映律师为查验工作所做的准备及对工作情况的记录;未完整保存在出具法律意

[3] 参见中国证监会[2017]22号行政处罚决定书。

见书过程中形成的工作记录，以及在工作中获取的所有文件、资料。工作底稿中缺失下列内容：律师接受委托事项的基本情况，包括委托人名称、事项名称；与委托人签订的委托协议；查验计划及其操作程序的记录；法律意见书草稿；内部讨论、复核的记录。该行为违反了《律师事务所从事证券法律业务管理办法》第18条"形成记录清晰的工作底稿"，《律师事务所证券法律业务执业规则（试行）》第37条"律师事务所对法律意见书进行讨论复核时，应该制作相关记录存入工作底稿"、第39条"律师事务所应该完整保存在出具法律意见书过程中形成的工作记录"和第40条"工作底稿应当包括：（一）律师接受委托事项的基本情况；（二）与委托人签订的委托协议；（三）查验计划及其操作程序的记录；……（八）法律意见书草稿；（九）内部讨论、复核的记录"的规定。

此外，中银律所出具法律意见书前的工作未勤勉尽责，导致出具的文件存在虚假记载。2012年至2014年振隆特产以虚构合同销售单价的方式分别虚增收入662.04万元、1813.51万元、5792.96万元，并相应虚增各年利润，虚增利润金额分别占同期利润总额的8.61%、20.81%、67.33%。律师工作底稿中共计保存2012年至2014年重大合同30份，其中11份为发行人伪造的虚假合同，律师在审验境外销售合同过程中，仅从发行人处调取合同，采用书面审核方式，并且在书面审核中，未对销售合同前后格式变化、单据不一致等异常情况履行足够注意义务。律师2012年以来未采取向客户、海关访谈等方式验证合同的真实性。

因此，上述法律意见书作出的陈述"本所律师经核查认为，发行人正在履行的重大合同的内容、形式及签订均合法有效，该等合同及其他已履行完毕的重大合同不存在潜在的风险与纠纷"，缺乏证据和理由，与事实情况不符。

中银律所的上述行为，违反了《证券法》第173条的规定，构成了《证券法》第223条所述"证券服务机构未勤勉尽责，所制作、出具的文件有虚假记载"和第226条所述"违反本法规定或者依法制定的业务规则"的情形。在中银律所出具文件中签字的唐某等三人为上述违法行为的直接责任人员。根据当事人违法行为的事实、性质、情节与社会危害程度，依据《证券法》第223条的规定，中国证监会决定对中银律师事务所给予警告，没收业务收入60万元，并处以120万元罚款；对唐某等三位律师给予警告，并分别处以10万元罚款。[4]

思考与分析：

律师事务所的证券服务是从法律的专业角度给予的服务。本案中国证监会认

---

〔4〕 参见中国证监会〔2016〕108号行政处罚决定书。

定其未尽到勤勉义务的几个依据值得注意,包括在进行核查和验证前未编制查验计划,工作底稿不完整等。中国证监会的处罚依据包括《律师事务所从事证券法律业务管理办法》第3条"遵循诚实、守信、独立、勤勉、尽责的原则"、第4条"律师事务所应当建立健全风险控制制度,加强对律师从事证券法律业务的管理"、第12条"律师事务所及其指派的律师从事证券法律业务,应当按照依法制定的业务规则,勤勉尽责,审慎履行核查和验证义务"、第13条"应当依法对所依据的文件资料内容的真实性、准确性、完整性进行核查和验证"、第14条"其制作、出具的文件不得有虚假记载、误导性陈述或者重大遗漏"和《律师事务所证券法律业务执业规则(试行)》第11条"仅有书面凭证不足以证明的,律师应当采用实地调查、面谈等方式进行查验"、第14条"律师采用书面审查方式进行查验的,应当分析相关书面信息的可靠性,对文件记载的事实内容进行审查,并对其法律性质、后果进行分析判断"的规定等。

本案值得注意的是,律师事务所提供的证券服务必须遵守相关业务规则,如有疏漏便是过错。再如中国证监会曾在《关于北京市星河律师事务所违反证券法规行为的处罚决定》指出:主承销商申银万国证券有限公司隐瞒真实情况,向中国证监会报送虚假文件。申银万国编制的大庆联谊发行上市申报材料形成在1997年3月20日以后,但却装有黑龙江证管办1997年3月19日签发的对该材料的审核意见。按照工作程序,审核意见应签发在1997年3月20日以后,该审核意见明显虚假。中国证监会认定主承销商律师北京市星河律师事务所在提供法律意见书时未能发现其中存在的问题,未能做到勤勉尽责。[5]

思考题

1. 证券交易所的特征有哪些?
2. 证券登记结算机构的功能如何理解?
3. 如何认定会计师事务所和律师事务所应承担的证券违法民事责任?
4. 律师事务所从事证券业务的条件有哪些?

---

〔5〕 参见中国证监会证监罚字〔2000〕第19号。

第七章　证券违法行为的法律责任

本章导语

证券法的特点之一就是强制性法律规范较多，如果违反就涉及法律责任。证券违法行为的法律责任包括行政责任、刑事责任和民事责任。不同的违法行为涉及的法律责任也不同。证券法过对证券违法行为法律责任的规定仍是为了确保证券市场的秩序，实现公开、公平和公正的证券法原则。

第一节　证券违法行为的行政责任和刑事责任

证券违法行为的行政责任是由中国证监会对违反证券行政管理法规的行为人做出的制裁措施。在我国《证券法》中，证券违法行为的行政责任比较丰富，具体措施包括罚款、警告、责令改正、撤销任职资格或者证券从业资格、撤销证券业务许可、没收业务收入、没收违法所得，以及施行证券市场禁入。刑事责任则依据罪刑法定原则由刑法规定。

一、证券违法行为的行政责任

（一）证券违法行为的行政责任概述

证券违法行为的行政责任是由中国证监会对违反证券行政管理法规的行为人做出的制裁措施。在我国《证券法》中，证券违法行为的行政责任比较丰富，具体措施包括罚款、警告、责令改正、撤销任职资格或者证券从业资格、撤销证券业务许可、没收业务收入、没收违法所得，以及施行证券市场禁入。这些具体的责任形式由中国证监会根据违法行为的性质和情节裁量使用。当事人对证券监督管理机构或者国务院授权的部门的处罚决定不服的，可以依据《行政复议法》的相关规定申请行政复议,或者依法直接向人民法院提起诉讼。

(二)证券行政违法行为的主要类型

根据《证券法》的相关规定,证券违法行为的行政责任主要有以下几类:

1. 与证券发行有关的行政责任

(1)发行人违反证券发行规定的行政责任。包括未经法定机关核准,擅自公开或者变相公开发行证券的,应责令停止发行、退还所募资金,并处罚款。以及发行人不符合发行条件,以欺骗手段骗取发行核准,应处罚款。

(2)证券公司违反发行规定的行政违法行为。主要包括:

第一,证券公司承销或者代理买卖未经核准擅自公开发行的证券的,应没收违法所得、罚款,对直接负责人警告、撤销任职资格或证券从业资格。

第二,证券公司承销证券,有下列行为之一的,责令改正、给予警告、没收违法所得、罚款,情节严重的可以暂停或撤销相关业务许可:进行虚假的或者误导投资者的广告或者其他宣传推介活动;以不正当竞争手段招揽承销业务;其他违反证券承销业务规定的行为。

(3)保荐人在证券发行中的行政违法行为。保荐人出具有虚假记载、误导性陈述或者重大遗漏的保荐书,或者不履行其他法定职责的,责令改正、给予警告、没收违法所得、罚款,情节严重的可以暂停或撤销相关业务许可。

此外,发行人、上市公司擅自改变公开募集资金用途的,也应承担相关行政责任。

2. 发行人、上市公司或者其他信息披露义务人的违反信息真实义务的行政责任

(1)发行人、上市公司违反信息真实义务的行政责任。证券法相关的信息义务人所承担的信息披露义务,不仅在发行阶段存在,在整个的上市交易过程中都存在。如果发行人、上市公司或者其他信息披露义务人未按照规定披露信息,或者所披露的信息有虚假记载、误导性陈述或者重大遗漏的,应当责令改正、罚款,对直接责任人警告、罚款。发行人、上市公司或者其他信息披露义务人未按照规定报送有关报告,或者报送的报告有虚假记载、误导性陈述或者重大遗漏的,也要承担相应责任。发行人、上市公司或者其他信息披露义务人的控股股东、实际控制人指使从事前两项违法行为的,也应受到处罚。

(2)国家工作人员、传播媒介从业人员和有关人员编造、传播虚假信息,扰乱证券市场,也应承担责令改正、没收违法所得、罚款等行政责任。

（3）证券交易所、证券公司、证券登记结算机构、证券服务机构及其从业人员，证券业协会、证券监督管理机构及其工作人员，在证券交易活动中作出虚假陈述或者信息误导的，要受到责令改正、罚款及相关行政处分等行政制裁。

（4）证券交易所、证券公司、证券登记结算机构、证券服务机构的从业人员或者证券业协会的工作人员，故意提供虚假资料，隐匿、伪造、篡改或者毁损交易记录，诱骗投资者买卖证券的，将被撤销证券从业资格，并处罚款；属于国家工作人员的，还应当依法给予行政处分。

3. 违反股票禁售规定的行政责任

（1）上市公司董事等违反股票禁售规定的行政责任。上市公司的董事、监事、高级管理人员、持有上市公司股份5%以上的股东，违反在禁止转让期内转让股票的规定而买卖本公司股票的，给予警告，可以并处罚款。

（2）其他主体违反股票禁售规定的行政责任。其他主体违反在限制转让期限内禁止买卖证券的行政责任，责令改正，给予警告，并处以买卖证券等值以下的罚款。对直接负责的主管人员和其他直接责任人员给予警告和罚款。

（3）证券服务机构违法买卖和持有股票的行政责任。为股票的发行、上市、交易出具审计报告、资产评估报告或者法律意见书等文件的证券服务机构和人员，违反证券法在限定期间内禁止买卖股票规定的，责令依法处理非法持有的股票，没收违法所得，并处以买卖股票等值以下的罚款。

4. 违反国家特许制的行政责任

（1）非法开设证券交易场所的行政责任。应由县级以上人民政府予以取缔，没收违法所得，并罚款；对直接负责的主管人员和其他直接责任人员给予警告，并处罚款。

（2）擅自设立证券公司或者非法经营证券业务的行政责任。未经批准，擅自设立证券公司或者非法经营证券业务的，由证券监督管理机构予以取缔，没收违法所得，并处罚款。对直接负责的主管人员和其他直接责任人员给予警告和罚款。

（3）擅自设立证券登记结算机构的行政责任。未经中国证监会批准，擅自设立证券登记结算机构的，由证券监督管理机构予以取缔，没收违法所得，并处罚款。

（4）擅自从事证券业务的行政责任。投资咨询机构、财务顾问机构、资信评级机构、资产评估机构、会计师事务所未经批准，擅自从事证券服务业务的，责令改正，没收违法所得，并处罚款。

(5)违反业务规则的行政责任。证券登记结算机构、证券服务机构违反证券法规定或者依法制定的业务规则的,由证券监督管理机构责令改正,没收违法所得,并处罚款;情节严重的,责令关闭或者撤销证券服务业务许可。

5. 违反有关证券从业人员规定和禁止参与股票交易人员规定的行政责任

违反证券法的规定,聘任不具有任职资格、证券从业资格的人员的,由证券监督管理机构责令改正,给予警告,可以并处罚款;对直接负责的主管人员给予警告,可以并处罚款。法律、行政法规规定禁止参与股票交易的人员,直接或者以化名、借他人名义持有、买卖股票的,责令依法处理非法持有的股票,没收违法所得,并处以买卖股票等值以下的罚款;属于国家工作人员的,还应当依法给予行政处分。

6. 市场主体违反公平交易的行政责任

(1)内幕交易的行政责任。违反关于内幕证券交易禁止的规定,在涉及证券的发行、交易或者其他对证券的价格有重大影响的信息公开前,买卖该证券,或者泄露该信息,或者建议他人买卖该证券的,责令依法处理非法持有的证券,没收违法所得,并处以违法所得1倍以上5倍以下的罚款;没有违法所得或者违法所得不足3万元的,处以3万元以上60万元以下的罚款。单位从事内幕交易的,还应当对直接负责的主管人员和其他直接责任人员给予警告,并处以3万元以上30万元以下的罚款。证券监督管理机构工作人员进行内幕交易的,从重处罚。

(2)操纵市场的行政责任。违反操纵证券市场的禁止性规定者的行政责任。违法操纵证券市场者,责令依法处理非法持有的证券,没收违法所得,并处以违法所得1倍以上5倍以下的罚款;没有违法所得或者违法所得不足30万元的,处以30万元以上300万元以下的罚款。单位操纵证券市场的,还应当对直接负责的主管人员和其他直接责任人员给予警告,并处以10万元以上60万元以下的罚款。

7. 证券公司违法进行证券交易以及证券公司违反法律规定的行政责任

(1)证券公司违法进行证券交易的行政责任。包括证券公司违法为客户买卖证券提供融资融券、违法以他人名义设立账户或者利用他人账户买卖证券的、证券公司为该法人利用账户的违法行为提供自己或者他人的证券交易账户、证券公司违法假借他人名义或者以个人名义从事证券自营业务、证券公司违背客户的委托买卖证券、办理交易事项,或者违背客户真实意思表示,办理交易以外的其他事项等。发生这些情况应当由证券公司承担责令改正、没收违法所得、罚款等行政责任。

(2)证券公司违法行为的行政责任。证券公司擅自设立、收购、撤销分支机构,或者合并、分立、停业、解散、破产,或者在境外设立、收购、参股证券经营机构的;以及证券公司擅自变更有关事项的;超出业务许可范围经营证券业务的;证券公司对其证券经纪业务、证券承销业务、证券自营业务、证券资产管理业务,不依法分开办理,混合操作的;提交虚假证明文件或者采取其他欺诈手段隐瞒重要事实骗取证券业务许可的;证券公司或者其股东、实际控制人违反规定,拒不向证券监督管理机构报送或者提供经营管理信息和资料,或者报送、提供的经营管理信息和资料有虚假记载、误导性陈述或者重大遗漏的;证券公司为其股东或者股东的关联人提供融资或者担保等,也应当承担相应的行政责任。

8. 证券交易所和证券服务机构承担的行政责任

对不符合证券法规定条件的证券上市申请予以审核同意的,给予警告,没收业务收入,罚款等责任。对直接负责的主管人员和其他直接责任人员给予警告、罚款。证券服务机构未勤勉尽责,所制作、出具的文件有虚假记载、误导性陈述或者重大遗漏的,责令改正,没收业务收入,暂停或者撤销证券服务业务许可,并处罚款。对直接负责的主管人员和其他直接责任人员给予警告,撤销证券从业资格,并处罚款。

9. 中国证监会或者国务院授权的部门承担的行政责任

中国证监会和国务院授权的部门如果有下列情形之一的,对直接负责的主管人员和其他直接责任人员,依法给予行政处分:

(1)对不符合证券法规定的发行证券、设立证券公司等申请予以核准、批准的。

(2)违反规定采取《证券法》第180条规定的现场检查、调查取证、查询、冻结或者查封等措施的;违反规定对有关机构和人员实施行政处罚的以及其他不依法履行职责的行为。证券监督管理机构的工作人员和发行审核委员会的组成人员,不履行证券法规定的职责,滥用职权、玩忽职守,利用职务便利牟取不正当利益,或者泄露所知悉的有关单位和个人的商业秘密的,依法追究法律责任。

二、证券违法行为的刑事责任

我国《证券法》第231条规定:"违反证券法规定,构成犯罪的,依法追究刑事责任。"因此,证券违法行为的刑事责任问题依据刑法来判断。根据1997修正的刑法,以及2006年6月29日第十届全国人民代表大会常务委员会第二十二次会议通过的《中华人民共和国刑法修正案(六)》,目前构成犯罪并应当承担刑事责任的有十种情况,具体包括:

(一)违反信息公开义务方面的犯罪

1. 欺诈发行股票、债券罪

即在招股说明书、认股书、公司、企业债券募集办法中隐瞒重要事实或者编造重大虚假内容,发行股票或者公司、企业债券,数额巨大、后果严重或者有其他严重情节的,构成欺诈发行股票、债券罪。应处5年以下有期徒刑或者拘役,并处或者单处非法募集资金金额1%以上5%以下罚金。单位犯上述罪的,对单位判处罚金,并对其直接负责的主管人员和其他直接责任人员,处5年以下有期徒刑或者拘役。

2. 违规披露、不披露重要信息罪

即依法负有信息披露义务的公司、企业向股东和社会公众提供虚假的或者隐瞒重要事实的财务会计报告,或者对依法应当披露的其他重要信息不按照规定披露,严重损害股东或者其他人利益,或者有其他严重情节的,构成违规披露、不披露重要信息罪。应对其直接负责的主管人员和其他直接责任人员,处3年以下有期徒刑或者拘役,并处或者单处2万元以上20万元以下罚金。具体包括以下9种情形:(1)造成股东、债权人或者其他人直接经济损失数额累计在50万元以上的;(2)虚增或者虚减资产达到当期披露的资产总额30%以上的;(3)虚增或者虚减利润达到当期披露的利润总额30%以上的;(4)未按规定披露的重大诉讼、仲裁、担保、关联交易或者其他重大事项所涉及的数额或者连续12个月的累计数额占净资产50%以上的;(5)致使公司发行的股票、公司债券或者国务院依法认定的其他证券被终止上市交易或者多次被暂停上市交易的;(6)致使不符合发行条件的公司、企业骗取发行核准并且上市交易的;(7)在公司财务会计报告中将亏损披露为盈利,或者将盈利披露为亏损的;(8)多次提供虚假的或者隐瞒重要事实的财务会计报告,或者多次对依法应当披露的其他重要信息不按照规定披露的;(9)其他严重损害股东、债权人或者其他人利益,或者有其他严重情节的。

3. 中介组织提供虚假证明文件罪

即承担资产评估、验资、验证、会计、审计、法律服务等职责的中介组织的人员故意提供虚假证明文件,情节严重的,处5年以下有期徒刑或者拘役,并处罚金。上述人员索取他人财物或者非法收受他人财物,犯上述罪的,处5年以上10年以下有期徒刑,并处罚金。上述人员严重不负责任,出具的证明文件有重大失实,造成严重后果的,处3年以下有期徒刑或者拘役,并处或者单处罚金。

(二)背信损害上市公司利益罪

1. 背信损害上市公司利益罪的含义

2006 年 6 月 29 日第十届全国人民代表大会常务委员会第 22 次会议通过的《中华人民共和国刑法修正案(六)》增加"第 169 条之一":上市公司的董事、监事、高级管理人员违背对公司的忠实义务,利用职务便利,操纵上市公司从事下列行为之一,致使上市公司利益遭受重大损失的,处 3 年以下有期徒刑或者拘役,并处或者单处罚金;致使上市公司利益遭受特别重大损失的,处 3 年以上 7 年以下有期徒刑,并处罚金。该罪即上市公司的董事、监事、高级管理人员背信损害上市公司利益罪。

2. 主要情形

上市公司的董事、监事和高级管理人员背信损害上市公司利益罪主要有以下情形:(1)无偿向其他单位或者个人提供资金、商品、服务或者其他资产,致使上市公司直接经济损失数额在 150 万元以上的;(2)以明显不公平的条件,提供或者接受资金、商品、服务或者其他资产,致使上市公司直接经济损失数额在 150 万元以上的;(3)向明显不具有清偿能力的单位或者个人提供资金、商品、服务或者其他资产,致使上市公司直接经济损失数额在 150 万元以上的;(4)为明显不具有清偿能力的单位或者个人提供担保,或者无正当理由为其他单位或者个人提供担保,致使上市公司直接经济损失数额在 150 万元以上的;(5)无正当理由放弃债权、承担债务,致使上市公司直接经济损失数额在 150 万元以上的;(6)致使不符合发行条件的公司、企业骗取发行核准并且上市交易的;(7)在公司财务会计报告中将亏损披露为盈利,或者将盈利披露为亏损的;(8)多次提供虚假的或者隐瞒重要事实的财务会计报告,或者多次对依法应当披露的其他重要信息不按照规定披露的;(9)其他严重损害股东、债权人或者其他人利益,或者有其他严重情节的。

上市公司的控股股东或者实际控制人,指使上市公司董事、监事、高级管理人员实施上述行为的,依照上述的规定处罚。犯上述罪的上市公司的控股股东或者实际控制人是单位的,对单位判处罚金,并对其直接负责的主管人员和其他直接责任人员,依照上述规定处罚。

(三)伪造、变造有价证券方面犯罪

此即《刑法》第 178 条规定的"伪造、变造股票、公司企业债券罪":伪造、变造国库券或者国家发行的其他有价证券,数额较大的,处 3 年以下有期徒刑或者拘

役，并处或者单处 2 万元以上 20 万元以下罚金；数额巨大的，处 3 年以上 10 年以下有期徒刑，并处 5 万元以上 50 万元以下罚金；数额特别巨大的，处 10 年以上有期徒刑或者无期徒刑，并处 5 万元以上 50 万元以下罚金或者没收财产。伪造、变造股票或者公司、企业债券，数额较大的，处 3 年以下有期徒刑或者拘役，并处或者单处 1 万元以上 10 万元以下罚金；数额巨大的，处 3 年以上 10 年以下有期徒刑，并处 2 万元以上 20 万元以下罚金。单位犯前上述罪的，对单位判处罚金，并对其直接负责的主管人员和其他直接责任人员，依照上述规定处罚。

（四）擅自发行证券方面的犯罪

即未经国家有关主管部门批准，擅自发行股票或者公司、企业债券，数额巨大、后果严重或者有其他严重情节的，处 5 年以下有期徒刑或者拘役，并处或者单处非法募集资金金额 1% 以上 5% 以下罚金。单位犯上述罪的，对单位判处罚金，并对其直接负责的主管人员和其他直接责任人员，处 5 年以下有期徒刑或者拘役。

（五）内幕交易罪

内幕交易罪即证券交易内幕信息的知情人员或者非法获取证券交易内幕信息的人员，在涉及证券的发行、交易或者其他对证券的价格有重大影响的信息尚未公开前，买入或者卖出该证券，或者泄露该信息，情节严重的，处 5 年以下有期徒刑或者拘役，并处或者单处违法所得 1 倍以上 5 倍以下罚金；情节特别严重的，处 5 年以上 10 年以下有期徒刑，并处违法所得 1 倍以上 5 倍以下罚金。单位犯上述罪的，对单位判处罚金，并对其直接负责的主管人员和其他直接责任人员，处 5 年以下有期徒刑或者拘役。内幕信息的范围，依照法律、行政法规的规定确定。知情人员的范围，依照法律、行政法规的规定确定。该罪即为内幕交易罪。

内幕交易罪应予追诉的情形有以下五种：(1) 买入或者卖出证券，或者泄露内幕信息使他人买入或者卖出证券，成交额累计在 50 万元以上的；(2) 买入或者卖出期货合约，或者泄露内幕信息使他人买入或者卖出期货合约，占用保证金数额累计在 30 万元以上的；(3) 获利或者避免损失数额累计在 15 万元以上的；(4) 多次进行内幕交易、泄露内幕信息的；(5) 有其他严重情节的。

（六）操纵市场方面的犯罪

操纵证券、期货市场，情节严重的，处 5 年以下有期徒刑或者拘役，并处或者单处罚金；情节特别严重的，处5年以上10年以下有期徒刑，并处罚金。该罪即操作市场罪。

操纵市场罪主要有下列情形：(1)单独或者合谋，持有或者实际控制证券的流通股份数达到该证券的实际流通股份总量30%以上，且在该证券连续20个交易日内联合或者连续买卖股份数累计达到该证券同期总成交量30%以上的。(2)单独或者合谋，持有或者实际控制期货合约的数量超过期货交易所业务规则限定的持仓量50%以上，且在该期货合约连续20个交易日内联合或者连续买卖期货合约数累计达到该期货合约同期总成交量30%以上的。(3)与他人串通，以事先约定的时间、价格和方式相互进行证券或者期货合约交易，且在该证券或者期货合约连续20个交易日内成交量累计达到该证券或者期货合约同期总成交量20%以上的。(4)在自己实际控制的账户之间进行证券交易，或者以自己为交易对象，自买自卖期货合约，且在该证券或者期货合约连续20个交易日内成交量累计达到该证券或者期货合约同期总成交量20%以上的。(5)单独或者合谋，当日连续申报买入或者卖出同一证券、期货合约并在成交前撤回申报，撤回申报量占当日该种股票总申报量或者该种期货合约总申报量50%以上的。(6)上市公司及其董事、监事、高级管理人员、实际控制人、控股股东或者其他关联人单独或者合谋，利用信息优势，操纵该公司证券交易价格或者证券交易量的。(7)有其他严重情节的。

单位犯上述罪的，对单位判处罚金，并对其直接负责的主管人员和其他直接责任人员，依照上述的规定处罚。

(七)欺诈方面的犯罪

1. 编造并传播证券交易虚假信息罪

编造并且传播影响证券交易的虚假信息，扰乱证券交易市场，造成严重后果的，处5年以下有期徒刑或者拘役，并处或者单处1万元以上10万元以下罚金。

2. 诱骗投资者买卖证券罪

即证券交易所、证券公司的从业人员，证券业协会或者证券管理部门的工作人员，故意提供虚假信息或者伪造、变造、销毁交易记录，诱骗投资者买卖证券，造成严重后果的，处5年以下有期徒刑或者拘役，并处或者单处1万元以上10万元以下罚金；情节特别恶劣的，处5年以上10年以下有期徒刑，并处2万元以上20万元以下罚金。

3. 有价证券诈骗罪

使用伪造、变造的国库券或者国家发行的其他有价证券，进行诈骗活动，数额较大的,处5年以下有期徒刑或者拘役,并处2万元以上20万元以下罚金;数额巨大或者有其他严重情节的,处5年以上10年以下有期徒刑,并处5万元以上50万元以下罚金;数额特别巨大或者有其他特别严重情节的,处10年以上有期徒刑或者无期徒刑,并处5万元以上50万元以下罚金或者没收财产。

（八）背信运用受托财产罪

2006年6月29日第十届全国人民代表大会常务委员会第22次会议通过的《中华人民共和国刑法修正案(六)》增加"第185条之一":商业银行、证券交易所、期货交易所、证券公司、期货经纪公司、保险公司或者其他金融机构,违背受托义务,擅自运用客户资金或者其他委托、信托的财产,情节严重的,对单位判处罚金,并对其直接负责的主管人员和其他直接责任人员,处3年以下有期徒刑或者拘役,并处3万元以上30万元以下罚金;情节特别严重的,处3年以上10年以下有期徒刑,并处5万元以上50万元以下罚金。社会保障基金管理机构、住房公积金管理机构等公众资金管理机构,以及保险公司、保险资产管理公司、证券投资基金管理公司,违反国家规定运用资金的,对其直接负责的主管人员和其他直接责任人员,依照上述规定处罚。应予追诉的具体情形包括:擅自运用客户资金或者其他委托、信托的财产数额累计在30万元以上的;虽未达到上述数额标准,但多次擅自运用客户资金或者其他委托、信托的财产,或者擅自运用多个客户资金或者其他委托、信托的财产的;有其他严重情节的。

（九）反洗钱方面的犯罪

2006年6月29日第十届全国人民代表大会常务委员会第22次会议通过的《中华人民共和国刑法修正案(六)》将刑法第191条第1款修改为:明知是毒品犯罪、黑社会性质的组织犯罪、恐怖活动犯罪、走私犯罪、贪污贿赂犯罪、破坏金融管理秩序犯罪、金融诈骗犯罪的所得及其产生的收益,为掩饰、隐瞒其来源和性质,有下列行为之一的,没收实施以上犯罪的所得及其产生的收益,处5年以下有期徒刑或者拘役,并处或者单处洗钱数额5%以上20%以下罚金;情节严重的,处5年以上10年以下有期徒刑,并处洗钱数额5%以上20%以下罚金:提供资金账户的;协助将财产转换为现金、金融票据、有价证券的;通过转账或者其他结算方式协助资金转移的;协助将资金汇往境外的;以其他方法掩饰、隐瞒犯罪所得及其收益的来源和性质的。

(十)滥用职务便利、职权罪

公司、企业或者其他单位的工作人员利用职务上的便利,索取他人财物或者非法收受他人财物,为他人谋取利益,数额较大的,处5年以下有期徒刑或者拘役;数额巨大的,处5年以上有期徒刑,可以并处没收财产。公司、企业或者其他单位的工作人员在经济往来中,利用职务上的便利,违反国家规定,收受各种名义的回扣、手续费,归个人所有的,依照上述规定处罚。属于国家工作人员犯罪的,按照相关规定处理。国家有关主管部门的国家机关工作人员,徇私舞弊,滥用职权,对不符合法律规定条件的公司设立、登记申请或者股票、债券发行、上市申请,予以批准或者登记,致使公共财产、国家和人民利益遭受重大损失的,处5年以下有期徒刑或者拘役。

第二节　证券违法行为的民事责任

证券市场的各种违法行为,如虚假陈述、内幕交易、操纵市场等行为,就是对正常交易规则的破坏行为,也是对投资者信任的破坏,构成民法中的侵权或违约。民事责任对于证券违法行为的遏制功能是较为明显的,但在落实方面仍有一定的难度。

一、证券违法行为民事责任的理论基础

(一)证券违法行为者承担民事责任的原因

证券市场能够吸引投资者进行投资,是因为证券市场是一个值得投资者信赖的场所,在证券市场上的各个参与者都是按既成的、公开和公平的规则进行活动。正是在这样正常的游戏规则下,投资者自行决策带来的投资输赢都会是他愿意承受的后果。而证券市场的各种违法行为,如虚假陈述、内幕交易、操纵市场等行为,就是对正常交易规则的破坏行为,也是对投资者信任的破坏。如果这些证券违法行为在后果上导致投资者利益的损失,那么投资者就有权通过民事责任制度的救济获得利益的补偿。有学者曾指出:“在公司法及证券法领域,个人诉讼特别

优胜之处是其威慑作用。”[1]证券民事责任是通过个案对侵害行为人施以巨额金钱之负担,剥夺了违法者的非法利益,使违法行为人能够在事先通过计算违法成本而不敢或者没有能力、资格去违法。虚假陈述、操纵市场等违法行为的行为人,其主观动机是利用证券市场获得不当利益;但是如果这些行为需要他自己最后来支付代价,这种法律的控制手段比行政处罚乃至于刑罚都更有“切肤之痛”。因此,完善的证券违法行为民事责任制度对于证券市场正常秩序的维护、投资者信赖和利益的保护等,都具有非常重要的意义。

(二)证券违法民事责任的特点

第一,证券违法行为民事责任具有优先性。民事责任与行政责任、刑事责任共同组成了完整的证券违法行为责任体系。我国《民法总则》第 187 条规定:“民事主体因同一行为应当承担民事责任、行政责任和刑事责任的,承担行政责任或者刑事责任不影响承担民事责任;民事主体的财产不足以支付的,优先用于承担民事责任。”我国《证券法》第 232 条规定:“违反本法规定,应当承担民事赔偿责任和缴纳罚款、罚金,其财产不足以同时支付时,先承担民事赔偿责任。”因此,相比于行政责任和刑事责任,民事赔偿责任在适用上具有优先性。民事责任的优先性也说明相关证券违法行为的直接受害者是其他投资者,立法者在利益衡量时更关注从制度层面确保投资者的切身利益得以实现。

第二,证券违法行为的民事责任以赔偿损失为主要形式。民法中民事责任的形式比较多样,包括停止侵害、排除妨碍、消除危险、返还原物、恢复原状、修理重作更换、赔偿损失、支付违约金、消除影响、恢复名誉、赔礼道歉等。但是,在证券违法行为的民事责任方面,形式却比较单一,主要是赔偿经济损失。这是因为证券违法行为侵害的投资者利益主要表现为财产利益的损失。按照民事责任的基本原理,应当以赔偿损失为主,而不涉及其他责任形式。

第三,在证券违法行为的民事责任中,法定的连带赔偿责任比较常见。连带责任是民事责任中比较重的责任,在商事领域比较常见。由于证券活动专业性强、风险大,参与者众多,投资者一方在受到违法行为的侵害而遭受损失时,该行为往往是由多个市场参与者的行为导致。因此,由多个市场主体对投资者承担法定的连带赔偿责任是公平的,也是保护投资者利益的必然举措。我国《证券法》第 69 条就规定了在虚假陈述中,发行人、上市公司的董事、监事、高级管理人员和其

---

[1] 何美欢:《公众公司及其股权证券》(中册),北京大学出版社 1999 年版,第 1099 页。

他责任人与发行人、上市公司承担的连带赔偿责任。

（三）证券违法行为民事责任的性质

根据我国《证券法》的规定，并非所有的证券违法行为都适用民事责任。具体适用民事责任的情形有两大类：

1. 证券公司等市场主体对客户承担的违约责任

证券公司与客户存在委托合同关系，应以合同来约束证券公司的行为。凡是证券公司违反合同约定的义务，都应当向客户承担违约责任。例如《证券法》第79条规定："禁止证券公司及其从业人员从事下列损害客户利益的欺诈行为……欺诈客户行为给客户造成损失的，行为人应当依法承担赔偿责任。"第210条规定："证券公司违背客户的委托买卖证券、办理交易事项，或者违背客户真实意思表示，办理交易以外的其他事项的……给客户造成损失的，依法承担赔偿责任。"

但是，从证券公司等市场主体欺诈客户行为的表现来看，虽然直接损害的是客户的经济利益，但实际上受到损害的是投资者对证券市场的信任。由于一般的投资者并不能直接参加证券交易，只能委托证券公司进行；而证券公司却利用自己在证券交易中的垄断性地位对客户进行欺诈，因此欺诈客户的行为已经不再是单纯的民事违约行为，也同时构成一种侵权行为，从而构成违约责任与侵权责任的竞合。我国《合同法》第122条规定："因当事人一方的违约行为，侵害对方人身、财产权益的，受损害方有权选择依照本法要求其承担违约责任或者依照其他法律要求其承担侵权责任。"因此，在证券公司等市场主体欺诈客户的情况下，利益受到侵害的客户有权就违约责任和侵权责任做出选择，至于如何选择，则需要依据违约责任与侵权责任的下列区别：

（1）主观归责要求不同。一般违约责任适用严格责任原则，侵权责任则以过错责任为基本原则。因此，客户在利益受到证券公司的损害时，应当考虑过错的举证问题。

（2）责任范围大小不同。违约当事的人责任范围要小于侵权行为人的责任范围，因为合同赔偿责任一般不超出标的物本身的价值；而侵权责任的赔偿范围不仅包括直接损失，还应包括经济损失。这也是客户必须考虑的因素。

（3）责任人范围不同。根据合同相对性原则，合同以外的任何人不得成为违约责任人；侵权责任人则是所有违反法律规定义务的人，不限于合同相对人。这一点在实践中最有意义。客户如果追究证券公司的违约责任，就只能按照合同的相对性原理起诉与之签订委托协议的证券营业部及其上级证券公司；如果追究欺诈客户的侵权责任，客户还可以起诉证券公司及其营业部负有直接责任和领导责任的从业人员。

2. 违法行为人对投资者承担的侵权责任

违法行为人在很多情况下与普通的投资者之间并没有直接的合同关系，因此证券法规定在有些情况下违法行为人应当对投资者承担侵权责任，例如《证券法》第69条规定："发行人、上市公司公告的招股说明书、公司债券募集办法、财务会计报告、上市报告文件、年度报告、中期报告、临时报告以及其他信息披露资料，有虚假记载、误导性陈述或者重大遗漏，致使投资者在证券交易中遭受损失的，发行人、上市公司应当承担赔偿责任；发行人、上市公司的董事、监事、高级管理人员和其他直接责任人员以及保荐人、承销的证券公司，应当与发行人、上市公司承担连带赔偿责任，但是能够证明自己没有过错的除外；发行人、上市公司的控股股东、实际控制人有过错的，应当与发行人、上市公司承担连带赔偿责任。"证券市场上常见的虚假陈述、操纵市场、内幕交易、欺诈客户等行为的民事赔偿责任，在性质上都属于侵权责任。

二、欺诈客户行为及其民事责任

在证券法律关系中，客户与证券公司等市场主体之间往往存在委托关系。按照这种关系的要求，证券公司等市场主体应当诚实信用地履行自己的义务。如果存在以下情形，则构成对客户的欺诈而应当承担民事赔偿责任。如前所述，这种情况构成证券公司等的违约责任与侵权责任的竞合。

1. 违背客户的委托为其买卖证券。证券公司在办理经纪业务时，应当根据客户委托代理买卖证券，如果违背这种委托的意思表示，就构成欺诈行为。

2. 不在规定时间内向客户提供交易的书面确认文件。《证券法》要求证券公司接受委托的证券买卖成交后，应当按照规定制作买卖成交报告单交付客户，客户只有看到这类交易的书面确认文件，才能确知自己的交易行为，防止证券公司再有其他损害客户利益的行为。

3. 挪用客户所委托买卖的证券或者客户账户上的资金。投资者的证券和账户上的资金都归投资者所有，证券公司对客户的证券和资金仅仅是保管关系，而无权挪用。

4. 私自买卖客户账户上的证券，或者假借客户的名义买卖证券。这种行为仍然是违背客户委托的行为，与证券公司作为代理人的身份和所应承担的受信义务、诚实信用义务相悖。

5. 为牟取佣金收入，诱使客户进行不必要的证券买卖。证券公司往往通过取得佣金获取利润，合法的佣金收入受到法律保护。但是，如果单纯为了牟取佣金而诱使客户进行不必要的证券买卖，就违背了证券公司应当承担的诚实信用义务，构成对客户的欺诈。

6. 其他违背客户真实意思表示、损害客户利益的行为。我国《证券法》涉及欺诈客户行为的条款很多，还包括以下几种：

(1)证券公司等市场主体应当为客户保密。客户的相关信息虽然是证券交易时所必须，但是这种信息应当被保护，不容泄露。证券交易所、证券公司、证券登记结算机构必须依法为客户开立的账户保密。

(2)证券公司应当建立业务隔离措施，防范公司与客户利益的冲突。证券公司开展的经纪、自营等业务之间其实是存在利益冲突的，因此证券公司应当建立健全内部控制制度，采取有效隔离措施，防范公司与客户之间、不同客户之间的利益冲突。证券公司必须将其证券经纪业务、证券承销业务、证券自营业务和证券资产管理业务分开办理，不得混合操作。如果证券公司不遵守上述规定，混合操作的话，也应当对客户的损失进行赔偿。

(3)客户交易结算资金的管理。证券公司客户的交易结算资金应当存放在商业银行，以每个客户的名义单独立户管理。具体办法和实施步骤由国务院规定。证券公司不得将客户的交易结算资金和证券归入其自有财产。禁止任何单位或者个人以任何形式挪用客户的交易结算资金和证券。证券公司破产或者清算时，客户的交易结算资金和证券不属于其破产财产或者清算财产。非因客户本身的债务或者法律规定的其他情形，不得查封、冻结、扣划或者强制执行客户的交易结算资金和证券。这是证券公司对客户交易结算资金的维护义务，如果证券公司违法该规定，也应对客户承担赔偿责任。

三、虚假陈述民事责任

(一)虚假陈述的含义和相关立法

1. 虚假陈述的含义

虚假陈述是指信息披露义务人违反证券法律规定，在证券发行或者交易过程中，对重大事件作出违背事实真相的虚假记载、误导性陈述，或者在披露信息时发生重大遗漏、不正当披露信息的行为。

虚假陈述属于民法中典型的侵权——欺诈，是以虚构的信息对投资者进行诱骗、误导，并造成其投资损失。证券法以公开、公平、公正为基本原则，以信息披露制度作为实现公开原则的具体制度。虚假陈述则是最典型的违背信息披露义务的违法行为。公众据以预期证券价格的只能是证券发行人和上市公司提供的信息,也无法通过其他途径了解这些信息的真实与否。证券市场作为证券上市交易的公开市场,公众在公开市场投资证券时,有理由相信这个市场提供给他的是真实的信息。如果这些信息中掺杂了不真实的内容,就构成虚假陈述,造成对投资者的欺诈,投资者因相信这些信息而进行投资并遭受经济损失,就有权按照虚假陈述的规定,追究虚假陈述人的民事赔偿责任。

2. 虚假陈述民事责任的相关立法

我国《证券法》第 69 条规定:“发行人、上市公司公告的招股说明书、公司债券募集办法、财务会计报告、上市报告文件、年度报告、中期报告、临时报告以及其他信息披露资料,有虚假记载、误导性陈述或者重大遗漏,致使投资者在证券交易中遭受损失的,发行人、上市公司应当承担赔偿责任;发行人、上市公司的董事、监事、高级管理人员和其他直接责任人员以及保荐人、承销的证券公司,应当与发行人、上市公司承担连带赔偿责任,但是能够证明自己没有过错的除外;发行人、上市公司的控股股东、实际控制人有过错的,应当与发行人、上市公司承担连带赔偿责任。”该规定所构建的就是虚假陈述的民事责任。最高人民法院于 2002 年 1 月 15 日施行的《关于受理证券市场因虚假陈述引发的民事侵权纠纷案件有关问题的通知》、2003 年 2 月 1 日起施行的《关于审理证券市场虚假陈述引发的民事赔偿案件的若干规定》这两个司法解释。其中规定,虚假陈述民事赔偿案件,是指证券市场上证券信息披露义务人违反规定的信息披露义务,在提交或公布的信息披露文件中作出违背事实真相的陈述或记载,侵犯了投资者合法权益而发生的民事侵权索赔案件。相关立法和司法解释已经确立起了我国比较完整的虚假陈述民事责任制度。

(二)虚假陈述民事责任的构成

虚假陈述民事责任主要有以下几个构成要件:

1. 虚假陈述民事责任的责任主体。证券市场虚假陈述民事赔偿案件的被告,应当是虚假陈述行为人。虚假陈述行为人其实都是在证券法中承担信息真实义务的责任人,具体包括:(1)发起人、控股股东等实际控制人;(2)发行人或者上市公司;(3)证券承销商;(4)证券上市推荐人(保荐人);(5)会计师事务所、律师事务所、资产评估机构等专业中介服务机构;(6)上述(2)、(3)、(4)项所涉单位中负有责任的董事、监事和经理等高级管理人员以及(5)项中直接责任人。

2. 存在虚假陈述行为。虚假陈述是虚假陈述行为人对重大事件作出违背事实真相的虚假记载、误导性陈述,或者在披露信息时发生重大遗漏、不正当披露信息的行为。因此,认定虚假陈述应从以下几个方面进行:

(1)虚假陈述的内容。虚假陈述的内容应当是重大事件,重大事件应当是会影响投资者投资判断的事件。重大事件的认定应当结合《证券法》第59条、第60条、第61条、第62条、第72条及相关规定的内容认定。

(2)虚假陈述的表现。只要在对重大事件的表述上存在其中任何一种,就构成虚假陈述:虚假记载,是指信息披露义务人在披露信息时,将不存在的事实在信息披露文件中予以记载的行为。误导性陈述是指虚假陈述行为人在信息披露文件中或者通过媒体,作出使投资人对其投资行为发生错误判断并产生重大影响的陈述。重大遗漏是指信息披露义务人在信息披露文件中,未将应当记载的事项完全或者部分予以记载。不正当披露,是指信息披露义务人未在适当期限内或者未以法定方式公开披露应当披露的信息。

3. 虚假陈述与损害存在因果关系。

(1)虚假陈述与损害因果关系认定的方法。虚假陈述引起的民事责任中,因果关系的认定与其他民事责任相差较大。按照相关司法解释,对虚假陈述民事责任的因果关系认定方法,采用了世界上公认的“市场欺诈”理论和“信赖推定”原则。这一理论和原则的含义是指:虚假陈述行为的发生,欺诈的是整个证券市场;投资人因相信证券市场是真实的以及证券价格是公正的而投资,所以他无须证明自己信赖了虚假陈述行为才进行投资;只要证明其所投资的证券价格受到虚假陈述行为的影响而不公正,即可认为投资人的损失与虚假陈述行为之间存在因果关系。按照这一理论,投资人实际上无须提供自己的损失与虚假陈述之间存在因果关系的证据,极大方便了投资人诉讼,也有利于投资人胜诉。

(2)投资人具有以下情形的,人民法院应当认定虚假陈述与损害结果之间存在因果关系:投资人所投资的是与虚假陈述直接关联的证券;投资人在虚假陈述实施日及以后,至揭露日或者更正日之前买入该证券;投资人在虚假陈述揭露日或者更正日及以后,因卖出该证券发生亏损,或者因持续持有该证券而产生亏损。

(3)被告举证证明原告具有以下情形的,人民法院应当认定虚假陈述与损害结果之间不存在因果关系:在虚假陈述揭露日或者更正日之前已经卖出证券;在虚假陈述揭露日或者更正日及以后进行的投资;明知虚假陈述存在而进行的投资;损失或者部分损失是由证券市场系统风险等其他因素所导致;属于恶意投资、操纵证券价格的。

4. 归责原则及免责事由。目前按照虚假陈述行为主体的不同存在三种不同的归责原则，并且有不同的免责事由：

（1）发行人或者上市公司承担无过错责任。他们除非能证明不具有因果关系的情形或者超过诉讼时效，否则都应对与其虚假陈述行为有因果关系的投资损失承担赔偿责任。

（2）发行人、上市公司负有责任的董事、监事和经理等高级管理人员，证券承销商、上市推荐人及其负有责任的董事、监事和经理等高级管理人员，专业服务机构及其直接责任人员承担的是过错推定责任。他们如果能够证明自己没有过错、已经尽到了勤勉和恪尽职守或相当注意的义务；以及证明投资人不具有因果关系的情形或者已经超过诉讼时效就可以免责。

（3）其他做出虚假陈述的机构或自然人承担过错责任。除上述两类之外的、其他做出虚假陈述的机构或自然人，须由投资人证明他们有过错才承担赔偿责任。

5. 虚假陈述造成了投资者的损失。投资者的损失按以下方式认定：

（1）如果因虚假陈述导致证券被停止发行的，投资人有权要求返还和赔偿所缴股款及银行同期活期存款利率的利息。

（2）在其他情形下，以投资人因虚假陈述而实际发生的损失为限。投资人实际损失包括：投资差额损失；投资差额损失部分的佣金和印花税。

在基准日及以前卖出证券的，其投资差额损失，以买入证券平均价格与实际卖出证券平均价格之差，乘以投资人所持证券数量计算。投资人在基准日之后卖出或者仍持有证券的，其投资差额损失，以买入证券平均价格与虚假陈述揭露日或者更正日起至基准日期间，每个交易日收盘价的平均价格之差，乘以投资人所持证券数量计算。

按照相关司法解释，投资差额损失计算的基准日，是指虚假陈述揭露或者更正后，为将投资人应获赔偿限定在虚假陈述所造成的损失范围内，确定损失计算的合理期间而规定的截止日期。基准日分别按下列情况确定：揭露日或者更正日起，至被虚假陈述影响的证券累计成交量达到其可流通部分100%之日。但通过大宗交易协议转让的证券成交量不予计算。按上述规定在开庭审理前尚不能确定的，则以揭露日或者更正日后第30个交易日为基准日。已经退出证券交易市场的，以摘牌日前一交易日为基准日。

（3）投资人持股期间基于股东身份取得的收益，包括红利、红股、公积金转增所得的股份以及投资人持股期间出资购买的配股、增发股和转配股，不得冲抵虚假陈述行为人的赔偿金额;已经除权的证券,计算投资差额损失时,证券价格和证券数量应当复权计算。

(三)虚假陈述民事赔偿案件的诉讼程序问题

1. 人民法院受理虚假陈述民事赔偿责任的前置程序

人民法院受理的虚假陈述民事赔偿案件,须经中国证监会及其派出机构调查并作出生效行政处罚决定,或者人民法院作出的生效的刑事裁判文书。这是受理虚假陈述民事赔偿案件的前置程序。当事人依据相关查处行政处罚决定书或者刑事裁判文书的结果作为提起民事诉讼事实依据的,人民法院方能依法受理。

2. 虚假陈述民事赔偿案件的诉讼时效

虚假陈述民事赔偿案件的诉讼时效为 2 年,从中国证券监督管理委员会及其派出机构对虚假陈述行为作出处罚决定之日起计算。

3. 虚假陈述民事赔偿案件的诉讼形式

对于虚假陈述民事赔偿案件,人民法院应当采取单独或者共同诉讼的形式予以受理,不宜以集团诉讼的形式受理。

4. 虚假陈述民事赔偿案件的管辖

各直辖市、省会市、计划单列市或经济特区中级人民法院为一审管辖法院;地域管辖采用原告就被告原则,具体是:

(1)对凡含有上市公司在内的被告提起的民事诉讼,由上市公司所在直辖市、省会市、计划单列市或经济特区中级人民法院管辖。

(2)对以机构(指作出虚假陈述的证券公司、中介服务机构等)和自然人为共同被告提起的民事诉讼,由机构所在直辖市、省会市、计划单列市或经济特区中级人民法院管辖。

(3)对以数个机构为共同被告提起的民事诉讼,原告可以选择向其中一个机构所在直辖市、省会市、计划单列市或经济特区中级人民法院提起民事诉讼。原告向两个以上中级人民法院提起民事诉讼的,由最先立案的中级人民法院管辖。

四、内幕交易的民事责任

(一)内幕交易的含义

内幕交易是内幕信息的知情人利用内幕信息进行的证券买卖行为。《证券法》第 73 条规定:“禁止证券交易内幕信息的知情人和非法获取内幕信息的人利用内幕信息从事证券交易活动。”

内幕交易虽然在交易操作程序上往往与正常的操作程序相同,也是在证券市场上公开买卖证券,但由于一部分人利用内幕信息先行一步对市场做出反应,因此首先违反了证券市场的“三公”原则,侵犯了广大投资者对于证券市场的信赖,也是一种典型的侵权行为。内幕信息的知情人员如果利用内幕信息进行交易,必然会先行一步对市场做出反应,就会使其有更多的获利或减少损失的机会,从而增加了广大投资者遭受损失的可能性。因此,内幕交易最直接的受害者就是广大的投资人。内幕交易也损害了上市公司的利益。因为一部分人利用内幕信息进行证券买卖,使上市公司的信息披露有失公正,损害了广大投资者对上市公司的信心,不利于上市公司的正常发展。内幕交易还可能人为地造成股价波动,扰乱证券市场的正常秩序。自美国首开规制内幕交易之后,禁止内幕交易已普遍为世界各国接受,不论是大陆法系还是英美法系的绝大多数国家和地区,都将禁止内幕交易作为其证券立法的重要内容之一。我国正在制定有关内幕交易民事赔偿的司法解释。

(二)内幕交易的构成要件

我国《证券法》第76条规定,内幕交易行为给投资者造成损失的,行为人应当依法承担赔偿责任。内幕交易行为的构成,应有以下四个要件:

1. 行为主体属于内幕信息的知情人。根据《证券法》第74条的规定,内幕交易的行为主体即“证券交易内幕信息的知情人员”包括七种:(1)发行股票或者公司债券的公司董事、监事、经理、副经理及有关的高级管理人员。(2)持有公司5%以上股份的股东。(3)发行股票公司的控股公司的高级管理人员,主要是指控股公司的董事、经理、财务总监等。(4)由于所任公司职务可以获取公司有关证券交易信息的人员,主要是公司的秘书、打字员等在履行职责的过程中可以接触或获得内幕信息的人员。(5)证券监督管理机构工作人员以及由于法定的职责对证券交易进行管理的其他人员,如中国证监会人员以及工商、税务人员。(6)由于法定职责而参与证券交易的社会中介机构或者证券登记结算机构、证券交易服务机构的有关人员以及中国证监会规定的其他人员,主要指国家核准登记的为股票、公司债券的发行、上市或者证券交易活动出具审计报告、资产评估报告或者法律意见书等文件的会计师事务所、律师事务所等机构的工作人员;以及中国证监会规定的其他人员。(7)除了上述人员外,《证券法》第76条第1款还规定:“证券交易内幕信息的知情人和非法获取内幕信息的人,在内幕信息公开前,不得买卖该公司的证券,或者泄露该信息,或者建议他人买卖该证券”。其中的“非法获取内幕信息的人”包括以骗取、窃取、窃听、监听等非法手段获取内幕信息的，通过私下交易等不正当手段获取内幕信息的，利用各种手段从知情人员处套取、索取内幕信息；以及使用其他方法或手段获取内幕信息的。由此可见，非内幕人员在以非法手段获取内幕信息而从事交易时，也构成内幕交易的主体。

2. 利用了内幕信息。在证券交易活动中，涉及公司的经营、财务或者对该公司证券的市场价格有重大影响的尚未公开的信息，为内幕信息。内幕信息应当具有以下构成要件：相关性。构成内幕信息的信息应当与证券的发行、交易存在客观的联系，或者对证券的发行、交易产生影响。重要性或价格敏感性。即这些信息一旦公开，就可能会对证券市场产生较大的影响，引起证券价格的重大波动。秘密性。即这些信息尚未公开，不为社会公众知悉，仅仅被那些与证券的发行、交易有关的人员接触、知悉或掌握。真实、准确性。即该信息是确凿无误的，而不是谣言。证券市场本身对各种信息都很敏感，对谣言也是如此。有时候谣言对证券市场价格的影响还很大。但构成内幕信息的信息则与谣言区别明确，如果散布谣言或不准确的信息以扰乱市场，牟取暴利，应当构成操纵市场或虚假陈述行为，而不是内幕交易行为。按照相关立法，下列信息皆属内幕信息：(1)《证券法》第 67 条第 2 款所列重大事件。包括公司的经营方针和经营范围的重大变化；公司的重大投资行为和重大的购置财产的决定；公司订立重要合同，而该合同可能对公司的资产、负债、权益和经营成果产生重要影响；公司发生重大债务和未能清偿到期重大债务的违约情况；公司发生重大亏损或者遭受超过净资产 10% 以上的重大损失；公司生产经营的外部条件发生的重大变化；公司的董事长，1/3 以上的董事或者经理发生变动；持有公司 5% 以上股份的股东，其持有股份情况发生较大变化；公司减资、合并、分立、解散及申请破产的决定；涉及公司的重大诉讼，法院依法撤销股东大会、董事会决议等；(2)公司分配股利或者增资的计划；(3)公司股权结构的重大变化；(4)公司债务担保的重大变更；(5)公司营业用主要资产的抵押、出售或者报废一次超过该资产的 30%；(6)公司的董事、监事、高级管理人员的行为可能依法承担重大损害赔偿责任；(7)上市公司收购的有关方案；(8)中国证监会认定的对证券交易价格有显著影响的其他重要信息。

3. 行为方式属于内幕交易的行为类型。依据《证券法》第 76 条的规定，“证券交易内幕信息的知情人和非法获取内幕信息的人，在内幕信息公开前，不得买卖该公司的证券，或者泄露该信息，或者建议他人买卖该证券”。因此，属于内幕交易的行为包括：(1)内幕信息的知情人员本人买入或卖出该内幕信息所涉及的公司证券；(2)内幕信息的知情人员根据内幕信息建议他人买卖该种证券；(3)内幕信息的知情人员本人向他人泄露内幕信息，使他人利用该信息进行证券买卖。

4. 从事内幕交易者在主观上是明知自己利用内幕信息而交易。一般来说，从事内幕交易是一种作为式的行为，行为者有利用内幕信息进行牟利的故意。但这个要件的实际意义不大，而仅在法律上有意义。因为只要有利用内幕信息进行交易的行为，完全可以推定其主观的故意。

五、操纵市场的民事责任

（一）操纵市场行为的概念

操纵市场是指意图造成不真实或足以令人误解其买卖处于活跃状态；或者抬高或压低证券的价格，以诱使他人购买或出售该证券而进行涉及买卖某一证券的系列交易行为。

证券市场应当是一个公平竞争的市场，只有公平竞争，才能充分发挥证券市场对广大投资者的吸引力。操纵市场破坏的就是竞争的公平性。对那些无法知晓内幕信息的普通投资者来说，他们投资主要还得依靠直观的、由证券市场所表现的“信息”，而这些信息如果是被他人操纵所反映，就根本无法反映真实的证券供求关系，但普通投资者却对此一无所知，这当然是不公平的。我国《证券法》等证券法律、法规也对操纵证券市场进行了相应的规制。目前有关操纵市场民事赔偿的司法解释也在制定之中。

（二）操纵市场行为的表现形式

《证券法》第 77 条规定，禁止任何人以下列手段操纵证券市场：单独或者通过合谋，集中资金优势、持股优势或者利用信息优势联合或者连续买卖，操纵证券交易价格或者证券交易量；与他人串通，以事先约定的时间、价格和方式相互进行证券交易，影响证券交易价格或者证券交易量；在自己实际控制的账户之间进行证券交易，影响证券交易价格或者证券交易量；以其他手段操纵证券市场。操纵证券市场行为给投资者造成损失的，行为人应当依法承担赔偿责任。只要存在操纵证券市场的行为，造成投资者的损失，行为人就应当依法进行赔偿。操纵市场主要有以下表现形式：

1. 连续交易操纵

连续交易操纵即集中资金优势、持股优势或者利用信息优势联合或者连续买卖。构成连续交易操纵的标准有：

（1）认定“集中资金优势”的标准。集中资金优势是动用的资金量能够满足下列标准之一：在当期价格水平上，可以买入相关证券的数量，达到该证券总量的5%；在当期价格水平上，可以买入相关证券的数量，达到该证券实际流通总量的10%；买卖相关证券的数量，达到该证券当期交易量的20%；显著大于当期交易相关证券一般投资者的买卖金额。

（2）认定“持股优势”的标准是直接、间接、联合持有的股份数量符合下列标准之一：持有相关证券总量的5%；持有相关证券实际流通总量的10%；持有相关证券的数量，大于当期该证券交易量的20%；显著大于相关证券一般投资者的持有水平。

（3）认定“信息优势”的标准包括，当事人能够比市场上的一般投资者更方便、更及时、更准确、更完整、更充分地了解相关证券的重要信息。

2. 约定交易操纵

约定交易操纵即与他人串通，以事先约定的时间、价格和方式相互进行证券交易，影响证券交易价格或者证券交易量。构成约定交易操纵的标准是：（1）“约定的时间”包括某一时点附近、某一时期之内或某一特殊时段；（2）“约定的价格”包括某一价格附近、某种价格水平或某一价格区间；“约定的方式”包括买卖申报、买卖数量、买卖节奏、买卖账户等各种与交易相关的安排。

3. 自买自卖操纵

即在操纵人自己实际控制的账户之间进行证券交易，影响证券交易价格或者证券交易量。其中“自己实际控制的账户”包括当事人拥有、管理、使用的账户。

4. 其他操纵市场的行为

（1）蛊惑交易操纵。即操纵市场的行为人故意编造、传播、散布虚假重大信息，误导投资者的投资决策，使市场出现预期中的变动而自己获利。

（2）抢先交易操纵。即行为人对相关证券或其发行人、上市公司公开作出评价、预测或者投资建议，自己或建议他人抢先买卖相关证券，以便从预期的市场变动中直接或者间接获取利益的行为。

（3）虚假申报操纵。即行为人持有或者买卖证券时，进行不以成交为目的的频繁申报和撤销申报，制造虚假买卖信息，误导其他投资者，以便从期待的交易中直接或间接获取利益的行为。而行为人在同一交易日内，在同一证券的有效竞价范围内，连续或者交替进行3次以上申报和撤销申报，可认定为频繁申报和撤销申报。

（4）特定价格操纵。即行为人通过拉抬、打压或者锁定手段，致使相关证券的价格达到一定水平的行为。特定价格是指以相关证券某一时点或某一时期内的价格作为交易结算价格,某些资产价值的计算价格,以及证券或资产定价的参考价格。在具体操作中,可依据法律、行政法规、规章、业务规则的规定或者依据发行人、上市公司、相关当事人的协议内容进行认定。拉抬、打压或者锁定,是指行为人以高于市价的价格申报买入致使证券交易价格上涨,或者以低于市价的价格申报卖出致使价格下跌,或者通过买入或者卖出申报致使证券交易价格形成虚拟的价格水平。

(5)特定时段交易操纵。又分为尾市交易操纵和开盘价格操纵。尾市交易操纵,是指在收市阶段,通过拉抬、打压或者锁定等手段,操纵证券收市价格的行为,包括下列情形:交易发生在收市阶段,行为人具有拉抬、打压或锁定证券交易价格的行为;证券收市价格出现异常;行为人的行为是证券收市价格变动的主要原因。开盘价格操纵,是指在集合竞价时段,通过抬高、压低或者锁定等手段,操纵开盘价的行为,包括下列情形:交易发生在集合竞价阶段,行为人具有抬高、压低或锁定证券交易价格的行为;开盘价格出现异常;行为人的行为是开盘价格异常的主要原因;行为人能从开盘价变动中获取直接或间接的利益。

六、其他承担证券违法民事责任的情形

我国《证券法》中涉及民事赔偿责任的还有以下5个,它们也可以分别归入违约责任或侵权责任,是证券法民事责任体系的必要组成部分,现归纳如下:

(一)证券服务机构的民事赔偿责任

1. 证券投资咨询机构及其从业人员的民事责任

投资咨询机构及其从业人员从事证券服务业务不得有下列行为:代理委托人从事证券投资;与委托人约定分享证券投资收益或者分担证券投资损失;买卖本咨询机构提供服务的上市公司股票;利用传播媒介或者通过其他方式提供、传播虚假或者误导投资者的信息;法律、行政法规禁止的其他行为。如果有上述所列行为之一,给投资者造成损失的,依法应承担赔偿责任。

2. 其他证券服务机构的民事赔偿责任

证券服务机构为证券的发行、上市、交易等证券业务活动制作、出具审计报告、资产评估报告、财务顾问报告、资信评级报告或者法律意见书等文件,应当勤勉尽责,对所依据的文件资料内容的真实性、准确性、完整性进行核查和验证。其制作、出具的文件有虚假记载、误导性陈述或者重大遗漏,给他人造成损失的,应当与发行人、上市公司承担连带赔偿责任,但是能够证明自己没有过错的除外。

(二)证券公司承销或代理买卖未经核准擅自公开发行证券的民事赔偿责任

我国《证券法》第190条规定:“证券公司承销或者代理买卖未经核准擅自公开发行的证券的,责令停止承销或者代理买卖,没收违法所得,并处以违法所得一倍以上五倍以下的罚款;没有违法所得或者违法所得不足三十万元的,处以三十万元以上六十万元以下的罚款。给投资者造成损失的,应当与发行人承担连带赔偿责任……”

(三)证券公司违法承销活动的民事责任

依据《证券法》第191条的规定:证券公司承销证券,有下列行为之一的,责令改正,给予警告,没收违法所得,可以并处30万元以上60万元以下的罚款;情节严重的,暂停或者撤销相关业务许可。给其他证券承销机构或者投资者造成损失的,依法承担赔偿责任。对直接负责的主管人员和其他直接责任人员给予警告,可以并处3万元以上30万元以下的罚款;情节严重的,撤销任职资格或者证券从业资格。这些行为包括:进行虚假的或者误导投资者的广告或者其他宣传推介活动;以不正当竞争手段招揽承销业务;其他违反证券承销业务规定的行为。

(四)上市公司收购中收购人或收购人的控制股东的民事赔偿责任

依据《证券法》第214条的规定:“收购人或者收购人的控股股东,利用上市公司收购,损害被收购公司及其股东的合法权益的,责令改正,给予警告;情节严重的,并处以十万元以上六十万元以下的罚款。给被收购公司及其股东造成损失的,依法承担赔偿责任。对直接负责的主管人员和其他直接责任人员给予警告,并处以三万元以上三十万元以下的罚款。”因此,在上市公司收购中,如果收购人或收购人的控股股东的违法行为给被收购公司和股东造成损失,也应当承担赔偿责任。

(五)符合上市公司归入权规定时,相关人员的民事责任问题

《证券法》第47条规定:“上市公司董事、监事、高级管理人员、持有上市公司股份百分之五以上的股东,将其持有的该公司的股票在买入后六个月内卖出,或者在卖出后六个月内又买入,由此所得收益归该公司所有,公司董事会应当收回其所得收益。但是,证券公司因包销购入售后剩余股票而持有百分之五以上股份的,卖出该股票不受六个月时间限制。公司董事会不按照上述规定执行的,股东有权要求董事会在三十日内执行。公司董事会未在上述期限内执行的,股东有权

为了公司的利益以自己的名义直接向人民法院提起诉讼。公司董事会不按照上述的规定执行的,负有责任的董事依法承担连带责任。”归入权的目的是对公司受到损失的利益予以赔偿。因此,在符合上市公司行使归入权的情形下,公司有权主张相关收益,股东也有权以自己的名义向法院起诉主张归入权。

阅读7-1　我国虚假陈述民事责任确立及发展概况

民事赔偿责任对于预防和矫治证券市场中的各种违法行为有特别的意义。因为只有民事赔偿才能让违法者感到切肤之痛。行政处罚措施乃至刑罚均难以对证券违法违规主体形成有效震慑。因而构建完整的证券违法民事责任体系相当重要。

1998年12月14日,中国首例股民状告上市公司虚假陈述赔偿案在上海浦东新区法院受理,引起了社会各界的广泛关注。原告姜某诉被告“红光实业”全体董事及有关中介机构损害赔偿,1999年3月30日,法院以“原告的损失与被告的违规行为之间无必然的因果关系,原告所述其股票纠纷案件不属于人民法院处理范围”为由,依照当时的《民事诉讼法》第108条、第140条第1款第3项的规定,裁定驳回原告的起诉,原告未在上诉期限内上诉。随后,有关“红光实业”虚假陈述的多起损害赔偿的民事诉讼,均被驳回起诉。

随后发生的大庆联谊民事赔偿案则基本成功。2000年3月31日,大庆联谊因欺诈上市和1999年年报虚假,受到中国证监会的处罚。2003年7月29日,大庆联谊在《上海证券报》刊登公告称,“已接到哈尔滨市中级人民法院送达的关于股东诉该公司民事索赔案的传票,原告共计113人,诉讼标的为312万元,以上案件采用集团诉讼方式,开庭时间为2003年8月25日”。2002年1月15日,最高人民法院发布《关于受理证券市场因虚假陈述引发的民事侵权纠纷案件有关问题的通知》,有关法院按此通知受理了近900件要求虚假陈述行为人承担民事赔偿责任的案件,但是,该通知在很多问题上仍缺乏可操作性,最高人民法院随即在2003年1月9日发布《关于审理证券市场因虚假陈述引发的民事赔偿案件的若干规定》。2004年8月,经过两年多的调查、审理,哈尔滨中院就大庆联谊案作出了一审判决,大庆联谊、申银万国被判赔偿投资者。2004年12月28日,黑龙江省高级人民法院对大庆联谊案作出终审判决,有3起案件改判,其余均维持原判,判决公司赔偿金额约为883.7万元,承担受理费20.6万元,申银万国对433起案件承担连带责任,赔偿金额为608万元。2006年12月4日本案执行完毕。

但迄今我国也仅针对虚假陈述出台了民事赔偿的司法解释,对于其他证券违法行为的民事责任相关具体规则仍需继续研究制定。即使是虚假陈述民事责任的追究也还远没有发挥出应有的市场监督功能。据统计,2001年至2015年,共有214家上市公司因虚假陈述被行政处罚,但公开信息显示,仅有65家上市公司被投资者提起证券民事赔偿诉讼,占比仅为30%。证券市场侵权行为往往具有受损人数众多而单个损失金额较小的特点,受损中小投资者单独维权不仅需要耗费较高的时间和精力成本,还要承担以其专业知识储备所不能预期到的败诉风险,维权成本仍然较大。因此,应当有更多的诉讼制度来确保民事赔偿责任的落实。至少可以考虑以下两个方面:

一是共同诉讼。上述大庆联谊案采取的就是共同诉讼。2002年3月29日,上海和北京两地律师团代表679位投资者以共同诉讼方式起诉大庆联谊,并且采取了国际上流行的证券民事诉讼代理的风险代理,即由律师事务所垫付诉讼费、成本费,如果胜诉则律师事务所按获赔总额的一定比例提成。应当说,共同诉讼较单独诉讼而言,大大降低了诉讼成本并且提高了效率,可以激励当事人的积极性,这在西方国家司法介入证券市场民事赔偿案中普遍使用。2012年修订后的《民事诉讼法》对共同诉讼的规定在第52条、第53条和第54条。第52条规定了共同诉讼的含义,第53条规定了起诉时人数确定的共同诉讼,第54条规定了起诉时人数不确定的共同诉讼诉,基本形成了较为完整的共同诉讼制度。

二是支持起诉原则的运用。2012年修订后的《民事诉讼法》第15条规定:"机关、社会团体、企业事业单位对损害国家、集体或者个人民事权益的行为,可以支持受损害的单位或者个人向人民法院起诉。"该规定即民事诉讼中的"支持起诉"。实践中已经有支持证券民事赔偿起诉的实例。2016年7月,中证中小投资者服务中心有限公司(以下简称投服中心)接受9名因匹凸匹(原名多伦股份)虚假陈述行为受损的投资者的委托,将上市公司原实际控制人鲜某作为第一被告、其他7名高管及上市公司作为共同被告,正式向上海市第一中级人民法院递交诉状,要求连带赔偿投资者经济损失合计215万元。据悉,这是投服中心首次受中小投资者委托提起证券支持诉讼,也是全国法院系统受理的第一例证券支持诉讼,标志着我国证券市场支持诉讼制度的"破冰"。

阅读7-2　内幕交易民事赔偿中的因果关系认定

内幕交易是证券市场上常见的违法行为。对内幕交易的行政和刑事责任基本无争议,但对内幕交易的民事赔偿责任则值得关注。我国《证券法》第76条第3款规定:"内幕交易行为给投资者造成损失的,行为人应当依法承担赔偿责任。"因此内幕交易的民事责任依法成立。

实践中已经发生的多起内幕交易民事赔偿诉讼。例如，因中国证监会〔2013〕59号行政处罚决定书中对光大证券内幕交易案的行政认定，投资者秦某的所有股票在中国证监会认定的内幕时间段内买入，故提起因光大证券内幕交易的民事赔偿。一审和二审法院均予以了支持。一审法院认为，证券市场中因果关系不同于传统的民事因果关系。首先，证券市场主体人数众多，交易迅速，成交量大。作为一个以计算机网络技术为基础的市场，大多数证券交易是通过集合竞价和连续竞价，采取交易所主机撮合方式而完成的，内幕交易行为人与受害人并不直接对应或接触。因此，投资者交易的股票无法与内幕交易行为人交易的股票完全一一对应。其次，在证券市场上，投资者的损失主要表现在证券价格的下降或上升，但是影响证券价格的因素非常多，往往是多种原因相互交织引起证券价格波动。在这种情况下，由投资者通过证据去证明内幕交易的因果关系几乎不可能，相当于架空了内幕交易惩罚制度，不符合立法本意。我国目前法律法规或者司法解释并未对内幕交易与投资者损失的因果关系方面作出具体明确的规定，但与此最相类似、同样涉及证券市场投资者民事赔偿的《最高人民法院关于审理证券市场因虚假陈述引发的民事赔偿案件的若干规定》（以下简称《若干规定》）第18条对因果关系已经作出规定，根据该规定，具备一定条件的情况下推定因果关系成立。对于本案内幕交易的民事赔偿责任也应当采取推定因果关系。基于有效市场理论，假定证券和期货市场的价格受所有投资公众可获知的公开信息的影响，交易时不披露的内幕信息，也会在很大程度上影响市场价格的真实性。因此存在内幕交易行为应当推定为会影响到投资者所投资的交易品种价格，进而造成投资者损失的客观性。在内幕信息具有价格敏感性的情况下，在内幕交易行为人实施内幕交易行为期间，如果投资者从事了与内幕交易行为主要交易行为方向相反的证券交易行为，而且投资者买卖的是与内幕信息直接关联的证券、证券衍生产品或期货合约，最终遭受损失，则应当认定内幕交易与投资者损失具有因果关系。二审法院则进一步指出，内幕交易违背证券期货市场的三公原则。内幕交易人利用内幕信息优势，与毫不知情的相对方进行交易，侵害了交易相对方的公平交易权，进而对交易相对方的合法财产权益构成了严重威胁甚至造成实际损失。无论内幕交易人进行内幕交易的数量多少和时间长短，内幕交易人是否因内幕交易而获得实际利用其内幕交易行为是否对相关证券、期货品种的交易价格产生实质性影响，都不影响内幕交易侵权因果关系的认定。只要内幕交易人进行了内幕交易，交易相对方在相应交易中产生了损失，处理内幕交易人能够证明交易相对方的损失是其自身原因或其他原因造成的,原则上就可以推定内幕交易人的内幕交易与交易相对方的损失之间存在因果关系。[2]

上述案例中对内幕交易民事责任认定中的因果关系认定遵循了以下原则:一是证券民事侵权与普通民事侵权存在的区别,二是经济学的有效市场假设,三是对内幕交易因果关系认定可以类推适用虚假陈述民事责任中的因果关系认定方法,采用因果关系的推定。推定需要对证据进行认定。

而在另一起内幕交易的民事案例中,法院依据案件事实推定因果关系不存在。2014 年 10 月 22 日,中国证监会〔2014〕第 87 号《行政处罚决定书》认定本案鞠某在 2010 年 9 月至 2011 年 3 月期间实施了内幕交易“广联达”股票的行为。2014 年 10 月 27 日,单某购入广联达股票 9900 股,2014 年 10 月 29 日,单某再次购入广联达股票 10300 股。2014 年 11 月 1 日,包括大智慧网站在内的多家媒体报道了鞠某因内幕交易被中国证监会行政处罚的情况。单某以每股 24.96 元的价格出售其持有的 10000 股广联达股票,累计盈利 8579.44 元。单某以鞠某内幕交易应当承担民事责任为由提起民事诉讼。法院判决认为,本案中鞠某内幕交易广联达股票的行为发生在 2010 年 9 月至 2011 年 3 月期间,而单文峰购买和卖出该股票相隔了三年多近四年的时间,所以无论中国证监会的处罚决定书是在 2014 年 10 月 22 日作出之日就为单某所知悉还是如单某所述其 2014 年 11 月 1 日才从相关媒体了解到该处罚决定书,均距离内幕交易行为发生有三年多的时间,鞠某成立三年多前的内幕交易行为被公布后,对三年多之后的该证券价格变化是否产生实质性的影响,现有证据无法认定这两者之间存在因果关系。另外,单某出售持有的广联达股票后最终仍获利 8000 余元,并没有实际损失,故对于单某要求某赔偿损失的主张,法院不予支持。[3]

案例 7-1 虚假陈述民事责任的因果关系认定

本案原告李某,被告上海创兴资源开发股份有限公司(创兴资源)。2013 年 9 月 27 日,《中国证券报》发表了题为《创新资源高价收购稀土资产评估值暴增存疑问》的文章。文章认为,被告与实际控制人之间的可疑关联交易远不止该报之前刊文所报道的,文章分别从“连环交易掩盖高溢价收购”、“评估值暴增存多处疑问”、“‘低卖高买’资产早有前科”三方面进行了分析报道。

---

〔2〕 参见上海市高级人民法院(2015)沪高民五(商)终字第 58 号民事判决书。
〔3〕 参见江苏省南京市中级人民法院(2016)苏 01 民终 4347 号民事判决书。

该日以及次日被告股票大跌。2014 年 3 月 27 日,被告接到中国证监会的通知,因其涉嫌违反证券法及相关法规被决定立案稽查,该日被告股票几近跌停。2014 年 3 月 28 日,上海证券报再次发文揭露被告收购资稀土资产存在疑点。2014 年 4 月 1 日,被告发布澄清公告,针对《中国证券报》上述文章内容作出澄清。

2014 年 5 月 5 日被告应上海证券交易所公司监管部分要求进行整改,并于 2015 年 1 月至 6 月期间,每月中旬发布公告被立案调查的进展情况。2015 年 6 月 19 日,被告发布关于收到中国证监会《行政处罚事先告知书》的公告,该公告称被告于 2015 年 6 月 18 日被告收到中国证监会《行政处罚事先告知书》。2015 年 8 月 4 日,中国证监会作出(2015)25 号行政处罚决定书,该决定书确认被告存在信息披露违法事实,主要体现在两个方面,一是在《关联交易公告》中未完整披露其在重大投资行为中所采用的资产评估报告的文件全称,隐去了评估项目的相关内容,也未披露该评估报告并非专为本次交易所作的情况,导致所披露的内容不准确、不完整;二是未在《关联交易公告》中披露重要标的价格较评估报告的评估基准日下跌幅度达到 40% 左右的情形,导致遗漏重大事项。被告信息披露违法违规的内容均体现在《关联交易公告》中,发布该《关联交易公告》之日即 2012 年 5 月 12 日。2015 年 8 月 18 日,被告对上述处罚事宜进行了公告。

原告李某为证券投资者,2012 年 8 月 14 日至 2015 年 6 月 19 日期间,原告共计买入系争股票 2,492,780 股,成交总价 28,946,415.18 元;2013 年 9 月 26 日至 2014 年 9 月 18 日期间,原告共计卖出系争股票 107,400 股,卖出总金额为 958,224 元。截至 2015 年 6 月 19 日,原告持有剩余系争股票 2,385,380 股。2013 年 11 月 4 日,原告获被告送股 501,480 股。

本案当事人关于虚假陈述揭露日则出现了争议。原告主张虚假陈述揭露日为《中国证券报》刊登文章的 2013 年 9 月 27 日,被告则认为揭露日为 2015 年 6 月 19 日,即被告公告收到中国证监会《行政处罚事先告知书》之日。原告主张基准日为 2013 年 12 月 6 日,基准价为 7.76 元/股;被告主张基准日为 2015 年 12 月 2 日,基准价为 15.12 元/股。此外,当事人对构成损害赔偿的因果关系也有争议。[4]

思考与分析:

针对上述争议焦点问题,法院判决认为,中国证监会既已作出行政处罚决定书,认定被告存在虚假陈述行为,并对被告进行了行政处罚,则可据此认定被告存

---

〔4〕 (2016)沪 01 民初 65 号民事判决书。

在虚假陈述的过错。关于本案的虚假陈述实施日，系指行政处罚决定书认定的发布《关联交易公告》之日即2012年5月12日并无争议。关于当事人争议的虚假陈述揭露日的认定，《若干规定》第20条第2款明确，虚假陈述揭露日，是指虚假陈述在全国范围发行或者播放的报刊、电台、电视台等媒体上，首次被公开揭露之日。在证券市场上，行为人的虚假陈述行为被揭示通常会有一个过程，但并非任何一个对虚假陈述行为揭露的均可以作为虚假陈述揭露日。而虚假陈述被揭示的意义就在于其对证券市场发出了一个警示信号，提醒投资人重新判断股票价值，进而对市场价格产生影响。因此，除须符合首次被告公开揭露这一要件外，确定虚假陈述揭露日还应当着重考虑两个因素：一是揭露的内容应与证券监督管理机构行政处罚决定书中认定的虚假陈述行为相一致；二是此揭露行为的力度应当足以引起市场内一般理性投资者的警示。

本案中，原告主张以《中国证券报》相关报道的刊登日作为揭露日。法院判决认为，该报道系记者基于自身调查或对现有资料分析而呈现的观点，包含作者的主观判断，虽然可能带给投资者某些警示，但鉴于被告针对该报道作出澄清的行为，同样在影响投资者的判断，故在面对正反信息的情形下，投资者并不具备判断被告是否存在虚假陈述行为的客观条件，故不能认为该报道属于对被告虚假陈述行为的揭露，原告关于虚假陈述揭露日的主张，本院不予采信。被告主张2015年6月19日发布公告的行为构成了对虚假陈述行为的揭露，对此本院认为，该公告系被告对中国证监会向其下发的《行政处罚事先告知书》进行的完整披露，披露的内容与中国证监会在其后认定的被告信息披露违法违规事实可完全对应，鉴于此系被告的虚假陈述行为首次完整被披露，同时考虑到虚假陈述揭露日的认定与不特定投资者主张赔偿损失存在关联，故应采取统一的、客观的标准，故认为应当认定2015年6月19日为本案虚假陈述的揭露日。

经审查，相应的基准日为2015年12月2日，基准价为15.12元/股。

至于原告的投资损失与被告虚假陈述之间的因果关系，法院认为，《若干规定》第18条明确规定，投资人具有以下情形的，人民法院应当认定虚假陈述与损害结果之间存在因果关系：一是投资人所投资的是与虚假陈述直接关联的证券；二是投资人在虚假陈述实施日及以后，至揭露日或者更正日之前买入该证券；三是投资人在虚假陈述揭露日或者更正日及以后，因卖出该证券发生亏损，或者因持续持有该证券而产生亏损。但《若干规定》第19条还规定，被告举证证明原告具有以下情形的，人民法院应当认定虚假陈述与损害结果之间不存在因果关系：(1)在虚假陈述揭露日或者更正日之前已经卖出证券；(2)在虚假陈述揭露日或者更正日及以后进行的投资;(3)明知虚假陈述存在而进行的投资;(4)损失或部分损失是由证券市场系统风险等其他因素所导致。本案被告的虚假陈述行为所涉信息系与其被告股票价值有关的重大信息,原告购买被告股票,属于投资了与虚假陈述直接关联的证券,但根据原告的交易记录,原告在虚假陈述实施日至揭露日期间共买入系争股票2,492,780股,买入总金额为28,946,415.18元;该期间共计卖出107,400股,卖出总金额为958,224元。此外,根据《若干规定》第34条的规定,投资人持股期间基于股东身份取得的收益,包括红利、红股、公积金转增所得的股份以及投资人持股期间出资购买的配股、增发股和转配股,不得冲抵虚假陈述行为人的赔偿金额。鉴于原告在虚假陈述实施日至揭露日期间曾获送股501,480股,故在计算买入均价时,该送股股数应当从可予主张损失的适合股数中剔除,即买入均价为(28,946,415.18元－958,224元)÷[(2,492,780股－501,480股)－107,400股]=14.86元/股。现经查明,系争股票的基准价为15.12元/股,故原告的买入均价低于基准价,不存在投资差额损失,不符合若干规定第18条第3项的情形,因此本案法院驳回了原告的诉讼请求。

案例7－2　内幕交易的行政认定

2012年3月19日,梅泰诺董事会秘书兼副总裁伍某某安排人将《军通股份招股说明书(申报稿)》发邮件给该公司董事孟某。2012年4月11日至4月13日,孟某等到成都军通股份调研后,提交调研报告至梅泰诺法定代表人兼董事长张某某。2012年4月28日,张某某召集孟某等开会,同意调研报告中对于军通股份的判断,同时确定军通股份的收购报价估值最高不超过1亿元。2012年6月19日下午在香港沙田凯悦酒店会议室,军通股份部分管理层股东等与梅泰诺张某某、孟某、伍某某就梅泰诺收购军通股份事宜初步达成一致意见。2012年6月28日,梅泰诺召开董事会,审议通过梅泰诺收购军通股份35.2%的股份。2012年6月29日收市后,梅泰诺发布《关于收购成都军通部分股权的公告》,其股票自7月2日起停牌。该内幕信息敏感期为2012年3月19日至2012年6月29日。

2012年1月11日,梅泰诺张某某与金之路董事长缪某某在杭州面谈,口头约定双方可以进行股权层面的合作,以2012年预测的税后净利润为基础,目标公司的估值不超过7倍市盈率,相关工作在春节后正式启动。2012年3月23日,金之路董事长缪某某、总经理哈某与梅泰诺张某某、伍某某等在梅泰诺7层大会议室召开座谈会。双方初步确认合作框架、落实具体方案、签署保密协议等。2012年5月2日,梅泰诺召开总裁办公会,参加人员为:张某某、伍某某、赵某某、孟某等,会议涉及金之路并购管理问题。2012年6月29日下午3点前，梅泰诺伍某某与金之路杨某某电话沟通，确认可以申请停牌。2012年7月2日，梅泰诺发布停牌公告。2012年8月1日交易双方签署附生效条款的投资协议。2012年8月1日在梅泰诺召开了第二届董事会第五次会议。2012年8月3日，梅泰诺发布《发行股份购买资产预案》的公告并复牌，该预案为：梅泰诺拟通过向特定对象发行股份的方式，购买缪某迪、缪某娣、哈某及创坤投资合法持有的金之路合计100%股权。本次交易完成后，金之路将成为梅泰诺的全资子公司。同日"梅泰诺"股票复牌交易。金之路重大资产重组事项的内幕信息敏感期为2012年1月11日至2012年8月3日。

中国证监会认为，孟某为前述内幕信息知情人。孟某自2012年5月21日起，经梅泰诺公司第一届董事会第三十次会议审议通过任公司第二届董事会董事。根据《证券法》第74条规定，证券交易内幕信息的知情人包括发行人的董事、监事、高级管理人员。孟某作为主要人员参与了军通股份收购项目。从2012年3月19日起至该项目公告，孟某作为主要人员参与了梅泰诺收购军通股份项目。2012年7月8日他以法定代表人的身份带着班子进驻军通股份召开会议。孟某知悉金之路重组项目。2012年3月2日梅泰诺艾某某发送给伍某某电子邮件，附件中艾某某在"本周完成工作"中写道："针对金之路项目与孟总（孟某）沟通业务价值，完善投资建议书"。2012年3月19日，梅泰诺召开总裁办公会。张某某等人的谈话笔录均说当天的会议中提及了金之路的投资项目，孟某的笔记本中有金之路投资项目的记录。2012年5月2日，梅泰诺召开总裁办公会，张某某、伍某某、孟某的谈话均说当天的会议中提及了金之路的投资项目。2012年5月14日，梅泰诺召开周例会，参加人员为：张某某、孟某等。会议听取了金之路审计事宜。2012年4月20日、4月23日、6月29日孟某和交易对手方金之路总经理哈某有过电话联系。虽然孟某、哈某在谈话中仅承认双方的谈话内容仅限于梅泰诺与金之路的生产合作，但事实表明孟某与哈某不仅电话联系过，也在南京见过面。

张某账户分别于2012年5月15日、5月28日、6月5日累计买入"梅泰诺"股票30,000股，该账户于2012年8月21日已将该30,000股全部卖出。

经查，张某账户自5月7日开户以来至调查日仅交易了"梅泰诺"股票。张某账户开户及每次交易均与孟某有过通话，且与孟某指使的"杨某某"涉嫌内幕交易刑事案件有关账户交易时间一致。

根据《证券法》第76条的规定，张某在内幕信息敏感期内交易"梅泰诺"股票的行为构成内幕交易。梅泰诺收购军通股份项目部分股权、梅泰诺向特定对象发行股份购买金之路100%股权属于《证券法》第75条规定的内幕信息。孟某是以上两个项目的内幕信息知情人。在内幕信息敏感期内,张某在交易"梅泰诺"股票前或后均与孟某进行过通话,张某不能对其交易"梅泰诺"股票作出合理说明或提供证据排除其存在利用内幕信息从事相关证券交易活动。张某为非法获取内幕信息的人,其交易"梅泰诺"股票的行为违反了《证券法》第73条关于"禁止证券交易内幕信息的知情人和非法获取内幕信息的人利用内幕信息从事证券交易活动"的规定。中国证监会依据《证券法》第202条的规定决定对张某处以6万元罚款。[5]

思考与分析:

内幕交易是严重的证券违法行为,对证券市场危害甚大。为快速查处内幕交易行为,证监会已建立多层次联动快速反应查处机制。证券市场的核心问题是信息的公开和公平,内幕交易者以不当的方式利用了信息,从而损害了证券市场的公平性。因此,全方位禁止内幕交易的立法举措是法律控制证券市场的必要手段。

本案值得进一步思考的问题是中国证监会如何认定"内幕信息敏感期",以及内幕信息、内幕信息知情人的具体认定方法。这些方法是我们需要学习和掌握的实践技能。

案例7-3　过失泄露内幕信息构成的内幕交易行为

2007年10月初,珠海GL集团有限公司作出了同意房地产业务借壳上市的决定,开始与多家公司接触。GL集团副总裁鲁某委托况某联系寻找一家上市公司作为壳资源。况某曾任GL集团财务部副部长、董事会秘书等职,况某找到了上市公司HX公司。

HX公司的股价从2007年10月18日双方开始接触到25日口头达成一致,一直震荡走势,股价没有异动,甚至在25日当天还大跌了7.38%。但就在双方口头达成一致意见的当天,属于徐某和张某的账户分别动用35万多元和25万多元,买入海星科技55,000股和39,600股,后又补了5000股。连续涨停的HX公司在29日下午被临时停牌。

据查,徐某是况某的外甥女,况某妻子张某是徐某的账户的全权代理人,徐某账户买入HX公司股票的资金中,主要来自况某的存折。

况某称"2007年10月,我经常会在家中与人电话沟通HX公司卖壳等事宜,张某应该听到了电话内容"。况某否认他利用内幕信息买卖股票,他称,张某也知

---

〔5〕　参见中国证监会〔2014〕63号行政处罚决定书。

道况某去西安出差，但是况某没有亲自向张某说过HX公司卖壳进展等细节。

张某称，2007年10月左右，她在家中时常听到况某在电话里跟人谈及HX公司卖壳的事情，但况某并未告诉她HX公司重组之事。2007年10月25日上午，况某的外甥女徐某让她推荐股票，她推荐了包括了“HX公司”在内的几支股票，并告诉徐某，HX公司打算将壳卖给GL集团，具有重组的可能。

本案较为特殊，也在当时的证券市场上引起广泛讨论。中国证监会处罚决定书指出，在这一内幕交易案中，况某接受委托为GL集团寻找收购对象，参与重组谈判，全面掌握重组的进展、前景、细节等极为敏感的信息。他本应保持高度谨慎，认真做好重组信息的保密与管理，不得实施内幕交易或将相关信息泄露给他人。然而，况某却并未采取必要的保密措施，将内幕信息泄露给其配偶张某，后者又将内幕信息泄露给徐某，徐某最终利用内幕信息买入被重组公司“HX公司”的股票，其行为构成了《证券法》第202条规定的知悉内幕信息者在信息公开前“泄露该信息”并“建议他人买卖该证券”的行为；徐某从张某处获悉内幕信息后，接受了张某的建议，多次买入HX公司股票，其行为构成了《证券法》第202条规定的知悉内幕信息者在信息公开前“买卖该证券”的行为。中国证监会决定对况某、张某分别处以3万元罚款，没收徐某的违法所得112,346.05元，并处以112,346.05元罚款。[6]

思考与分析：

本案证据无法支持况某是故意泄露内幕信息，但中国证监会将泄露者的责任扩展至“过失”。其积极意义是有利于督促内幕信息知情人加强保密意识，完善保密措施，防止当事人规避法律制约。证明故意泄露通常在证据方面是非常困难的，但是过失泄露的举证标准相对难度较低。

本案值得进一步思考的问题是，证券内幕交易行为认定中的“过失”一般应当限于“重大过失”，并非任何过失都能构成泄密。何种情形构成重大过失需要考虑如下因素：一是内幕信息的市场敏感程度及其对证券交易价格的影响程度；二是因泄露导致的信息扩散广度和深度；三是泄露者对内幕信息的了解与掌握程度；四是信息泄露的频度与清晰程度；五是泄露者所采取的加密与防护措施。从本案的情况来看，况某的一些行为已经构成了重大过失，应该承担法律责任。从《证券法》的立法宗旨来看，任何掌握的内幕信息的人，都不得泄露，不得建议他人买卖，也不得自己交易股票。从实践考虑，我国证券市场通过配偶、亲属、朋友“偶然获知”内幕信息的情况比较多发，证明当事人之间系“故意传递”又非常困难。因此

---

〔6〕 参见中国证监会〔2010〕32号行政处罚决定书。

证监会决定采取折中处理的方式:只要行为人知道或应当知道偶然获知的信息是重大非公开信息,就负有不能买卖、泄露或建议他人买卖的义务。

案例 7－4　集中资金优势、持股优势的操纵市场行为之认定

中国证监会认定深圳市中鑫富盈基金管理有限公司(以下简称中鑫富盈)、吴某合谋操纵深圳市特力(集团)股份有限公司(以下简称特力 A)、山东得利斯食品股份有限公司(以下简称得利斯)股票。主要有以下违法事实:

2015 年 7 月 10 日至 8 月 28 日,中鑫富盈控制使用"四川信托—宏赢七十三号"等 10 个信托计划证券账户下挂的 11 个交易子账户,李某负责作出最终投资决策。这些账户交易存在一定的交易地址或交易硬件信息重合情形。

吴某控制使用"厦门信托—凤凰花香二号"等 10 个信托计划证券账户下挂的 18 个交易子账户和"罗某"等 4 个个人账户。

经查,7 月 10 日至 8 月 28 日,中鑫富盈、吴某合谋采用集中资金优势及持股优势连续买卖、在所控制账户之间交易等方式,影响了"特力 A"的交易价格和交易量,中鑫富盈获利 147,415,733.94 元,吴某获利 173,544,302.74 元;7 月 20 日至 8 月 28 日,中鑫富盈、吴某合谋采用集中资金优势及持股优势连续买卖、在所控制账户之间交易等方式,影响了"得利斯"的交易价格和交易量。中鑫富盈亏损 33,511,721.12 元,吴某亏损 185,257,619.17 元。

中国证监会认为,中鑫富盈、吴某的上述行为违反了《证券法》第 77 条第 1 款第 1 项、第 3 项的规定,构成《证券法》第 203 条所述操纵证券市场的行为。中国证监会决定:没收中鑫富盈违法所得 147,415,733.94 元,并处以 442,247,201.82 元罚款。没收吴某违法所得 173,544,302.74 元,并处以 347,088,605.48 元罚款。[7]

思考与分析:

操纵市场行为是人为控制了证券的交易价格,本质仍是一种欺诈。本案值得思考的问题是中国证监会从哪些方面认定当事人存在操纵市场行为的?什么是集中资金优势、持股优势的操纵行为?此外,操纵市场的民事赔偿应当如何构建?

本案值得进一步思考的问题是,中鑫富盈、吴某对"特力 A"的操纵市场行为确实获利,但对"得利斯"的操作则巨额亏损。中国证监会的处罚并未适用损益之"抵销"而是对他们就"特力 A"的违法所得予以没收并处三倍罚款。请思考中国证监会如此处罚的理由。

---

〔7〕　中国证监会〔2016〕41 号行政处罚决定书。

案例7-5 操纵市场行为的多样性

鲜某时任上海多伦实业股份有限公司(以下简称多伦股份)实际控制人、董事长、法定代表人、董事会秘书(代)及多伦投资(香港)有限公司(以下简称香港多伦)实际控制人、法定代表人。中国证监会认为,鲜某存在以下违法事实:

"刘某杰"、"鲜某"、"夏某梅"证券账户以及14个信托账户共计28个HOMS交易单元(以下简称账户组)由鲜某实际控制、使用。账户组交易资金来源于鲜某、鲜某控制的公司及14个信托计划,交易MAC地址高度重合。

经查,鲜某通过采用集中资金优势、持股优势、信息优势连续买卖,在自己实际控制的证券账户之间交易,虚假申报等方式,影响"多伦股份"交易价格和交易量,违法所得共计578,330,753.74元。2014年1月17日至2015年6月12日,"多伦股份"股价涨幅为260.00%,同期上证指数涨幅为155.29%。

此外,2014年1月17日至2015年4月3日,香港多伦和账户组合计持有的"多伦股份"持股比例变动两次超过5%,鲜某作为信息披露义务人,未向中国证监会及上海证券交易所(以下简称上交所)作出书面报告,也未通知上市公司并予公告。

中国证监会认为,2014年1月17日至2015年6月12日期间,鲜某通过采用集中资金优势、持股优势、信息优势连续买卖,在自己实际控制的证券账户之间交易、虚假申报等方式操纵"多伦股份"股票价格,违反了《证券法》第77条第1款第1、3、4项规定,构成了《证券法》第203条所述违法行为。鲜某未按规定向中国证监会及上交所作出书面报告,也未通知上市公司并予公告持股变动情况,违反了《证券法》第86条第2款的规定,构成《证券法》第193条所述违法行为。

中国证监会决定对鲜某操纵"多伦股份"行为,责令依法处理非法持有的证券,没收违法所得578,330,753.74元,并处以2,891,653,768.70元罚款。对鲜某信息披露违法行为,给予警告,并处以60万元罚款。[8]

思考与分析:

鲜某曾因多伦股份信息披露违法被中国证监会上海监管局行政处罚。在本案中,鲜某作为多伦股份实际控制人、董事长、董事会秘书,采用多种手段操纵上市公司股价,中国证监会认定其行为特别恶劣,严重扰乱证券市场秩序。

本案值得进一步思考的问题是,鲜某采取了多种手段操纵市场,其中一种被中国证监会认定为是通过控制多伦股份信息披露内容误导投资者。中国证监会

---

〔8〕 参见中国证监会〔2017〕29号行政处罚决定书。

认为,在互联网金融题材大热期间,鲜某控制信息披露的节奏,同时发布误导性的公告。在 www. p2p. com 网站正在筹备、尚未开始运营的情况下,公告却称“可以使公司在互联网金融行业处于领先的竞争优势”,该表述过度夸大、渲染给公司业务带来的影响,误导投资者。鲜某在明知网站尚未运营的情况下,却利用上市公司发布误导性公告,具有明显的操纵意图。这一认定值得我们继续关注。

案例 7-6 其他方式扰乱证券市场

中国证监会认定重庆云锦传媒存在以下违法事实:“@移动信息”(案发时认证为《移动信息》杂志官方微博)新浪微博由重庆云锦传媒注册运营。2015 年 2 月 11 日,重庆云锦传媒在“重庆云锦广告之家”微信群讨论选题时提到“联通和电信要合并,移动和广电要合并”的话题,公司员工孙某聪在获得总经理张某认可后,于当日 15:06 在“@移动信息”上制作并发布了该信息:据传:中国电信与中国联通合并;中国移动与广电网合并。信息产业严重产能过剩是此次电信行业重组的主要原因。此前,知情人士称:四川移动和四川广电网络已经变相合并。成都的广电网络营业厅基本改成了“爱家”营业厅,实际就是移动营业厅,主营移动业务,广电业务已经很少。当日 15:18,张某通过个人新浪微博进行了转发。截至 2015 年 3 月 12 日 20:21:46,通过“@移动信息”阅读该条内容的阅读量为 291,616 次,转发量为 236 次。

2015 年 2 月 12 日,“中国联通”、“号百控股”、“广电网络”三支股票股价及交易量较前几个交易日出现明显异常,涨幅明显偏离同期大盘指数、央企改革板块指数、通信板块指数。同期,市场中未出现其他影响大盘走势、央企整合概念股或通信板块走势的重要信息,中国联通等三公司也均未发布重要事项公告。重庆云锦传媒传播的上述信息致使该三支股票价量出现异常波动。经向中国联合网络通信集团有限公司、中国电信集团公司、中国移动通信集团公司、中国广播电视网络有限公司、四川省有线广播电视网络股份有限公司进行核实,“@移动信息”所发信息内容失实,为虚假信息。

中国证监会决定对重庆云锦传媒责令改正,并处以 20 万元罚款。[9]

思考与分析:

本案属于“以其他方式扰乱证券市场的行为”。证券市场的信息具有价格敏感性,任何信息都可能影响证券的价格,因此“三公”原则才是证券法的基本原则。

---

〔9〕 参见中国证监会〔2016〕57 号行政处罚决定书。

本案重庆云锦传媒发布虚假信息，违反了《证券法》第78条第3款的规定，构成《证券法》第206条所述扰乱证券市场的行为。应当予以行政处罚。

本案值得进一步思考的问题是重庆云锦传媒曾提出的申辩理由是否成立。首先，其主营业务不涉及证券市场，所发布信息为通讯数码行业信息，其不应当属于证券信息。其次，当事人所发布信息来源于权威媒体及专业人士，经多方核实信息内容，并未夸大、扭曲或虚构。并且"@移动信息"的日常阅读量和转发量较低，影响力不足，是由于各大财经媒体的二次传播对证券市场产生了影响。对于这些理由，中国证监会认为：第一，当事人所发布信息为通讯行业信息，同时也是与行业内上市公司相关联的信息，可以认定为证券市场信息；第二，当事人对他人的预测性、猜测性信息进行加工传播，所传播的信息不具有真实性、客观性，而具有误导性，违背了《证券法》关于各种传播媒介传播证券市场信息必须真实、客观、禁止误导的法定义务；第三，当事人所发布信息是其他媒体二次传播的主要信息源头，"@移动信息"杂志官方微博的身份为其所发布的信息提高了可信度，依法应承担相应责任。

我国《证券法》第78条要求传播媒介的义务是"真实、客观，禁止误导"，而第63条对证券发行人、上市公司的信息义务要求是"发行人、上市公司依法披露的信息，必须真实、准确、完整，不得有虚假记载、误导性陈述或者重大遗漏"。可见，《证券法》第78条对传播媒介传播证券市场信息的要求显然低于发行人和上市公司。但是，由于证券市场具有的信息敏感性，要求各种传播媒介在传播证券市场信息时都负有真实、客观、禁止误导的义务是必要的，此种义务不因传播媒介的实际影响力、主观有无过错而有区别。此外，对第78条中的"证券市场信息"应当做扩充解释，并不限于证券市场中的信息。各个行业信息均与行业内上市公司相关联，均成立"证券市场信息"。

思考题

1. 虚假陈述的构成要件及民事责任承担有哪些规则？
2. 内幕交易的构成要件及民事责任承担的具体要求。
3. 操纵市场行为的具体类型。
4. 证券违法行为的行政和刑事责任有哪些？

后　记

我们在长期从事的商法教学中，发现商法不仅有深厚的理论性，也有极强的实践性。在法律出版社的主持和策划下，笔者尝试编写了这本融通理论和实践的《证券法实训教程》。

全书内容基本沿用了传统证券法教材的体系，共设七章。每章均含理论精研和实训内容，并设有思考题及司法考试题。

理论精研部分主要是现行证券法的理论。证券法的理论和知识较为专业，扎实的理论学习对理解相关实践、学会实际运用一定有所助益。本部分的阐述力图简洁、清晰、准确。学生通过此部分的系统学习，可以搭建起证券法清晰的理论和知识框架，形成较为扎实的证券法基础。本部分在具体内容的编写中还特别注意我国证券法和证券业的发展状况和实践需求。

实训部分着力于让学生了解证券市场、证券行业、证券案件的实际运作。包括两个子栏目：一是阅读，主要是介绍相关主题下我国的实际做法，包括历史及比较法的证券法知识，也有在证券史上较为著名的、类型化成熟案例的处理经验。二是案例，主要是我国证券行业发生的实际案例，案例来源是中国证监会网站发布的行政处罚案例和中国裁判文书网、《最高人民法院公报》等的相关证券类案例。希望学生以案例研习的方法，通过阅读第一手真实的法律文本，熟悉证券实践和法律适用的原则及方法，积累必要的学习经验。每个案例后均附有“思考及分析”，点出本案例的要点并引发学生的思考和关注。

法学理论与实践的结合永远是教学的难点。如果尝试本身就可以看作一种进步的话，这种尝试显然有其必要。本书也一定还存在不妥之处，还请各位读者指出并不吝赐教。

感谢法律出版社陈慧女士对本书出版的鼎力相助，也感谢西北政法大学民商法学院同事们的热情支持，愿我们共勉前行。

程淑娟

2017 年端午于西北政法大学

图书在版编目(CIP)数据

证券法实训教程/程淑娟著.—北京:法律出版社,2017

ISBN 978-7-5197-0974-7

Ⅰ.①证… Ⅱ.①程… Ⅲ.①证券法—中国—高等学校—教材 Ⅳ.①D922.287

中国版本图书馆CIP数据核字(2017)第135497号

证券法实训教程
ZHENGQUANFA SHIXUN JIAOCHENG

程淑娟 著

责任编辑 陈 慧
装帧设计 凌点工作室

出版 法律出版社
总发行 中国法律图书有限公司
经销 新华书店
印刷 三河市龙大印装有限公司
责任校对 晁明慧
责任印制 沙 磊

编辑统筹 法律教育出版分社
开本 720毫米×960毫米 1/16
印张 22.25
字数 380千
版本 2017年8月第1版
印次 2017年8月第1次印刷

法律出版社/北京市丰台区莲花池西里7号(100073)
网址/www.lawpress.com.cn
投稿邮箱/info@lawpress.com.cn
举报维权邮箱/jbwq@lawpress.com.cn
销售热线/010-63939792
咨询电话/010-63939796

中国法律图书有限公司/北京市丰台区莲花池西里7号(100073)
全国各地中法图分、子公司销售电话:
统一销售客服/400-660-6393
第一法律书店/010-63939781/9782
西安分公司/029-85330678
重庆分公司/023-67453036
上海分公司/021-62071639/1636
深圳分公司/0755-83072995

书号:ISBN 978-7-5197-0974-7
定价:39.00元